SOCIEDADES CULTURAIS, SOCIEDADES ANÔNIMAS

Distinção e massificação na economia da cultura brasileira

Sociedades culturais, sociedades anônimas

Distinção e massificação na economia da cultura brasileira

Julio Lucchesi Moraes

alameda

Grafia atualizada segundo o Acordo Ortográfico da Língua Portuguesa de 1990, que entrou em vigor no Brasil em 2009.

Edição: Haroldo Ceravolo Sereza e Joana Monteleone
Projeto gráfico e diagramação: Jean Ricardo Freitas
Capa: Airton Felix
Assistente acadêmica: Tamara Santos
Revisão: Alexandra Colontini
Imagem da capa: *São Paulo, Avenida Tiradentes II,* Guilherme Gaensly, 1910

Esta obra foi publicada com apoio da Fapesp (nº do processo 2016/01077-5)

As opiniões, hipóteses e conclusões ou recomendações expressas neste material são de responsabilidade do autor e não necessariamente refletem a visão da FAPESP

CIP-BRASIL. CATALOGAÇÃO-NA-FONTE
SINDICATO NACIONAL DOS EDITORES DE LIVROS, RJ

M82S

Moraes, Julio Lucchesi
SOCIEDADES CULTURAIS, SOCIEDADES ANÔNIMAS : DISTINÇÃO E MASSIFICAÇÃO NA ECONOMIA DA CULTURA BRASILEIRA
Julio Lucchesi Moraes. - 1. ed.
São Paulo : Alameda, 2020.
452 P. : IL. ; 23 CM.

Inclui bibliografia e índice
ISBN 978-85-7939-488-1

1. São Paulo (SP) - Usos e costumes - Séc. XX. 2. São Paulo (SP) - Vida intelectual - Séc. XX. I. Título.

17-43155 CDD: 981.61
CDU: 94(815.6)

ALAMEDA CASA EDITORIAL
Rua 13 de Maio, 353 – Bela Vista
CEP 01327-000 – São Paulo, SP
Tel. (11) 3012-2403
www.alamedaeditorial.com.br

“Há muitas armadilhas no mundo e é preciso quebrá-las”
Ferreira Gullar

Para Ana, Theo, Lívia.
Mais importante que a Cultura é a Cultura da Igualdade

Lista de abreviações

Periódicos

OESP	–	Jornal O Estado de S. Paulo
CP	–	Jornal Correio Paulistano
JC	–	Jornal do Commercio
OPA	–	Jornal O Paiz
JAL	–	Jornal A Liberdade
JOA	–	Jornal O Alfinete
JOX	–	Jornal O Xauter
OP	–	Revista O Pirralho
AC	–	Revista A Cigarra
AVM	–	Revista A Vida Moderna
RC	–	Revista Careta
RF	–	Revista Fon-Fon

Instituições

CDMSP	–	Conservatório Dramático e Musical de São Paulo
LAOSP	–	Liceu de Artes e Ofícios de São Paulo
ENBA	–	Escola Nacional de Belas Artes
INM	–	Instituto Nacional de Música

Apresentação

Eduardo Morettin[1]

O livro *Sociedades culturais, sociedades anônimas: Distinção e massificação na economia da cultura brasileira*, de Julio Lucchesi Moraes, coroa de forma primorosa uma trajetória dedicada à pesquisa sobre um aspecto pouco abordado em nossa história cultural: a sua dimensão econômica.

Falar em coroamento talvez soe exagerado, dado que se trata de um jovem autor, com uma carreira pela frente, envolvido como está em muitos projetos interessantes. Se emprego o termo é porque quero marcar o encerramento de um ciclo, iniciado por Moraes em sua graduação em Economia pela Universidade de São Paulo. Sua monografia de conclusão de curso, defendida em 2009 sob a orientação de José Flávio Motta, responsável também pela supervisão de seu doutorado, já versava sobre as relações entre a atividade cafeeira e o segmento cultural paulistano entre os anos de 1906 e 1922. Sinal da excelente qualidade do trabalho e de seu reconhecimento foi a publicação, em 2014, de "São Paulo capital artística. A cafeicultura e as artes na belle époque (1906 – 1922)" pela editora Beco do Azougue. Há nesta obra um capítulo dedicado à "situação do segmento das casas de espetáculo (cinemas e teatros, com exceção do Teatro Municipal)" (p. 21) e aos seus vínculos com o capital cafeeiro. Moraes trouxe informações novas, desconhecidas dos his-

1 Professor de História do Audiovisual na Escola de Comunicações e Artes da Universidade de São Paulo. Autor de "Humberto Mauro, Cinema, História" (São Paulo, Alameda Editorial, 2013) e bolsista produtividade em pesquisa CNPq, nível 2.

toriadores do cinema, como as oriundas dos levantamentos acerca das oscilações do custo de vida, do perfil socioeconômico dos espectadores e das listas de preços nominais de ingresso, dentre outros tópicos nunca antes articulados em tal perspectiva.

"Sociedades culturais, sociedades anônimas: Distinção e massificação na economia da cultura brasileira", livro que corresponde ao doutorado direto defendido no programa de pós-graduação em História Econômica da USP, tese que tive o prazer de co-orientar, apresenta aos leitores um painel extremamente rico e diversificado do financiamento e gestão da cultura no Rio de Janeiro e São Paulo de 1890 a 1922. O autor examina o chamado circuito da cultura cotidiana, composto por "agremiações populares, as sociedades beneficentes, os nascentes salões da classe média urbana e tantos outros locais vinculados a práticas corriqueiras", avaliando em que medida a massificação e os critérios de distinção se configuraram naqueles anos. Em seguida, ocupa-se de outros espaços de sociabilidade e cultura institucional, ligados aos "salões das elites culturais das duas cidades, das instituições de ensino artístico, dos teatros municipais" em um projeto elitista vinculado aos chamados "ditames da distinção". Por fim, reconstitui as ações de empresários teatrais e cinematográficos para demonstrar que "o setor privado local articulou-se a um coeso projeto de criação e reprodução de vieses excludentes".

O primeiro aspecto a ser destacado no presente livro é a extensa pesquisa de fontes. A consulta de arquivos brasileiros e estrangeiros, como o Arquivo Nacional do Rio de Janeiro, a Cinemateca Francesa, a Biblioteca Nacional Francesa, a Biblioteca Nacional de Buenos Aires e o Museu Nacional do Teatro de Lisboa, dentre outros acervos que poderiam ser acrescidos à relação, atesta o esforço e a preocupação em mapear empiricamente todas as frentes possíveis a fim de construir o quadro geral dentro do qual os sujeitos históricos, dentro de seu recorte temporal, se movem e atuam.

Em segundo lugar, é preciso mencionar a diversidade de documentos analisados pelo autor: contratos, cartas, controle de entradas dos filmes exibidos no Rio de Janeiro nos anos 1910, relatórios, balanços e balancetes, jornais, revistas, discursos de políticos de época, regimentos, catálogos de aparelhos e acessórios. Esse conjunto heterogêneo ganha, no estudo estabelecido por Moraes em "Sociedades culturais, sociedades anônimas", coerência, sentido e direção, não apenas por estar abrigado no guarda-chuva da História Econômica, como ele nos lembra logo no primeiro parágrafo de sua introdução, mas por que existe um pesquisador consciente das perguntas que devem ser dirigidas às fontes. Em nenhum momento o autor se torna delas refém, característica presente em livros de história do cinema recentemente publicados, marcados pelo desenrolar fastidioso de nomes, filmes e processos tecnológicos.

No que tange à sistematização e tabulação dos dados, são preciosos os gráficos, como o que mapeia as relações de músicos populares cariocas, e as tabelas, como as que listam os valores de obras de artistas plásticos ou os recursos envolvidos no circuito comercial (1908 – 1922). É possível imaginar o esforço implicado na reunião e atualização de preços, salários e custos, no cálculo da deflação e no estabelecimento de parâmetros de comparação, elementos inestimáveis ao estudo da cultura urbana do primeiro período republicano de nossa história. Como exemplo posso citar os diversos gráficos que nos apresentam a média de preço dos setores destinados ao público nos teatros comerciais, montados a partir de informações de "639 anúncios (450 de espetáculos teatrais e 189 de atrações cinematográficas)" publicados entre 1904 e 1921 por dois jornais. Importantes conclusões sobre o processo de massificação, concentração e internacionalização da cultura no Rio de Janeiro e São Paulo são derivados destes números, dados que certamente contribuirão para que outros elementos desta história sejam recuperados, explorados e aprofundados.

Dentre os fundos documentais compulsados, merece destaque o exame da coleção pertencente aos Arquivos da Família Ferrez. Apesar de estarem abertos para consulta há mais de dez anos no Arquivo Nacional, os mais de quarenta mil itens careciam ainda de um olhar que pudesse resgatar desta imensidão textual e imagética linhas gerais de entendimento sobre o funcionamento da empresa Ferrez nas primeiras décadas do século XX. Moraes nos permite compreender com o presente livro não somente a inserção da empresa na complexa dinâmica comercial do período, como, a partir do cruzamento com as informações coletadas em arquivos franceses, situar as ações no campo cinematográfico dentro de uma lógica global em que o cinema se tornava parte decisiva de um jogo político internacional dada a sua consolidação como meio de comunicação de massa. Não seria possível esgotar o assunto, de certo, mas "Sociedades culturais, sociedades anônimas" estabelece um marco em relação ao conhecimento que tínhamos sobre a atuação da empresa Ferrez e da relação de suas salas de cinema com a rede de produção e distribuição de filmes da Pathé, como o leitor perceberá ao ler "Sob o império da Pathé Frères: A Marc Ferrez & Filhos e o surgimento do setor distribuidor cinematográfico", um dos itens do terceiro capítulo do livro.

Do ponto de vista metodológico, cabe ressaltar a postura adotada pelo autor. A discussão teórica que permeia o livro, ancorada nas reflexões de Kracauer,

Adorno, Bordieu e Benjamin sobre a cultura em suas diferentes dimensões, não cria relação de subordinação para com as fontes. Dito de outro modo, a pesquisa empírica não é mobilizada para comprovar a teoria e o que já se escreveu sobre o tema e o período histórico, mas sim para apontar as especificidades do contexto cultural brasileiro, tensionando a relação entre o que é leitura derivada de reflexão conceitual e o contraponto trazido pela leitura das informações agrupadas por Moraes.

Gostaria de terminar esta breve apresentação apontando para a pertinência e atualidade do livro. Em sua conclusão, sabiamente intitulada, "o elitismo como um projeto econômico da cultura brasileira", o autor comenta duas críticas, uma de Oscar Guanabarino à composição de Alberto Nepomucento por incorporar elementos formais do lundu, e outra de Rui Barbosa à presença de um maxixe de Chiquinha Gonzaga em recital de música ocorrido diante do corpo diplomático e da presidência da República. Para além de polêmicas marcadas por disputas políticas e, por vezes, estéticas, Moraes conclui com lucidez: o que se enuncia é o "compromisso dos principais atores culturais brasileiros com um projeto elitista e excludente das artes". Este compromisso se encontrou no eixo de inúmeros conflitos, debates e propostas ao longo do século XX, como os que foram trazidos pelo modernismo nos anos 1920, e pelo Centro Popular de Cultura da União Nacional dos Estudantes, cinema novo e tropicalismo nos anos 1960, para ficarmos nos embates de maior peso na definição dos rumos culturais do país. O contexto atual é mais complexo, tendo em vista os caminhos percorridos pela indústria cultural e as intermináveis ramificações e impactos, ainda não mapeados, das chamadas redes sociais. De todo modo, considerando-se a política de extermínio da cultura levada a cabo pelos aventureiros de plantão, o livro de Júlio Moraes nos ensina que cabe refletir sobre os processos econômicos e culturais, pensando-os em seu movimento dialético a fim de pensarmos as dinâmicas que são decisivas para compreender determinadas escolhas e projetos políticos do presente. Neste sentido também, a contribuição dada por "Sociedades culturais, sociedades anônimas" é decisiva.

Que o leitor encontre no livro elementos para enfrentar com determinação este cenário, que se surpreenda com as articulações propostas por Moraes, que se encante com o panorama histórico-cultural construído pelo autor e que se sinta estimulado a conhecer mais sobre o nosso passado para refletir sobre os desafios que o momento impõe.

Prefácio

A economia e além

Conheci o Julio aproximadamente uma década atrás. Ele cursou uma disciplina por mim ministrada no curso de graduação em Ciências Econômicas da Faculdade de Economia, Administração e Contabilidade da Universidade de São Paulo (FEA/USP). A disciplina era de Formação Econômica e Social do Brasil I, da área de História Econômica, integrante do elenco de disciplinas obrigatórias presente no histórico escolar de todo bacharel em Economia em nosso país.

Guardo até hoje boas lembranças daquela turma, pois havia nela vários alunos que, no decorrer de sua graduação, viriam a desenvolver pesquisas de iniciação científica e/ou estudos a serem apresentados como monografias de conclusão de curso sob minha orientação. E essa participação mais direta na formação de discípulos é uma das atividades mais interessantes do tripé ensino-pesquisa-extensão, base da atuação de todo professor de uma instituição pública de ensino superior como a USP; tal orientação decerto tem sido, no meu caso, regra geral, extremamente gratificante.

No curso de Ciências Econômicas, pode-se afirmar com segurança, grande parcela dos alunos opta pelo aprofundamento de seus estudos em áreas mais diretamente ligadas à teoria econômica, a exemplo de microeconomia ou de macroeconomia, ou então na área de métodos quantitativos, aplicando o instrumental econométrico. Não obstante, para a felicidade dos professores de áreas como a de História Econômica, os menos numerosos alunos que têm escapado àquelas opções mais costumeiras via de regra estão entre os melhores, afirmação que faço com fundamento em mais de três décadas como professor na FEA.

Esse o caso do Julio.

E ele não me procurou apenas com um projeto de pesquisa na área de História Econômica; mais do que isso, seu tema decerto fugia ao espectro temático com o qual eu usualmente vinha trabalhando. Em outras palavras, ele desejava realizar um estudo, no curso de Ciências Econômicas, de um tema, digamos assim, algo singular, em uma área, por assim dizer, um tanto quanto à margem das vertentes vistas como mais centrais da economia!

Evidentemente, não é possível adjetivar como incomuns os trabalhos preocupados com a economia cafeeira, sua expansão no decurso da segunda metade do século XIX e ao longo da Primeira República, a formação do complexo cafeeiro e suas vinculações com o desenvolvimento da indústria. Também não se pode taxar de incomum o fato de esses temas centrados na cafeicultura privilegiarem amiúde a província, depois estado de São Paulo, no seu recorte espacial. Mas era com certeza peculiar a atenção que o Julio pretendia dispensar aos desdobramentos do complexo cafeeiro no universo da atividade artística. Esse o seu foco: a análise das artes de salão, dos cinemas e dos teatros (e entre estes, com destaque, o Municipal) na chamada Belle Époque paulista, sobre o pano de fundo da hegemonia cafeeira.

A pesquisa foi inicialmente desenvolvida na modalidade de iniciação científica, agraciada com bolsa do Programa Institucional de Bolsas de Iniciação Científica do Conselho Nacional de Desenvolvimento Científico e Tecnológico (PIBIC/CNPq). Uma versão lapidada do texto foi apresentada pelo autor como sua monografia de conclusão do curso de Economia. Foi, vale ressaltar, uma das monografias premiadas pelo Departamento de Economia da FEA/USP em 2009, sendo editada como livro alguns anos depois, com o título São Paulo: capital artística. A cafeicultura e as artes na belle époque (1906-1922).

Construíram-se, pois, ainda durante os anos da graduação, os alicerces de uma linha de pesquisa de inequívoca qualidade, conduzida com rara competência, da qual um dos melhores frutos produzidos até este momento é a tese objeto deste prefácio. De fato, os estudos do Julio tiveram continuidade na pós-graduação. Mantendo-se sob minha orientação, ele foi aceito no Programa de Pós-Graduação em História Econômica (PPGHE), da Faculdade de Filosofia, Letras e Ciências Humanas da Universidade de São Paulo (FFLCH/USP).

Sobre os sólidos resultados da pesquisa até então conduzida, Julio investiu no refinamento teórico do estudo anterior, ao passo que ampliou seu recorte espacial, acrescendo o Rio de Janeiro ao horizonte de seu trabalho; de outra parte, um estágio no exterior possibilitou-lhe encorpar o já alentado elenco de fontes primárias a fundamentar sua análise. E, last but not least, foi possível a ele (e a mim) contar com um coorientador de qualificação invejável, o Prof. Eduardo Morettin, da Escola de Comunicação e Artes (ECA/USP). Não é de surpreender que os professores que integraram a banca de seu exame de qualificação de Mestrado tenham unanimemente sugerido, tendo em vista o trabalho, em andamento quando daquele exame, apresentar dimensão mais apropriada a uma Tese de Doutorado, que a pesquisa fosse concluída diretamente nesse nível mais elevado da formação acadêmica.

O acerto da sugestão dos colegas poderá, é claro, ser comprovado pelos leitores. Contudo, de imediato, garanto a eles que não se frustrarão as expectativas mais favoráveis passíveis de serem acalentadas em termos do prazer a ser usufruído da leitura. Da minha parte, fico deveras satisfeito por ter aceito o Julio como orientando; celebrarei essa satisfação com a agradável releitura de seu trabalho, agora na forma de livro!

José Flávio Motta

Introdução

"Cuidados mundanos de toda espécie são adversos às musas."
G. Palestrina, 1588

"Quando meu livro estiver pronto, onde estará o livreiro que dele se encarregará?"
D. Diderot, 1763

Uma nota publicada num pequeno jornal da comunidade negra do centro de São Paulo, um telegrama de Portugal, a contabilidade de um cinema carioca, um livro de matrículas escolares, um registro num arquivo jurídico argentino, atas de discussões do legislativo, uma coleção de catálogos comerciais franceses, anúncios de roupas femininas numa revista de variedade, publicidade de equipamentos importados: fontes diversas que o poder de síntese da história economica consegue unificar num estudo coerente.

Não é de hoje que se conclama um diálogo ampliado e crítico entre as diversas cadeiras das Humanidades. Do grupo dos Annales de Marc Bloch e Lucien Febvre ao Instituto de Pesquisas Sociais de Frankfurt, do New Left Review à Escola de Grenoble, passando pelas mais variadas pautas contemporâneas de interdisciplinaridade, a afirmação figura como um velho mantra acadêmico e político. Não seria descabido imaginar que a tese que aqui se inicia inscreve-se precisamente aí, trazendo contribuições a esse mundo de interfaces – no caso, entre a

Arte e a Economia no contexto brasileiro. A estas deve adicionar-se, obviamente, a História. Uma primeira posição tomada aqui, portanto, foi a de abraçar essa multiplicidade, explorando ao máximo as potencialidades desse universo de interfaces. Sendo, contudo, a cultura um objeto tão amplo e plástico, alguns recortes e delimitações gerais se fizeram necessários.

Comecemos por uma definição geral dos objetivos de nossa tese. Nosso intuito é o de propor uma reflexão sobre os determinantes capitais da chamada Economia da Cultura no Brasil em chave histórica, identificando a maneira pela qual o setor cultural brasileiro não apenas se relacionou, mas se comprometeu ativamente, com a reprodução de vieses elitistas e excludentes. Nesta narrativa, o período inicial do século XX é tanto objeto de estudos quanto caso-modelo, um ecossistema encapsulado que pode servir de inspiração para reflexões e análises de outros contextos geográficou ou temporais.

O estudo centra atenções nas diversas modalidades de financiamento e gestão das iniciativas culturais realizadas no Rio de Janeiro e em São Paulo entre os anos de 1890 e 1922. Em oposição a uma leitura purista do universo artístico, correlacionaremos essas atividades com forças e condicionantes socioeconômicos ampliados. Tendo definido o Norte de nossa tese, podemos avançar na apresentação de algumas opções metodológicas.

A primeira delas foi a de empreender uma pesquisa de corte empírico, centrada na consulta a dados e fontes primárias. Antes de mais nada, portanto, o leitor encontrará nas próximas páginas levantamentos de variáveis como preços de ingressos, salários, custos de produção e de financiamento, resultados de bilheteria, orçamentos públicos, folhas de pagamentos, valores de aquisição de obras etc. Seguindo à risca os manuais de História Econômica, temos um apanhado de informações deflacionadas (e, quando aplicável, corrigidas pela variação cambial) e, portanto, passíveis de comparação e de serialização temporal. Para tanto, foram levantadas informações de uma dezena de arquivos históricos dos dois lados do Atlântico – aí se incluindo a inédita vinculação de diversos documentos do Acervo Família Ferrez do Arquivo Nacional do Rio de Janeiro.

Esse esforço empírico não se confunde com o extravio num projeto estritamente economicista. Nossa compilação não almeja o simples arrolamento acrítico de números, objetivando, outrossim, a proposição de uma visão sintética da cultura brasileira no que se refere a seus condicionantes econômicos. Nesse sentido, sobre os dados aplica-se também um olhar teórico, constituído a partir de algumas inquietações balizadoras. O renitente amadorismo no universo artístico, o sempre presente exclusivismo das artes, o racismo e a desigualdade de gênero, o culto ao produto estrangeiro, os eternos debates sobre a existência (ou inexistência) de uma indústria cultural nativa: eis algumas das questões contemporâneas dos setores culturais que impregnam nosso olhar sobre o passado.

Assim, tal como nos tempos dos filodramáticos e dos cinegrafistas "cavadores", parte significativa da cultura nacional atual materializa-se por ação de grupos amadores e pouco estruturado. Como nos dias de Bernardelli e Miguez, as instituições artísticas oficiais revestem-se de forte elitismo. Como no tempo de Pascoal Segreto e João do Rio, conclama-se o apoio oficial em proteção à arte nacional. Tampouco o fascínio diante das novidades culturais estrangeiras – músicas, filmes, produtos, tendências etc. – arrefeceu. Com isso, começamos a compreender a abrangência que terá o conceito de cultura em nossa tese. Mais que um simples setor econômico, temos aí uma esfera da sociedade fortemente entrelaçada com fenômenos sociais outros. Voltaremos a falar desse ponto adiante, cabendo, por ora, avançar na apresentação de nossas principais opções e recortes.

Escolher a Primeira República como momento de análise pareceu-nos natural. Não apenas porque o projeto partiria de uma base de dados parcialmente compilados em pesquisas anteriores – notadamente no livro *São Paulo: Capital Artística, a cafeicultura e as artes na Belle Époque (1906-1922)* –, mas por se tratar de um momento de grandes definições, tanto sociais quanto econômicas. O período registrou o desenvolvimento de diversas áreas da economia nacional. A lavoura cafeeira despontou como protagonista, mas a ela devemos vincular também o universo das ferrovias, da borracha, dos melhoramentos urbanos e do surgimento de um certo setor imobiliário, da expansão do comércio importador, além, é claro, do surgimento de uma primeira indústria local. Em que medida o setor cultural – com todas as suas particularidades e nuanças – inscreveu-se nesse processo? Teria o segmento sido mais um dos muitos ramos do nascente setor industrial? Teria também ele se inscrito nas linhas de produção capitalista?

Este é o período também das remodelações urbanas, dos grandes fluxos imigratórios, dos monumentos e das celebrações públicas, da ostentação da *Belle Époque*. Um momento em que as desigualdades – tanto nacionais quanto mundiais – foram reiteradas, inclusive por agentes oficiais. Sob o regime republicano, em que todos eram iguais (ao menos no papel), o consumo, o estilo de vida e os canais de sociabilidade tornaram-se variáveis centrais. Temos, assim, um momento histórico privilegiado por se tratar, de certo modo, de uma fase embrionária para o longo ciclo histórico do século XX. É neste momento que surgem importantes iniciativas da sociedade civil, que se gesta uma dezena de instituições de ensino e difusão artística. É também o momento em que se constitui um primeiro empresariado cultural nativo.

Em face de nosso compromisso com o levantamento de dados de arquivos, era necessário limitar a pesquisa a um dado recorte geográfico. Nesse sentido, a opção por focar atenções nas praças carioca e paulistana decorreu, primeiramente, de uma necessidade pragmática. Mas não é este o único motivo. Por sua condição de capital federal, o Rio de Janeiro é incontestavelmente o ponto nevrálgico do sistema cultural nacional nesse período. Já então, contudo, a metrópole do café ensaiava sua trajetória de ascensão. Percebe-se aqui uma inquietação contemporânea de fundo e uma razão adicional para nosso recorte: ainda que em escala distinta, neste período encontramos traços da forte concentração do segmento cultural no eixo Rio-São Paulo, tema recorrente nos debates da Economia da Cultura nos dias correntes.

Claro está que a incorporação de dados de outras praças comerciais em muito contribuiria para as presentes reflexões. No Rio Grande do Sul, o emergente empresariado de entretenimento. No Ceará, a fundação e expansão do império exibidor Severiano Ribeiro. Na Bahia, o atuante Liceu de Artes e Ofícios. Em Pernambuco, a organização dos Clubes Carnavalescos e, no início da década de 1920, o registro do primeiro ciclo cinematográfico do país. No Pará e no Amazonas, o circuito teatral financiado pela borracha. Tudo isso, além de tantas outras atividades culturais da *Belle Époque* mineira, capixaba, potiguar, caipira etc. Embora fascinante, o estudo da dimensão econômica dessas manifestações e iniciativas tão fundamentais fica reservado para uma etapa posterior da pesquisa.

Julgamos, contudo, que a eventual adição de qualquer um desses casos pouco alteraria o quadro geral de nossa pesquisa. Assim, embora limitemos nosso estudo às atividades culturais do Rio de Janeiro e de São Paulo, nossas reflexões têm pretensões generalizantes. Nas iniciativas, projetos e instituições das duas cidades divisam-se os traços da organização econômica da cultura no Brasil como um todo. Podemos dizer que temos aqui um debate sobre a cultura nacional sem um extravio na temática nacionalista.

De fato, a escolha da "cidade maravilhosa" e da "metrópole do café" coloca algumas dificuldades particulares a nosso estudo. Ao promovermos tal recorte, vimo-nos na necessidade de dialogar com a influente historiografia das duas cidades. Em linhas gerais, a análise histórica dos setores artísticos no período costuma vir carregada ora por um viés "nacionalista" (carioca), ora por um viés "modernista" (paulista). Desde cedo, vimos grande necessidade de relativizar essas duas posições a fim de avançar em nossa própria pauta: nossas preocupações econômicas não se centram no partido estético dos grupos analisados. A nacionalidade dos agentes não é (ao menos não num sentido tão direto) uma variável determinante. Antes da bandeira encampada, a compreensão de seu financiamento. Antes da influência e da repercussão estética, a motivação econômica.

Descartados os eixos do nacionalismo e do modernismo como linhas mestras da tese, rumamos em direção a outras narrativas. A leitura de teóricos canônicos da bibliografia cultural internacional como Pierre Bourdieu, Norbert Elias, Theodor Adorno, Walter Benjamin, Siegfried Kracauer, apenas para citar os mais acionados ao longo da tese, foi muito importante. Esses eixos teóricos abriram portas para a proposição de um modelo focado, acima de qualquer outra coisa, na dimensão econômica da cultura. Embora nossa pesquisa seja tributária desses autores e de suas valiosas reflexões sobre *indústria cultural*, *cultura de massa*, *consumo conspícuo*, *campo cultural* ou *capital simbólico*, jamais tivemos por objetivo subordinar nossa reflexão estritamente a seus quadros analíticos.

Assim, desse extenso corpo teórico, destilamos um vocabulário básico, capaz de nos auxiliar na condução de nossas reflexões. Nossa narrativa centra-se no estudo de duas forças que, em grande medida, moldaram e influenciaram o universo cultural no país: a *distinção* e a *massificação*. De um lado, a arte como luxo, como requinte, como símbolo de diferenciação e exclusão social. Do outro, a arte como lucro, como ganho econômico, como integração produtiva. Veremos com mais detalhes as particularidades e características desses dois vetores, bem como suas influências na dinâmica do segmento. Veremos também seus diferentes modos de ação e reprodução. Antagônicos, coligados, mais ou menos articulados a fenômenos extra-artísticos, evidentes ou velados. Distinção e massificação foram – e, em grande medida, seguem sendo – as duas forças sociais estruturantes no mundo das artes, gerando impactos de longo prazo capazes de transcender nosso período de análise.

Seria ingênuo enrijecer a tese dentro de tipificações duras e esquemáticas, incapazes de assimilar as contradições de um objeto tão plástico. Não se trata, portanto, de ver nas categorias distinção e massificação apenas mais uma das muitas dicotomias teóricas tão recorrentes nos estudos culturais – arte restrita ou massificada, arte nativa ou importada, belas artes e arte utilitária, moderno ou tradicional etc. –, mas sim, entender os arranjos e equilíbrios locais entre essas duas forças. Assim, em lugar de um forçado modelo teórico, o que temos aqui é apresentação de uma nova narrativa, a proposição de uma equação que leva em conta a atuação de dois eixos socioeconômicos estruturantes.

A elaboração de uma narrativa que incorpora a interação entre duas forças sociais mutuamente influentes no universo das artes tem inegáveis relações com as propostas de alguns nomes canônicos dos estudos culturais brasileiros. Percorreremos os argumentos de alguns deles ao longo da tese, cabendo aqui uma rápida menção a certas figuras e obras de quem tomamos de empréstimo relevantes intuições. De Alain Herscovici absorvemos o conceito de (macro)funcionalidade da cultura, isto é, a aceitação de que, para além do universo meramente simbólico ou estético, a esfera cultural tem também uma razão de ser dentro dos contextos econômicos locais e globais que a circundam. De Renato Ortiz, por sua vez, vem a compreensão de que muitos dos aspectos da moderna cultura brasileira do século XX trazem embutidos elementos tradicionais. Finalmente, das reflexões de Roberto Schwarz, herdamos a aceitação de que parte considerável da equação social (e, claro, econômica) da cultura brasileira baseia-se na complexa interação entre nacional e estrangeiro, nativo e forâneo, importado e local etc.

Obviamente, a profunda imersão nas proposições teóricas desses autores figuraria como um tema de pesquisa em si, e extraviaria-nos dos reais objetivos da presente tese. Os autores acima arrolados estão aqui apresentados para ratificar algumas de nossas próprias opções teóricas. O que há em comum entre eles é a aceitação da existência de um equilíbrio de forças econômicas no contexto cultural brasileiro. As "ideias fora do lugar", a "moderna tradição" da cultura brasileira ou a macrofuncionalidade da cultura nos contextos periféricos nada mais são, no vocabulário por nós empregado, do que arranjos particulares das forças aqui destacadas, isto é, a distinção e a massificação.

De fato, longe de demandar a aplicação de complexos modelos, nossa tese estrutura-se a partir de uma metodologia relativamente simples. Nosso estudo dos aspectos econômicos da cultura passa pelo cumprimento de algumas etapas reproduzidas de modo relativamente homogêneo ao longo dos diversos capítulos e seções:

(I) Começamos sempre pela identificação dos principais atores sociais, agentes e iniciativas relacionadas a um dado fenômeno cultural. A ideia desse primeiro passo é destacar a trajetória de pessoas, grupos ou instituições promotoras de cultura no período;

(II) Passamos, em seguida, para um estudo da natureza dos recursos envolvidos nas referidas empreitadas. Trata-se de identificar o volume dos recursos mobilizados e os métodos e fontes de captação desses recursos – fundos privados, públicos, associativos, mistos etc. Em suma: compreender aspectos do mundo do trabalho e dos trabalhadores da cultura.

(III) Tão fundamental quanto o estudo da natureza dos recursos envolvidos é a compreensão dos vínculos estabelecidos interna e externamente pelos agentes identificados. Ganha destaque, por exemplo, a identificação de eventuais remunerações de artistas e de relações de trabalho no mundo artístico. Assim, a terceira etapa trata de entender, adicionalmente, os valores e as modalidades nas quais essas conexões se materializaram – relações de trabalho, vínculos pessoais etc.;

(IV) Se o passo anterior centra atenções na força de trabalho cultural no período, o passo seguinte é o estudo do polo oposto desta relação, isto é, a motivação dos empregadores culturais. Nosso intuito nesse passo é, basicamente, a identificação do *ethos* econômico ulterior aos fenômenos estudados, analisando em que medida as ações dos principais atores sociais do segmento articularam-se aos conceitos por nós propostos;

(V) Finalmente, destacamos um último passo, que é justamente o cotejamento desses diversos casos destacados com as reflexões teóricas. Teceremos, assim, ao longo dos capítulos e seções da tese, conexões entre as manifestações culturais locais e os debates ampliados sobre a distinção e a massificação.

Destacamos que os dois efeitos protagonistas de nossa tese não se desenvolveram num éter imaterial. Define-se, assim, outra opção metodológica da pesquisa: a de trabalhar no âmbito dos circuitos culturais. É sobre alguns pontos nevrálgicos da sociabilidade dos homens e mulheres das duas cidades – em sua complexidade social, racial e geográfica – que se produziram, reproduziram ou amplificaram esses processos sociais maiores. Numa bela metáfora, afirmou Nelson Rodrigues que o boteco brasileiro é "ressoante como uma concha marinha". Também os teatros, os cinemas, as instituições culturais públicas, as ruas, os salões urbanos ou praças de festejos populares têm algo a dizer ou a "ecoar". Por detrás de cada espaço, uma história, uma trajetória, uma razão de ser, a ação de agentes socialmente posicionados.

Perguntados, os objetos históricos respondem de maneiras diferentes. O resultado desse levantamento foi um caleidoscópio de situações, divididas ao longo dos capítulos da tese. Contudo, por mais heterogêneos que possam parecer, as inúmeras iniciativas, projetos e espaços culturais das duas cidades puderam ser agrupados dentro de três grandes circuitos: o circuito da cultura cotidiana, o circuito institucional e o circuito comercial. Cada capítulo dedica-se ao estudo de um desses circuitos. Em cada um deles, por sua vez, encontramos cerca de uma dezena de seções que podem ser lidas em conjunto ou podem ser apreciadas como estudos de caso de um aspecto específico da economia da cultura brasileira no período.

O capítulo 1 se voltará à análise do chamado circuito da cultura cotidiana. Estudaremos aí a dimensão socioeconômica de iniciativas realizadas por agremiações populares, as sociedades beneficentes, os nascentes salões da classe média urbana e tantos outros locais vinculados a práticas corriqueiras. Veremos que, ora mais, ora menos articuladas, também essas atividades foram influenciadas pelos efeitos da massificação e da distinção.

No capítulo 2 passaremos para a análise de outro segmento de iniciativas culturais, estudando espaços maiores e mais complexos. Dentro do chamado circuito da cultura institucional, estudaremos a dinâmica econômica dos salões das elites culturais das duas cidades, das instituições de ensino artístico, dos teatros municipais. Em poucas palavras: trataremos aqui o universo da oficialidade e das verbas públicas. Veremos que esse mundo da "grande arte" se subordinou a um projeto elitista, assumindo um verdadeiro compromisso com a desigualdade e com os ditames da distinção.

Por seu maior volume de dados, o capítulo 3 poderia figurar à parte dos demais. A despeito de sua maior extensão, contudo, ele se articula perfeitamente aos objetivos da tese. A saber: provar que iniciativas mercadológicas do período – como as ações de empresários teatrais e cinematográficos – não constituíram um contrapeso massificador forte o suficiente para reverter o quadro geral. Pelo contrário: também o setor privado local articulou-se a um coeso projeto de criação e reprodução de vieses excludentes.

★★★

De um ponto de vista geral, a tese estrutura-se a partir do grau de complexidade dos projetos e iniciativas: dos menores, mais simples e menos capitalizados empreendimentos de agremiações populares às mais complexas cadeias produtivas internacionais. Não se entenda aí, em absoluto, uma proposta de hierarquia entre os diversos circuitos e suportes analisados: pelo contrário, veremos ao longo da tese um intenso ir-e-vir entre os diversos segmentos, com o registro de interessantes interconexões entre os diferentes atores sociais envolvidos.

Essa opção coaduna-se com nosso objetivo de manter certo equilíbrio entre os três capítulos, evitando priorizar este ou aquele circuito em detrimento dos demais. Mesmo a estrutura interna dos capítulos é semelhante. Iniciamos sempre por uma rápida introdução que define as diretrizes gerais do circuito analisado, destacando também a problemática geral a ele relacionada. Seguimos, então, para as seções propriamente ditas, onde apresentamos os dados e elementos centrais da dinâmica econômica desses diversos grupo de atividades. Por fim, encerramos com uma rápida conclusão. Além de sintetizar os temas mobilizados, esta seção final indica também alguns dos rumos tomados pelos circuitos nos momentos posteriores ao nosso recorte temporal, isto é, seus caminhos e descaminhos ao longo do século XX.

Julgamos fundamental empreender, outrossim, um rápido comentário a respeito da seleção dos suportes artísticos aqui analisados. São eles: a música, as artes plásticas, o teatro e o cinema. A estes seria fundamental adicionar a Literatura, de certo modo, a musa maior da produção artística no período. Infelizmente, a extensão do corpo bibliográfico dedicado a este suporte, bem como as particularidades da produção, circulação e fruição dos livros, impediram sua inserção em nossas reflexões. Também um debate sobre os circos – inscritos aqui no ampliado contexto das exposições e demais atrações feéricas –, foi esboçado numa versão inicial mas teve que ser realocado para um momento posterior.

Ainda dentro de tal tema, é preciso que se tenha claro que o eixo estruturante da tese são as diferentes modalidades de financiamento e gestão dos projetos culturais e não os suportes artísticos. Frustrar-se-á o leitor, assim, que quiser encontrar uma rígida segmentação no estudo de cada suporte. As atividades teatrais, por exemplo, aparecerão ao longo dos três capítulos, já que parte das atividades foi financiada no meio associativo, parte no meio público e parte por fundos privados. A música aparece nos dois primeiros. O cinema no primeiro e no último, e assim por diante. A ideia central dessa proposta é avançar rumo a uma visão global e sistêmica da economia da cultura brasileira no começo do século XX. Nessas leituras conjuntas entre diferentes suportes artísticos coligados, contudo, por semelhantes métodos de financiamento, vamos de encontro à contemporânea tendência de ultraespecialização acadêmica, tantas vezes nociva à compreensão dos objetos de estudo, sobretudo no universo das Humanidades.

Cabe destacar que a abrangência de nossa análise nos causou, desde o princípio, certo receio. A receptividade encontrada ao longo de eventos e reuniões de grupos de pesquisa, todavia, nos mostrou outra realidade. Os artigos e reflexões parciais apresentados em congressos e seminários foram sempre muito bem recebidos, indicando, possivelmente, a existência de uma verdadeira demanda reprimida por reflexões econômicas no universo cultural e, uma vez mais, a necessidade de maior interlocução entre as várias cadeiras das Humanidades.

Diga-se de passagem, o contato com pesquisadores e linhas de pesquisa de gabarito internacional nos estimulou ainda mais a avançar em nossa proposta. Evidencia-se, pois, a relevância que a exposição nacional e internacional da pesquisa teve na estruturação da versão final dessa tese. Particularmente relevante foi a realização do estágio de pesquisa no *Centre d'Histoire Culturelle des Sociétés Contemporaines* da Universidade de Versalhes Saint-Quentin-en-Yvelines (CHCSC-UVSQ), sob supervisão da Profa. Anaïs Flechet. Esta e tantas outras atividades jamais poderiam ter sido realizadas sem o apoio da Fundação de Amparo à Pesquisa do Estado de São Paulo (FAPESP), cujo financiamento por meio das bolsas de mestrado, doutorado, estágio de pesquisa no exterior e auxílio à publicação, garantiu o pleno exercício da pesquisa, bem como sua publicação.

Destacamos, finalmente, que a presente publicação traz poucas alterações em relação à tese defendida em Dezembro de 2014. Algumas incorporações pontuais foram realizadas e certos trechos específicos foram atualizados. Não deixamos de reconhecer os inúmeros comentários e sugestões propostos pela banca de defesa (notadamente no que se refere à seção sobre os efeitos massificadores, no início do capítulo 3). Julgamos, contudo, que uma alteração de maior porte afetaria a estrutura geral da obra, compremetendo sua organicidade. Não menos importante foi o recente contato com novos autores e correntes analíticas, clarificando (inclusive para o próprio autor) que a presente reflexão em muito se aproxima das diversas tradições da Economia Política (das artes, da cultura, do audiovisual etc.). Redigir a tese dentro deste léxico teórico seria inviável e a opção foi avançar em tal jornada em momento posterior, possivelmente em uma pesquisa pós-doutoral.

Teatros, escolas de arte, cinemas, associações de imigrantes, grupos beneficentes. Distintos atores sociais organizados pela cultura, distintas propostas e funcionalidades da arte. A tese que aqui se inicia pretende debruçar-se sobre esse universo. Dos clubes de piano às temporadas teatrais, das associações de carnaval aos teatros municipais, das sociedades culturais às sociedades anônimas: um extenso catálogo cujo índice não se orienta por filiações estéticas, programáticas ou nacionalistas, mas sim pelas modalidades de financiamento e de integração com os canais econômicos.

Circuitos culturais: pontos cardeais da sociabilidade, *locus* privilegiado onde se expressam e se reproduzem vetores sociais ampliados. Espaços de disputas, espaços de consumo e de criação, espaços de definição. Voltar os olhos para tais fenômenos e compreender sua organização socioeconômica no começo do século XX pode fornecer pistas sobre o mundo presente e também sobre a práxis futura. Balanços contábeis, registros oficias, cartas comerciais e tantos outros documentos econômicos podem parecer pouco afeitos ao mundo das musas. Essas fontes, contudo, têm muito a dizer sobre a arte, sobre a sociedade que a circunda, a inspira e a reproduz.

Capítulo 1

Populares, mutuários e diletantes: o circuito da cultura cotidiana

"E hoje talvez não exista mais nenhuma associação entre as pessoas que não inclua algum interesse monetário, mesmo que seja apenas para o aluguel de um salão de uma associação religiosa".
G. Simmel, 1900

"Apresentavam-se associações terrestres e marítimas, associações de bebedores e de abstêmios, em suma, associações e antiassociações. Elas estimulavam os esforços de seus membros e perturbavam os dos outros. Tinha-se a sensação de que toda pessoa pertencia pelo menos a uma associação".
R. Musil, 1930

O primeiro capítulo da presente tese versa sobre uma constelação de atividades e iniciativas culturais realizadas nas décadas iniciais do século XX no Rio de Janeiro e em São Paulo e agrupadas sob a rubrica de "cultura cotidiana". Problematizaremos, na primeira seção, precisamente esse termo, tentando entender não apenas sua abrangência, mas também sua relação com os canais ampliados da massificação e da distinção cultural.

Avançaremos, em seguida, rumo a caracterização de um primeiro grande grupo de atividades aí alocadas – o universo da cultura popular. Sem o objetivo de empreender um aprofundado debate teórico a respeito do tema, nosso objetivo será o de analisar alguns aspectos da dinâmica econômica de sociedades e agremiações promotoras de eventos nas duas cidades.

Uma vez apresentados os métodos mais usuais de financiamento e gestão empregados por essas associações, discutiremos algumas das conexões estabelecidas entre as manifestações culturais vinculadas ao universo popular com os canais da massificação e da distinção cultural. A partir desse debate, posicionaremos o universo popular num debate ampliado: o da ascensão social e a constituição de uma inédita classe média urbana na Primeira República. Sob diferentes chaves, discutiremos as implicações sociais e econômicas desse processo e sua materialização no universo da cultura.

Distinção, massificação e circuitos culturais: por uma narrativa econômica da cultura

Quando analisamos as iniciativas culturais nas primeiras décadas do século XX deparamo-nos com um emaranhado de informações, propostas e finalidades, uma teia de diferentes atores sociais, dificilmente apreensível num único olhar. Do frenesi causado pelas óperas de Leoncavallo e Mascagni ao sucesso dos filmes da Pathé e da Fox, da cultura dos grandes salões de Higienópolis à Festa da Penha, de Pixinguinha à Sarah Bernhardt: não é tarefa trivial iniciar uma tese que pretende abarcar fenômenos culturais tão diversos.[1]

Claro está, é bem verdade, que essas diferentes manifestações pertenciam a universos particulares. Ainda que algumas pontes tenham sido estabelecidas[2], as obras e iniciativas se voltavam a distintos públicos e classes sociais, percorreram distintos canais e gozavam de diferentes patamares de organização e estruturação. Seria inocente, assim, propor um estudo insensível a essas hierarquias e cisões, encarando o panorama cultural do período como um democrático mosaico multicultural.

Uma primeira proposta de trabalho seria, assim, a de elencar e classificar esses diversos eventos e iniciativas, identificando pontos comuns, disputas e divergências. O risco, contudo, é extraviar-se aqui num infindável debate teórico, esmiuçando complexos modelos explicativos. Bastante esforço já foi empreendido nessa direção, daí decorrendo as mais variadas taxonomias e tipificações, cindindo artistas e projetos em partidos antagônicos como o dos acadêmicos contra os modernistas,

1 Para um panorama geral sobre a multiplicidade do universo artístico e suas relações com fenômenos sociais e econômicos do período, ver o capítulo 9 de Hobsbawm (2008).

2 Discutiremos esse ponto adiante, ainda nesta seção.

dos nacionalistas contra os cosmopolitas, ou ainda dos populares contra os eruditos e assim por diante.

Ao invés de encampar uma dessas propostas *a priori*, optamos por tomar um caminho distinto, baseado numa premissa óbvia, mas nem sempre levada em conta: a ocorrência de qualquer atividade cultural, para além de sua relevância simbólica, impõe questões de natureza prática. Métodos de organização, estruturas de financiamento, modelos de gestão: o que queremos discutir aqui não são os partidos estéticos ou programáticos dos diferentes atores sociais, mas sim os arranjos econômicos desenvolvidos para materializar suas obras e projetos.

Para tal tarefa, compusemos um extenso corpo documental, compilando informações (sobretudo quantitativas) de uma dezena de arquivos, a estas adicionando dados obtidos na bibliografia secundária. Cartas comerciais, balanços contábeis, livros de matrícula, anúncios e notas na imprensa e catálogos de vendas foram algumas das fontes mobilizadas na reconstrução dos aspectos da vida econômica da cultura no período. A ideia foi de partir desses dados e caminhar em direção a uma tipologia própria, tendo a estruturação econômica como eixo central.

Objetivo um pouco mais ousado seria propor que, dentro das diferentes organizações e iniciativas levadas a cabo, tenham subsistido forças comuns. Propor que, ao redor das diversas etapas do fenômeno cultural – financiamento, gestão, comercialização etc. – tenham surgido questões compartilhadas. Essas forças teriam o poder de influenciar e, em grande medida, moldar o universo cultural, agenciando-o a objetivos econômicos ampliados. Identificar a presença desses processos ou, se cabe uma metáfora física, desses *vetores sociais*, figura como uma tarefa central na pauta de qualquer estudo econômico sobre a cultura.

Sem embargo, são dois os vetores sociais que, no nosso entender, desempenharam – de modo conjunto e imbricado – papel fundamental na dinâmica econômica da cultura do período: a distinção e a massificação.

Afirmar a importância da distinção como uma força determinante envolve a aceitação de certas premissas a respeito da funcionalidade socioeconômica da arte.[3] Envolve aceitar, por exemplo, que a arte tece relações intrínsecas com proces-

3 Reportamo-nos, aqui, ao debate empreendido por Alain Herscovici a respeito das "macrofuncionalidades" da cultura. O autor, partindo dos debates bourdiesianos sobre a autonomia do campo artístico se debruça sobre as "macrorrelações que unem o sistema socioeconômico global e o campo cultural, este último constituindo-se num subsistema no seio da formação social, ou seja, um sistema parcial que permanece orientado pelo

sos ampliados de exclusão, hierarquização e diferenciação social, pela ação social do luxo, da ostentação ou pelo impacto dos "gastos conspícuos". As nomenclaturas variam bastante, até porque a temática foi abordada por diversos pensadores, deitando raízes nos primórdios mesmo da Ciência Econômica. Os debates fundantes no tema propostos por autores como Bernard Mandeville, Francis Hutcheson ou Adam Smith precisam ser lidos em sua conjuntura original. São reflexões redigidas no contexto da Europa dos séculos XVII e XVIII, na transição do mercantilismo para o liberalismo, num contexto social sobremaneira marcado por estruturas aristocráticas e, nesse sentido, numa ambientação econômica de matizes essencialmente pré-capitalistas (Cook, 2012, p. 3 e Goodwin, 2006, p. 37).

A manutenção de alguns desses padrões ao longo dos séculos seguintes, todavia, seguiu despertando o interesse de outras gerações de estudiosos. Termos e modelos explicativos de nomes canônicos da Sociologia como Norbert Elias, Werner Sombart, Throstein Veblen ou – já em outro contexto intelectual – Pierre Bourdieu, muito contribuíram para a compreensão das continuidades dos efeitos da distinção em contextos modernos. Esses autores serão de grande serventia ao longo de nossa discussão, justamente pela proposição de ferramentais analíticos capazes de mediar as relações sociais entre arte e economia.

Como percorreremos seus argumentos ao longo dos capítulos da presente tese, cabe destacar, por ora, que trabalhar dentro da chave da distinção envolve defrontar-se com questões como: (I) de que maneira a arte é agenciada a processos de diferenciação e exclusão? (II) quais são os mecanismos, instituições e métodos econômicos empregados nesses processos? Ou ainda: (III) como questões intrínsecas ao mundo artístico (seu consumo, financiamento etc.) relacionam-se a processos extra-artísticos?; e, particularmente interessante no contexto nacional, (IV) de que maneira o efeito distinção articulou-se à permanência de padrões aristocráticos ou pré-capitalistas?

Embora efetiva, a chave da distinção tem seus limites heurísticos. Parece-nos que o aparato teórico a ela vinculado dá conta da análise de certos aspectos da dinâmica artística, sobretudo quando situados em contextos locais e relativamente restritos. Essas ferramentas analíticas, por outro lado, não operam tão bem quando

---

sistema econômico. Esta relação de dependência nos conduzirá, então, ao estudo das macrofuncionalidades da Cultura, ou seja, do papel ideológico e econômico atribuído à Cultura, (...), assim como a maneira pela qual os principais conflitos, em termos de grupos ou de subgrupos sociais, se expressam no campo cultural" (1995, p. 51).

entram em cena métodos industriais de produção e distribuição (Cf. Sampaio, 2009, p. 17 e Herscovici, 1995, p. 191).[4] É preciso reconhecer, assim, a existência de uma inflexão histórica fundamental, capaz de promover uma ruptura nas relações entre cultura e economia. Uma alteração capaz de distender ou, no mínimo, de recolocar os laços econômicos firmados pela distinção, mediante a instauração de um segundo vetor de influências: o advento da massificação.[5]

Podemos nos questionar quando exatamente se dá o surgimento dos primeiros produtos culturais produzidos e comercializados em escala massificada, mas não há dúvida de que se registra, a partir das últimas décadas do século XIX, uma alteração sem precedentes na dinâmica produtiva do segmento. Esse fato está relacionado às transformações tecnológicas operadas nas economias centrais do capitalismo ocidental, processo ao qual se convencionou chamar de II Revolução Industrial (Sevcenko, 1998, p. 8-12).

É nesse período que se registram alterações notáveis na estrutura produtiva industrial de países europeus como a Inglaterra, França e Bélgica ou Alemanha, mas também no Japão e nos EUA. O leque de processos industriais se amplia, com a industrialização de setores ligados à eletricidade, à química, à siderurgia, aos transportes e à geração de energia, dentre tantos outros. Registra-se também o surgimento de uma nova gama de produtos e serviços ofertados em inédita escala industrial: pela primeira vez na história, um vasto espectro de bens e serviços torna-se acessível para o consumo massificado. Nessa lista entram não apenas roupas e acessórios, produtos de higiene pessoal, alimentos processados ou medicamentos, mas também

4 Elas serão particularmente úteis no estudo do circuito institucional, conforme veremos no capítulo 2.

5 Sobre o tema, afirma Alain Herscovici que elementos típicos das sociedades pós-industriais anulariam "os efeitos de distinção social ligados a praticas culturais" (1995, p. 65). Adiante, reportando-se aos limites heurísticos do ferramental teórico de Pierre Bourdieu afirma que: "no âmbito de uma perspectiva histórica, a mercantilização dos produtos culturais provocou uma complexificação das modalidades de implementação dos processos concorrenciais; enquanto, inicialmente, no âmbito do campo de produção descrito por Bourdieu, a concorrência entre os diferentes produtores era, essencialmente, de ordem estética e midiática, (...) a tecnologia intervém cada vez mais como elemento determinante no processo concorrencial" (1995, p. 191). O tema é trabalhado também pela economista da cultura Françoise Benhamou, analisando o impacto da entrada de grandes conglomerados econômicos em contextos culturais locais e circunscritos (2007, p. 143).

bicicletas, automóveis e pacotes de viagens transatlânticas. Como veremos, também a cultura se inscreveu de maneira fulcral nesse nascente universo da produção e circulação de produtos massificados em escala global. Analisar os efeitos dessa primeira fase da massificação cultural envolve compreender seus complexos desdobramentos sociais, financeiros e estruturais, tanto no contexto das economias centrais quanto nas demais localidades do globo.

Foram os autores da chamada Teoria Crítica frankfurtiana, em meados do século XX, que mais se centraram em tal análise. Diversos termos por eles cunhados seguem sendo acionados nos estudos voltados à interface entre a arte e a economia no contexto de sociedades industriais. Alguns autores, por exemplo, mobilizam retroativamente o conceito de *indústria cultural*, talhado pelos filósofos Theodor Adorno e Max Horkheimer nos anos de 1940 para analisar as mudanças transcorridas na virada do século XX.[6] É preciso relativizar, obviamente, a aplicabilidade de tais discussões ao caso brasileiro e, mais especificamente, ao contexto nacional por nós analisado na presente tese.[7] Nosso retorno a tais discussões não se atrela à busca pelas "origens" de uma suposta indústria cultural nacional, mas sim à composição de um ferramental analítico capaz de nos auxiliar na condução de nossa própria temática.

Assim, estudar os impactos do efeito-massificação envolve responder a questões como: (I) quais os métodos de produção e distribuição desenvolvidos para a comercialização dos produtos culturais?; (II) quais os efeitos sociais da padronização, massificação ou estandardização de tais produtos?; (III) quais os arranjos econômicos estabelecidos entre grupos da nascente cultura de massas e outros segmentos econômicos?; ou ainda: (IV) quais as particularidades do fenômeno da massificação no contexto brasileiro do início do século XX?

Definem-se, dessa maneira, as duas forças com as quais pretendemos trabalhar na presente tese. Cabe precisar, uma vez mais, que a menção a essas diversas figuras, termos e correntes interpretativas não implica, em absoluto, numa filiação a estruturas teóricas deste ou daquele autor. Pelo contrário: há aqui a aceitação de

---

6 Este é o caso, por exemplo, do trabalho de Huysen (1987). A tarefa de discutir a emergência de uma nova lógica global de produção, distribuição e fruição da cultura na virada do século XX, identificando possíveis laços desse período com momentos posteriores da História Cultural é discutida também – nas mais diversas chaves teóricas e escopos – por Burnett (2011, p. 37-43), Charle (2012, p. 19-23), além de Ohmann (1996) e Williams (1992).

7 Voltaremos a esse tema no capítulo 3.

um aporte analítico capaz de compreender uma realidade social em que subsistiram lógicas distintas, heterogêneas e, por vezes, contraditórias.[8] Pensar uma tipologia baseada nas diferentes estruturações econômicas da cultura e que destaque os multifacetados efeitos da distinção e da massificação envolve pensar não em linhas paralelas, mas em linhas que se influenciam e se pressionam mutuamente. Veremos a maneira pela qual a relação distinção/massificação se manifestou em uma série de conflitos, interagindo e determinando-se conjuntamente.

Se esses dois vetores são registrados em escala global, eles se estruturam, se equilibram e se harmonizam em arranjos únicos, específicos a cada localidade. Assim, os dois efeitos precisam ser posicionados no cenário internacional e, mais especificamente, na posição ocupada pelos países dentro do sistema econômico mundial do período. Tudo indica – e pretendemos demonstrar isso ao longo dos capítulos da tese – que os efeitos da distinção se fizeram muito mais presentes do que os da massificação, gerando um equilíbrio de forças peculiar.

Cabe precisar, nessa seção inicial, uma última tomada de posição metodológica, nossa opção de trabalhar dentro de um escopo analítico mais circunscrito, acionando o conceito de *circuito cultural*. O termo, particularmente interessante aos nossos objetivos, é aqui entendido como o conjunto de espaços de ocorrência dos dois vetores econômicos destacados, o momento social privilegiado de sua realização, circulação e materialização. Como veremos ao longo dos três capítulos, o conceito de circuito dá conta de transcender a materialidade dos suportes, permitindo análises conjuntas de diferentes setores culturais.

Trabalharemos, na presente tese, com três circuitos culturais: (I) o circuito da cultura cotidiana; (II) o circuito institucional ou da "grande arte" e (III) o circuito comercial. Detalharemos as particularidades de cada um deles capítulo a capítulo. De qualquer modo, já temos aqui, então, um quadro geral da tipologia empregada na presente tese: três circuitos culturais, organizados por diferentes agentes, artistas, grupos, atores sociais e instituições. Diferentes métodos de estruturação econômica, diferentes modelos de gestão e distintos volumes e naturezas de recursos empenha-

---

8 É, novamente, Alain Herscovici quem melhor apresenta a questão ao afirmar que "ao lado da cultura de massa, os mercados restritos, geradores de fortes efeitos de distinção, se desenvolvem e constituem o *contrapeso sociológico necessário* ao desenvolvimento da cultura de massa. (...) Isso mostra a *necessidade da permanência dos efeitos de distinção*" (1995, p. 68, destaque nosso).

dos. Um emaranhado de espaços e de iniciativas, conectados, de uma maneira ou de outra, aos vetores da distinção e da massificação.

Nossa proposta é que, desse agregado de forças e de suas mútuas interações, seria possível compor um quadro geral, extraindo um *determinante*, um *vetor agregado* de interações. No fundo, o que está em jogo é uma espécie de média ponderada das forças atuantes nesses diversos circuitos e dos efeitos econômicos da distinção e da massificação neles presentes. Um mapa abrangente da constelação de conexões econômicas internas e externas ao universo artístico, capaz de explicar a dinâmica econômica da cultura brasileira na época, seus processos de produção e reprodução e, proposta ainda mais abrangente, sua influência na vida social como um todo.

Nessa taxonomia, começamos a entender um pouco melhor o primeiro circuito cultural aqui analisado, o da "cultura cotidiana". A proposição do conceito baseia-se em uma série de debates teóricos e traz consigo uma série de complicadores metodológicos. As terminologias são bastante flexíveis, variando de acordo com o autor mobilizado e trazendo consigo diferentes problemas e implicações teóricas. Referimo-nos a debates como o da "cultura do dia-a-dia" (*culture of everyday life*) de John Fiske (1992), a "terceira esfera" (*oikos*) de Arjo Klamer e Peter Zuidhof (1998) ou ainda uma aplicação da noção de "mundo da vida" (*Lebenswelt*) proposta por Jürgen Habermas.[9]

Dentro dessas heterogêneas leituras e propostas, optamos por adotar uma denominação própria: "cultura cotidiana". Sob tal rubrica genérica, aloca-se uma série de fenômenos culturais então articulados. Como veremos, foram iniciativas fundamentais para a dinâmica cultural das duas cidades mas que, ao contrário daquelas ligadas aos circuitos institucional e comercial (analisados nos capítulos 2 e 3 da tese), vincularam-se essencialmente a esferas outras da vida social que não a estritamente artística. São manifestações conectadas ao universo trabalhista, religioso, geográfico, associativo, doméstico, em suma: ao universo do cotidiano. Nosso recorte temático exige, é bem verdade, alguns comentários gerais:

9 Para discussões sobre as relações do conceito habermasiano e o universo cultural, ver, por exemplo, as discussões de Duvenage (2003, p. 106) e também os debates compilados por Calhoun (1992). Outra maneira de abordar é questão é mobilizando o conceito de *subcultura* conforme ele é entendido por autores ligados aos chamados *cultural studies* britânicos. Para debates sobre essa temática, ver as discussões de Frith (2007) e Mouchtouris (2007).

(I) Assumir a existência de um circuito da cultura cotidiana não se confunde com a adoção de um modelo teórico purista. Embora tais iniciativas tenham registrado certas particularidades no que se refere à sua dinâmica e gestão econômica, elas não estão apartadas do restante dos processos sociais. Pelo contrário: à medida que elas crescem ou complexificam-se, passam a entrar na órbita dos efeitos da massificação e da distinção. Veremos como essas duas forças se fizeram presentes, por diferentes caminhos, em fenômenos culturais tão diversos quanto a organização de festas populares, o financiamento de instrumentos musicais para uso doméstico ou o levantamento de recursos para construção de monumentos.

(II) A presença dessas interferências e intersecções entre diferentes forças e atores sociais remete a um conceito amplamente mobilizado nos estudos culturais: o de *circularidade.* O termo é empregado por autores interessados precisamente no estudo de contextos culturais marcados por cisões, onde coexistem manifestações artísticas ligadas a grupos socialmente díspares, mas mutuamente influenciados.[10] Esse tipo de abordagem é funcional e pode ser empregada ao presente estudo se, e somente se, for considerado o hiato social entre esses diversos universos, sobretudo no que se refere às diferenças na estruturação econômica das iniciativas.

(III) Pensar o circuito da cultura cotidiana envolve pensar um quadro geral em que as manifestações culturais ocupam uma posição subalterna, marginal, emergente. Isso porque no universo cultural expressam-se hierarquias e desigualdades extra-artísticas, materializadas nas mais diferentes maneiras. Veremos, assim, o modo pelo qual as atividades populares foram ameaçadas e perseguidas por parte de representantes da cultura oficial. Veremos também o esforço das associações civis pela cultura (sobretudo dos grupos imigrantes e descendentes) para se afirmarem simbolicamente na sociedade vigente.

(IV) Trabalhar com o circuito da cultura cotidiana envolve, em muitos casos, aventurar-se pelo estudo de iniciativas em que a dimensão concreta, territorial ou

---

10 O autor mais acionado dentro dessa discussão é Canclini (1996). Trabalhos como o de Vianna (1989) ou Soihet (1998), voltados à compreensão das interferências entre o universo erudito e popular no Rio de Janeiro do começo do século, ecoam as reflexões do pensador mexicano. É possível, todavia, ir além desse marco teórico. Particularmente interessante são os trabalhos de mapeamento de relações pessoais e/ ou institucionais no universo artístico. Dentro dessa bibliografia, despontam pesquisas como as de Comunian (2010).

física não está de todo definida.[11] Como veremos, no caso das manifestações populares e das iniciativas da sociedade civil pela cultura, os atores sociais envolveram-se justamente na luta pela constituição e viabilidade de espaços próprios. A situação é ainda mais complexa no caso dos salões da classe média, onde o espaço cultural confunde-se com o próprio ambiente doméstico.

Poderíamos seguir adiante na discussão de tópicos e debates teóricos sobre o universo da cultura cotidiana, mas julgamos mais produtivo avançar em direção a nosso estudo propriamente histórico. As próximas seções do capítulo analisam, portanto, um variado espectro de atividades culturais nas quais se registraram operadores da distinção e da massificação bastante sutis mas certamente expressivos.

O universo popular na morfologia urbana da *Belle Époque*

No bojo do circuito da cultura cotidiana, chancela-se um vasto espectro de fenômenos comumente associados ao universo da chamada "cultura popular". O conceito de "cultura popular" é central na bibliografia nacional e uma discussão pormenorizada sobre sua abrangência certamente foge do escopo da presente tese.[12] Nossa opção, assim, foi a de pré-selecionar algumas manifestações comumente vinculadas à rubrica "popular" – manifestações de agremiações negras e parcela dos grupos de imigrantes, festividades religiosas, atividades carnavalescas etc. – e analisar sua dinâmica socioeconômica. A ideia da seção é empreender um olhar panorâmico, indicando os principais atores sociais sobre os quais nos ateremos melhor nas seções posteriores.

Na tipologia aqui proposta, o universo popular inscreve-se no circuito da cultura cotidiana por diversas razões. Veremos, em primeiro lugar, que muitas das iniciativas culturais vinculam-se a finalidades alheias ao universo artístico. Desde cedo, contudo, percebem-se conexões entre esse universo e outros circuitos artísticos (o comercial e o oficial). Mais interessante ainda é identificar pressões dos efeitos massificação e distinção na lógica interna dessas atividades.

---

11 Trata-se de uma situação distinta daquela dos outros espaços que serão analisados nos demais capítulos da tese. Para uma discussão sobre a questão da imaterialidade das manifestações culturais, sobretudo daquelas ligadas a grupos populares, ver Moraes (2010d).

12 Para discussões clássicas sobre os pressupostos teóricos e metodológicos do assunto, ver Arantes (1986), Da Matta (1994), Ortiz (2001) e Velloso (1988).

Comecemos nosso estudo por uma rápida contextualização global a respeito do universo da cultura popular e sua relação com as duas cidades analisadas. A despeito de inegáveis diferenças nos padrões de crescimento das duas urbes, é possível identificar algumas tendências que permitam uma análise conjunta. Tanto Rio de Janeiro quanto São Paulo experimentaram, nas primeiras décadas do século XX, um processo de franco crescimento populacional. O Gráfico 1 traz informações censitárias das duas cidades, indicando o aumento demográfico experimentado:

Gráfico 1 – População do Rio de Janeiro e de São Paulo (1872-1920)

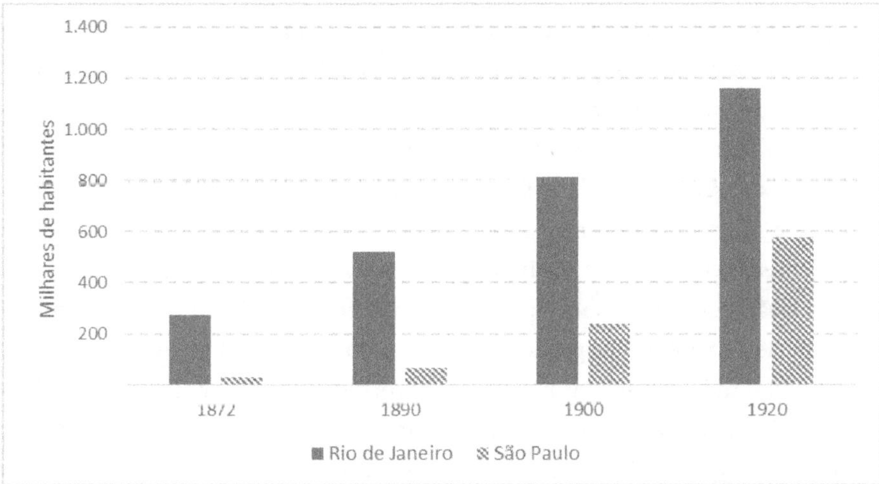

FONTE: Hall (2004) e Abreu (1997), tabulação própria.

Como podemos ver, embora a cidade do Rio de Janeiro tenha se mantido, ao longo de todo o período analisado, mais populosa do que São Paulo, as taxas de crescimento da capital paulista são impressionantes. No período que vai de 1890 a 1900, registra-se um incremento anual médio de 26,9%. No período seguinte, que vai de 1900 a 1920, embora o valor seja inferior (7,1% ao ano), a cifra não deixa de ser expressiva.

Muito desse crescimento originou-se pela vinda de grandes massas populacionais exógenas às duas cidades. No caso de São Paulo, o destaque recai sobre os grupos imigrantes, sobretudo os de ascendência italiana. Chegando ao país pelo porto de Santos rumo às lavouras de café do interior do estado, mais de 144 mil italianos passaram pela cidade entre 1880 a 1889. Foram 430 mil na década seguinte

(Hall, 2004, p. 124). Embora o grosso desses imigrantes tenha se encaminhado para o interior, parte significativa instalou-se na capital, de modo que em 1893, a terça parte da cidade era composta por italianos, número que pode ter chegado a 50% no começo do século XX (*idem*, p. 121). Os italianos, contudo, não estavam sozinhos. Também os sírios, libaneses, japoneses, espanhóis e portugueses afluíram em massa para a nascente metrópole do café. De acordo com Michael Hall, habitavam na cidade de São Paulo no ano de 1920 quase 25 mil espanhóis e mais 65 mil portugueses, fora os expressivos contingentes de japoneses, árabes e judeus (*idem*, p. 132-141).

Já no Rio de Janeiro, a presença estrangeira mais marcante foi a dos portugueses. Valendo-se do censo de 1890, afirma José Murilo de Carvalho que a população estrangeira alcançava, naquele ano, a casa de 30%, sendo que destes, 70% eram lusos (1987, p. 79). Estamos falando de um contingente total de cerca de cem mil pessoas ante um total de mais de 520 mil habitantes.

O vertiginoso crescimento demográfico das duas cidades, contudo, não dependeu exclusivamente de grupos externos que aportaram neste momento. Também os migrantes internos, advindos de diversas partes do Brasil aumentaram as dimensões das urbes (Martins, 2004, *passim*). No caso do Rio de Janeiro, o grande destaque recaiu sobre a migração de negros baianos nos últimos anos da década de 1880 e ao longo dos anos de 1890. Recém-libertos, muitos desses migrantes vieram à capital em busca de oportunidades de trabalho e de melhores condições de vida, fazendo com que a colônia baiana na cidade passasse a ser a mais numerosa população migrante, perdendo apenas para os fluminenses oriundos de comunidades circunvizinhas ao Rio. De 1870 a 1890, a população advinda daquela província/estado passou de 2.120 para 10.633 indivíduos, alcançando a cifra de 12.926 no ano de 1920 (Miranda, 2001, p. 198).

A presença deste grupo baiano, juntamente com a expressiva população de negros nativos da praça carioca, fez com que certas regiões da cidade se tornassem, nos dizeres da imprensa da época, verdadeiros "rincões africanos" (Needle, 1993, p. 72). Como veremos, diversos desses bairros de elevada concentração negra figurarão como os núcleos mais dinâmicos e ativos das manifestações culturais populares da Primeira República, serão locais geográficos vinculados ao surgimento de diversas associações carnavalescas, aos terreiros de candomblé, além da constituição de clubes e pontos festivos junto às dependências da casa das "tias" e "tios" baianos.[13]

Vem se adicionar ao quadro uma série de reformas urbanísticas e modernizadoras levadas a cabo pelas autoridades das duas cidades no período. Pereira Passos, prefeito da capital federal entre os anos 1902 e 1906, deu início ao processo radical de modernização da cidade, com a abertura de avenidas, correção e ratificação das linhas costeiras, projetos de saneamento etc. Todas essas medidas (que chegaram a consumir metade do orçamento da União) buscavam adequar a cidade aos novíssimos padrões técnicos, estéticos e higiênicos das urbes europeias (Needle, 1993). Para a abertura da cosmopolita Avenida Central, realizou-se uma política de demolições de cortiços e demais construções antiquadas do centro velho carioca. No episódio que ficou conhecido como "bota-abaixo", seiscentas habitações coletivas e setenta casas, moradias de quase 15 mil pessoas, foram extirpadas da paisagem urbana (Franceschi, 2002, p. 130 e Moura, 1983, p. 35 e Figura 1).

13 É o caso de figuras como Hilário Jovino e Tia Ciata, personagens fundamentais para a História cultural da cidade e do país (Moura, 1983, p. 57-70). Nascida em Salvador em 1854, Hilária Batista de Almeida (Tia Ciata) transferiu-se para o Rio aos 22 anos. Instalando-se no coração da "colônia baiana" na cidade, logo se tornou uma das mais expressivas sumidades da população negra no Rio (Cf. Moura, 1983, p. 64). João Batista da Silva, seu marido, chegou a cursar a Escola de Medicina na Bahia, mas interrompeu os estudos, transferindo-se para o Rio onde trabalhou como linotipista do *Jornal do Comércio*, na Alfândega e, por fim, num posto do baixo escalão da Polícia. Roberto Moura afirma que João chegou ao cargo graças a contatos com ninguém menos que Wenceslau Brás, que teria sido "curado de uma equizema" graças ao auxílio dos baianos (*idem*, *ibidem*). Hilário Jovino, nasceu em Pernambuco em 1850. Vindo de Salvador para o Rio de Janeiro em 1872, figurou como um dos principais organizadores dos ranchos carnavalescos do período, com destaque para os ranchos "Dois de Ouros" e "Ameno Resedá".

Figura 1 – Cortiços da rua do Senado no Rio de Janeiro (1906)

FONTE: Arquivo Geral da Cidade do Rio de Janeiro in: Moura (1983)

Também as autoridades de São Paulo se dedicaram à realização de um processo análogo de modernização urbana, com a canalização de córregos, a eliminação do velho casario colonial e a abertura e ratificação de antigas vias públicas (Koguruma, 2003, *passim* e Saes, 2004, p. 226-234). Ao longo das primeiras décadas do século XX, o "arraial da borda do sertão" cederia lugar a uma moderna e dinâmica metrópole, louvada em verso e prosa por jornalistas, cronistas e escritores do período.[14] Percebe-se na crônica d'*A Cigarra* que esse processo de modernização está longe de encerrar-se numa dimensão estritamente técnica ou urbanística:

> São Paulo moderniza-se, vai deixando aos poucos a carcaça da cidade colonial de Piratininga. Pode mesmo dizer-se que da antiga terra de Tibiriçá só possui, quase no mesmo estado primitivo, a Várzea do Carmo, que o ilustre prefeito pretende embelezar. A picareta civilizadora tenciona ras-

14 Voltaremos a discutir esse processo de modernização da cidade de São Paulo e suas implicações para o mundo das artes no próximo capítulo.

> gar-lhe novas avenidas e o progresso já substitui em toda parte os pesados casarões antigos por prédios elegantes. Faz-se preciso agora civilizar também o povo, educá-lo de acordo com o meio, erguendo-o à altura desse adiantamento. É necessário habituá-lo, em primeiro lugar, a calçar-se e vestir-se, para que não haja o flagrante contraste entre os elegantes que fazem o corso de Higienópolis e flanam das 3 às 5 na rua Quinze [de Novembro, no Triângulo Central, zona mais elegante da cidade - JLM] com os pés rapados que a cada passo se encontram nos pontos de maior trânsito (*AC, jun/1914*).

Tanto as reformas empreendidas no Rio de Janeiro quanto em São Paulo inscreveram-se numa grande proposta *higienista*, com a expulsão da população tradicional desses lugares para fora das regiões centrais (Sevcenko, 1992, p. 127). Despejados de suas moradias, esses grupos passam a ocupar novos pontos da cidade, afastando-se para locais precários e carentes de infraestrutura. Se a geografia paulista permitiu a dispersão rumo a núcleos residenciais mais afastados, registrou-se no Rio de Janeiro uma superconcentração populacional em certos bairros como a Gamboa, a Cidade Nova ou a Saúde (Moura, 1983, p. 51-54). Ora, mas eram justamente para estes lugares, próximos à zona portuária e, portanto, às regiões ofertantes de emprego, que incorriam as novas levas de migrantes e imigrantes. O resultado disso foi a constituição de núcleos de alta densidade populacional e grande heterogeneidade cultural (Ferreira, 2005, p. 147). Símbolo maior dessa miscelânea cultural, étnica e social da capital federal nos primeiros anos da República foi a Praça Onze, citada por tantos músicos e artistas como um centro agregador de diversas manifestações festivas do período e como um verdadeiro nó geográfico para onde muitas associações e grupos se encaminhavam durante o carnaval e demais dias festivos (Moura, 1983, p. 54).

A existência desse tipo de local permitiu e catalisou um já acentuado *gregarismo social* do período. Parece difícil encontrar outro período da História nacional em que tantas e tão variadas agregações tenham surgido e/ou desenvolvido atividades: de sindicatos trabalhistas e filantrópicos, passando por clubes religiosos, associações comerciais, comissões patrióticas ligadas às diversas colônias até as agremiações carnavalescas, "chás dançantes", grupos recreativos ou os nascentes clubes esportivos.

Registrou-se tanto no Rio de Janeiro quanto em São Paulo o que José Murilo de Carvalho chamou de "furor associativo" (1987, p. 141).[15]

Alguns números do período indicam a magnitude desse fenômeno: no ano de 1901, nada menos do que 250 sociedades cariocas anunciaram atividades carnavalescas pelas páginas do *Jornal do Brasil* (Gonçalves, 2007, p. 18). Seis anos depois, 312 grupos da cidade pediram autorização para desfilar (Cunha, 2001, p. 197).[16] Já Luciana Franca, em sua pesquisa sobre o teatro amador no Rio de Janeiro identifica uma verdadeira centena de palcos amadores em diversas regiões da capital federal (2011, p. 36-42). Mesmo nos meses de inverno em que, supostamente, as atrações recreativas seriam menos frequentes do que nos tempos de Momo, observamos atividade de mais de 60 grupos na capital paulista (Cf. Moraes, 2013a, p. 75-76).

Parece-nos fundamental destacar a maneira pela qual esses grupos se prestaram às mais variadas atribuições e objetivos. Diante da sobreposição (e em muitos casos, a mais completa indiferenciação) entre as distintas finalidades das agremiações, vemos despontar as atividades culturais, ora figurando centralmente aos propósitos das associações, ora de maneira complementar ou coadjuvante a fins outros. Disso decorre sua importância para a presente tese: é essencialmente a partir dessas sociedades que se organizará o universo popular.

Avancemos agora rumo a uma caracterização dessa heterogênea massa de agremiações, identificando suas pontes e conexões com o mundo da cultura. Um primeiro grupo de destaque são as agremiações culturais originadas e/ou atreladas ao universo do trabalho. Ao longo das páginas dos periódicos da época, são inúmeras as referências a grupos musicais organizados por funcionários de fábricas. Exemplos disso são as agremiações paulistas Sociedade Recreativa dos Ourives, o Sindicato Gráfico ou a União Farmacêutica (*OESP, 09/08/1917*, *20/07/1917* e *23/07/1917*, respectivamente), a Banda da Fábrica de Vidros do Brasil no Rio (*OPA*, *25/07/1909*) além das "diversas sociedades operárias [que] saíram à rua trazendo à frente a alegria comunicativa das bandas de músicas" nos festejos de Primeiro de Maio (*RF, 01/05/1907*).

Além das apresentações realizadas no Dia do Trabalho, Maria Clementina da Cunha e Rachel Soihet destacam a atuação dessas associações operárias em outras

15 Cabe perguntar-se também em que medida esse fenômeno não se reproduziu em escala mundial. Sobre o assunto, ver Hobsbawm (2008, capítulo 5).

16 Discutiremos a política de licenças de desfile na seção "do entrudo aos clubs".

datas, sobretudo no carnaval. Por vezes, as agremiações carnavalescas organizavam-se em perspectivas classistas ampliadas, como a Flor dos Operários, a Lira Operária ou a União Operária. Noutros casos, a organização partia de contextos menores, como as agremiações fabris Operários da Vila Isabel (Fábrica Confiança), Recreio dos Anjos (Companhia de Luz Esteárica), Luz do Povo (Companhia de Gás), União da Aliança (Fábrica de Tecidos Aliança) ou os Caprichosos da Estopa (Cunha, 2001, p. 171 e Soihet, 1998, p. 92).[17]

De todas as associações musicais de classe, nenhuma parece ter sido tão influente quanto a famosa banda dos bombeiros do Rio de Janeiro. Liderada pelo maestro Anacleto de Medeiros, por ela passaram diversos músicos de primeira ordem como o flautista Irineu Pianinho, os clarinetistas Antão e Pedro Augusto, os tocadores de bombardino Geraldo e João Mulatinho, o trombonista Irineu de Almeida e o pistonista Albertino Pimentel (Cf. Cabral, 2007, p. 26).[18]

José Ramos Tinhorão sugere, inclusive, que muitos músicos optavam por seguir a carreira de bombeiro com o intuito de adentrar na seleta banda. O motivo era óbvio: além do salário e de garantias de estabilidade profissional maior que em outras atividades (além das dispensas de obrigações do quartel oferecida àqueles que participassem de tais grupos), as bandas militares figuravam como espaços privilegiados de encontro e composição musical do começo do século, sendo convidadas a tomar parte em vários tipos de festejos do período (militares ou não) (2005, p. 112).

A lista desses agrupamentos é, de fato, numerosa: além dos Bombeiros, ouviram-se no Rio de Janeiro das últimas décadas do século XIX e começo do XX apresentações da Banda do Corpo de Marinheiros, Banda da Guarda Nacional, Banda do Corpo Policial da Província do Rio de Janeiro, Banda do Batalhão Municipal, Banda do Corpo Militar da Polícia, Banda da Escola Militar da Praia Vermelha, sem mencionar as bandas dos inúmeros regimentos do Exército sediados na cidade (*idem*, p. 117).[19]

---

17 Sobre o assunto, ver também Efegê (1997, p. 141).

18 Sobre a importância da banda dos bombeiros na História da Música do Rio e do Brasil, ver Cunha (2001, p. 223), Cazes (1998, p. 30) e Tinhorão (2005, p. 123).

19 Em São Paulo a atividade das bandas militares foi menor, embora a bibliografia atribua grande relevância à Banda da Força Pública, liderada pelo Maestro Antão, que por anos realizou apresentações musicais no Vale do Anhangabaú, sendo seus concertos muito concorridos e frequentados pela população paulistana (*idem*, p. 128 e Moraes, 2013a, p. 176 e Bessa, 2012, p. 166-167).

Parcialmente ligado ao mundo do trabalho, surge um segundo grupo de destaque de atividades culturais das agremiações populares, que eram as atividades de *beneficência coletiva* (Lobo, 1978, p. 505).[20] Embora as funções dessas sociedades variassem, a maioria tinha o custeio de despesas médicas, previdenciárias e funerárias dos associados como objetivos primordiais.[21] As atividades de lazer e entretenimento, contudo, sempre estiveram presentes na dinâmica dessas associações. A Tabela 1 compila algumas informações da pesquisa de Tânia de Luca sobre as sociedades de Socorros Mútuos atuantes no Estado de São Paulo entre 1890 a 1935. Embora o recorte (geográfico e temporal) extravase os limites da presente tese, os dados são bastante interessantes:

20 Para uma discussão historiográfica sobre o tema, ver Fausto (1991, p. 41-43) e De Luca (1990, p. 7-8).

21 Cf. De Luca (1990) e Viscardi e Jesus (2007). Alguns autores destacam também as sociedades de crédito mútuo para membros da comunidade étnica. Este seria o caso, por exemplo, da prática do *Tanomoshi-ko* entre membros da comunidade japonesa em São Paulo (Cf. Taniguti, 2012, *passim*).

Tabela 1 – Associações mutuais paulistanas e atividades de lazer

Natureza da associação	Nº de mutuais mapeadas [a]	% Sobre o total	Número de associados das mutuais (em 1911) [b]			% das mutuais que tinham atividades de lazer como objetivo estatutário [c]
			Mínimo	Médio	Máximo	
Étnicas I [d]	22	13,10%	53	139	307	**25,90%**
Por categorias profissinais [e]	36	21,43%	71	664	1.725	**21,80%**
Regional / de bairro	20	11,90%	Aprox. 100 a 150[g]			**21,40%**
Organizada por funcionários de empresa pública	13	7,74%	68	209	456	**16,20%**
Étnicas II [f]	23	13,69%	50	1.054	4.587	**11,60%**
Organizada por funcionários de empresa privada	22	13,10%	41	2.431	5.577	**5,30%**
Abertas	32	19,05%	169	1.024	3.247	**4,50%**
Total	**168**	**100%**				**16,30%**

[a] Foram computadas aqui apenas as mutuais fundadas e/ou atuantes na capital paulista no período de nosso estudo.
[b] Os valores são referentes apenas às associações em que esse dado foi disponibilizado, não correspondendo, portanto, a todas as mutuais indicadas na segunda coluna
[c] Este foi o único critério da tabela em que não foi possível isolar as informações sobre a capital e as demais cidades do estado. Os dados, portanto, referem-se à mutuais não apenas de São Paulo, mas também Santos, Jundiaí e Campinas.
[d] Alocam-se aqui as associações alemães, armênias, húngaras e austro-húngaras, escandinavas, estonianas, francesas, iugoslavas, japonesas, libanesas, lituanas, russas, sírias, suíças além de migrantes e negras, além de grupos de imigrantes sem etnia definida.
[e] Foram utilizados aqui dados referentes ao ano de 1913, cuja disponibilidade de informação era superior ao de 1911.
[f] Alocam-se aqui as associações portuguesas, espanholas e italianas.
[g] Há escassa disponibilidade de dados dentro desse tipo de associação (nenhum deles para 1911). Foram usados, assim, dados de outros anos.
FONTE: De Luca (1990). Cálculo e tabulação do autor.

Vemos, assim, que 16,3% das sociedades mapeadas na pesquisa indicaram ter em seu rol de objetivos algum tipo de atividade de lazer e entretenimento. O valor, contudo, se amplifica dentro de algumas subcategorias. As associações mutuais de imigrantes árabes, judeus ou do leste europeu estiveram particularmente envolvidas com a promoção de atividades culturais.[22] É o caso, por exemplo, das sociedades organizadas pelas comunidades sírio-libanesas ou judaicas, como a Sociedade Mocidade de Homcie (1908), Sociedade Beneficente das Damas (1918), Beneficência Beirutense (1920) e Associação Beneficente das Moças (1921), a Sociedade Beneficente das Damas Israelitas (1915) ou a Sociedade Israelita Amigos dos Pobres (1916) (Truzzi, 1992, p. 15 e Fabel, 1999, p. 16).

O menor valor encontrado nas mutuais de outras etnias ou de outros recortes (profissional, regional etc.) não deve ser interpretado erroneamente. Também aqui o lazer e o entretenimento aparecem com constância. Conforme veremos, grupos

22 "Parece claro que o traço mais característico do numeroso grupo das mutuais de estrangeiros era a presença do chamado *sentimento pátrio*, elemento que se apresentava ora difuso, ora manifesto sob múltiplas roupagens: (...) [como] na intenção de defender a cultura e o idioma pátrio (...). Instrução e lazer estavam impregnados pelo mesmo sentimento; aquela por ser o veículo capaz de disseminar nas gerações aqui nascidas os valores dos ancestrais; este por dar ensejo às reminiscências" (De Luca, 1990, p. 144-145).

espanhóis, italianos e portugueses foram altamente atuantes no cenário cultural no início do século XX.[23] Movimento análogo foi registrado também nas sociedades negras do período. Afirma Roberto Moura que os auxílios mútuos de associações negras remetem a uma tradição que se origina ainda no século XIX com as juntas e irmandades de alforriados que se associavam para angariar fundos para a compra de liberdade de parentes e amigos (1983, p. 20-23). Dilmar Miranda também vê nas diversas associações negras do começo do século XX um desdobramento das confrarias negras oitocentistas (2001, p. 184 e Dozena, 2012, p. 50).

A multiplicidade de funções das agremiações (que atuavam tanto com fins beneficentes quanto recreativos/culturais) não esteve isenta de complicações. Como veremos, o pauperismo foi marcante na dinâmica econômica de muitas delas e as atividades recreativas, por vezes, ofuscavam as reais finalidades do grupo. Numa nota publicada no *JOA* – vinculado a associações negras do Glicério, em São Paulo – reclama o cronista (e membro da diretoria de uma mutualista) que "os rapazes mostram cinco ou seis recibos da sociedade dançante e nenhum da beneficente" (*JOA, 09/05/1919*). Noutra crônica do mesmo jornal, surge o lamento de outro diretor: "é doloroso quando temos necessidade de abrir mão de um baile ou um espetáculo dramático para socorrer um enfermo ou manter uma causa de utilidade, e precisando estes socorros de homens de nossa classe, custa conseguir!" (*Idem, 12/10/1918*).

Em outros casos, a sociabilidade das agremiações extrapolava o universo do trabalho ou do auxílio mútuo. Pudemos observar grande sobreposição de atividades culturais das associações populares com outras esferas da vida como, por exemplo, os festejos religiosos (Carvalho, 1987, p. 44). Nessa proposta, são particularmente interessantes as *quermesses de arrecadação* de fundos para construção ou reforma de igrejas e demais obras de filantropia. As cifras arrecadadas em tais atividades (muitas vezes publicadas pelas páginas dos jornais da época) figuram como fonte histórica, capaz de nos indicar os volumes de recursos movimentados pelas agremiações.

A existência desse tipo de festividade aponta para um último tipo de recorte possível para o estudo das iniciativas da cultura popular, que é o recorte *geográfico/regional*, também indicado na Tabela 1. Ao que tudo indica, tanto no Rio de Janeiro

23 Sobre o assunto, ver Souza (2006, p. 47-60) e Pascal (2004, p. 103-124). Uma menção precisa ser feita também ao grupo dos japoneses em São Paulo. Embora nas décadas iniciais do século XX a imigração do país asiático estivesse apenas engatinhando, já vemos surgir alguns grupos e atividades culturais promovidas por agremiações como a Associação Japonesa ou o Nippon Clube (Cf. Handa, 1987, p. 165-174).

quanto em São Paulo a própria estrutura urbana – composta por núcleos residenciais relativamente afastados e muitas vezes mal articulados – proporcionou a constituição de diversos canais de sociabilidade e territorialidades locais (Cf. Rago, 2004 e Simson, 2007).[24] Vimos, na Tabela 1, que cerca de um quinto dos grupos mutualistas de recorte regional indicavam atividades de lazer como um objetivo. A estes é preciso adicionar também as associações exclusivamente dedicadas à recreação. Apenas para mencionar alguns grupos atuantes em São Paulo, destacamos o Familiar da Lapa, Centro Vila Buarque, União da Luz, Centro Recreativo do Ipiranga, Centro Recreativo do Paraíso, Estrela do Oriente do Bom Retiro, União Musical Campos Elíseos, Clube Elite Liberdade dentre tantos outros que anunciaram atividades em sedes próprias ou alugadas (Moraes, 2013a, p. 75-76).

Tanto em São Paulo quanto no Rio, a dispersão geográfica das associações indica, uma vez mais, a ocorrência de áreas de considerável concentração cultural. Com apenas 23% da população da capital carioca, as freguesias de Santana, Santa Rita e Espírito Santo (justamente aquelas mais próximas da região portuária) abrigavam na primeira década do século XX quase 40% das agremiações carnavalescas conhecidas (Cunha, 2001, p. 166). Trata-se de um quadro curioso ocasionado pela já mencionada concomitância de espaços de sociabilidade de diversos grupos populares, desde os de negros egressos da Bahia até os de imigrantes portugueses, espanhóis e italianos (Soihet, 1998, p. 24-27).

A sobreposição de eventos num mesmo espaço implicava algumas complexidades sociais, ocasionando tanto relações de apoio quanto de tensão entre grupos populares de diferentes origens. José Murilo de Carvalho e Mônica Velloso destacam uma série de focos de atritos sociais entre os dois grupos populares majoritários do Rio de Janeiro: os lusitanos e os negros. Não apenas durante os dias de carnaval, mas também nas celebrações das festas da Penha, uma festividade originalmente lusitana (mas paulatinamente conquistada por grupos negros) registraram-se brigas e tumultos (Carvalho, 1987, p. 142 e Velloso, 1988, p. 20). Marília Cánovas, por sua vez, destaca atritos entre comunidades imigrantes distintas em São Paulo, como os espanhóis e italianos no Brás (Cf. 2009, p. 366 e Figura 2).

---

24 Sobre o assunto ver também a discussão de Oliveira (2009, p. 174).

Figura 2 – Planta da cidade de São Paulo (1914)

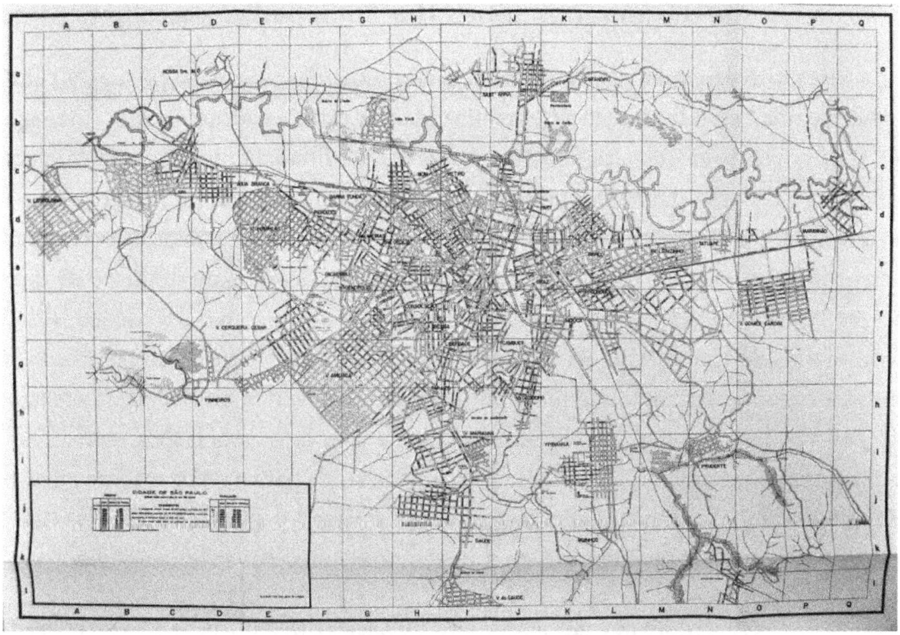

FONTE: Arquivo do Estado de São Paulo

Seja pelo menor contingente de negros vis-à-vis os grupos imigrantes quanto pela própria geografia urbana de São Paulo, parece que na capital paulista os atritos ocasionados pela concentração espacial entre grupos negros e imigrantes não foi tão acentuada. De acordo com as análises de Olga Von Simson e de Alessandro Dozena, foram três os principais polos de ocorrência simultânea dos dois grupos: o Bexiga, a Baixada do Glicério e, posteriormente, a Barra Funda (Simson, 2007, p. 99 e Dozena, 2012, p. 41).[25] Os depoimentos colhidos pelos autores indicam, no mais das vezes, relações harmoniosas nas três regiões, embora por vezes os desafetos pessoais ou diferenças sociais ocasionassem atritos (Simson, 2007, p. 189-193).[26]

25 Essa situação pode ser encontrada também ao longo das páginas da mídia negra de São Paulo, como numa crônica do *JAL*: "percorrei as sociedades dos homens de cor e nelas encontrareis, sócios, sócias ou convidados de diversas nacionalidades, especialmente italiana ou portuguesa" (*14/12/1919*).

26 Numa crônica, a respeito de ensaios de um grupo musical lusitano carioca (o *Orpheon*) o desentendimento ocorreu porque foi chamado um maestro espanhol para comandar o evento (*O Paiz, 11/07/1917*). Sobre o tema, ver também Dozena (2012, p. 28).

"A flor do baile": recursos de financiamento das sociedades populares

Descrito esse quadro geral, podemos avançar na caracterização da estrutura econômica das atividades culturais realizadas por essas associações. Em linhas gerais, é possível dizer que, como estrutura básica de financiamento, as agremiações populares – e, consequentemente, o universo da cultura popular como um todo – se fiavam num composto entre pagamento de mensalidades de sócios e arrecadação extraordinária por meio de leilões, venda de prendas, doações ou dinheiro de quermesses. As modalidades variavam, obviamente, de acordo com o tipo de festividade e com o tipo de agremiação. Numa celebração de cunho religioso, como a Festa da Penha, despontavam métodos mais pudicos como a "venda em leilão de ofertas à Virgem" (Soihet, 1998, p. 44). Já nos festejos de grupos e associações recreativas e dançantes encontramos menções a utilização das sedes para a realização de partidas de jogos de azar (Cunha, 2001, p. 233). Sobre os métodos de arrecadação das agremiações carnavalescas paulistanas do começo do século, afirma Simson que:

> Os cordões que desfilavam nos carnavais dos anos 1910 e 1920 arrecadavam uma contribuição mensal de seus membros que, apesar de modesta (dois mil réis), não era obrigatória: 'dava quem podia'. (...) Quando o cordão alcançava um contingente razoável de membros (cerca de 150 a duzentos) e certo grau de organização, a diretoria geralmente alugava um salão de baile, que propiciava recursos para o desfile carnavalesco. (...) Os sócios do cordão estavam isentos de pagar entrada (pois já davam sua contribuição mensal), mas os demais o faziam, gerando uma receita considerável, que era empregada no desfile. Durante os bailes costumava-se realizar o leilão de uma rosa, e quem a arrematasse poderia, entregando-a à moça mais bonita do baile, dançar com ela uma valsa. A prenda chegava a ser arrematada por vinte mil réis (2007, p. 140).

O volume de recursos que essas agremiações conseguiam atingir dependia simultaneamente de seu poder de organização, isto é, do número de associados que conseguiam angariar, bem como do perfil socioeconômico desses membros. Edigar de Alencar, analisando os clubes onde o pianista Sinhô iniciou sua carreira, afirma que "o forte dessas sociedades eram as empregadas domésticas e os operários, com predominância dos negros" (1981, p. 80). Ora, parece ser justamente esse o público leitor dos jornais negros paulistanos consultados, a julgar pela leitura da seção de cartas do *JOA* onde um grupo de empregadas domésticas vinha pedir apoio ao jornal em sua reivindicação de remunerações mensais de "Rs. 60$000 a 80$000" mais o pagamento dos custos de condução (*28/09/1921*).[27]

É bem verdade que algumas agremiações eram compostas por associados de maior poder aquisitivo. O rancho carnavalesco Ameno Resedá foi fundado por 32 membros em 1908 e atingiu, em 1911, a cifra de "125 pares" (Cunha, 2001, p. 222). De acordo com Maria Clementina Cunha, dentro do núcleo formador da agremiação encontravam-se sete operários do Arsenal da Marinha, um cocheiro, dez pequenos funcionários públicos (porteiros, contínuos, carteiros etc.), um bedel da Escola Nacional, um músico profissional e uma costureira (*idem, ibidem*). Esse padrão social, composto majoritariamente por funcionários públicos de baixo escalão está de acordo com o levantamento feito por José Ramos Tinhorão sobre o perfil socioeconômico de 128 músicos cariocas de finais do século XIX. Destes, nada menos do que 122 eram funcionários públicos, com grande destaque para os 44 carteiros (Tinhorão, 1991, p. 106 *apud* Guérios, 2003, p. 66).[28] O argumento é reforçado pela pesquisa de Lilian Sampaio. Em seu levantamento sobre 352 músicos populares no Rio de Janeiro nas primeiras décadas do século XX, nada menos do que 137, ou 39%, alocam-se na rubrica "Funcionário / Operário".[29] O valor se amplia se considerarmos os 37 que participavam das Forças Armadas (2011, p. 82).

---

27 Durante nosso período de estudo, a moeda corrente no Brasil eram os "réis". Usualmente, tem-se por medida de referência o mil-réis, grafado da seguinte forma: Rs. 1$000. Para valores monetários mais elevados, costuma-se utilizar o "conto de réis" que corresponde a mil unidades do mil-réis, sendo grafado da seguinte maneira: Rs. 1:000$000. Para facilitar a visualização dos valores, mantivemos os numerários dos contos de réis por extenso ao longo da tese. Para uma análise mais aprofundada sobre os níveis de remuneração de profissionais do período (sobretudo no setor industrial), ver Hardman (1982) e Aldrighi (1985) e também o apêndice metodológico de Moraes (2013a).

28 Tinhorão, Jose Ramos. Pequena história da música popular: da modinha a lambada. São Paulo: Art Editora, 1991 *apud* Gúerios (2009).

29 "Se olharmos as ocupações dos músicos de nosso banco de dados, veremos que são, na grande maioria, (...) operários e funcionários do Estado ou operários das indústrias têxteis, além de empregados em transporte. Encontramos entre os músicos amadores ocupações como condutor de bonde da Companhia S. Cristóvão, condutor de trem da Estrada de Ferro Central do Brasil, caixeiro e despachante de Alfândega, funcionário

Em São Paulo, o G.C. Barra Funda, liderado pelo carpinteiro Dionísio Barboza, foi fundado em 1914 contando com apenas 8 membros, sendo eles seis negros e dois brancos de origem italiana. Quatro anos depois, o grupo possuía cinquenta passistas (Simson, 2007, p. 105). Já o Campos Elyseos, outra agremiação da Zona Oeste, fundado em 1919, teria sido composto por "negros de situação financeira um pouco melhor", provavelmente ligados a prestação de serviços domésticos dos casarões da região (Silva, 2008, p. 76). Conforme exposto na Tabela 1, algumas das associações de imigrantes, como a Sociedade Espanhola de Auxílios Mútuos chegaram à casa de 450 membros, em 1911. A Federação Espanhola, por sua vez, registrava 700 membros (Cánovas, 2009, p. 370-391).[30]

A pesquisa de Tânia de Luca sobre as associações mutualistas em São Paulo nos fornece mais dados a respeito do número de associados por agremiação. Exceção feita à Real e Benemérita Sociedade Portuguesa de Beneficência – que chegou a ter mais de 4 mil associados – as mutuais étnicas paulistas detinham, em média, três dígitos de associados (De Luca, 1990, p. 134). No campo das associações profissionais os valores variam sobremaneira, de acordo com a categoria a ela atrelada. Assim, grupos como a Sociedade Beneficente União dos Cocheiros ou a Associação Tipográfica Paulistana de Socorros Mútuos não ultrapassaram a casa de 160 afiliados. Já o Grêmio do Comércio de São Paulo ou a Sociedade Humanitária dos Empregados no Comércio de São Paulo chegaram a casa de quase 2 mil sócios cada (*idem*, p. 74-76). Nada se compara, finalmente, a agremiações gigantescas como a Sociedade Beneficente dos Empregados da SP Railway Cia. que, em 1913 chegou a deter 6.856 associados (*idem*, p. 47).

O levantamento de fundos por meio de mensalidades não parece ter sido exclusivo das associações populares de pequeno porte e muito menos ter se restringido a nosso período de análises. Maria Cunha indica que pelo menos desde os anos de 1850, com a constituição das chamadas Grandes Associações do Carnaval carioca,

---

do Tribunal de Contas e da Casa da Moeda, servente do Tesouro Nacional, cocheiro da Light, tipógrafo da Imprensa Nacional, estafetas dos Telégrafos, estivador do Porto, operários do Arsenal de Guerra e do Arsenal da Marinha, operários da Fábrica de Tecidos de Vila Isabel e da Cia Fiação Tecidos Confiança, mas principalmente, veremos carteiros dos Correios" (Sampaio, 2011, p. 81-82).

30 Sobre a última, veremos que essas associações podem ter transcendido o circuito popular, inscrevendo-se num tipo mais complexo de atividade cultural.

as atividades culturais valiam-se do "concurso de subscrições generosas de sócios beneméritos" (2001, p. 148).[31]

Era uma praxe recorrer aos "patronos das festas" quando se exigia um aporte maior de recursos, como no caso do carnaval. Corriam por toda a cidade os diretores das agremiações segurando seus famosos "livros de ouro", angariando apoio de figuras de relevo dispostas a auxiliar os festejos.[32] Nos meses que antecediam o carnaval, a diretoria dessas agremiações buscava apoio de autoridades, políticos, comerciantes ou simplesmente amigos subscritores das festas (Gonçalves, 2007, p. 156).[33] Em muitos casos os patronos eram indivíduos que, cada um à sua maneira, contribuíam para a realização dos préstitos. Em troca de seu auxílio, recebiam as visitas dos cortejos durante as festividades ou tinham seus nomes expostos em faixas (Simson, 2007, p. 139-142 e Moura, 1983, p. 68).

Noutros casos, o apoio vinha de casas comerciais que, simpáticas aos vizinhos ou interessadas no movimento que a vinda de populares poderia proporcionar às vendas, demonstravam grande interesse nos momentos festivos (Queiroz, 1999, p. 53). Ao que tudo indica, eram os comerciantes de tecidos os que mais se empolgavam em apoiar os grupos populares, sendo, muitas vezes responsáveis pelo fornecimento de panos e acessórios para a confecção das fantasias dos desfiles em troca da divulgação do nome de suas casas (Simson, 2007, p. 105). Miranda destaca também as doações de flores feitas pelas casas funerárias para os cordões cariocas (2001, p. 222).[34] Identificamos, outrossim, uma última fonte patrocinadora dos blocos carnavalescos: as companhias de bebidas alcoólicas, como a Brahma que, em 1915, subvencionou as atividades do bloco Tenentes do Diabo (AFF, 12/02/1915).

---

31 Discutiremos à frente o surgimento e o papel social das Grandes Sociedades Carnavalescas do Rio de Janeiro.

32 Sobre a importância dessa modalidade para a realização do carnaval do Rio de Janeiro, afirma Maria Cunha que: "quando os sócios endinheirados já minguavam, fora o famoso 'Livro de Ouro', com o qual essas agremiações obtinham recursos dos comerciantes da área central, em troca de passagens pelas ruas elegantes" (2001, p. 148).

33 "Sem visar a resultados financeiros, contavam também com outros apoios políticos e culturalmente importantes" (Cunha, 2001, p. 224).

34 Renata Gonçalves identificou algumas dessas lojas e estabelecimentos comerciais que se beneficiavam do movimento das festas. Num dos anúncios, lê-se que: "pintam-se estandartes a Rs. 10$000, Rs. 20$000 e Rs. 30$000 e mais, trata-se com o pintor Lafe, na Avenida Passos nº 30, Papelaria" (2007, p. 156).

A relação entre as casas e empresas comerciais com os grupos populares não se encerrava no carnaval: diversas lojas valiam-se dos festejos da Penha no Rio e de Pirapora do Bom Jesus em São Paulo para incrementar suas vendas sazonais. Mobilizando milhares de pessoas oriundas das mais distantes paróquias do Rio de Janeiro e suas circunvizinhanças, o festejo carioca despontava como a segunda festividade mais importante do calendário local. Nada mais natural do que o anúncio da loja *Au Bijou de la Mode* oferecendo aos devotos preços especiais de chapéus a Rs. 19$000 e ternos de brim a Rs. 20$000 (*OPA, 03/10/1908* e *19/10/1906 apud* Soihet, 1998, p. 44). Destaca-se, por fim, o surgimento de um incipiente comércio especializado. Marília Cánovas, por exemplo, cita o desenvolvimento de confeitarias dedicadas ao fornecimento de alimentos para festividades da colônia espanhola em São Paulo (2009, p. 393).

Já se percebem também vinculações das associações populares com canais econômicos de maior envergadura (Cf. Farias, 2003, p. 192-196). O círculo de conexões da colônia espanhola, por exemplo, sugere vínculos das agremiações populares teatrais amadoras com figuras do nascente canal de massificação cultural do período. O apoio de Pedro Julián, proprietário do Cine Avenida, às festividades dessas agremiações e o patrocínio de artesãos e donos de lojas de instrumentos musicais à Federação Espanhola são alguns exemplos desse movimento. Acresce-se ao quadro a grande circulação do ator e cineasta pioneiro José Medina pelas atividades amadoras teatrais do Centro Espanhol no momento (Cánovas, 2009, p. 384-399).

É cedo, contudo, para ver nessas conexões uma vinculação do circuito popular aos canais da massificação cultural. Discutiremos esse ponto adiante. Cabe indicar, por ora, que esses vínculos sugerem antes a existência de relações pessoais entre os membros das diversas associações com lojistas e/ou outros agentes econômicos do que um efetivo projeto de massificação do segmento.

Seja como for, a leitura das notas de jornais fornece uma noção de quanto cada um dos sócios convencionais podia ou estava dispostos a pagar. Em 1919, a Sociedade negra XV de Novembro de São Paulo fazia benefícios cobrando Rs. 3$000 de participação, mas as flores de prenda não saíam por menos de "Rs. 5$000 ou Rs. 10$000" (*JOA, 12/10/1919* e *09/05/1919*). A reforma do Asilo Nossa Senhora de Pompeia no Rio de Janeiro recebeu donativos pessoais que iam de Rs. 2$000 a vultuosos Rs. 200$000, registrando-se imensa concentração na faixa entre Rs. 15$000 e Rs. 20$000 (*OPA, 27/07/1918*).

O resultado dessas iniciativas não parece ter sido de todo inexpressivo. As subscrições de associações de socorro mútuo como a Unión Republicana ou a Sociedade Espanhola de Auxílios Mútuos, envolviam colaborações individuais variadas (entre Rs. 1$000 e Rs. 30$000) mas atingiram recursos acima de 1 conto de réis (Rs. 1:000$000) (Cánovas, 2009, p. 356-357). Numa nota publicada n'*OPA*, lemos que uma associação conjunta de caridade buscava obter, por meio de "festas campestres e tômbolas" o total de 16 contos de réis (Rs. 16:000$000) para auxílios à Escola Profissional e Asilo para Cegos (*10/07/1909*). No Rio de Janeiro, uma associação montada para angariar fundos para reforma de paróquias indicava necessitar de 100 contos (Rs. 100:000$000), tendo obtido Rs. 14:048$000 por meio de doações (*OPA, 12/07/1917*).

A vinculação desses dados não pretende apenas mostrar a dimensão dos recursos que circulavam dentro de tais festividades mas, ponto fundamental, identificar as destinações culturais de alguns desses recursos e a racionalidade econômica por trás desses recursos. Lemos assim que dos Rs. 986$490 levantados para o auxílio da Paróquia Nossa Senhora da Luz no Rio de Janeiro, Rs. 393$000 foram destinados ao pagamento de gastos diversos do evento (*OPA, 31/07/1917*). Na Tabela 2 abaixo, vinculamos informações sobre a receita e a despesa de agremiações promotoras de atividades artísticas:

Tabela 2 – Receitas e despesas de associações culturais populares

Evento	Valores nominais					Valores (1911)				
	Peça do Grupo Dramático do Centro Galelo	Peça de teatro operário amador italiano [a]	Grêmio 28 de Setembro [b]	Centro Recreative Smart [c]	Exibição beneficente de filmes do Teatro Salesiano	Peça do Grupo Dramático do Centro Galelo	Peça de teatro operário amador italiano [a]	Grêmio 28 de Setembro [b]	Centro Recreative Smart [c]	Exibição beneficente de filmes do Teatro Salesiano
Cidade	Rio de Janeiro	São Paulo				Rio de Janeiro	São Paulo			
Ano	1907	1907	1919	1919/1920	1919	1907	1907	1919	1919/1920	1919/1920
Natureza da associação promotora	Operária/Espanhola	Operária / Italiana	Recreativa / Negra	Recreativa / Negra	Escoteira	Operária/Espanhola	Operária / Italiana	Recreativa / Negra	Recreativa / Negra	Escoteira
Receita Total	370$000	217$700	374$570	68$338	1:102$600	372$497	219$169	131$628	24$015	387$466
Mensalidades	-	-	-	36$417	-	-	-	-	12$797	-
Leilão de prendas	-	32$700	-	16$892	-	-	32$921	-	5$936	-
Venda de bilhetes	370$000	185$000	-	-	1:102$600	372$497	186$249	-	-	387$466
Outros / Não especificado	-	-	374$570	15$029	-	-	-	131$628	5$281	-
Despesa Total	199$600	184$200	457$270	53$371	299$700	200$947	185$443	160$690	18$755	105$318
Música	-	55$000	-	20$479	-	-	55$371	-	7$197	-
Salão	-	70$000	-	18$542	-	-	70$472	-	6$516	-
Outras despesas artísticas	-	25$800	-	4$063	-	-	25$974	-	1$428	-
Despesas não-artísticas	-	33$400	-	10$704	-	-	33$625	-	3$762	-
Saldo Total	170$040	35$500	-82$700	14$967	802$900	171$188	35$740	-29$062	5$259	282$148
Despesa/Receita						53,9%	84,6%	122,1%	78,1%	27,2%

[a] O evento foi realizado em 1907 e a prestação de contas foi apresentada no jornal Terra Livre e vinculado no trabalho de Vargas (1980). Apresentamos aqui os dados a valores de 1919.

[b] Os valores foram convertidos em valor mensal a partir da prestação de contas trimestral parcial (fevereiro a novembro) vinculada no *JAL*, em 1919.

[c] Os dados foram convertidos em valor mensal a partir da prestação de contas bianual (1919-1920) fornecida pelo diretor Frederico Baptista de Souza e pelo tesoureiro ao mesmo jornal.

FONTE: Vargas (1980), Franca (2011), Moraes (2013a) e *JAL*. Análise e tabulação do autor.

Destacam-se, na tabela acima, alguns elementos:

(I) Percebe-se, primeiramente, a utilização do composto de recursos (mensalidade, prendas, bilhetes etc.) no quadro geral de receitas das agremiações.

(II) Analisados conjuntamente, os dados sugerem circulação bastante reduzida de recursos nas agremiações (inferior a 1 conto de réis – Rs. 1:000$000). Essa situação aponta, em linhas gerais, para as dificuldades materiais e o baixo potencial de arrecadação de recursos para as atividades culturais das sociedades. O resultado negativo do Grêmio 28 de Setembro (que teve que ser coberto pelo bolso do próprio diretor) pode até indicar má gestão. Mais provável, contudo, é imaginar que, de fato, tais agremiações incorriam em despesas inelásticas (auxílio a membros enfermos) e receitas esporádicas. Mais importante, tudo indica que as associações *não objetivavam lucros*. A ocorrência de exercícios negativos, assim, não parece ser rara e é um indicador fundamental de nosso argumento sobre o caráter amador dessas sociedades.[35]

(III) Chama a atenção, além disso, a rubrica de gastos com "salão", responsáveis por 34,7% e 38% das despesas do grupo teatral italiano e do Centro Recreativo Smart, respectivamente. De fato, o aluguel de um espaço adequado para a realização de festividades é sempre "uma das despesas mais pesadas" (Vargas, 1980, p. 24). A necessidade de arrendamento de espaço – sobretudo quanto este pertencia a outra agremiação – envolvia uma série de negociações, nem sempre pacíficas. Numa carta publicada no *JAL* de 14 de julho de 1919, por exemplo, leem-se as críticas feitas por um membro de uma associação negra (Frederico Baptista de Santos), diretor da agremiação *Kosmos*, contra os proprietários italianos do Salão Itália Fausta, de quem o grupo arrendava um salão para realização de suas festas e espetáculos.

Nesse contexto, a existência de sede própria indicava não apenas autonomia da associação, mas também saúde financeira do grupo. Veremos a maneira pela qual a aquisição ou construção de espaços próprios vinculou-se também a uma série de disputas no campo da distinção social.

---

35 "Se considerarmos o pequeno rendimento habitual dessas festas, minúsculo, inclusive em proporção às necessidades locais, não é difícil concluir sobre a solidariedade simbólica desses espetáculos" (Vargas, 1980, p. 33). Situação análoga parece aplicar-se também ao carnaval, conforme comenta Jota Efegê: "numa época em que auxílio ou propinas oficiais (mesmo oficiosas) não socorriam as caixas das agremiações carnavalescas, elas raramente conseguiam equilibrar o 'deve' e o 'haver' das finanças, vivendo, todas em desequilíbrio permanente" (1997, p. 242).

(iv) Destacamos, finalmente, a rubrica "música", responsável por parte considerável das despesas das agremiações: 38,4% no Smart e 29,9% no teatro italiano.[36] Esse dado vai ao encontro às proposições de autores da bibliografia que destacam a importância desses espaços para os músicos do período. Foram, de fato, vários os instrumentistas que iniciaram sua trajetória dentro dessas associações. Num anúncio publicado no *JOX* lemos que "o Maestro B. Marcos Pereira aceita contrato para tocar em casamentos, batizados, bailes, festas civis, religiosas etc. tanto na capital quanto no interior" (*16/05/1916*). Noutra nota, de 1921, lemos que o Maestro Tenente Viríssimo Glória "tocou seu piano na Festa dos Remédios realizada pelo Clube 6 de Maio" (*JOA, 30/10/1921*). No mesmo jornal, lemos ainda uma nota obituária de 1919 lamentando o falecimento de Francisco de Souza Queirós, "pianista do Grêmio Kosmos e do Centro Smart" (*04/01/1919*). O também pianista José Barbosa da Silva, o Sinhô, tocou, entre 1914 e 1916 em diversas agremiações cariocas como o Dragão Clube Universal do Catumbi, Grupo Dançante Carnavalesco Tome a Bênção da Vovó, Grêmio Carnavalesco Netinhos da Vovô e o Fidalgos da Cidade Nova (Alencar, 1981, p. 23).

Já caminhamos aqui rumo a uma maior qualificação sobre a dinâmica do setor e um debate a respeito perspectivas profissionais dentro desse circuito. José Ramos Tinhorão, por exemplo, afirma que dos 285 músicos pesquisados atuantes nos clubes e agremiações cariocas do começo do século "quase nenhum cobrava para tocar" (Tinhorão, 1991, p. 106 *apud* Guérios, 2003, p. 66).[37] Tudo indica que a remuneração paga aos músicos nas referidas associações não figurava como uma fonte estável e segura de retornos econômicos.

As evidentes conexões entre cultura popular e amadorismo não tornam as atividades culturais dessas sociedades menos importantes no contexto cultural global de São Paulo e Rio de Janeiro. Pelo contrário: é precisamente do universo das agremiações amadoras que surgirão algumas das principais figuras de pelo menos três suportes artísticos: a música, o teatro e cinema. Para compreender tal ponto, contudo, é preciso caminhar para além do universo circunscrito das atividades das agremiações populares, posicionando-as dentro de contextos econômicos amplia-

36 O grupo escoteiro, por sua vez, por ter se valido de um suporte mecanizado (um projetor cinematográfico) muito provavelmente incorreu em menores despesas de execução, o que lhe permitiu a mais baixa relação de despesas sobre receitas (27,2%).

37 Tinhorão, *op. cit.* a*pud* Guérios (2009).

dos. Assim se inicia nosso estudo sobre a presença da distinção e da massificação no circuito da cultura cotidiana.

A profissionalização artística e os limites da constituição de um campo profissional cultural

Se o universo da cultura popular nas duas cidades registrou ampla presença de artistas amadores, não deixa de ser interessante que o período marca também o surgimento de uma série de novos métodos de exploração comercial do segmento. Aos objetivos da presente tese é fundamental perscrutar essas principais iniciativas econômicas levadas a cabo na época. Pretendemos, assim, identificar alguns projetos que apontam para alterações na dinâmica socioeconômica das atividades, apontando os novíssimos canais profissionais abertos aos artistas egressos do universo popular e, outrossim, os limites e dificuldades de sedimentação profissional de artistas advindos no meio popular.

Há, aqui, uma aproximaçao com o conceito teórico bourdieusiano de campo cultural. Sem o intuito de empreender um longo debate sobre o tema, nosso interesse recai aqui mais especificamente no estudo de uma das "fronteiras do campo", isto é, a análise das zonas de interface entre o universo artístico e outros fenômenos sociais, inclusive econômicos (Cf. Bourdieu, 1993a, p. 43). Julgamos que a compreensão sobre a existência (ou a ausência) de um campo cultural passa pelo estudo de variáveis econômicas como, por exemplo, o grau de profissionalização de uma dada atividade.

Já há aí, contudo, um primeiro complicador metodológico, uma vez que a noção de "profissionalismo" (bem como de seu polo oposto, o "amadorismo") são categorias subjetivas e definidas, em grande medida, por atores internos aos próprios campos culturais (Bourdieu, 1993c). Assim, embora o objetivo da presente seção seja a apresentação de quadro geral, a reflexão sobre as interrelações entre amadores e profissionais precisa ser feita individualmente, respeitando as condições matérias dos distintos suportes artísticos aqui analisados.

Comecemos nossas discussões pelos músicos. Já vimos que a grande maioria deles não vivia exclusivamente da música, dividindo a atividade com outros ofícios como o funcionalismo público ou o trabalho nas fábricas. Vimos também que clubes, associações, festejos ou mesmo casas particulares eram o espaço usual de atuação desses artistas. Sobre o tema, José Ramos Tinhorão menciona a presença de fortes vínculos pessoais entre os músicos e os dirigentes ou anfitriões das festas fazia com que muitas vezes a cobrança de cachê figurasse como um insulto

(Tinhorão, 2005, p. 199). Marisa Lira, em seu texto *Bailes e bailecos do Rio antigo* indica que os músicos do período "tocavam por camaradagem ou por contrato até ás onze, uma hora, ou até de manhã" (Lira, 1944, p. 49 *apud* Tinhorão, 2005, p. 199).[38] Também Humberto Franceschi afirma que em muitas festas domiciliares os músicos não eram remunerados senão em espécie, isto é, sua execução garantia comes e bebes à vontade (2002, p. 140).[39]

Se, por um lado, esses encontros e festividades populares não ocasionavam aos instrumentistas pagamentos diretos, eles serviam como momentos de socialização e como lugar privilegiado para o estabelecimento de contatos e troca de ideias com outros músicos, bem como com agentes ligados a canais e espaços culturais mais capitalizados (Cabral, 2007, p. 25-29).[40] Edson Farias chega a propor que o universo popular e o comercial ensaiavam uma efetiva simbiose, tendo o carnaval carioca como epicentro (2003, p. 195).[41]

Essa proposta, obviamente, tem suas restrições. A despeito da supremacia do carnaval carioca, ele estava longe de esgotar o espectro de manifestações populares desse momento histórico[42]. A proposta, contudo, é interessante e nos auxilia na condução de algumas hipóteses. Dentro de tal chave, uma primeira vinculação entre os dois universos é mediada pelas revistas teatrais. Como veremos no capítulo 3, o período inicial do século XX foi marcado por uma grande efervescência de palcos tanto em São Paulo quanto no Rio (Efegê, 1974, p. 73-128). Ao que tudo indica, a convivência entre músicos, críticos, humoristas, jornalistas e dramaturgos do teatro de revista foi intensa, destacando-se uma série de figuras de intermediação

38 Lira, Marisa. *Bailes e bailecos do Rio antigo. Vamos Ler*. 20/07/ 1944, p. 49 *apud* Tinhorão (2005).

39 Para um estudo sobre o circuito dos bailes em São Paulo, ver Bessa (2012, p. 144).

40 Em 1917, o virtuoso pianista Sinhô "ansiava por escapar dos limites do teclado para se projetar com maior amplitude além das sociedades recreativas" (Alencar, 1981, p. 29).

41 Pixinguinha, mesmo já adiantado em sua vida profissional e, assim, relativamente independente dos expedientes musicais de festividades populares, sempre retornava ao Rio de Janeiro para a direção dos ranchos carnavalescos (Cabral, 2007, p. 29 e Cunha, 2001, p. 230).

42 Há, outrossim, um problema historiográfico de fundo dentro dessa discussão que é o chamado primado (ou paradigma) do samba, responsável pelo eclipsamento de outras modalidades populares do período. Voltaremos a falar sobre esse tema em seção posterior.

como Bastos Tigre, Raul Pederneiras, José do Patrocínio Filho, Carlos Bitencourt ou Luís Peixoto, todos envolvidos, de uma maneira ou de outra, com as revistas teatrais (Moura, 1983, p. 55).[43] As atrações teatrais necessitavam de grandes contingentes de músicos para a composição e para o acompanhamento dos números. Além das peças propriamente ditas, destacam-se também as chamadas "revistas de carnaval" que, criadas nos meios populares, rapidamente adentravam as salas de teatro por meio de paródias, quadros ou piadas ligeiras (Alencar, 1981, p. 59-61).

A análise da biografia de duas figuras maiores do cenário musical carioca do período – o flautista e saxofonista Pixinguinha e a pianista Francisca (Chiquinha) Gonzaga – indica a importância desse circuito do teatro de revistas dentro do espectro de atividades geradoras de renda para os músicos (Diniz, 1999, *passim* e Cabral, 2007, *passim*). O triunfo dos dois artistas aponta também outra característica desses espaços: ao que tudo indica, os teatros de revista impuseram menores limites de participação de negros e mulheres dentro de seus quadros profissionais, figurando por tal razão com um canal de ascensão social de profissionais marginalizados nos demais setores da economia urbana do período (Cf. Moura, 1983, p. 51-55).[44]

Padrão semelhante ocorreu também em São Paulo, através da ascensão de diversos elementos oriundos dos chamados "filodramáticos", grupos teatrais imigrantes amadores bastante populares na cidade no início do século (Moraes, 2013a, p. 67). O número de associações teatrais amadoras criadas nesse momento, tanto no Rio de Janeiro quanto em São Paulo, é realmente impressionante, e expressa, uma vez mais, a multiplicidade de iniciativas do universo popular nas duas cidades. Encontramos, assim, pelas páginas da imprensa carioca referências a eventos de sociedades dramáticas amadoras como o Grêmio Dramático do Meyer (e sua

---

43 Sobre o assunto, ver também Saliba (2002b, p. 81-95) e Cabral (2007, p. 34).

44 Uma interessante discussão sobre as possibilidades de ascensão social de artistas negros é a análise biográfica do palhaço e empresário teatral mineiro Benjamin de Oliveira feita por Daniel Marques Silva (2004). É curioso indicar, contudo, que nem sempre a cooptação de membros da comunidade negra para o mundo da diversão era bem vista pelos seus pares. Além do polêmico caso do samba *Pelo Telefone* envolvendo o sambista Donga e os demais músicos frequentadores da Casa de Tia Ciata, sobre o qual falaremos adiante, Roberto Moura indica a preocupação de Hilário Jovino, organizador e figura central do carnaval carioca com a ligação de amigos, colegas e conhecidos seus com "a indústria da diversão – de onde usualmente ascendem para toda a cidade os artistas negros" (1983, p. 59). Sobre o tema, ver também a discussão de Sampaio (2011).

"estrela", Selika Costa) (*OPA, 15/07/1909)*, o Grêmio Recreativo Vila Isabela (*OPA, 29/09/1914*), o Grêmio Literário de Piedade (*OPA, 20/07/1918)* ou o Ramos Clube que, em 1918, encenou peças de Coelho Neto (*OPA, 11/08/1918*), além de tantas outras associações que divulgaram atividades de dramaturgia amadora na Seção Suburbana d'*OPA*. Muitas dessas peças eram exibidas em pequenos teatros locais, de bairro, mas algumas encenações alcançavam os grandes palcos das duas cidades (Cf. Franca, 2011 e Bessa, 2012).

Sob tal rubrica, têm destaque as associações de recorte étnico. Ao que tudo indica, a razão de ser de suas peças pouco se relacionava com a obtenção de lucro, sendo mais central o fortalecimento de vínculos culturais e pátrios das comunidades de imigrantes. A situação é evidente quando encontramos encenação de peças em outras línguas que não o português. É o caso, por exemplo, das associações paulistas Isaac Perel (espanhola) ou as Sociedade Ezra e Grupo Teatral Scholem Aleichem, que realizavam "teatros em língua ídiche com a participação de artistas amadores" (Cánovas, 2009, p. 395, Souza, I. I., 2006, p. 58-59 e Fabel, 1999, p. 16). Mesmo as associações lusitanas, como o Liceu Literário Português ou o Clube Dramático Português, podem ser enquadradas dentro dessa proposta (*OPA, 11/7/1917* e *12/7/1917 apud* Moraes, 2011, p. 5).

A qualidade e o vigor (econômico inclusive) desses grupos dependia das condições materiais das associações às quais estavam vinculados. Enquanto o Centro União Catalã de São Paulo afirmava possuir "um coro ao estilo do célebre orfeão catalão, de Barcelona" e um "quadro dramático" estável, empregado nas festas e bailes familiares (Cánovas, 2009, p. 382), grupos amadores ligados às sociedades negras lutavam para manter operantes as atividades dramáticas.[45] *A Careta*, por exemplo, descrevia com ironia as atividades teatrais de um desses grupos teatrais amadores (presumivelmente, numa região suburbana da cidade):

> Juvenciozinho fizera no fundo do quintal um tablado – era o "grêmio dramático sabaraense" – desde o portão da entrada até o teatro, via-se em profusão: bandeirolas de papel, cumbucas acesas, arcos de bambu, etc. O pessoal da plateia ficava 'au clair de la lune' por ser mais fresco e mesmo por não ter ainda o grêmio pecúnia para obter um barracão mais confortável (*nº26, 28/11/1908*).

45 "O trabalho que ocasionou aquela representação, a boa vontade dos amadores (...) ainda correndo as despesas de ensaio por conta dos mesmos" (*JOX, 09/05/1919*).

A despeito da precariedade material de algumas dessas agremiações, foi justamente no bojo desses grupos amadores que se gestaram diversas figuras não apenas do teatro e da música, mas também do primeiro cinema nacional (Cf. Paranaguá, 1981, p. 105 e Bernardet, 2009, p. 42).[46] Podemos dizer que o ambiente das sociedades populares (sobretudo a dos grupos de imigrantes espanhóis, italianos e portugueses) forneceu à sétima arte atores, atrizes, diretores. Talvez ainda mais importante seja o fato de que essas agremiações ofereceram um verdadeiro modelo de financiamento e de gestão de atividades culturais, emulado por grupos cinematográficos.[47]

Por volta dos anos finais da década de 1910 e adentrando o decênio seguinte, começamos a identificar outra modalidade de captação de recursos para as atividades cinematográficas: as chamadas "escolas de cinema" (Paranaguá, 1981, p. 107). Poderíamos imaginar, num primeiro momento, que esse fenômeno tivesse alguma relação com a constituição de um campo produtor endógeno economicamente dinâmico e, nesse sentido, denotasse vinculações ampliadas entre o primeiro cinema e os ditames da massificação. Essa impressão se desfaz, contudo, à medida que lemos os depoimentos dos agentes envolvidos.[48]

---

46 A base da argumentação das próximas páginas são os depoimentos de nove figuras ligadas ao primeiro cinema paulista, coletados por Maria Rita Eliezer Galvão em seu livro *Crônica do Cinema Paulistano* (1975). São os depoimentos de Achille Tartari, Francisco Madrigano, Américo Matrangola, José Carrari, Nicola Tartaglione, João Cypriano, José Medina, Georgina Marchiani, Francisco de Campos (Filho de Antônio de Campos). O caráter local e circunscrito do primeiro cinema de São Paulo é bastante destacado pela bibliografia. Disso não decorre, contudo, que o estudo da situação paulista não contribua para a compreensão do primeiro cinema no Rio de Janeiro. Discutiremos mais sobre a importância da então capital federal para o primeiro cinema no capítulo 3.

47 Atente-se, por exemplo, às semelhanças entre a organização de um festejo dos alunos da Escola de Cinema Internacional (ligada ao cinematografista Francisco Madrigano, já na década de 1920) e os bailes analisados anteriormente: "aos sábados, costumavam fazer um rateio entre todos para comprar bebidas e doces; os músicos traziam os seus instrumentos e faziam um baileco, estritamente familiar; só entravam os alunos e amigos selecionados" (Galvão, 1975, p. 111).

48 Afirma, por exemplo Américo Matrangola sobre uma das escolas de cinema fundadas que ela "não dava grandes lucros, não fora aberta para especulação" (Galvão, 1975, p. 169). Falando sobre a atividade cinematográfica como um todo, afirma Achille Tartati que "ninguém tinha a ilusão de ter grandes lucros (...) e ninguém se preocupava muito ganhar ou não ganhar dinheiro, não era isso o que importava" (*idem*, p. 84). Já

Em termos econômicos, podemos dizer que a fundação dessas escolas teve pouca conexão com a constituição de quadros técnicos e/ou dramáticos, subordinando-se, em lugar disso, a uma estratégia de estabilização na entrada de receitas dos cinematografistas e das produtoras a elas vinculados. Para entender tal ponto, comecemos por um singelo aspecto mencionado no depoimento de Francisco Madrigano: "serviço de construção ou reforma existe sempre, e serviço de cinema, nem sempre" (Galvão, 1975, p. 105). As produtoras cinematográficas tinham imensas fragilidades dependendo, para sua manutenção, de encomendas de documentários ou de cinejornais, fenômeno que a bibliografia convencionou chamar de "cinema de cavação".[49] A hipótese de trabalho aqui é que, para evitar fechar as portas em tempos de poucas encomendas (ou como forma de complementação de renda), teriam sido organizadas as escolas de cinema.

A mais destacada delas foi a Escola de Artes Cinematográficas Azzuri, criada em São Paulo na virada da década de 1920 e centrada na figura do ator, fotógrafo e cinematografista Arturo Carrari (Galvão, 1975, p. 41). Podemos estimar a receita advinda da atividade pelos depoimentos de Francisco Madrigano e de Nicola Tartaglione que afirmavam que a "Azzuri cobrava dez mil réis por mês dos alunos" (*idem*, p. 139 e 241). Contabilizando 3 turnos de aulas com 60 alunos cada, chegamos a uma entrada mensal de Rs. 1:800$000.[50] O valor não é dos mais elevados, mas, no bojo dos custos e receitas dos filmes produzidos, ele não é negligenciável. A título de comparação, vemos na Tabela 3 os custos e receitas de algumas produções realizadas:

Francisco Campos, falando sobre as atividades de seu pai, o cinematografista Antônio Campos, afirmou que "Cinema nunca foi um grande negócio; [seu pai, Antônio – JLM] tinha lucros razoáveis, com seus filmes nada além disso" (*idem*, p. 104).

49 Veremos, no capítulo 3, que o termo é pejorativo. Compreende-se o esforço de alguns dos antigos cinematografistas de se desvencilhar da pecha de "cavador". Perguntado, por exemplo, se a Escola Azzuri vinculava-se à cavação, afirmou Nicola Tartaglione peremptoriamente que não (Galvão, 1975, p. 139).

50 Além dos alunos de cursos dramáticos, é preciso destacar também os cursos técnicos oferecidos pela escola como, por exemplo, o curso de operador cinematográfico. Um anúncio do *OESP* de 1921 mostra que também aí os preços são análogos: "Escola de Arte Cinematográfica Azzuri: Curso teórico e prático Rs. 10$000 por mês. Acelerado: Rs. 20$000; Completo Rs. 60$000; Para operadores (3 meses) Rs. 100$000" (*OESP*, *24/07/1921*).

Tabela 3 – Custos e receitas de filmes nacionais (1908-1921)

Local da produção	Nome do Filme	Valores nominais		Valores de 1911		Ano	Produtora	Gênero
		Custo	Receita	Custo	Receita			
Rio de Janeiro	A Viúva Alegre	-	147:672$000	-	152:860$570	1909	William & Cia.	Cantante
	Os estranguladores	4:000$000	57:000$000	3:940$330	56:149$700	1908	Photo-Cinematographica Brasileira	Ficção
	Filme cantante genérico	-	2:500$000	-	2:462$706	1908	William & Cia.	Cantante
	Filme genérico sobre um desastre	275$000	1:071$365 [a]	193$441	753$622	1915	-	Documentário / Jornal
	O Corso de Botafogo	110$000	-	108$359	-	1908	Photo-Cinematographica Brasileira	Documentário / Jornal
São Paulo [b]	O Crime de Cravinhos	20:000$000	450:000$000	7:028$222	158:135$005	1919	São Paulo Natural Film	Ficção
	Perversidade	8:200$000	13:500$000	3:111$326	5:122$305	1921	Rossi Film	Ficção
	Exemplo Regenerador	1:750$000	8:000$000	614$969	2:811$289	1919	Rossi Film	Ficção

[b] Os valores dos filmes de São Paulo se baseiam nos depoimentos colhidos por Galvão (1975). Como os valores indicados não foram precisos ("custo entre 1,5 e 2 contos de réis [Rs. 1:500$000 e Rs. 2:000$000]", por exemplo), vinculamos aqui o valor médio.

FONTE: Galvão (1975), Souza (2004), Condé (2012). Tabulação e cálculo do autor.

A tabela nos auxilia, outrossim, na estimação do volume de recursos envolvidos no segmento e também na reconstrução da lógica administrativa das primeiras produtoras cinematográficas brasileiras. A despeito da relativa exiguidade de informações quantitativas, podemos tomar um filme como *Exemplo Regenerador*, produzido pela Rossi Film, como modelo para nossa análise econômica da primeira cinematografia nacional. Parte significativa de seu orçamento estimado em um dígito de contos de réis (entre 1,5 e 2 contos – Rs. 1:500$000 e Rs. 2:000$000) deve ter sido empenhada na aquisição de filme virgem, produto importado e insumo fundamental para a atividade. A locação, os gastos com equipamentos e, como veremos adiante, os gastos com pessoal devem ter sido dos mais reduzidos. Já a receita do filme, estimada em 8 contos de réis (Rs. 8:000$000) pode até ter sido mais elevada. De fato, era esta uma variável bastante incerta, uma vez que o sucesso de bilheteria dos filmes dependia, dentre outras razões, do número de cinemas dispostos a exibir a obra.[51] Seja como for, obtendo rendimentos na casa de 8 contos de réis (Rs. 8:000$000), a produção dava conta de bater os custos de sua produção e, com sorte, capitalizar recursos para uma nova obra de igual porte.

É verdade que o período teve também seus grandes sucessos de público, muitas vezes filmes sensacionalistas ou que envolvessem temas da atualidade como *O Crime de Cravinhos* ou *Os estranguladores* ou adaptações de óperas e peças célebres, como *A Viúva Alegre*. Vemos, em todos esses exemplos, retornos financeiros bem mais elevados. Em alguns desses casos, o sucesso dos filmes chegava até a garantir alguma tranquilidade material a seus realizados: de acordo com Nicola Tartaglione, o bom resultado do *Crime de Cravinhos* rendeu "de 12 a 13 contos" (Rs. 12:000$000 a Rs. 13:000$000) para Arturo Carrari e Gilberto Rossi (Galvão, 1975, p. 137). O valor é elevado se levarmos em conta que Rossi ganhava, no bojo de encomendas de seu cinejornal, cerca de "1 conto de réis por mês" (Rs. 1:000$000) (*idem*, p. 198).

Tudo leva a crer, contudo, que os sucessos de bilheteria foram exceções. Em seu depoimento, Achille Tartari afirma que se dava "por satisfeito quando o filme pagava as despesas" (*idem*, p. 84). Mesmo um filme de destaque e de maior apuro técnico como, *O Guarany*, produzido por Antônio Campos e Vitório Capellaro em 1916, não foi exitoso comercialmente. Nas palavras de Georgina Marchiani, o filme

51 Compreende-se melhor aqui a importância das relações pessoais entre produtores e exibidores, tema ao qual voltaremos no capítulo 3.

"não deu lucro, como de resto nenhum dos outros; a renda da exibição não chegava sequer para cobrir as despesas" (*idem*, p. 130).

Podemos ver nesse renitente baixo retorno econômico dos filmes uma das muitas expressões do pouco profissionalismo da atividade. Exceções feitas a poucos cinematografistas ou empresas constituídas nesse momento[52], o primeiro cinema nacional é realizado, essencialmente, em moldes amadores. Além da baixa capitalização, outro indicador central desse fenômeno é a ausência de pagamento aos atores envolvidos. A situação aparece em diversos dos depoimentos coletados por Maria Rita Galvão. Olga Navarro, por exemplo, afirma que "não só não recebia nada para atuar nos filmezinhos de Rossi ou Carrari, mas [desconfiava – JLM] ainda de que sua mãe devia pagar aos produtores para que a contratassem" (*idem, p.* 98). Depoimento semelhante é feito por Francisco Madrigano quando de sua afirmação de que "naquele tempo, artista não ganhava, pagava para trabalhar" (*idem*, p. 108). Georgina Marchiani, por sua vez, afirma que "não havia dinheiro, nem mesmo para pagar os artistas" enquanto Nicola Tartagline, narrando uma conversa que tivera com Arturo Carrari afirma que este, certa vez, "foi muito franco; [e] explicou que não podia pagar nada pela atuação" (*idem, p.* 130 e 137).[53]

Evidencia-se aqui um outro aspecto característico do perfil amador das atividades do universo popular: seu relativo localismo. Cabe destacar, por ora, que a imensa maioria das atividades não somente dos cinematografistas, mas também dos grupos teatrais e musicais tinha grandes dificuldades de expandir-se para além de um restrito limite geográfico. Em muitos casos, a atividade dos grupos restringia-se ao âmbito do bairro ou da região de origem.

---

52 É o caso, por exemplo, da William & Cia., produtora do exibidor (e fabricante de móveis) William Auler. O empresário é reconhecido pela bibliografia como um dos principais nomes dos chamados "filmes cantantes", uma febre surgida no Rio de Janeiro por volta de 1908. De acordo com a *Enciclopédia do Cinema Brasileiro*, sua empresa chegou a contar com recursos de capitalistas locais, como o Comendador Joaquim de Melo Franco, Antônio Vieira da Cunha Guimarães, Oscar Pragana e Amadeu Macedo. O incêndio do Cinema Rio Branco, em 1910, foi devastador para a empreitada de Auler (Ramos e Miranda, 2000, p. 35 e Souza, 2004, p. 286).

53 Há uma exceção, identificada no depoimento de João Cypriano, quando ele afirma que o Sr. Traversa, um dos atores do filme *O Segredo do Corcunda* (produzido já fora de nosso recorte temporal, em 1924), recebeu a quantia de Rs. 300$000 por uma filmagem. Quanto aos demais envolvidos, "não receberam nada" (Galvão, 1975, p. 192).

Exceções, é verdade, ocorriam. Sob tal enfoque, uma das mais exitosas iniciativas foi a Companhia Dramática Paulista – um grupo filodramático de origem italiana cuja principal figura era a atriz imigrante Itália Fausta. O sucesso das apresentações empreendidas na cidade deu fôlego para o grupo realizar uma turnê pelo interior do estado em 1917 (*OESP, 07/07/1917*). Em agosto do mesmo ano, a Companhia já se destacava no panorama nacional, fazendo apresentações na capital federal e chegando mesmo a realizar uma turnê para Belém do Pará (*OESP, 30/08/1917 e OPA, 20/07/1917*).

É difícil, contudo, ver na Companhia Dramática Paulista um exemplo paradigmático do período. Isso porque, conforme discutiremos no próximo capítulo, o sucesso da empreitada de Fausta e seus colegas parece ter mais relações com o apoio e suporte obtido com figuras públicas de destaque (notadamente de Gomes Cardim, diretor do Conservatório Dramático e Musical de São Paulo) do que efetivos méritos de gestão ou organização.

Na análise dos anos iniciais da trajetória da atriz, contudo, encontramos outro dado interessante: embora brilhasse nos palcos amadores, Fausta foi convidada, em 1906, a ingressar na renomada companhia lusitana Lucinda Simões e Cristiano de Souza (Itaú Cultural, 2001). Como a atriz imigrante, vários atores, atrizes e coristas oriundos dos palcos amadores do Rio foram arregimentados por empresários, sendo contratados para a composição de quadros em turnês internacionais (Cf. Moraes, 2011, p. 6).[54] Foram massas de figurantes ou estrelas que conseguiram romper a barreira do localismo das agremiações teatrais amadoras.

A análise da remuneração profissional dá alguns indicativos da dinâmica econômica desse segmento. Ainda no bojo de nosso estudo sobre os limites e potencialidades profissionais dentro desse campo, podemos nos perguntar, por exemplo, qual era a remuneração obtida por esses músicos, atores e coristas. Levando em consideração um comentário assinado por João do Rio numa edição de 1909 da *Ilustração Brasileira*, concluímos que as cifras não eram muito animadoras. Afirma o autor que:

> Os coristas brasileiros (...) ganham cinco mil réis por dia. As mulheres, o mesmo. É pouco! (...) Em Portugal, os coristas homens ganham no inverno doze mil réis fortes, quarenta aqui, pouco mais ou menos. Mais decerto. As coristas, onze ou dez. Há muitas que vão só para aparecer, e

---

54 Voltaremos a discutir essa questão no capítulo 3.

algumas empresas pagam por espetáculo: trezentos réis (*15/09/1909 apud* Peixoto, 2009b, p. 122).

A avaliação da má remuneração feita por João do Rio não é incorreta: vinculamos, na Tabela 4, os rendimentos mensais de diversos profissionais dos meios populares que conseguiram se firmar profissionalmente no circuito comercial carioca. São profissionais que encheram os restaurantes, bares, cafés-concertos, cinemas e confeitarias da cidade[55] e que, a julgar pela tabela, recebiam pagamentos bastante reduzidos:

55 "Pelo meio dia, haja chuva ou faça sol, já se sabe, no fundo escuro de um restaurante, ou em plena rua, há sempre uma harpa rouquenha ou um bando ambulante de músicos" (*RF, nº6 mai./1907*).

Tabela 4 – Remuneração de profissionais do circuito comercial do Rio de Janeiro

Setor	Cargo	Remuneração nominal	Remuneração (valores de 1911)	Local	Ano	Setor / Suporte artístico	Nome do profissional
Administrativo	Gerente da sucursal carioca [a]	1:000$000	926$377	CCB	1912	Cinematográfico	Luciano Ferrez
	Gerente	500$000	333$325	Cinema Pathé	1916	Cinematográfico	Isaac Frankel
	Guarda livros	800$000	303$544	Companhia São Pedro	1921	Teatral	Alberto Devesas
	Gerente	337$500	237$405	CCB	1915	Cinematográfico	Isaac Frankel
	Diretor	600$000	227$658	Companhia São José	1921	Teatral	Isidro Nunes
	Represente comercial	300$000	211$027	CCB	1915	Cinematográfico	Salvador Dell'Osso
	Funcionário do escritório [b]	200$000	140$684	CCB	1915	Cinematográfico	-
Artístico	Maestro [c]	677$630	451$741	Cinema Pathé	1916	Cinematográfico	Desconhecido
	Cantor	400$000	281$369	Casa Edison	1915	Musical	João Batista Gonzaga
	Músico [d]	290$000	193$328	Cinema Pathé	1916	Cinematográfico	Desconhecido
	Músico [e]	150$000	155$270	A Concha	1909	Musical	Pixinguinha
	Cantor	150$000	105$513	Casa Edison	1915	Musical	Manoel Pedro dos Santos
	Corista	150$000	105$513	-	1909	Teatral	-
	Músico	100$000	95$457	Casa Edison	1904	Musical	Eduardo das Neves
	Demonstrador de partituras [f]	120$000	42$169	Casa Carlos Gomes	1919	Musical	Ernesto Nazaré
	Músico	40$000	38$183	Casa Edison	1906	Musical	Mário Pinheiro
Suporte	Pontista	400$000	151$772	Companhia São José	1921	Teatral	Manoel White
	Eletricista	350$000	132$801	Companhia São Pedro	1921	Teatral	Bertolino Bertolini
	Eletricista	300$000	113$829	Companhia São Pedro	1921	Teatral	Guilherme Davi
	Maquinista	280$000	106$240	Companhia São Pedro	1921	Teatral	Antônio Novellino
	Pintor	60$000	39$999	Cinema Pathé	1916	Cinematográfico	-
	Porteiro	20$000	13$333	Cinema Pathé	1916	Cinematográfico	-

[a] Não foram incluídas aqui as gratificações.

[b] Valor Média (os valores nominais variaram entre Rs. 100$000 e Rs. 300$000).

[c] Deste valor, foram incluídos Rs. 387$630 pagos ao maestro pelo trabalho extraordinário de uma orquestração.

[d] A remuneração foi estimada a partir da divisão dos gastos correntes mensais do Cinema Pathé por oito, imaginando que a orquestra da casa tivesse uma composição semelhante a de um grupo como os Oito Cotubas.

[e] A carga horária indicada para este trabalho era de 4h por dia.

[f] A carga horária indicada para este trabalho era de 6h por dia.

FONTE: Cabral (2007), Machado (2007), Franceschi (2002), Gomes (2004), e Fundos Família Ferrez.

Os valores são variantes pelas diferenças de contratos e de prestígio dos artistas. Vemos, assim, que o jovem Pixinguinha recebia, em inícios da década de 1910, Rs. 5$000 por quatro horas de flauta executada na Casa de Chope "A Concha", na Lapa, em parceria com o pianista Pádua de Carvalho e o violinista Otávio Silva (Cabral, 2007, p. 30 e Figura 3). Imaginando-se que o todos os serviços tivessem re muneração semelhante e supondo que ele tocasse todos os dias do mês, chegaríamos a um salário mensal de Rs. 150$000 mensais, valor modesto, mas plausível para um músico de início de carreira.

No começo dos anos de 1920, contudo, quando sua fama havia tornado seus serviços muito mais caros, o flautista deveria receber um valor cerca de dez vezes superior a isso, a julgar por um contrato feito pelo Cabaré Fênix de São Paulo com o grupo musical "Oito Cotubas", banda rival aos Oito Batutas de Pixinguinha. A casa prometia-lhes a excepcional monta de Rs. 100$000 *por dia* de apresentação (*idem*, p. 111). Tudo leva a crer que, como nos dias atuais, diversos artistas populares da *Belle Époque* conseguiram, graças a seu sucesso, fama ou virtuosismo, exigir preços altos para apresentações.

Figura 3 – Pixinguinha e outros músicos na Choperia "A Concha"

FONTE: Diniz (2011)

A avaliação da remuneração dos músicos é difícil também pelo fato de que, para muitos, a entrada de recursos era irregular, esporádica. Um exemplo é a situação dos pianistas. A mídia e os músicos da época criaram inclusive um termo específico para designar os pianistas populares que com pouca ou nenhuma formação técnica que inundaram os baixos e médios salões urbanos desde finais dos anos de 1890: eram os chamados "pianeiros". José Ramos Tinhorão conta-nos que o pianeiro mulato Aurélio Cavalcanti conseguia cobrar, em plena década de 1890, "Rs. 60$000 por baile", com direito a pausa para o jantar (2005, p. 199).[56] A profissão parece ter rendido bons retornos para vários outros músicos do período. Alguns deles, como Chiquinha Gonzaga ou Ernesto Nazaré conseguiram, ainda que com

56 Destacamos que esses dados fogem de nosso recorte temporal. De acordo com Edinha Diniz, em 1877, Chiquinha Gonzaga "tocava em bailes recebendo Rs. 10$000 por noite" um preço que, de acordo com a autora, seria relativamente padronizado no cenário musical carioca. Apenas os músicos mais renomados conseguiam impor preços superiores, mas mesmo esses não excediam a casa de "Rs. 15$000 por apresentação" (1999, p. 95).

certas dificuldades, viver de sua música (Machado, 2007 e Diniz, 1999).[57] Noutros casos, como nos de Sinhô ou mesmo de instrumentistas de formação clássica como Luciano Gallet ou Heitor Villa-Lobos, a atividade serviu como complemento de renda (Brum, 2008, p. 36-38).[58]

Outra possibilidade interessante aos pianistas era a ocupação de "demonstrador de partitura" (Figura 4), comumente associada às casas de instrumentos musicais. Das biografias dos diversos artistas consultadas, podemos concluir que foi Ernesto Nazareth quem mais tempo se dedicou a esta atividade, tocando, de 1913 a 1917 na Casa Mozart e, a partir de 1919, na Casa Carlos Gomes onde, de acordo com Cacá Machado, recebia "Rs. 120$000 mensais para tocar diariamente das 12 às 18 horas" (2007, p. 96). O valor é baixo, mas ainda assim é mais elevado que os Rs. 83$333 a ele oferecidos pelo Tesouro Nacional para a profissão de terceiro escriturário, cargo que desempenhou durante pouco tempo (*idem, ibidem*).

---

57 Outros pianeiros do período, destacados por Humberto Franceschi foram "Aurélio Cavalcanti, Oswaldo Cardoso de Meneses, Júlio Reis e, mais tarde, José Maria de Abreu, Gadé e Nonô" (2002, p. 148).

58 De acordo com Edigar de Alencar, Sinhô "viveu para a música e da música", mas sua fonte de renda não vinha só de seu piano, uma vez que o músico foi também estafeta dos correios por algum tempo, até ser demitido no início dos anos de 1920 (1981, p. 45). Também a análise biográfica de Villa-Lobos indica que ele tocou na Confeitaria Colombo (embora não se tenha informações se o instrumento foi o piano ou o violoncelo) (Guérios, 2009, p. 124).

Figura 4 – Um demonstrador de partituras no Rio de Janeiro

FONTE: Acervo Tinhorão/IMS in: Machado (2007)

Nazareth tocou e regeu também uma pequena orquestra no Cine Odeon (*idem, ibidem*). Aliás, a presença de músicos em salas de cinema é confirmada pelos apontamentos biográficos sobre Pixinguinha, Luciano Gallet e na biografia de Villa-Lobos (Guérios, 2009, p. 124). A forte expansão de cinemas nas duas cidades, analisada no capítulo 3, foi acompanhada da necessidade de um grande contingente de músicos, seja para a execução de peças nas salas de espera seja acompanhando os filmes (Cf. Souza, 2004, p. 250).

A composição das bandas variava sobremaneira, indo desde grupos pequenos, compostos por um trio (ou mesmo um pianista intérprete individual) chegando por vezes à organização de orquestras de médio porte, como os Oito Batutas (Cabral, 2007, p. 48 e Bessa, 2012, p. 152). Os depoimentos colhidos por Sérgio Cabral apontam, inclusive, que a já candente concorrência entre os cinemas do período era acirrada pela disputa de intérpretes de relevo, cabendo aos gerentes das salas arregimentar músicos para as sessões (*idem, ibidem*).[59] Diga-se de passagem, a própria ideia dos Oito Batutas partiu de Isaac Frankel, gerente do Cine Palais, depois de ter visto o grupo se apresentar em um coreto de carnaval em 1919.

A ampliação do parque exibidor nas duas cidades fez com que os cinemas se tornassem um dos mais interessantes espaços de ascensão profissional de músicos populares. Conforme veremos no capítulo 3, o cinema – e suas diversas particularidades – despontou como a atividade cultural mais conectada aos nascentes canais da massificação. Técnicas de racionalização e otimização de tempo e de custos foram aplicadas aos processos de produção, distribuição e exibição de filmes e o mesmo ocorreria no âmbito da execução musical nos cinemas.

Os borderôs do Cine Pathé, cinema carioca administrado pela Família Ferrez no Rio de Janeiro, entre os anos 1916 e 1919, indicam alguns elementos desse inédito processo de profissionalização de quadros musicais. Gerente, maestro e orquestra, um operador, um eletricista, dois pintores e três porteiros formavam o quadro fixo da casa, fazendo com que a rubrica "Gastos com Pessoal" figurasse como a segunda mais elevada (24,5%), perdendo apenas para "Aluguel de Fitas" (33,9%).[60] No contexto dos gastos com pessoal o pagamento aos músicos da orquestra é certamente o mais elevado. Na Tabela 4, exposta acima, são indicados os valores pagos mensalmente ao gerente do cinema, ao maestro e aos músicos da casa.

Dos clubes musicais aos clubes da Casa Edison: a massificação nos meios populares

Se os cinemas indicam a emergência de uma nova lógica da cultura, com o alistamento de grande contingente de figuras egressas do universo popular, também as nascentes gravadoras comerciais registraram modalidades de contratos e arranjos com os músicos nacionais. De acordo com Humberto Franceschi em sua

59 Voltaremos a discutir a concorrência dos grupos cinematográficos brasileiros do começo do século no capítulo 3. Sobre a escolha dos músicos, afirma Pixinguinha que havia audições e que a disputa era acirrada (Cabral, 2007, p. 49).

60 Os demais gastos eram com Publicidade (24,5%), Impostos (7,9%), Materiais (3,1%) e Pequenos Gastos (3%). Voltaremos ao tema no capítulo 3. Ao longo de nossa pesquisa junto à documentação dos Fundos Família Ferrez no Arquivo Nacional do Rio de Janeiro conseguimos encontrar referências à administração de um gerente Frankel no Cine Pathé a partir de 1916. É presumível que se trate do mesmo gerente do Palais de 1919.

análise sobre a Casa Edison, principal gravadora do país, comandada pelo austríaco Frederico Figner, as gravações fonográficas (feitas primeiramente em cilindros e, mais tarde, em discos) iniciaram-se no Brasil no final do século XIX e em 1898 "atingiram quantidade comercializável" (2002, p. 31).[61] A emergência do setor fonográfico traz à tona temas centrais dos processos econômicos de mercantilização da cultura e, assim, de presenças do efeito massificação sendo, por tal razão, central aos objetivos da presente tese.

A racionalidade da empreitada econômica de Figner se evidencia, por exemplo, nos contratos realizados pelo empresário com músicos locais. Nos primeiros anos da atividade, Figner "pagava Rs. 1$000 por cada canção e vendia os cilindros a Rs. 5$000", desembolsando a quantia de Rs. 1$500 para cobrir os custos de cada cilindro (*idem*, p. 31-36). Mais tarde, ante o aumento da demanda de discos e das exigências técnicas das gravações, o empresário passou a desenvolver métodos mais regulares de gravação, prensagem e venda. Ao longo das décadas seguintes, registram-se diversos contratos de exclusividade firmados entre a Casa Edison e músicos nacionais (*idem*, p. 66).

Em outros casos, como no contrato firmado por Figner com Ernesto Nazareth, acordava-se não a prestação de serviços de gravação, mas a venda de direitos musicais. Em 1915, o pianista vendeu os direitos de sua canção *Apanhei-te Cavaquinho* pela quantia de Rs. 100$000 (*idem*, p. 150). Tudo leva a crer que o comércio fonográfico rendia aos compositores tanto ou apenas pouco mais que o antigo comércio de partituras[62]. *Brejeiro*, o famoso tango de Nazareth fora vendido em 1894 a uma casa editorial por Rs. 50$000 (Machado, 2007, p. 89). Por fim, destacam-se os contratos de exclusividade, como os assinados com Eduardo das Neves, Manoel Pedro dos Santos (O Baiano) e João Batista Gonzaga, cujos valores foram apresentados na Tabela 4.

A lista, contudo, se estende bastante. É admirável, aliás, a voracidade com que as nascentes gravadoras – com amplo destaque para a Edison – arregimentaram artistas populares. Embora se valha de um recorte temporal um pouco posterior ao nosso, é possível identificar nos anos de 1910 a tendência apontada por Tinhorão para a década seguinte. Afirma o autor que:

---

61 A Casa atuou nos segmentos de produção e comercialização de produtos fonográficos, tendo atuando não apenas no Rio de Janeiro, mas também em São Paulo (Araújo, 1981, 59).

62 Para estudos sobre esse circuito de partituras, ver as discussões de Bessa (2012, p. 179-185) e Gonçalves (1995).

> A descoberta de que era possível usar sua música como matéria-prima para a produção de um produto vendável, com boa perspectiva de mercado junto às camadas das classes médias provocou (...) [uma] verdadeira corrida de talentos das camadas baixas para a profissionalização (2005, p. 211).

Do ponto de vista da estruturação da Casa Edison, percebemos a presença de diversos elementos alinhados à lógica industrial: setorização das atividades comerciais da casa, serialização da produção, racionalização dos métodos de contratação etc.: temos aqui alguns aspectos que, conforme veremos mais detalhadamente no capítulo 3, sugerem a presença de vieses massificadores. Se os anos iniciais da empresa são expressivos, a situação fica ainda mais patente após a instalação da fábrica de discos Odeon, em 1913, sob a gerência de Figner:

> A Fábrica Odeon era composta por onze departamentos e tinha autossuficiência industrial. Com uma equipe de 150 operários, operava com trinta prensas manuais de precisão capaz de produzir 125.000 discos por mês. Para um dia de trabalho, previam-se serem feitos, em média, 4.166 discos, o que daria 13 discos por hora de prensa, numa jornada de 12 horas, com um disco a cada quatro minutos (Franceschi, 2002, p. 203).

As descrições da fábrica são, de fato, expressivas. A dimensão massificada do nascente setor fonográfico, contudo, se fazia presente também nas demais etapas da cadeia produtiva, como na distribuição e comercialização de discos (Cf. Franceschi, 2002, p. 198-203). Nas palavras de Franceschi, o processo de comercialização de discos passava por uma série de etapas administrativas como está descrita abaixo:

> Os programas de lançamento determinavam o início da fase comercial. Fazia-se prensagem piloto de 30 a 40 discos que os vendedores lançavam, como demonstração, às lojas de maior movimento, para sondagem da aceitação pelo público. Desde 1902 até janeiro de 1913, a tiragem básica de 250 discos significou o custo de produção industrial. Com a montagem da fábrica do Rio de Janeiro, sob alegação de custo maior, o índice básico passou de 250 para 600 discos. Vendida essa tiragem, processavam-se as reprensagens em número reduzido, 20 a 30 de cada vez. Os revendedores faziam pedidos pequenos para venda em curto prazo. A venda inicial de mil discos era o critério para se considerar uma música sucesso efetivo. Se fosse sucesso real, atingiria milhares (*idem*, p. 215).

Toda essa pujança só poderia ser sustentada pelo crescimento em igual magnitude do comércio de aparelhos fonográficos, o que de fato se verifica nas primeiras décadas do século XX nas duas cidades. Se, no início do século XX, o alto custo dos aparelhos era proibitivo, sendo acessível apenas a consumidores de maior renda, é possível afirmar que, ao longo dos anos, os aparelhos e os discos baratearam significativamente, tornando-se disponíveis a um número maior de compradores (Cf. Tinhorão, 2005, p. 83). Na Tabela 5 abaixo, apresentamos os preços máximos e mínimos de vitrolas e gramofones anunciados nos periódicos paulistas e cariocas:

Tabela 5 – Preços de gramofones (1906-1917)

Cidade	Ano [a]	Valores nominais		Valores (1911)	
		Mínimo	Máximo	Mínimo	Máximo
Rio de Janeiro	1906 [b]	200$000	200$000	190$913	190$913
	1908	20$000	100$000	19$702	98$508
	1911	25$000	55$000	25$000	55$000
	1912	40$000	200$000	37$055	185$275
São Paulo	1912	40$000	1:000$000	37$055	926$377
	1914	24$500	90$000	24$549	90$180
	1914	24$500	90$000	24$549	90$180
	1915	22$000	450$000	15$475	316$540
	1915 [b]	30$000	30$000	21$103	21$103
	1916 [b]	65$000	65$000	43$332	43$332
	1917	100$000	150$000	55$032	82$548
	1917	40$000	1:500$000	22$013	825$484

[a] Não foram obtidos anúncios para todos os anos e, por vezes, periódicos distintos publicaram anúncios, daí a ocorrência de anos repetidos.

[b] Em alguns anúncios todos os modelos apresentavam o mesmo preço e/ou veiculava-se o valor de apenas um modelo específico.

FONTE: AC, OP, OESP, RC e OPA. Análise e tabulação próprias

A tabela fornece algumas informações relevantes para nossas reflexões:

(I) Poderíamos, primeiramente, defender a existência de uma tendência global de barateamento, ante a gradativa redução dos valores mínimos de preços de gramofones ao longo dos anos. Julgamos, contudo, tal conclusão um tanto quanto apressada, não apenas pela falta de uma massa de dados para a constituição de séries contínuas de preços, mas também pela existência de considerável diferença qualitativa entre os produtos vendidos. De fato, foram comercializadas no início do século XX vitrolas e gramofones de diferentes marcas, estilos, tamanhos e potências, dificultando uma análise de tal natureza.[63]

(II) Por outro lado, justamente esse processo de diferenciação, com o oferecimento de gramofones "ao alcance do operário e do abastado" (*RC, 28/11/1908* e também Figura 5) parece nos indicar a existência de efeitos massificação no setor, entendida aqui como a produção para uma massa indiferenciada de consumidores. Percebemos aqui uma situação de harmonização entre massificação e distinção por vias do consumo, tema caro e que será melhor discutido na seção sobre o comércio de pianos.

Figura 5 – Anúncio da Casa Edison

FONTE: OESP/1914

A situação é acentuada se levamos em consideração uma modalidade extremamente comum de aquisição de equipamentos fonográficos: a constituição dos

63 Essas diferenças explicam-se pela presença de diversas casas comerciais de discos e gramofones que, por sua vez, negociavam e distribuíam produtos de fábricas e sistemas fonográficos de distintas cadeias europeias. No presente estágio de nossa discussão, não nos ateremos em pormenores na explanação do funcionamento da cadeia produtiva fonográfica no começo do século. Sugerimos, por ora, o trabalho de Franceschi, referência no tema (2002, *passim*). Voltaremos também a analisar as relações do mercado fonográfico brasileiro do começo do século XX com os grandes canais internacionais no capítulo 3, quando de nossa análise sobre a importância das casas comerciais de importação e de representação de marcas e patentes de equipamentos europeus e norte-americanos.

chamados "clubes de gramofones" (Süssekind, 1987, p. 55). Os clubes eram uma espécie de consórcio montado pelas casas comerciais em que os sócios subscreviam para concorrer a um prêmio, mediante pagamento de cotas semanais. Como veremos, essa modalidade de venda foi amplamente utilizada no comércio de pianos (e mesmo de produtos de maior valor, como carros ou motocicletas), mas também muitos aparelhos fonográficos foram adquiridos por tal método. Ora, se os preços dos gramofones apresentados na Tabela 5 indicam um patamar bastante acessível ao público de menor renda, a existência dos clubes tornava-os ainda mais populares. Em 1912, por exemplo, a Casa Abílio no Rio de Janeiro realizava clubes de gramofones entre Rs. 40$000 a Rs. 200$000 cobrando prestações semanais de mil a cinco mil réis, valor extremamente reduzido e, de fato, acessível aos bolsos de uma agremiação popular ou mesmo de um consumidor individual (*RC, 10/08/1912)*.

Do ponto de vista das casas comerciais, a utilização desse tipo de modalidade era particularmente interessante, uma vez que o fluxo constante de pagamentos dos mutuários permitia ao comerciante a entrada contínua de recursos. Afirma Franceschi que em 1899 a Casa Edison de Fred Figner conseguiu constituir vinte e sete clubes, cada qual formado por 100 sócios, contribuintes com Rs. 5$000 semanais para concorrer a um "*grafofone* [sic] Columbia, modelo L, para transmissão de voz, uma pequena corneta, um tubo duplo de borracha para o ouvido e uma caixa com 6 cilindros impressos" (2002, p. 46). Assim, só com o recebimento dos cupons dos clubes, Figner girava em torno de 50 contos de réis por mês (Rs. 50:000$000), "fora o que recebia dos fonógrafos vendidos aos sócios antes do término do pagamento" (*idem*, *ibidem*).

É possível afirmar que o comércio de gramofones constituiu uma inflexão significativa na dinâmica de fruição e de produção cultural no começo do século XX. Se, por um lado, as nascentes gravadoras permitiram novas possibilidades de contratos e negócios, por outro, os gramofones substituíam muitos dos músicos nas festas.[64] Ao que tudo indica, o impacto das nascentes gravadoras e, consequentemente, da massificação musical como um todo, desdobrou-se para além do processo

64 Esta é, pelo menos, a argumentação de Tinhorão: "contribuindo a música dos seus discos para a alegria das festinhas e dos bailinhos domésticos, antes animados por músicos" (2005, p. 83). Seguimos aqui o argumento de David Suisman a respeito da completa transformação na "paisagem sonora" das grandes urbes na virada do século XX (Cf. 2009, *passim*).

de profissionalização dos músicos egressos do universo popular. Sobre o tema, afirma Dilmar Santos de Miranda:

> O abrir do século XX carioca, com seus teatros de revista (versão tropical do *vaudeville* francês), clubes de dança populares, salas de espera dos cinemas, cabarés, circos e bares na área boêmia da Lapa e os bordéis do Mangue, aliados ao grande comércio de folhetos, partituras e instrumentos musicais, propicia a expansão do entretenimento popular. É quando a Casa Edison do austríaco Fred Figner realiza as primeiras gravações fonográficas em cilindros e chapas. São fatos que repercutem no novo mundo da cultura e das artes populares. A profissionalização do artista provoca um novo *ethos* no processo de criação: o individualismo e a preocupação com a autoria musical. É o fim da era da inocência (2001, p. 224).

A referência à "perda da inocência" e à emergência de um novo *ethos* de criação no circuito popular é amplamente discutida pela bibliografia musical (Cf. Fernandes, 2010, p. 27). Podemos ver, como corolário dessa situação, a polêmica envolvendo o registro da canção que é considerada o primeiro samba: *Pelo telefone*, gravada em 1917. Supostamente criado numa esfera coletiva (muito provavelmente na casa de Tia Ciata), a canção foi registrada na Biblioteca Nacional pelo sambista Donga, que passou a se beneficiar exclusivamente dos direitos autorais dela provenientes (Moura, 1983, p. 76-82). A querela ocasionou uma série de polêmicas, gerando o rompimento entre os diversos músicos do grupo, e evidencia o choque de valores da entrada de forças da massificação no circuito da cultura cotidiana. O caso é apenas o primeiro dentre muitos incidentes que a nova realidade musical, proporcionada pela nascente indústria fonográfica, provocou. Já na década de 1920, com o advento e a popularização do rádio, as discussões e querelas (sobretudo por direitos autorais) terão muito mais repercussão.[65]

Pelos diversos aspectos aqui apresentados, não nos parece descabido propor a existência de uma lógica massificada em surgimento no setor da música popular, um processo afinado com os diversos métodos não apenas na etapa da produção, mas também das inflexões no âmbito da distribuição e fruição de produtos possibilitadas pelas novas tecnologias. De um ponto de vista teórico, é possível realizar aqui uma conexão com debates frankfurtianos, enxergando, na nascente mercantilização

65 Voltaremos a discutir a questão dos direitos autorais no capítulo 3 do presente trabalho.

musical brasileira, uma analogia com o sucesso comercial do jazz nos EUA diagnosticado por Adorno em seu ensaio *Sobre o jazz*. No referido texto, o autor coteja os conceitos de *cultura popular* e *cultura de massa*, indicando os riscos de apropriações e estilização de elementos populares por parte dos canais massificadores.[66] O tema é analisado também por Luciano Gatti da seguinte maneira:

> Segundo Adorno, a expressão "cultura de massa" seria inadequada para traduzir a produção e o consumo de produtos culturais em larga escala, pois poderia sugerir, erroneamente, uma cultura que surgisse espontaneamente das massas, como se fosse a expressão atual do que chamamos genericamente de arte popular. Os fenômenos compreendidos sob o conceito de indústria cultural tinham um outro significado: não uma cultura que surge de baixo para cima, mas uma outra, imposta de cima para baixo, com o intuito de adaptar e integrar as massas à ordem vigente (2008, p. 77).

Podemos dizer, a título de conclusão desta seção que as décadas iniciais do século XX registram, de fato, a inauguração de uma lógica massificadora nos meios populares, sobretudo no universo musical.[67] É cedo, contudo, para vermos nas diversas e incipientes iniciativas aqui arroladas um vigoroso processo de acumulação econômica e as razões disso são diversas:

(I) É preciso reconhecer, primeiramente, os limites relativos desse processo. Em diversos países do globo registraram-se processos de massificação de seus segmentos populares – notadamente no campo da música (Hobsbawm, 2010). Apenas uma análise comparativa mais acurada entre os diversos países permitiria compreender a profundidade do efeito massificação no contexto brasileiro vis-à-vis casos internacionais.[68] Por se tratar de uma variável bastante plástica, é difícil mensurar o grau de penetração da lógica massificadora no universo popular. Algumas apro-

---

66 "Tomar uma suma de efectos calculados y experimentados psicotécnicamente por expressión del estado anímico provocado em el auditor por la indústria misma; (...) Todo esto que parece obstinada inocência de selva virgen para el entusiasmo de los fieles es, al cien por ciento, mercancia fabril" (Adorno, 1962, p. 127).

67 Dmitri Fernandes destaca o surgimento de "novas instituições especializadas na industrialização, transmissão e comercialização musical que entravam em cena na aurora do século XX" (2010, p. 27)

68 Para debates sobre o contexto internacional, ver Suisman (2009) e Hobsbawm (2010).

ximações, contudo, são possíveis. É o caso, por exemplo, do Gráfico 2, criado por Lilian Alves Sampaio e vinculado abaixo. O gráfico, que se utiliza do programa de análise de redes UCINET, parte de informações biográficas e profissionais de 352 músicos populares cariocas[69] (identificados pelos pontos menores) correlacionando-os a 21 "circuitos" musicais (os quadrados). Os quadrados maiores indicam maiores vínculos de um dado circuito e, presumivelmente, maior importância no cenário global do segmento.[70]

69 A autora baseou sua seleção nas informações disponibilizadas em uma série de compêndios temáticos sobre música brasileira, como a *Enciclopédia da Música Brasileira: erudita, folclórica e popular* e o *Dicionário Biográfico da Música Popular* além de outras obras da bibliografia específica. Para mais discussões sobre a metodologia de seleção e seus vieses, ver Sampaio (2011, p. 67).

70 O conceito de "circuito" mobilizado pela autora tem abrangência mais circunscrita do que o que é aqui utilizado.

Gráfico 2 – Mapa de relações de músicos populares cariocas

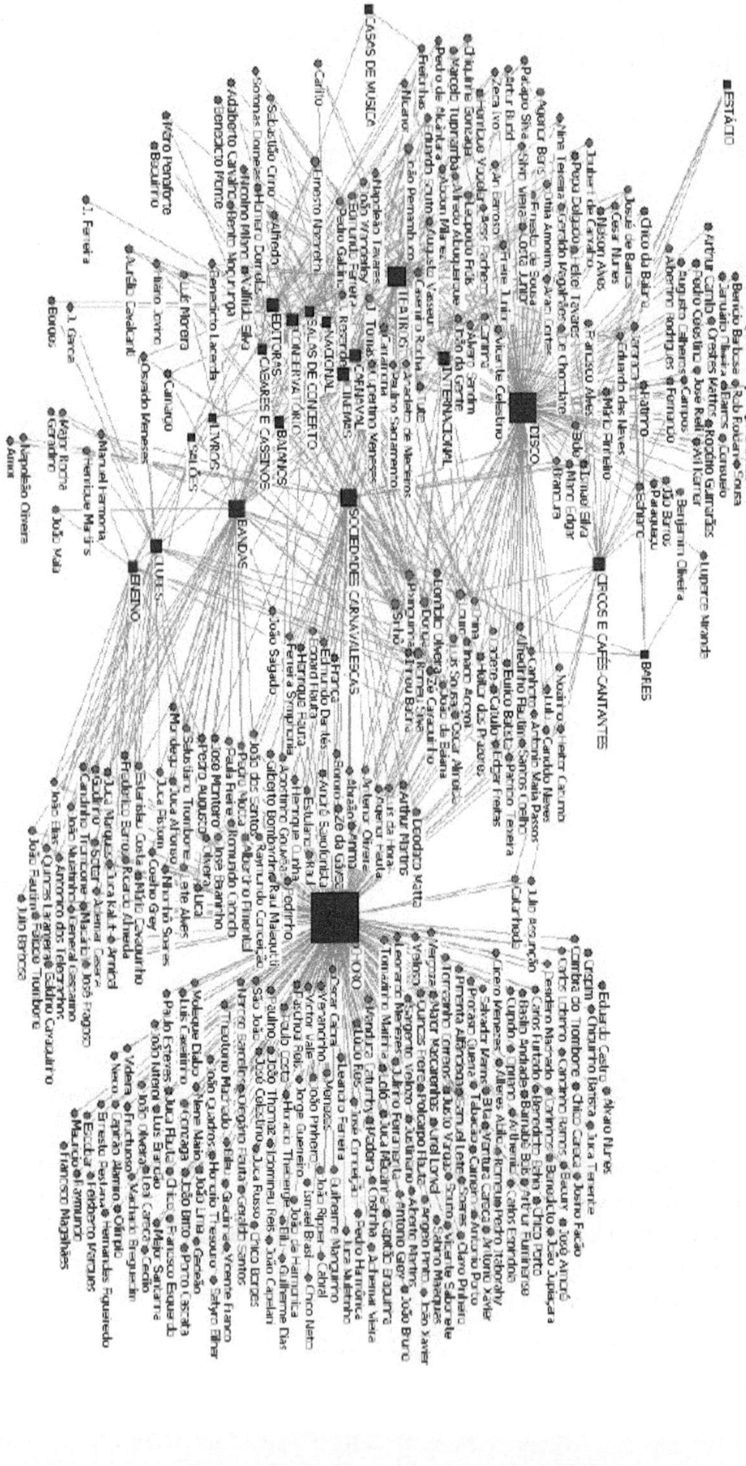

FONTE: Sampaio (2011)

Alguns desses circuitos – sobretudo o dos "discos", dos "teatros" e dos "cinemas", mas também "bares", "circos e cafés-cantantes", "cabarés e cassinos" ou "editoras" – estariam em maior proximidade dos canais comerciais e, portanto, mais alinhados aos canais da massificação. Vemos esse grupo mais comercial alinhado à esquerda do gráfico.

Vemos, contudo, do lado direito do gráfico uma gigantesca concentração de artistas vinculados única e exclusivamente ao circuito "choro". Aceitando a terminologia e a historiografia mobilizada pela autora, temos aqui um circuito fortemente marcado pelo amadorismo ou, em suas próprias palavras, um circuito de "baixo impacto comercial" (*idem*, p. 136). Temos também um grupo "híbrido" não negligenciável, ao centro do gráfico, com vinculações tanto ao universo comercial quanto amador. Não podemos nos esquecer que estamos aqui diante de um momento de transição.[71]

(II) É preciso considerar que, a despeito da emergência desses novos canais comerciais, parte significativa – se não a maioria – do universo popular manteve-se atrelado à lógica da cultura cotidiana. Embora tenha adicionado novos elementos, o novo *ethos* comercial não eliminou os vínculos tradicionais de artistas e agremiações populares, inclusive no que se refere a sua estruturação econômica.[72]

(III) Cabe mencionar, outrossim, que estamos falando aqui do início de processo de massificação na etapa da produção e da fruição artística em contextos bastante circunscritos. Não podemos esquecer dos limites do desenvolvimento de um segmento cultural brasileiro no contexto da economia global do período. O ponto será melhor discutido no capítulo 3 da presente tese, quando de nosso estudo sobre a cadeia produtiva cinematográfica. Por hora, cabe destacar que, no universo musical popular, parece ter se registrado excedente de talento e de riqueza cultural e escassez de capital econômico: se abundaram artistas, bandas e blocos carnavalescos, foram poucas as gravadoras formadas.[73] E mesmo a Casa Edison, capitaneada por Figner,

71 Destaca-se no gráfico também a restrita presença de vínculos dos músicos populares cariocas com os circuitos "oficiais" ou "institucionais". Voltaremos ao tema, contudo, no próximo capítulo da presente tese.

72 Impossível não reportar aqui às discussões de Ortiz (1988) e Farias (2007) a respeito das relações de ruptura e continuidade entre o universo cultural popular e a cultura de massas.

73 Além da Casa Edison, destacou-se também no cenário fonográfico nacional a Casa Buschman e Guimarães, onde João Gonzaga, filho de Chiquinha Gonzaga trabalhou

encontrava seu campo de atuação restrito às diretrizes tecnológicas e econômicas dos canais fonográficos da matriz norte-americana.

(IV) Por fim, cabe mencionar uma última informação relevante do Gráfico 2, vinculada aos nós observados na parte inferior ("ensino", "clubes" e "bandas"). Embora conectados ao universo profissional musical, eles não se enquadram propriamente no universo da massificação. Pelo contrário: temos aí um interessante caso de conexão entre o mundo popular e o outro viés aqui analisado, a distinção. É sobre tal tema que versaremos na próxima seção.

Do entrudo aos *clubs*: disputas pela distinção social

Se, por um lado, registraram-se no universo popular linhas de contato com os nascentes canais de massificação – como os teatros de revista, os cinemas e as gravadoras – as pressões advindas dos canais da distinção parecem ter sido igualmente impactantes para o desenvolvimento dessas iniciativas. Para a compreensão de tal fenômeno, precisamos nos embrenhar em direção ao detalhamento das diversas modalidades de festejos e atividades dos grupos populares do começo do século.

A análise dessa faceta das atividades populares encontra um complicador historiográfico, que é o predomínio do chamado "paradigma do samba", do carnaval e de sua organização modelo – a escola de samba.[74] O ponto é analisado por Rachel Soihet, quando de sua definição das diversas estruturas associativas anteriores às Escolas de Samba. De acordo com a autora, o gênero tornou-se a modalidade musical e carnavalesca "estável" no final da década de 1920, primeiro no Rio de Janeiro e depois no restante do país (1998, p. 69-95). Antes que a estrutura das Escolas de Samba se impusesse soberana, contudo, vemos atividades festivas sendo realizadas por grupos e agremiações que se intitulavam (ou eram enquadrados) nas mais diversas nomenclaturas. É difícil, aliás, para um leitor contemporâneo compreender as especificidades e diferenças das tantas manifestações culturais presentes nos festejos populares de início do século XX, sobretudo aquelas realizadas na praça carioca. Num verdadeiro caleidoscópio de nomenclaturas, vemos desfilarem pelas ruas da capital federal os entrudos, os Zé-Pereiras, os cucumbis, os corsos, os sujos, os ran-

---

(Diniz, 1999, p. 211). São necessários mais estudos e reflexões para melhor compreender a dinâmica econômico desse segmento e de seus principais atores locais.

74 O surgimento e institucionalização do samba (bem como de sua estrutura organizacional correspondente, a Escola de Samba) como expressão musical nacional é o tema central da discussão de Vianna (1989).

chos, os cordões, os blocos e as sociedades. Além de inegáveis variações em sua estrutura formal, esses diversos tipos de agremiações festivas envolveram também diferenças socioeconômicas não negligenciáveis, mascarando querelas internas e externas (Cf. Ferreira, 2005, *passim* e Cunha, 2001, p. 42-54). É aí que encontraremos os efeitos da distinção.

Vendo sob tal prisma, vemos que o carnaval e os demais festejos populares da *Belle Époque* figuraram como *lócus* privilegiados de disputas pela distinção social (Cf. Santos M, 1998, p. 369). Quando analisamos o fenômeno em sua longa duração, descobrimos que essa condição não é nova: data de meados do século XIX, por volta dos anos de 1840 e 1850, o chamado "Grande Carnaval", a elegante festividade levada a cabo por três sociedades compostas por membros da elite e da classe média comerciante da cidade – Os Democráticos, os Fenianos e os Tenentes do Diabo (Cunha, 2001, p. 89). Maria Cunha e Felipe Ferreira empreendem uma longa análise sobre esses grupos, identificando em suas festividades algo como uma proposta pedagógica de europeização e aburguesamento de rua, mediante a eliminação de formas mais popularescas de festejos de rua e a imposição de feições "venezianas", mais elitistas, à celebração (Cunha, 2001, p. 100).[75] Adicionam-se ao quadro as associações do Grande Carnaval carioca, por meio de seu regime de filiações, o pagamento de joias e demais mecanismos exclusivistas, prestavam-se a objetivos de distinção semelhantes ao de outras associações culturais do período como a Casa Beethoven e a Casa Mozart (ou, no século XX, a Sociedade de Cultura Artística), iniciativas que serão analisadas posteriormente.[76]

Já no início do século XX, contudo, registra-se um fenômeno curioso: a proposta "pedagógica" pregada desde os anos de 1850 pelo Grande Carnaval passa a surtir efeito e diversos clubes e agremiações das regiões mais afastadas da cidade

75 Na década de 1850 a "Sociedade União Veneziana". Surge, dentro de tais grupos, em 1855 um decreto carnavalesco propondo a abolição do entrudo em detrimento das festas dos salões. Dentro de tal quadro, "afirmar a própria distinção social e superioridade cultural era mais importante que o objetivo de substituir o entrudo" (Cunha, 2001, p. 100). São Paulo também teve suas grandes sociedades carnavalescas, embora em menor escala. Zélia Lopes da Silva destaca as agremiações carnavalescas da Sociedade Harmonia, do Clube Atlético Paulistano e da Sociedade Hípica Paulista que, em 1917, já contava com 700 sócios, passando a 900 em 1919 (2008, p. 72).

76 Para um debate sobre a relação do carnaval e outros processos sociais do período, ver Queiroz (1999, p. 53).

começam a realizar festividades carnavalescas de feitio semelhante aos cortejos dos Democráticos ou dos Tenentes (Cunha, 2001, p. 155). Nada poderia ser mais confuso para as elites do que presenciar elementos de seu carnaval aristocrático reproduzidos em festejos populares das áreas suburbanas, ainda que de uma maneira confusa e híbrida.[77]

O inchaço do evento e, como veremos em outras partes de nossa tese, a "mistura de classes" sociais causou imensa angústia na elite, sentimento cristalizado em notas e textos dos cronistas do período. Indecisos, eles buscavam a todo custo estabelecer hierarquias, propondo divisões e critérios sociais às festas (*idem*, p. 154). A tarefa não era simples: a multiplicidade e o dinamismo dos festejos, bem como a participação de diversos agentes em mais de um tipo de agremiação ou associação tornava qualquer tipo de organização extremamente difícil. Tia Ciata, por exemplo, cuja casa concentrava os membros mais destacados da hierarquia da cultura popular carioca, era líder de um "sujo", festa em que os diversos participantes saiam com roupas rasgadas e enlameados, "atacando" os grupos rivais, e tida como uma das manifestações carnavalescas mais depreciadas (Moura, 1983, p. 61). Os músicos que tocavam em festas de família do Centro eram frequentadores assíduos das festas da Penha, os organizadores de rancho participavam de cordões e não é raro encontrar, ao longo das páginas da mídia negra do período, a filiação de um mesmo sócio a três ou quatro agremiações distintas.

Em meio a esta situação, fazia-se fundamental o estabelecimento de critérios – formais, técnicos, culturais e sociais – para divisar "o bom do mau carnaval" (Ferreira, 2005, p. 159). A maior ou menor proximidade formal dos festejos às manifestações de elite (e, portanto, de viés europeu) constituiu um primeiro critério demarcatório (Cf. Simson, 2007, p. 24 e Fernandes, 2010, p. 20).[78] Curiosamente,

77 Constituiria um esforço à parte identificar exatamente quais elementos (formais ou organizacionais) propostos pelas Grandes Sociedades Carnavalescas foram incorporados pelas pequenas agremiações. Sabemos, por exemplo, que ambas eram regidas por estatutos e compunham diretorias e tesourarias elegidas periodicamente. Os métodos de arrecadação por mensalidades ou doações também parecem ter sido partilhados pelas duas, embora a exigência de joia de admissão tenha sido exclusividade das Grandes Sociedades (Cunha, 2001, p. 108 e 158).

78 "Os grupos mais permeáveis às influências culturais dominantes – mesmo não renegando a influência negra e das camadas menos favorecidas – serão incensados como os mais legítimos "representantes" da cultura popular" (Ferreira, 2005, p. 159).

um dos agentes principais nessa busca por critérios estéticos "objetivos" foi a própria imprensa. Foram muitos os esforços pela promoção de pejos e valorações em relação a este ou aquele tipo de comemoração. No *Jornal do Commercio*, por exemplo, afirmava um cronista que "primeiro virão os cordões com seus índios, os seus cânticos, com sua toada, com seus grotescos bailados; depois os *clubs* exibindo alegorias que deslumbram e críticas de fino espírito" (*JC, 01/03/1908 apud* Ferreira, 2005, p. 157).

A menção do cronista aos cordões e aos clubes indica uma primeira divisão formal que foi se definindo na primeira década do século. Explica-nos Renata Gonçalves que os cordões eram "grupos de mascarados" oriundos das regiões suburbanas do Rio de Janeiro cujo desfile era ritmado por com um conjunto instrumental formado exclusivamente por instrumentos de percussão (2007, p. 64). De acordo com os jornais de época, os cordões teriam começado a realizar seus préstitos pelo centro da cidade no ano de 1893, empolgando o público carioca, "apesar de seus instrumentos esquisitos e seus trajes africanos" (Santos, 2000, p. 118 *apud idem*, p. 65).[79] Já os clubes (por vezes chamados sociedades) eram agremiações cuja organização associativa se aproximava muito mais do modelo sugerido pelas sociedades do Grande Carnaval, incluindo estatutos, diretorias e registro de membros, indicando supostas ambições sociais mais elevadas que os cordões (Cunha, 2001, p. 162-164).

As divisões internas e variações de nomenclatura, contudo, seguiam adiante: Maria Cunha destaca outra divisão formal que passou a ganhar corpo no mesmo período, desta vez opondo os cordões aos ranchos (2001, p. 152). De acordo com o Dicionário de Folclore Brasileiro do estudioso Câmara Cascudo, os ranchos carnavalescos do Rio de Janeiro eram definidos como "grupo de foliões, com instrumentos de cordas e sopro, cantando em coro versos musicados e alusivos ao grupo" (Cascudo, 1988 *apud* Gonçalves, 2007, p. 48 e Figura 6).[80]

---

79 Santos, Fábio Augusto de Oliveira. *Uma festa e suas máscaras: carnavais populares no Rio de* Janeiro, 2000. Dissertação (Mestrado) – Universidade Estadual Paulista Júlio de Mesquita Filhos, Assis, 2000 *apud* Gonçalves (2007).

80 Cascudo, Luiz de Câmara. *Dicionário do folclore brasileiro*. São Paulo: EDUSP, 1988 *apud* Gonçalves (2007).

Figura 6 – Rancho carnavalesco Flor do Tinhorão

FONTE: RC, 20/02/1909 in: Cunha (2001)

Renata Gonçalves afirma que os ranchos cariocas remontariam às festividades do Dia de Reis, trazidas pela colônia baiana aportada na cidade na década final do século XIX. Por motivos de decretos policiais, estes festejos foram paulatinamente transferidos para a época do carnaval e contavam com a encenação de cenas pastoris, com "reis, rainhas, pajens, bandeiras e alegorias" (*idem*, p. 49 e Moura, 1983, p. 25). A autora propõe que diversos elementos formais da estrutura dos ranchos lhes permitiram maior aceitação social por parte da elite. Ao contrário dos cordões, compostos majoritariamente por passistas masculinos e ritmados por instrumentos de percussão, os ranchos tinham forte presença feminina, valiam-se de instrumentos de maior feitio europeu (como as flautas e violões) e, por fim, tinham suas alegorias montadas sobre carroças, o que tornaria tais manifestações mais afeitas ao modelo pregado pelas Grandes Sociedades (*idem*, p. 67).[81]

---

81 "Aos poucos, esses 'ranchos' irão conquistando as benesses da cultura oficial e ocupando os espaços vazios da festa carnavalesca. Surge o conceito de Carnaval como festa do povo, como expressão cultural das classes menos favorecidas, como essência da alma carioca e, por conseguinte, da alma do País" (Ferreira, 2005, p. 159).

É curioso que as diferenças sociais entre festejos carnavalescos realizados por associações de passistas *versus* associações com carros e alegorias também foi sentida no carnaval paulistano, conforme apontado por Olga Von Simson (2007, p. 202-203). Enquanto as associações negras e de outros grupos de estratos mais humildes percorriam as ruas do centro a pé, as festividades de agremiações populares mais abastadas (como a de certos grupos italianos) eram feitas em cortejos, assemelhando-se assim ao *corso*, o elegante desfile de carros dos paulistanos ricos na Avenida Paulista.[82] É de se imaginar que a organização de festejos com carros e carroças de fato exigisse um aporte maior de recursos e de melhores condições socioeconômicas de seus membros. A única informação quantitativa que conseguimos obter sobre o assunto foi uma menção feita por José Ramos Tinhorão do preço de "Rs. 20$000 pela hora de aluguel de um carro" para a realização de festejos no início do século (2005, p. 68 e Cánovas, 2009, p. 395-429).

Maria Clementina Cunha, contudo, alerta-nos para os riscos de um esquematismo simplificador: primeiramente porque membros de um cordão no Rio eram frequentemente encontrados nos festejos de um rancho e vice-e-versa (Cf. 2001, p. 154-165). Além do mais, essas diferenciações, esclarecidas a partir de pesquisas históricas posteriores, podem não ter estado tão claras na mente dos organizadores desses eventos. Valendo-se de uma análise sobre atividades de 783 grupos carnavalescos cariocas do período 1881-1920, nada menos do que 221 agremiações (ou 28,2%) figuraram dentro da rubrica "indefinida", isto é: não se pode afirmar se tais agremiações se enquadravam como ranchos, cordões, clubes ou quaisquer outras modalidades festividades realizadas (*idem*, p. 163).

Quando analisamos essas nomenclaturas década a década, contudo, podemos perceber uma tendência. No Gráfico 3, agregamos as associações carnavalescas levantadas por Cunha dentro de dois grandes grupos. No primeiro incluímos as associações enquadradas dentro de modalidades de festejos de feições mais africanizadas e, portanto, menos afeitas aos preceitos da elite. São os mencionados cordões e também os cucumbis.[83] No segundo grupo incluímos os ranchos, os blocos e as

---

82 "O carnaval civilizado é o corso. Fora isso é barbaresco, é primitivo, é baixo" (*OP, nº178, fev/1922)*.

83 O *cucumbi* era uma modalidade de celebração dos negros cariocas que remonta aos tempos imperiais. De acordo com Maria Cunha, esse tipo de celebração, de feitio mais antigo, já estaria em franca extinção no início do século XX, tendo-se registrado me-

sociedades, associações populares cujas atividades estariam em maior afinidade (ou ao menos maior tolerância) com os valores elitistas.

Gráfico 3 – Participação percentual de tipos de grupos carnavalescos por década

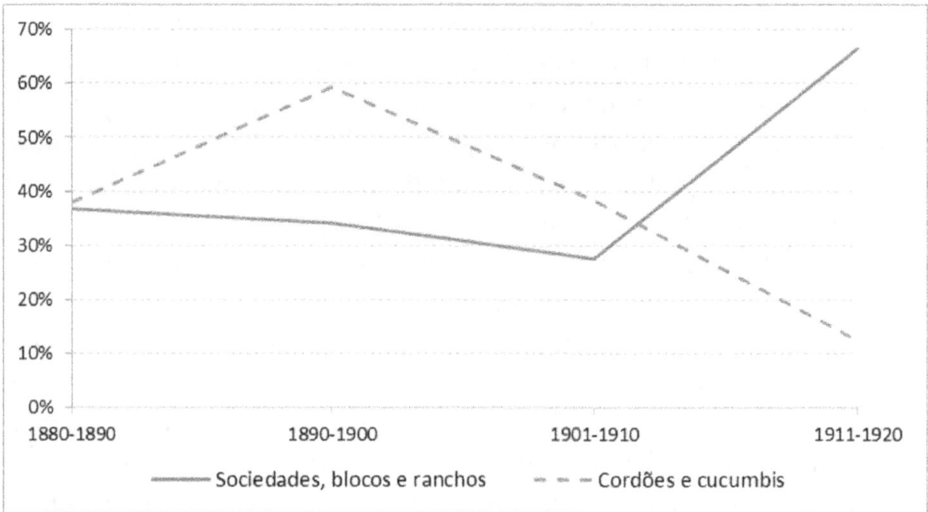

FONTE: Cunha (2001, p. 163), tabulação do autor.

Nota-se que há, na década de 1890-1900, um pico no número de associações do primeiro grupo. Ao que tudo indica, esse movimento vincula-se tanto às destacadas levas baianas aportadas na cidade quanto ao dinamismo associativo da cidade, que parece ter experimentado seu auge em finais do século XIX e início do século XX. Já na década seguinte, contudo, observa-se diminuição de tais agremiações em face do crescimento das modalidades rancho, bloco ou sociedade que, por finais do período analisado, despontam soberanas no cenário carnavalesco carioca.

A queda relativa de agremiações do primeiro grupo frente às do segundo e a posterior ultrapassagem do número destas sobre aquelas na década de 1910 precisa ser compreendida num quadro social ampliado. Isso porque, a partir de certo momento, as próprias nomenclaturas das agremiações (cordões, ranchos, blocos etc.) passaram a ter uma importância singular.

nos de uma dúzia de ocorrências destas no total do período analisado (Cunha, 2001, p. 176).

Para além das tentativas de demarcação das diversas modalidades festivas do carnaval realizadas pela imprensa, uma segunda escala demarcatória fundamental foi empregada: referimo-nos às distinções impostas pela polícia e pelas prefeituras para o fornecimento de licenças de desfiles. Conforme apontado por diversos autores da bibliografia, a disputa por licenças foi responsável não apenas por verdadeiras batalhas entre agremiações rivais, mas também por uma série de burlas e contravenções, com o registro falso de desfiles de cordões como ranchos, de blocos como sociedades e assim por diante (Gonçalves, 2007, p. 87).

A trama toda passa pela exigência de um licenciamento da prefeitura para a realização dos festejos, sobretudo aquelas realizadas na época do carnaval. Para a obtenção dessa licença, as agremiações precisavam de um nome, um qualificativo (clube, grêmio, associação etc.) e, ponto fundamental no jogo de exclusões, uma sede fixa (Ferreira, 2005, p. 161). Era preciso, além disso, indicar por escrito o nome dos participantes, entrar em contato com os delegados locais por onde os festejos passariam e, finalmente, dar entrada com uma cópia do estandarte-símbolo da agremiação (Cunha, 2001, p. 218). A análise dos relatórios e pareceres policiais empreendida por Maria Clementina Cunha indica uma série de vieses por parte de escriturários e delegados. Havia, por exemplo, um enorme preconceito com os cordões, tidos como manifestações potencialmente violentas. A solução de muitos grupos acabou sendo a burla, mediante o registro com nomenclatura falsa:

> Nesse contexto institucional, ao se auto intitularem dessa [ou daquela – JLM] forma e adotarem certos padrões de comportamento, as pequenas sociedades, grêmios e clubes carnavalescos buscavam, por um lado, garantias legais para seu funcionamento; mas por outro, mostravam aspirar a foros mais altos de reconhecimento e legitimidade (Cunha, 2001, p. 159).

A necessidade de informar os nomes dos participantes dos blocos às delegacias impunha uma segunda preocupação aos dirigentes dessas associações: para o bom funcionamento das festividades, era fundamental controlar e excluir membros indesejáveis ou potencialmente agressivos das atividades das agremiações. Foram diversos os mecanismos adotados pelos líderes dos espaços populares do começo do século para produzir esses mecanismos de exclusão.

O primeiro, e mais simples, era a necessidade de indicação de terceiros e da aprovação dos diretores do grupo. Tanto no Rio quanto em São Paulo, diversas agremiações exigiam que os novos membros passassem pelo crivo dos diretores (Simson

2007, p. 129). Havia, além disso, outros mecanismos para a realização de recortes hierárquicos, como o cumprimento de estatutos, normas de conduta e de regras de convivência internas às agremiações. Num ambiente onde a menor das falhas (brigas, tumultos etc.) poderia encadear um descredenciamento da agremiação pelas prefeituras ou pelas polícias, o zelo dos dirigentes das associações pelos princípios da ordem e da etiqueta era imenso (Gonçalves, 2007, p. 208).[84]

Em alguns casos, contudo, as diretorias realizavam discriminações sociais de uma crueza ímpar. De acordo com Olga Von Simson, os carregadores de café de São Paulo eram bastante marginalizados, inclusive entre os próprios negros. De acordo com a autora, eles só podiam participar dos bailes do Camisa Verde, na Barra Funda, se atendessem a algumas exigências:

> Desde que convidados por um dos membros do clube, que por eles se responsabilizava, e tendo pago a respectiva entrada. Era-lhes vedado, porém, desfilar no cordão, pois se situavam abaixo do nível social das famílias que integravam o Camisa Verde (2007, p. 140).

Diga-se de passagem, os dirigentes do Camisa Verde tiveram imensa preocupação não apenas com o perfil social de seus associados, mas também com o requinte das fantasias e sobretudo dos calçados de seus passistas, que precisavam ser feitos exclusivamente de couro branco e sob encomenda a sapateiros da cidade (*idem*, p. 106 e 165).[85] Exigências de luxo semelhantes foram identificadas por Maria Cunha em sua análise sobre os principais ranchos e sociedades negras cariocas dos anos de 1910, muitas das quais chegavam a exigir elevada habilidade musical de seus instrumentistas e traje a rigor completo para todos os seus membros para a entrada no salão (2001, p. 230).

A necessidade de revelar distinções sociais por meio da exposição de luxos e requintes e, mais importante, pelo *gasto conspícuo* de dinheiro, recoloca a

84 Temos acesso, por meio da leitura de notas da mídia negra, não apenas a alguns desses estatutos e normas de conduta, mas também a cartas contendo ameaças de expulsão de membros problemáticos das agremiações. Marília Cánovas destaca também a expulsão de "maus elementos" das festas das associações espanholas de São Paulo (2009, p. 394).

85 Impossível não perceber nessa preocupação dos diretores um eco da simbologia dos sapatos para os negros oitocentistas. De acordo com Moura (1983, p. 23) e Alencastro (1997, p. 18-19), a utilização de calçados era vedada aos escravos no século XIX. Daí a grande importância do vestuário para os negros alforriados.

questão da "flor do baile" discutida em seção anterior: para além de um simples método de arrecadação de recursos, a venda e concurso de prendas integrava um complexo sistema de hierarquias sociais internas ao universo popular, buscando identificar e filtrar os perfis sociais dos frequentadores.[86] A análise de algumas passagens da mídia negra indica essa situação.

Em 1918, o *JOA* falava sobre um baile num salão na Liberdade, região central de São Paulo. Afirma o cronista que: "aí os tais bailes realizam-se às quintas-feiras [e] sábados. Neles, tomam parte quem quer que seja, contanto que paguem mil réis para entrada. As damas nada pagam" (*12/10/1918*). Um ano depois, a Sociedade XV de Novembro (presumivelmente da mesma região) cobrava Rs. 3$000 para a entrada em seus bailes (*JOA*, 09/05/1919). Nos clubes Smart e Paulistano, ambos localizados à Rua do Glicério, exigia-se "Rs. 2$000 dos negros" (*JAL, 01/02/1920*).

A pratica de cobranças (muitas vezes tida por abusiva) por parte dos diretores suscitou discórdias e discussões tanto na pequena mídia quanto nos jornais de maior circulação. O *JAL* reclamou do que ele chamou de "sociedades de cavação", salões que cobravam "Rs. $200, $300, $500 para dançar" (*09/11/1919*). Já o carioca *OPA*, em tom irônico, publicou uma charge em que um negro bem-visto deparava-se com a humilhante situação de precisar pagar "Rs. $200 para dançar com a dama" (*OPA, 28/09/1909*).

A partir desses elementos, a conclusão à qual podemos chegar é que, em muitos casos, as escalas valorativas advindas de canais externos criavam ou amplificam hierarquias sociais internas aos grupos e agremiações. Disputas, brigas ou desentendimentos ocorridos no bojo das manifestações culturais populares refletiam conflitos oriundos de outras esferas da vida. Cunha indica que diversas disputas surgidas no meio profissional ou desavenças pessoais acabavam migrando para o universo das festas (2001, p. 189).

---

86 Seria extremamente interessante cotejar esse tipo de fenômeno cultural com as proposições de autores que analisam a "sociologia do consumo" ou "sociologia do luxo". Valendo-nos do levantamento bibliográfico empreendido por Milena Fernandes de Oliveira em sua tese de doutoramento, podemos destacar as figuras de Daniel Roche, Neil McKendrick, Daniel Miller ou Natacha Coquery, além de figuras clássicas da Sociologia como Max Weber, Thorstein Veblen, Werner Sombart e Norbert Elias que, de diferentes maneiras, detiveram-se sobre o tema (Cf. Oliveira, 2009, p. 1-20). Voltaremos ao assunto em seções posteriores.

O tema é também analisado por Chalhoub em sua análise sobre boletins de ocorrência de delegacias cariocas do período. A partir da análise de crimes, focos de violência ou tumultos transcorridos nos espaços de diversão da cidade, como os bares, botequins ou salões de dança, percebem-se atritos originados em outras esferas da vida (2001, *passim*). São os casos de brigas originadas pela presença de membros de bairros ou associações rivais não convidados para os festejos, de ciúmes em relação ao interesse em mulheres de outras agremiações além, é claro, de disputas envolvendo nacionalidades diferentes. Uma vez mais, parece que negros e portugueses protagonizavam as maiores discórdias (Carvalho, 1987, *passim*).

É curioso, contudo, que muitas vezes os desentendimentos surgiam no interior de uma mesma colônia, como no caso dos italianos de São Paulo. Incapazes de superar diferenças culturais anteriores à vinda para o Brasil, registraram-se casos de brigas e disputas entre as próprias sociedades italianas paulistanas do período. Além de comprometer o bom relacionamento de seus membros, essas divisões impunham "obstáculos consideráveis à existência de uma vida coletiva [isto é, da colônia como um todo – JLM] em São Paulo" (Hall, 2004, p. 129).[87]

Há, por fim, a necessidade de compreensão de todas essas disputas dentro de um processo histórico de maior envergadura. A simples diferença ou variação na situação socioeconômica de um grupo em relação aos demais já figurava como condição suficiente para disputas ou reservas. O tema é estudado por Zélia Lopes da Silva em sua análise sobre as metamorfoses dos espaços de sociabilidade popular na década de 1920. A tese indica que também em São Paulo foi possível observar uma tendência semelhante à carioca apresentada no Gráfico 3: o carnaval de rua dos cordões vai dando lugar a paulatina ascensão dos bailes e festejos em clubes fechados (Silva, 2008, cap. 1). Também aí temos um indício da presença da diferenciação e da exclusão e, de maneira mais ampla, de vinculações com os ditames da distinção.

---

87 Ainda assim, Hall conseguiu identificar um número relativamente grande de sociedades vinculadas a essa nacionalidade na cidade: 44 sociedades no período que vai de 1872 a 1924 (2004). Se em muitos casos a fragmentação italiana originava disputas e desentendimentos, em outros, foi possível identificar uma série de momentos de superação das reservas mútuas e de articulação para a promoção de atividades conjuntas. Será este o caso dos comitês patrióticos ou das comissões de monumentos públicos, tema de seção posterior. Sobre o tema, ver também Truzzi (1992, p. 23) e Cánovas (2009, p. 352-378 e 378).

Consumo, ostentação e classes médias republicanas

A identificação de disputas por distinção e diferenciação nos espaços populares abre portas para o debate de um fenômeno de maior envergadura. Para além do universo circunscrito das sociedades e agremiações populares, podemos posicionar essas querelas dentro de processos mais amplos e ligados, de uma maneira ou de outra, à questão da *ascensão social* no momento inicial do século XX. Podemos pensar aqui o circuito da cultura cotidiana para além do mundo popular.

Para compreender tal ponto, é preciso empreender um rápido debate sobre a constituição de uma inédita classe média nacional. Sem o intuito de promover uma reflexão exaustiva sobre o assunto, nosso objetivo é indicar o papel desempenhado pela cultura dentro desse processo. Estudaremos, assim, algumas das práticas culturais desenvolvidas nas duas cidades – a cultura pianística e a constituição de sociedades civis para a promoção de atividades culturais – apontando as vinculações dos dois fenômenos ao emergente estrato social médio. Como veremos, ao redor dessas iniciativas constituíram-se espaços e iniciativas culturais com uma dinâmica social e econômica bastante particular. A ideia das próximas seções, assim, é não apenas apresentar alguns elementos definidores da lógica de funcionamento de algumas práticas, mas também de identificar conexões com os canais da distinção e da massificação.

Comecemos por uma problematização sobre a constituição das classes médias urbanas na etapa inicial do século XX. A simples proposição da existência de atividades ligadas a esse estrato social engendra uma série de complicações teóricas e historiográficas. Observam-se, ao longo de obras da bibliografia voltada ao tema, indefinições quando da caracterização e correta nomenclatura desse grupo social. Por vezes, sua própria existência é questionada.[88]

Disputas à parte, alguns dados demográficos gerais do período podem ser empregados para uma primeira impressão sobre o estrato social. Décio Saes, baseando-se no censo de 1920 aponta que, naquele ano, apenas 3,3% da população brasileira recenseada ocupava postos nos setores das "profissões liberais" e/ou "cargos admi-

---

88 Os motivos dos impasses são muitos e sua plena compreensão certamente ultrapassa o escopo do presente texto. Cabe destacar, todavia, que em muitos casos as restrições advêm de limitações dos quadros teóricos mobilizados. Sobre o tema, ver Saes (1975, *passim*) e Costa (1987, p. 218-219).

nistrativos", rubricas tradicionalmente vinculada aos grupos médios.[89] Expressa-se a reduzida participação do grupo quando considerarmos que, nesse mesmo censo, nada menos do que 70,1% da população do país encontrava-se alocada no setor de "exploração do solo e subsolo nacionais" (1975, p. 10).[90]

A situação é ligeiramente distinta dentro dos limites geográficos de nossa tese. Ao focarmos exclusivamente as praças carioca e paulistana –então as maiores concentrações urbanas do país – nos deparamos com uma situação de maior expressividade de postos comerciais, administrativos e burocráticos no quadro empregatício geral. Entre 1872 e 1890, o número de profissionais liberais no Rio de Janeiro duplicou. No período seguinte, que vai até 1906, esse número triplicou (Lobo, 1978, p. 502). Também a mão-de-obra no setor de comércio registrou aumento de mais de 200%. Neste mesmo ano de 1906, mais de 60 mil profissionais atuavam nos serviços comerciais. Contudo, mesmo numa estimativa generosa, que computa dentro do estrato social também os 14.946 profissionais liberais, os 15.831 membros das forças militares e policiais e os 14.692 funcionários da burocracia estatal, a marca de 10% da população total da cidade não é atingida (Cf. *idem, ibidem*).

Ao trabalhar com fenômenos ligados à classe média é preciso, outrossim, se resguardar de certos reducionismos. Desse modo, a despeito da centralidade das variáveis econômicas, a compreensão dos limites e contornos da classe vão além da mera subdivisão por faixas de renda ou por ocupação. A situação fica clara quando do estudo do caso paulista, em que a emergência do grupo se atrela a um forte componente étnico/racial, com a chegada de grupos imigrantes de distintas

---

89 Também o censo de 1900, a despeito das limitações e dos reconhecidos problemas metodológicos, aparece como uma interessante fonte de informações. Vemos assim que dos 17.318.556 brasileiros recenseados pouco mais de 2 milhões viviam nas capitais e parte significativa destes eram empregados no setor industrial.

90 Alerta o autor, contudo, que a pequena representatividade demográfica das camadas médias urbanas – ou da ocorrência de profissões comumente associadas ao grupo – pode ter levado muitos estudiosos "a daí deduzirem sua desimportância" (*idem*, p. 11). O ponto é evidenciado também no levantamento de Edgar Carone sobre temas referentes à História da Primeira República. Compilando um amplo elenco de temas, há apenas breves menções às classes médias urbanas. Citando o trabalho de Virgínio Santa Rosa, afirma o autor que esse grupo surgiu "logo no início da República" sendo formado por "militares, empregados públicos, funcionários da justiça, profissionais liberais, comerciários e estudantes" (1969, p. 208).

nacionalidades. Sobre o tema, afirma Milena de Oliveira que se registrou na cidade, nas décadas iniciais do século XX:

> Uma divisão de classes bastante peculiar, que ultrapassa divisão a-histórica entre capitalistas e trabalhadores – que no contexto de formação do capitalismo se dividem entre expropriadores e expropriados – ou a divisão clássica entre aristocracia agrária e burguesia rural. (...) Ao contrário, o que se vê é uma miscelânea de comportamentos, que podem se alterar de acordo com a posição já conquistada na hierarquia social ou se se trate de uma mudança em curso, um caso de mobilidade social (2009, p. 172).

O trecho evidencia um dos problemas centrais dos estudos sobre o segmento social médio: sua relativa plasticidade e as variações e nuances em diferentes contextos históricos, bem como as dificuldades para o estabelecimento de balizas e marcos definidores objetivos.[91] É aqui, contudo, que a temática começa a se avizinhar dos assuntos tratados em nossa pesquisa. Para compreender essa aproximação, valhamo-nos de uma passagem do pensador Virgínio Santa Rosa. Estudioso do movimento tenentista e de outros fenômenos da vida social da Primeira República, Santa Rosa realizou reflexões sobre as classes médias no período. Dos diversos aspectos por ele levantados, destacamos o seguinte trecho:

> A classe média se define como um grupo de pessoas que ostentam um mesmo padrão de vida, sensivelmente inferior àqueles das oligarquias agroindústrias; o interesse comum a todos os membros dessa classe média é a manutenção ou mesmo elevação desse padrão de vida, entendido como nível de consumo (Santa Rosa, 1976, p. 31 *apud* Saes, 1975, p. 19).[92]

O destaque aqui vai para os termos *ostentação* e *consumo*. Seria possível propor uma aproximação dessa nomenclatura com a empregada na presente tese, centrada nos efeitos distinção e massificação no universo cultural. Nesse quadro teóri-

91 Obviamente, esses problemas transcendem o período analisado, percorrendo todo o século XX, adentrando também no novo século e figurando, ainda hoje, como um desafio de primeira ordem para os estudos sociológicos.

92 Santa Rosa, Virginio. *O sentido do tenentismo*. São Paulo: Alfa Omega, 1976, *apud* Saes (1975).

co, certas práticas e sobretudo o dispêndio em certos produtos culturais específicos adquirem centralidade, agindo, por vezes, como verdadeiros *definidores de classe*.

A aproximação entre consumo, ostentação e cultura de classe média não é nova, tendo sido feita por diversos autores e correntes interpretativas.[93] Um dos teóricos mais acionados dentro desse debate é o norte-americano Throstein Veblen. O economista e sociólogo redigiu, ainda em finais do século XIX, uma série de reflexões sobre o perfil "mimético" da classe média, emulando, por meio do consumo, os padrões de vida das classes mais abastadas (Oliveira, 2009, p. 8).

O aumento dos estratos médios nos países desenvolvidos e o surgimento de novas técnicas de produção e comercialização de produtos culturais ao longo do século XX estimulou uma segunda leva de estudos sobre o tema. Pierre Bourdieu, por exemplo, aborda o assunto em diversos de seus trabalhos. Nenhum deles parece mais interessante aos presentes objetivos de nossa tese do que seu famoso estudo sobre os usos sociais da fotografia. Ainda que trabalhando com um suporte não contemplado em nosso estudo, a argumentação do autor tem grande aderência à presente discussão. Vemos, assim, a interessante dinâmica entre a definição social e o consumo e usufruto de um dispositivo técnico e produzido em escala industrial (a máquina fotográfica) empregado para finalidades ostentatórias (1965). São aspectos a reter para nossa discussão sobre o comércio de pianos.

A temática aparece também nas reflexões dos teóricos da Indústria Cultural, incluindo o próprio Adorno e seu conceito de "semicultura", talhado ainda nos anos de 1950 (Duarte, 2003, p. 93). Por vias distintas, destaca-se também aqui o emprego de técnicas e processos industrializados massificados para a criação e comercialização de produtos falsamente "eruditos", direcionados não propriamente às massas, mas a um consumidor de classe média sequioso pelo acesso ao universo da alta cultura. Sobre o tema, afirma Humberto Eco:

> Contra as manifestações de uma arte de elite e de uma cultura [popular – JLM] propriamente dita, erguem-se as manifestações de uma cultura de massa que não é tal, e que, por isso, ele não chama de *mass culture*, mas de *masscult*, e de uma cultura média, pequeno-burguesa, que ele chama de *midcult*. (...) *Midcult* é representado por obras que parecem possuir

93 Há, por exemplo, uma rica bibliografia internacional voltada à História do consumo. Sobre o tema ver, por exemplo, Williams (1992) e Ohman (1996). Voltaremos a falar sobre a importância do consumo na dinâmica cultural no capítulo 3.

> todos os requisitos de uma cultura procrastinada, e que, pelo contrário, constitui de fato uma paródia, uma depauperação da cultura, uma falsificação realizada com fins comerciais (Eco, 1979, p. 37).

Percebe-se, em todos esses casos, que para além da discussão estética, o debate sobre uma cultura de classe média (ou, para respeitar a abordagem adorniana, uma cultura *para* a classe média) envolve uma dinâmica econômica própria, com a interessante interação entre os efeitos massificação (neste caso, o emprego de técnicas e procedimentos industriais para produção e distribuição em larga escala de produtos culturais) e a distinção (a apropriação da cultura para finalidades de ostentação e diferenciação social). Não deixa de ser curioso que, se até agora vínhamos analisando as pressões da massificação e da distinção como vetores histórico-sociais apartados, no universo da cultura de classe média há um embaralhamento entre os dois, sendo inclusive impossível dissociá-los.

Embora formuladas num período distinto do de nossa análise, as reflexões de autores como Adorno ou Bourdieu podem ser aplicadas retroativamente para momentos anteriores do século XX e até mesmo para os anos finais do século XIX, durante a chamada *Belle Époque*. A razão disso reside nos mencionados impactos da Segunda Revolução Industrial. Vimos que, já nas décadas finais do oitocentos, incrementos tecnológicos possibilitaram a inédita industrialização de bens culturais. Os métodos de produção e distribuição de diversos produtos foram aprimorados. Assim, toda uma gama de bens e serviços de luxo e de ostentação, outrora acessíveis apenas às camadas mais abastadas, passaram a ser disponíveis também para os estratos médios (Barbuy, 2006, cap. 2).[94]

Obviamente, esse fenômeno teve impacto maior nas áreas desenvolvidas do globo – os países da Europa Ocidental e os Estados Unidos da América. É fundamental, assim, matizar algumas das particularidades do caso nacional (e das demais

94 Evocando tanto os grandes eventos internacionais organizados nessa época quanto a cultura das vitrines, catálogos e magazines, Barbuy foca suas atenções no conceito de *exposição*: "a exposição era um sistema organizado de objetos e imagens, concebido para estimular a apreciação visual e, sobretudo, para exibir quantidade e variedade. O consumo seria apenas um dos efeitos desencadeados. A absorção de uma nova perspectiva do mundo, a qual se convencionou chamar de modernidade, passava pelo exercício da observação visual das coisas matérias" (2006, p. 78-79). Evidencia-se, também aqui, a relação entre consumo e ostentação.

áreas economicamente periféricas).[95] As hipóteses aqui propostas são de que em regiões como o Brasil: (I) registrou-se um volume consideravelmente menor de recursos em circulação no segmento, dadas as diminutas proporções das classes médias locais e, consequentemente, do consumo de produtos culturais e (II) registrou-se certa *hipertrofia* do efeito distinção, uma vez que os ganhos advindos da massificação vincularam-se, quase que integralmente, a agentes estrangeiros. Nos deteremos com mais atenção nessas hipóteses mais adiante.

Nesse nosso breve preâmbulo sobre a emergência de uma cultura da classe média no país, não podemos deixar de mencionar também o impacto de eventos de ordem interna. Milena Oliveira, por exemplo, destaca o advento republicano e as inéditas possibilidades de ascensão social possibilitadas pelo novo regime a certos grupos sociais. De acordo com a autora:

> Em contexto republicano, o sentido da exposição muda porque a sociedade passa então a ser formada, ao menos formalmente, por indivíduos livres e iguais. (...) O elemento novo aí presente, quase que inexistente no Brasil colônia, a não ser pela entrada de um indivíduo para uma grande família, é a mobilidade social, à qual se associam, necessariamente, mecanismos de diferenciação outros que não os de sangue ou laços familiares. O consumo passa a ser então o principal instrumento diferenciador (2009, p. 130).

Vemos, uma vez mais, a importância do consumo na dinâmica desse estrato social. Também Nicolau Sevcenko empreende uma rica discussão sobre o assunto e muitos de seus argumentos podem ser incorporados para a compreensão das funções sociais dessa emergente cultura consumista da classe média (1983).[96] O autor matiza o ambiente urbano do Rio de Janeiro como outros acontecimentos históricos relevantes do período, propondo interessantes interrelações.

---

95 A referência mais acionada para o estudo da condição "periférica" do caso brasileiro é a obra de Schwarz (2000) e sua discussão sobre as *ideias fora do lugar*. Uma interessante compilação de reflexões sobre os impactos do pensamento schwarziano nos estudos culturais brasileiros foi feita por Cevasco e Ohata (2007).

96 Voltaremos a debater o fenômeno do consumo no capítulo 3.

A primeira delas se refere ao vínculo entre consumo ostentatório e transformações na ordem monetária na década de 1890.[97] Os anos iniciais da República são marcados por uma expansão do sistema financeiro e bancário nacional (Lobo, 1978, p. 454). Em face da relativa falta de meios de pagamento nos anos finais do Império, a orientação da política da Lei Bancária proposta pelo então Ministro da Fazenda Rui Barbosa no início de 1890 propunha uma ampliação nos meios de pagamento. Em poucos meses a proposta surtiu efeito. Registra-se o surgimento de novas modalidades de investimentos e de ativos financeiros como as "hipotecas, penhores, adiamentos, empréstimos industriais etc." (*idem*, p. 454). Se, por um lado, essa política permitiu o florescimento de novas companhias, bancos e indústrias - inclusive no meio cultural, conforme veremos na próxima seção –, ela foi responsável também por uma euforia especulativa conhecida como "Crise do Encilhamento" (Vilella e Suzigan, 2001, p. 97-98).

Num contexto de relativa instabilidade, diversas parcelas sociais urbanas viram-se afetadas pela flutuação de variáveis macroeconômicas (câmbio, preços etc.). Em meio às turbulências - incluindo quedas e oscilações da bolsa de valores - muitos agentes enriqueceram (e empobreceram). Nas palavras de Sevcenko:

> O estabelecimento da nova ordem desencadeou (...) uma permutação em larga amplitude de grupos econômicos, ao promover a "queima de fortunas seculares" com o Encilhamento, transferidas para as mãos de "um mundo de desconhecidos", por meio de negociatas escusas (1983, p. 26).

Ao contrário das tradicionais elites agrárias, detentoras de títulos honoríficos e outras modalidades de exibição de dotes simbólicos, os novos estratos médios não dispunham de formas de sinalizar sua condição social. Diante de tal quadro, o consumo adquire importância maior na dinâmica social. É sintomático que o Visconde de Taunay tenha descrito esses anos iniciais da República como tempos predispostos "à fome do ouro, à sede da riqueza, à sofreguidão do luxo, da posse, do desperdício, da ostentação, do triunfo" (Taunay, s/d *apud* Sevcenko, 1983, p. 26).[98]

97 Sobre o tema, ver também Moraes (2013a, p. 59).

98 Taunay, Visconde de. *O encilhamento*. São Paulo: Melhoramentos, s/d *apud* Sevcenko (1983). "Uma verdadeira febre de consumo tomou conta da cidade, toda ela voltada para a 'novidade', a "última moda" e os artigos *dernier bateau*" (Sevcenko, 1983, p. 28). Esse padrão, contudo, não ocorre apenas no Brasil, conforme nos sugere a argumentação de

O impacto dessas transformações econômicas, por sua vez, se justifica quando lido em paralelo a outra inflexão do período: a mutação do espaço público das nascentes metrópoles. Já vimos que tanto São Paulo quanto o Rio passaram por um processo de reformulação urbana com a adoção de novos padrões de higiene, habitação e saneamento. Vimos também que essas transformações articularam-se também ao desenvolvimento de uma nova concepção de cidade, influenciada por modelos europeus e norte-americanos. Alterações físicas foram acompanhadas de uma nova filosofia de hábitos, costumes e relacionamento humano (Cf. Needle, 1993, *passim* e Sevcenko, 1983, p. 28).

Pode-se dizer, assim, que – ao menos nos centros urbanos analisados na presente tese – o período que vai do final do século XIX até os anos de 1920 é marcado por uma verdadeira revolução dos valores sociais, culturais e estéticos, com o recrudescimento de hábitos e tradições antigas (ainda ligadas à ambiência semirrural das cidades brasileiras oitocentistas) e a subsequente adoção de padrões de comportamento "cosmopolitas" e "modernos" (Cf. Queiroz, 1978, p. 294).

As classes abastadas têm uma função fulcral nessas mudanças dos hábitos e comportamentos.[99] Cabe indicar aqui, todavia, que também os grupos médios desempenharam papel acentuado dentro desse processo. O desejo de exposição e de posse e, acima de tudo, a ambição pelo *status* são alguns dos valores motivadores desse novo grupo. As práticas culturais da classe média não apenas expressaram essas diversas vontades mas possibilitaram também o surgimento de todo um novo segmento econômico. Ainda que de maneira incipiente, a nova classe média urbana lastreou e deu escala a diversos fenômenos e iniciativas culturais do período. Compreender as dimensões desse fenômeno e os impactos da distinção e da massificação nesse processo se afigura, assim, como uma tarefa fundamental.

Eugen Weber sobre a euforia consumista (inclusive de produtos e novidades internacionais) das diversas classes sociais francesas na virada do século XX (1988, p. 186-188).

99 Veremos, no próximo capítulo, alguns dos impactos da vinda de famílias interioranas, enriquecidas pelo boom do café no desenvolvimento cultural e institucional da cidade de São Paulo. Sobre o tema, ver também Martins (2004).

Figura 7 – "Dize-me o que cantas... E te direi que bairro és!"

FONTE: Álbum Scenas da vida carioca in: Velloso (1988)

Um piano a prestação: a cultura pianística das classes médias urbanas

Obviamente, as diversas transformações da ordem social foram perceptíveis também aos habitantes das duas metrópoles brasileiras. Já nas décadas iniciais do século XX consolidava-se a sensibilidade de que um novo estrato social, com características e elementos próprios, havia se formado. A charge "*dize-me o que cantas... Direi de que bairro és*" (Figura 7) do prolífico cartunista carioca Raul Pederneiras, figura como um notável testemunho da percepção das novas divisões sociais do período e, ponto ainda mais central, de suas vinculações ao universo da cultura e do consumo.[100]

Vemos, assim, no primeiro e no último quadro da figura, duas cenas antagônicas: no primeiro identificam-se elementos de um espaço popular, detentor de todas as características por nós analisadas em seções anteriores: sua identificação com certas localidades geográficas ("Cidade Nova, Gamboa, Saúde e adjacências"), a menção a estereótipos de miscigenação racial, além do tênue acento irônico do cartunista diante da penúria material do espaço. No último quadro, por outro lado, identificamos elementos de um salão abastado da elite da Zona Sul carioca, esnobe e apreciador de uma cultura importada e cosmopolita (Cf. Velloso 1988, p. 48-49).

Entre os dois, contudo, surge um estrato intermediário: identificado como um salão das regiões de "São Cristóvão, Vila Isabel e vizinhanças" - isto é, áreas de ocupação das nascentes classes médias do Rio de Janeiro. Ele apresenta elementos

100 Inserida na compilação *Scenas da vida carioca* realizada pelo *Jornal do Brasil* em 1924, a ilustração já foi mobilizada por uma série de autores, como Diniz (1999), Velloso (1988) e Dealtry (2007) para refletir sobre temas culturais da *Belle Époque*. Diga-se de passagem, a própria proliferação desse tipo de produto já é, por si só, indicativa do fenômeno aqui analisado. Na presente tese, detivemos nossa análise nas revistas cariocas *Fon-Fon* (iniciada em 1907) e *Careta* (1908) ou as paulistas *O Pirralho* (1911) e *A Cigarra* (1914) mas a lista de periódicos segue indefinidamente. Anúncios, crônicas, notas e tantos outros elementos do projeto editorial dessas publicações orientavam-se justamente para um nascente público consumidor. Ao mesmo tempo, ao vincular conteúdos diversos - moda, comportamento, curiosidades e informações sobre fatos e figuras públicas e celebridades nacionais e internacionais, comentários sobre as temporadas teatrais e demais efemérides e tantas outras variedades - retroalimentaram o ideário e a identidade dos estratos médios, expressando e reproduzindo elementos da massificação e distinção culturais. Sobre o tema, ver Oliveira (2009, *passim*).

que lhe aproximam do universo popular, mas possui também aspectos de certa emulação do universo da alta sociedade. De todos os elementos presentes no quadro, o que mais nos interessa é a presença de um piano – de proporções pequenas e possivelmente de segunda mão.

Não parece haver nenhum outro produto capaz de representar com tamanha expressividade a cultura de classe média do período do que o piano. Há, aliás, certa recorrência ao longo da bibliografia na eleição do instrumento como um "símbolo" da época, atribuindo-lhe a condição de verdadeira metonímia da cultura brasileira nos anos da *Belle Époque.*[101]

Cabe destacar, primeiramente, que a centralidade social do objeto não é exclusividade nacional, tendo sido registrada nos mais distintos pontos do globo.[102] Analisando dados globais do setor, afirma Remi Lenoir que em 1910, entre dois e quatro milhões de pianos pertenciam a particulares na Europa e nos EUA, ou seja: "um piano para 10 ou 20 habitantes" (Lenoir 1979, p. 81 *apud* Amato, 2008, p. 173).[103] Continua o autor ao afirmar que:

> No início do século XIX, fabricantes como Érard (França) ou Broadwood (Grã-Bretanha) produziram apenas 400 instrumentos por ano, essa cifra em 1850 passa a 2.500 para essas empresas, e às vésperas da primeira guerra mundial, chega a mais de 5.000 para as mais importantes da época como Bechstein (Alemanha) ou Steinway (Estados Unidos) e mesmo à 22.000 para a Kimball (Estados Unidos) (*idem, ibidem*).

A jactância das cifras e a incrível penetração do objeto nos lares de tantas famílias mundo afora não deixou de instigar reflexões de pensadores de primeira ordem. Figuras capitais da Sociologia como Norbert Elias e Max Weber detiveram-se no tema (Cf. *idem*, p. 168). No Brasil, o instrumento (e seus impactos tanto estéticos

---

101 Ver, por exemplo, Wisnik (2004).

102 "A 'pianolatria' é um produto típico do século XIX, e não é exclusividade carioca ou paulistana. Teve âmbito internacional, não só porque internacional foi a circulação dos instrumentos, como também a circulação dos virtuosos" (Gonçalves, 1995, p. 111). Reflexões internacionais sobre a questão são fornecidas por Suisman (2009) e Todd (1990)

103 Lenoir, Remi. Notes pour une histoire sociale du piano. *Actes de la Recherche em Sciences Sociales.* Paris, nº 28, p. 79-82, 1979 *apud* Amato (2008).

quanto sociais) intrigou a intelectualidade nativa. Gilberto Freyre afirma, em *Ordem e Progresso*, que "o piano tomou parte do sistema social, ou sociocultural, brasileiro, durante o Segundo Reinado e os primeiros anos da República, que alguns observadores estrangeiros a ele se referem como uma praga" (Freyre, 2004, p. 313-314 *apud* Machado, 2007, p. 20).[104]

Mário de Andrade, analisando a cena musical paulistana dos anos de 1910, afirmava que a cidade sofria de uma verdadeira "pianolatria" (Cf. Moraes, 2013a, p. 57). Curiosamente, uma referência análoga é feita quase seis décadas antes: já nos anos de 1850, taxava Araújo Porto Alegre a cidade do Rio de Janeiro de "Pianópolis" (Diniz, 1999, p. 30). Percebe-se, assim, a existência de um hábito cultural de grande envergadura, capaz não apenas de romper barreiras geográficas locais e internacionais, mas também perdurar por um extenso período de tempo. Ainda assim, seria possível afirmar que o instrumento se inseriu de uma maneira particular no cenário social nacional na virada do século XX, figurando como o ator capital da dinâmica cultural da classe média.

Um interessante ponto de início para tal discussão é a cronologia da cultura pianística brasileira proposta por Rita de Cássia Amato. Afirma a autora que a História dos pianos no Brasil pode ser dividida em três fases. A primeira inicia-se na década de 1850 e vai até a virada do século, a segunda aí se inicia perdurando, grosso modo, até os anos de 1960 e a última chega até os dias hoje (2007, p. 8). Sobre a primeira fase, ainda no século XIX, podemos mobilizar as discussões de Carlos Penteado de Rezende que vê no piano oitocentista um "sinal de cultura e ornamento de salão, prenda doméstica e dote de casamento, vaidade aristocrática e pasmo caipira, empate de capital e fonte de renda" (Rezende, 1970 *apud* Diniz, 1999, p. 30).[105]

Ora, numa sociedade escravocrata, patriarcal e, ponto fundamental, com pouca circulação de numerário, vemos a necessidade de se engessar capitais com outros ativos.[106] O piano figuraria como uma espécie de depositário de valor, passível de sucessão hereditária. O ponto é reforçado pela argumentação de Janice Gonçalves, quando de sua comparação sobre os preços de pianos em comparação aos preços de

104 Freyre, Gilberto. *Ordem e Progresso*. São Paulo: Global, 2004, p. 313-314 *apud* Machado (2007).

105 Rezende, Carlos Penteado de. Notas para uma história do piano no Brasil (século XIX). *Revista Brasileira de Cultura*. nº 6, out-dez 1970 *apud* Diniz (1999).

106 "Os comerciantes disso percebem e, em muitos casos, vendem-no como um móvel, destacando antes as qualidades das madeiras" (Gonçalves, 1995, p. 122).

escravos na segunda metade do século XIX. Valendo-se de anúncios da época, afirma a autora que em 1862, um piano da marca Herz podia ser adquirido por Rs. 1:000$000 (novo) e Rs. 200$000 (de ocasião). No final da década de 1880, os preços do produto novo estariam orçados entre Rs. 800$000 e Rs. 1:200$000. Os valores, de acordo com a autora, não estariam distantes dos pagos por um escravo na capital federal: logo após o fim do tráfico negreiro, o valor de um negro adulto estaria oscilando entre Rs. 500$000 a 1:000$000, mantendo-se, em geral, entre Rs. 650$000 e Rs. 700$000. Entre 1876 e 1880 os preços aumentariam para a faixa entre Rs. 1:000$000 e 2:500$000 chegando a atingir três contos de réis (Rs. 3:000$000). Por fim, a partir de 1885, veria seu preço cair para a casa de Rs. 1:500$000 (*idem*, p. 112).

Em face do mencionado quadro de mobilidade e "arrivismo social" da década final do século XIX – acrescido agora pela liberação de recursos pelo fim da escravidão – aquece-se o mercado da distinção e do consumo conspícuo. Não seria improvável propor, assim, que o comércio de pianos inscreveu-se dentro dessa inflexão econômica. De "dote e reserva de valor" oitocentista, o instrumento passa a desempenhar funções de feitio mais social ou, para valer-se de nossa terminologia, se subordinou mais fortemente aos ditames da distinção (Cf. Amato, 2008, p. 190).

Relativizado no tempo, o piano vai também se relativizando na escala social. Vimos, nas seções iniciais do capítulo, que diversos músicos do universo popular tiveram condições de tomar contato com os pianos ainda no final do século XIX[107]. Particularmente ativo nessa época é o comércio de pianos usados ou mesmo o aluguel de instrumentos, denotando um período de transição que, conforme indica Rita de Cássia Amato, se encerra nos anos iniciais do século XX (*idem*, *ibidem* e Gonçalves, 1995, p. 112).

Com o passar do tempo, o comércio de pianos novos vai suplantando o de instrumentos usados, tornando-se a modalidade hegemônica mundo afora. Nessa mudança, instaura-se o segundo momento da História do Piano no Brasil (Amato, 2007, p. 8). Se, de um lado, o aumento dos grupos médios urbanos pressionou a demanda pelo produto, essa transformação do setor não poderia vir à

107 Sinhô, filho de um pintor de paredes tomou contato com o instrumento na casa dos avós. "O piano era presença obrigatório nas residências da classe média para cima e até mesmo em algumas da gente menos remediada" (Alencar, 1981, p. 19). O ponto é analisado por José Ramos Tinhorão em sua breve análise sobre o comércio de piano, a ponto do autor reconhecer o piano como um instrumento "democrático", já em finais dos anos de 1910 (2005, p. 202)

tona se não fossem as mudanças no lado da oferta desses bens industrializadas, possibilitadas pelos inéditos aprimoramentos técnicos e produtivos das fábricas de piano. Afirma Lenoir que:

> [O] desenvolvimento do mercado do piano foi sem dúvida favorecido pela baixa do preço médio dos instrumentos: o preço de um piano, na Inglaterra, ao fim do século XIX equivalia a três meses de salário de um professor (...). As classes médias e mesmo certas frações superiores das classes populares possuíam então um piano (Lenoir, 1970, p. 81 *apud* Amato, 2008, p. 173).

Para posicionar esse debate no contexto nacional, a Tabela 6 abaixo indica alguns valores de pianos novos anunciados em periódicos do Rio de Janeiro e São Paulo. Se empregarmos os padrões de vida de Rs. 120$000 mensais para um trabalhador popular e de Rs. 1:000$000 para um profissional liberal bem remunerado, vemos as possibilidades de acesso de grupos de classe média ao instrumento: ele poderia ser adquirido, grosso modo, com três meses de salário de um funcionário de classe média. Outra maneira de analisar os dados é comparando-os com o preço de outros bens duráveis. Assim, o piano Steck anunciado na *RC* em 1912 por Rs. 2:000$000 estava abaixo do preço de um automóvel importado (Rs. 2:800$000), mas acima de uma motocicleta (Rs. 750$000) (*nº211, 15/06/1912*):

Tabela 6 – Preços de pianos (1906-1921)

Cidade	Ano	Valor nominal	Valor (1911)	Marca	Casa Comercial
Rio de Janeiro	1906	2:100$000	2:004$587	Mozart	-
	1909	1:800$000	1:863$244	Ritter	Casa Standart
	1912	3:500$000	3:242$319	"Piano importado"	Abílio Murce & C.
	1912	1:750$000	1:621$159	Stichel	Casa Abílio
	1912	2:000$000	1:852$753	Steck	Casa Beethoven
	1913	1:200$000	1:134$868	Pleyel	Casa Beethoven
	1913	1:700$000	1:607$729	Pleyel	Casa Beethoven
	1917	2:400$000	1:320$773	Piano Automático	Casa Beethoven
São Paulo [a]	1914	950$000	951$904	-	-
	1918	1:000$000	462$865	Nardelli	-
	1921	800$000	303$544	-	-

[a] Não há razão aparente para os preços de São Paulo serem menores que os do Rio de Janeiro uma vez que a maioria dos modelos comercializados na capital federal também o eram em São Paulo. Tudo indica que a disparidade decorre do pequeno número de anúncios precificados encontrados ao longo da pesquisa.

FONTE: RF, RC e AC. Análise e tabulação do autor.

Embora relativamente compatíveis com o orçamento de uma família de classe média nas duas cidades, poucos foram, contudo, os consumidores capazes de arrematar um piano à vista. O tema nos é esclarecido por Milena de Oliveira:

> Nos primeiros anos de 1900, uma grande novidade trazida pela concorrência entre as casas de piano foi a venda a prestações, que seria plenamente acolhida pelos integrantes da classe média urbana que tanto ansiavam pela presença de um piano em algum canto da casa (2009, p. 140).

O pagamento em prestações estruturava-se, inicialmente, como um plano de três anos. Com o passar do tempo, contudo, foram sendo criadas modalidades ainda mais flexíveis e passíveis de integrar-se ao orçamento das famílias. Num anúncio da Casa Standart, presente tanto em São Paulo quanto no Rio de Janeiro, em 1909 lemos que os pianos Ritter, "premiados nas exposições internacionais", podiam ser adquiridos em 150 prestações semanais de Rs. 12$000, com "posse imediata mediante depósito das últimas 50 prestações" (*RF, nº4, 23/01/1909*).[108]

Os anúncios indicam outra transformação interessante do comércio de pianos dos primeiros anos do século: a importância da *posse* do objeto. Se até o século XIX ainda imperava a prática do aluguel, a situação se altera com a maturação do mercado e a concorrência das lojas atuantes nas duas praças. Particularmente relevante foi a constituição dos chamados *clubes* de piano, consórcios organizados pelas lojas que, à maneira dos gramofones, vendiam pianos a prestação para clientes mutuários. Em 1914, por exemplo, a Casa Standart fazia sua publicidade ao afirmar que "a grande vantagem do *club* é poder obter-se o objeto desejado pela mais cômoda economia, podendo ser considerado nosso desde logo. Os pianos de alugar, velhos e imprestáveis têm a grande desvantagem de se pagar eternamente sem nunca pertencer" (*RC nº298, 14/02/1914*).[109]

Não seria exagero afirmar que a aquisição de um piano figurava como um gasto de primeira ordem no orçamento das famílias de classe média nas duas cidades. Os temores de imobilização de grandes recursos familiares (e, talvez, a lembrança dos anos do Encilhamento) também fazia com que os consumidores procurassem as opções mais seguras do mercado. A Casa Langaard do Rio de Janeiro, por exemplo, anunciava que todos os seus clubes de piano gozavam de aprovação e "fiscalização do Governo" (*RC, nº193, 10/02/1912*).

Cientes desse verdadeiro compromisso dos grupos médios com a aquisição do produto, ofereciam as lojas promoções e ofertas, encontrando maneiras de baratear o instrumento. Em 1912, por exemplo, anunciava-se que os pianos Steck, embora feitos na Alemanha, tinha desconto de 20% por serem encomendados de um fornecedor norte-americano (*RC, nº227, 05/10/1912*). Mesmo em tempos de crise e de interrupção do comércio internacional – como durante a Grande Guerra, entre 1914 e 1918 – o comércio de pianos não arrefeceu. Lemos, assim, em um anúncio de 1915, em pleno conflito mundial: "o flagelo de hoje: a crise! A salvação: clubes da Casa Standart" (*RF, nº6, 06/12/*1915).

Exageros e esforços publicitários à parte, esses diversos relatos indicam não apenas a importância da aquisição da peça por parte de consumidores de classe mé-

108 Ver também RC (*nº18, 03/10/1908*).

109 Ao que tudo indica, depois do piano, foi o violino um dos instrumentos mais valorizados pelas classes médias urbanas. Discutiremos melhor o tema no capítulo seguinte, quando da discussão sobre o ensino musical nas duas cidades.

dia, mas também a dependência em relação ao comércio internacional. Analisando os dados e estatísticas oficiais tabulados por Eulália Lobo, pudemos identificar dois registros referentes ao comércio de instrumentos musicais do Rio de Janeiro. O primeiro é o *Censo Industrial do Distrito Federal* de 1907, onde encontramos menção a três fábricas de "instrumentos de música", responsáveis pelo emprego de 36 profissionais e valor de produção na casa de 156 Contos de réis (Rs. 156:000$000). O valor é reduzido, sugerindo se tratar aqui de uma produção modesta.[110] O item é baixo até mesmo para a categoria em que se encontra alocado – "Diversos" –, ficando atrás de setores como o da produção de pentes, fósforos, vassouras, bilhares, flores artificiais e gelo (1978, p. 586).

Os números não se alteram no registro seguinte, feito para o *Levantamento Industrial do Distrito Federal* de 1909, indicando uma vez mais que a atividade do comércio musical era sobremaneira dependente do comércio internacional, com baixíssima participação da produção interna. Said Tuma aventa mesmo a hipótese de que o comércio de importação de pianos chegou até a pressionar a balança externa desde meados do século XIX, um argumento interessante, mas de difícil comprovação (2008, p. 83).

Seja como for, a condição de produto importado (e sobretudo a origem europeia) concedia, por si só, *status* ao objeto.[111] A inadequação técnica dos pianos, fabricados com quadros de madeira na Europa e adaptados em metal para utilização nos trópicos é um tema recorrente ao longo da bibliografia como ilustração do piano como "objeto fora do lugar" (Cf. Alencastro, 1997, p. 46). No início do século XX, contudo, os pianos comercializados (ao menos os anunciados na imprensa) tinham adaptações técnicas para suportar o clima nativo.[112]

A mediação entre esses produtores internacionais e o público local era feita pelas casas importadoras. Podemos dizer que o perfil familiar imigrante e a presença de músicos e instrumentistas (em tempo parcial ou como atividade principal) à frente dessas casas são as marcas principais dessas empresas. É o caso da Casa Levy

---

110 Possivelmente se tratassem de fábricas de violões.

111 Por exemplo nesta propaganda dos pianos Ibach publicada no *OESP*: "Rud Ibach Sohn: fornecedor da corte da Prússia" (*27/12/1891 apud* Oliveira, 2009, p. 109).

112 Pianos da casa Arthur Napoleão "adaptados ao clima brasileiro" (*RF, 24/08/1912*) e o piano automático de "construção tropical", vendido pela Casa Beethoven (*Careta, nº449, 27/01/1917*).

em São Paulo e, figura fundamental no cenário comercial musical do Rio de Janeiro, o pianista português Arthur Napoleão (Gonçalves, 1995, p. 67 e 124).

A análise de episódios da trajetória pessoal e profissional do músico, aliás, indica algumas das relações entre o ambiente econômico da primeira década republicana e o comércio musical no país. Nascido na cidade d'O Porto em 1843, estabeleceu-se no Rio de Janeiro em 1866, onde, além das apresentações musicais, formalizou parceria com comerciantes no mercado de importação de instrumentos e partituras musicais. Em 1869, por exemplo inaugurou a *Casa Narciso, Arthur Napoleão & Cia.* e, em 1880, a *Narciso, Arthur Napoleão & Miguez* (Frias, 1913, p. 218-250). No bojo da empolgação da "efervescência bolsista" dos anos de 1890, o comerciante organizou sociedades voltadas justamente para o fomento de suas atividades como importador de instrumentos (*idem*, p. 267). Sobre o tema, lemos na tese de Fernando Mencarelli que:

> A Companhia de Música e Pianos, uma sociedade anônima, sucedia a antiga Arthur Napoleão & Cia. e tinha (...) entre seus sócios, comendadores, barões, condes e viscondes. Tendo como capital a vultuosa quantia de Rs. 400:000$000 (quatrocentos contos de réis), seu fim estatutário era vender e comprar para revender pianos, músicas e outros objetos concernentes a este ramo de negócio. Imprimir obras musicais, concertar e alugar pianos. (...). Em 30 de novembro de 1894, Arthur Napoleão e Francisco de Sampaio Coelho adquiriram todas as ações da Cia. A Companhia Importadora de Pianos e Músicas foi criada em janeiro de 1891 com capital de Rs. 100:000$000 (cem contos) com 51 acionistas, entre doutores e um visconde, tendo como presidente Victor de Assis Silveira e como fim explorar o comércio de pianos e música (1999, p. 267-268).

A despeito da aparente robusteza das empreitadas de Napoleão, as vinculações da iniciativa aos ditames da massificação são, de certo modo, questionáveis. Em primeiro lugar porque, embora denotem aparente compromisso do músico com a profissionalização e com a racionalização de uma atividade cultural (neste caso, o comércio de pianos), é sintomática a decisão de Napoleão de recomprar as ações de sua empresa, retomando a razão social de *Arthur Napoleão & Cia.* pouco depois da emissão de ações (Frias, 1913, p. 269). No atual estágio de nossa argumentação, não podemos dizer se essa medida decorreu da forte desvalorização dos papéis ou de uma deliberada recusa da empresa em adotar um modelo de gestão mais profissional e comprometido com as obrigações de uma empresa de capital aberto. Voltaremos a esses temas no último capítulo da presente tese.

Mais relevante, todavia, é a constatação de que Napoleão, como diversos outros músicos e comerciantes estrangeiros, prosperaram na atividade de importação de instrumentos musicais. O fortalecimento desse segmento, contudo, pouco se relaciona ao desenvolvimento de uma indústria endógena de instrumentos; pelo contrário: tudo indica que tais casas eram, antes de mais nada, pontos privilegiados de contato com canais no exterior (Oliveira, 2009, p. 85 e 109). O destaque recai no concorrido mercado de *representações comerciais* de certas marcas (Bechstein, Pleyel, Steinway, Érard, Ibach, Ritter etc.) assumidas pelo comerciante locais (Deaecto, 2002, p. 98-113).[113] Temos aqui um claro exemplo de um comércio de luxo e de ostentação e, consequentemente, uma trajetória de acumulação vinculada aos ditames da distinção.

O comércio musical brasileiro das primeiras décadas e, sobretudo o valioso comércio dos clubes de pianos à prestação, deixa claros os limites para se pensar os efeitos distinção e massificação como processos independentes ou antagônicos.[114] Conforme apresentado na introdução, os dois vetores sociais se sobrepõem, se confrontam e em muitas vezes coexistem. Como conclusão dessa seção, reportamo-nos à cena retratada na Figura 8. O "embarque semanal de pianos Ritter" para o Brasil evidencia, de um lado, um processo de acumulação vinculado aos canais da massificação – entendida aqui como a adoção de métodos de racionalização e industrialização na produção e distribuição de pianos – cujos dividendos econômicos eram colhidos quase que exclusivamente por atores sociais internacionais. De outro lado, no âmbito local identificamos a reprodução de uma prática ostentatória, inserida na proposta coletiva das classes médias (e por vezes mesmo baixas) de ascensão social por meio da aquisição do objeto símbolo da distinção, sugerindo aqui outra trajetória de acumulação econômica no contexto nacional.

---

113 Voltaremos a falar sobre a temática das representações internacionais no capitulo 3.

114 "O consumo, ligado à sua condição moderna e capitalista, assume duas funções contraditórias entre si: a de diferenciar, a partir da adoção da novidade por alguns poucos, e a de igualar, massificar, generalizar os padrões" (Oliveira, 2009, p. 15).

Figura 8 – O embarque semanal de pianos Ritter da Alemanha

FONTE: RC, 10/06/1911, Biblioteca Nacional

O "efeito-Verdi": monumentos públicos e associações civis pela cultura

As manifestações culturais dos estratos médios urbanos não se limitaram apenas ao universo dos salões privados e da cultura pianística, expressando-se também numa série de eventos, festividades e comemorações realizadas no espaço público. Diga-se de passagem, as décadas finais do século XIX e o início do século XX registram uma infinidade de comemorações, festividades e efemérides mundo afora (Hobsbawm, 2008, p. 13). Nesse universo de celebrações, paradas e exposições o elemento cultural em seus diversos suportes – a música, a encenação teatral, a construção de monumentos públicos, as projeções cinematográficas etc. – sempre se fez presente, ora como coadjuvante ora como ator principal. A apresentação da *Aida* de Giuseppi Verdi no Cairo, por realização da abertura do Canal do Suez, em 1871, e a espetacular inauguração da Bayreuth Festspielhaus, a Casa de Óperas concebida para abrigar as peças do alemão Richard Wagner, em 1876, podem ser colocadas, de certa forma, como marcos fundantes e símbolos inaugurais dessa verdadeira "era de festividades" (Harewood, 1994, p. 351 e 170).

Se é verdade que esses eventos – como tantos outros então organizados – estiveram fortemente vinculados ao universo da oficialidade, não deixa de ser curioso o fato de que vários deles tenham sido gestados e geridos no bojo das associações das emergentes classes médias urbanas.[115] O gigantismo alcançado por algumas dessas festividades e a inédita presença de um público massificado de "espectadores" dessas celebrações nos levam a enxergar, num primeiro momento, possíveis contatos entre tais fenômenos e o universo da massificação. Alguns estudiosos enxergam nessas manifestações os elementos embrionários do que, ao longo do século XX, se tornará o fenômeno da cultura de massas.[116]

Parece-nos, todavia, que a plena compreensão da dinâmica econômica de tais iniciativas passa por outros canais. Sem embargo, pode-se dizer que muitas dessas atividades articularam-se a disputas locais travadas por grupos ou subgrupos das emergentes classes médias urbanas, sequiosas de reconhecimento e afirmação em novos meios sociais. Reconhecem-se, assim, as aspirações ostentatórias de tais projetos e, nesse sentido, vinculações a um projeto de acúmulo de capital cultural por meios da distinção.[117]

No contexto nacional, esse processo se materializou pela ação de diversos atores sociais. O primeiro e, de certo modo, mais expressivo, foi o grupo dos imigrantes de classe média. Já vimos que pulularam, nas primeiras décadas do século XX, associações de imigrantes com objetivos assistencialistas e/ou mutualistas, organizadas por grupos operários. Distinto é o caso das associações de imigrantes de classe média, cujos projetos e iniciativas passaram ao largo dos objetivos da mera

115 Se cabem menções de iniciativas de igual porte, podemos mobilizar dois exemplos austríacos: o Festival de Salzburg, que iniciou suas atividades regularmente a partir de 1920, foi gestado e organizado por figuras proeminentes da sociedade austríaca. Sobre o tema, ver Gallup (1988). É também o caso do Volkstheatre, que contou, para sua construção, com fundos de uma associação de 2.500 membros (Charle, 2012, p. 50).

116 Sobre o tema, ver as já mencionadas discussões de Huysen (1987) e Burnett (2011).

117 A referência teórica de fundo aqui é, novamente, Bourdieu e sua proposta de que existe uma relação entre o acúmulo de capital simbólico e sua posterior conversão em capital econômico. Para mais debates sobre o tema ver Bourdieu (1996, p. 169 e 289) e Herscovici (1995, p. 63).

subsistência, inscrevendo-se no contexto diferenciado de luta e disputa de afirmação na esfera política (Fausto, 1991, p. 43-44).[118]

Assim, ainda que os métodos de arrecadação mobilizados por essas associações de classe média tenham sido semelhantes a dos grupos populares (mensalidades, sorteio de prendas, livro de ouro etc.), o volume de recursos obtidos e, sobretudo, os objetivos associativos diferem fundamentalmente. Inscrevendo-se no contexto do "mercado da honorabilidade", o associativismo, a promoção de atividades culturais, a filantropia[119] e outras modalidades gregárias têm aqui claros propósitos de acumulação de capital simbólico. Nas palavras de Pase:

> Um dos componentes centrais que indicam a existência de capital social é a voluntariedade associativa. Uma associação voluntária é um recurso produzido de forma coletiva e socializado entre seus integrantes. É notável que o capital social seja um fenômeno eminentemente coletivo, apesar de poder (e o é na maioria dos casos) ser apropriado individualmente por determinado indivíduo (2006, p. 4).

Já discutimos que o súbito crescimento das cidades e a drástica transformação de sua morfologia social e étnica nas primeiras décadas do século XX trouxeram indefinições a respeito das classes e posições sociais. Veremos, no próximo capítulo, algumas das respostas apresentadas pelas elites tradicionais para reequilibrar esse quadro a seu favor. Cabe destacar, por ora, os projetos e iniciativas levados a cabo precisamente por grupos e associações da emergente classe média urbana.

Comecemos nossa análise pelo caso paulistano. Na novíssima Metrópole do Café, foram os italianos os que mais se destacaram. Os diversos feriados, comemorações e datas cívicas do calendário nacional foram mobilizados para a celebração de festas e quermesses. No dia 20 de Setembro, por exemplo, comemorava-se o aniversário da Unificação Italiana. O *OESP* publicou nesse dia, em 1914, uma extensa lista de

---

118 "Sem dúvida pode-se questionar até que ponto as sociedades que contavam com o patrocínio da burguesia imigrante mereceriam o adjetivo de mutuais. Essas entidades não podem mais ser caracterizadas como fruto do esforço coletivo dos próprios interessados" (De Luca, 1990, p. 144).

119 "Além de suprir objetivamente a necessidade de auxílio e proteção da colônia, a filantropia mais tarde representou uma espécie de passo obrigatório na conquista de uma posição de destaque" (Truzzi, 1992, p. 48).

sociedades que realizariam festas. O jornal destacava as atividades promovidas pelos grupos *Dante Alighieri, Gruppo Reduci Garibaldi, Patrie Battaglie e Milite* e, sobretudo, o *Circolo Italiano*, além daquelas levadas a cabo pelo consulado.[120] Na mesma semana, no dia 14, comemorava-se o aniversário da morte do poeta Dante Alighieri. Em 1921, ano do 600º aniversário, realizou-se uma festa organizada pela ação conjunta de 19 associações e sociedades ligadas à comunidade (Moraes, 2013a, p. 77).

Cedo se percebe que o nível organizacional, o perfil de recursos e as ambições envolvidas em projetos como esse caminham para além do universo circunscrito das manifestações populares ou mutualistas. A situação se escancara quando levamos em conta que o local escolhido para diversos desses festejos era nada menos que o Teatro Municipal, o palco por excelência das disputas pela distinção, conforme veremos no próximo capítulo.

Se a ocupação da grande casa de espetáculos figurava como um marco simbólico de primeira grandeza para as emergentes associações da cidade, em outros casos, a afirmação se fazia presente pela tentativa de estabelecer marcos próprios na paisagem urbana. Uma vez mais percebe-se o agenciamento da cultura a objetivos ostentatórios: festas, solenidades em espaços públicos e, sobretudo, a construção de monumentos foram algumas das modalidades empregadas.

Em outubro de 1921, por exemplo, os cronistas da *AC* acompanharam os quase cem mil imigrantes que acorreram à inauguração da estátua erguida ao compositor Giuseppi Verdi no Vale do Anhangabaú (*nº 170, out/1921* e Lopes, 2012). O gigantismo do evento e de seu público, todavia, não podem ocultar o fato de que a iniciativa foi levada a cabo por um comitê organizador, composto pela elite da sociedade italiana local (Miceli, 2003, p. 54).[121]

---

120 "Um testemunho cabal de que a diferenciação de classe tinha um peso específico muito maior do que a igualdade instaurada pela nacionalidade encontra-se no Círculo Italiano, entidade que possuía a finalidade exclusiva de propiciar entretenimento aos seus sócios. Esses, por sua vez, representavam a fina flor da colônia. À assembleia constitutiva do Círculo estiveram presentes 73 interessados, que na oportunidade identificaram-se como diretores de empresas; diretores de jornais; engenheiros; guarda-livros; industriais e negociantes. A fundação do Círculo atesta a necessidade sentida por esses seletos membros da colônia de não serem confundidos com seus compatriotas pobres" (De Luca, 1990, p. 144).

121 "O *Comitato pró Monumento a Verdi*, formado pela colônia italiana em São Paulo, reuniu vários projetos para a execução de um monumento ao compositor italiano e os encaminhou ao prefeito Washington Luís, em 1915. A Prefeitura nomeou um júri

Figura 9 – Monumento à Carlos Gomes (1922)

FONTE: DPH.

A execução e celebração pública de um monumento a Verdi, símbolo da realização cultural italiana, cumpria com os objetivos de marcação simbólica da presença da emergente colônia no cerne da sociedade paulista. A proposta fazia parte, outrossim, de um segundo projeto na mesma região: o Monumento a Carlos Gomes (Figura 9).[122] Uma vez mais, os membros da elite imigrante italiana se articularam para a construção da obra, desta vez uma homenagem ao grande compositor de Campinas e orçado em 160 Contos (Rs. 160:000$000). De acordo com o Inventário de Obras Públicas da Prefeitura de São Paulo:

> Por iniciativa do maestro Luiz Chiafarelli e de Gelásio Pimenta, jornalista campineiro e professor do Conservatório Dramático e Musical de São

---

para deliberar sobre o mérito artístico dos projetos e, no mesmo ano, autorizou a implantação do monumento de autoria de Amadeu Zani, classificado em primeiro lugar, no local do antigo Mercado São João, em logradouro que recebeu a denominação de praça Verdi" (PMSP, s/d).

122 Sobre o monumento, seu projeto e sua articulação com a paisagem urbana, ver Lopes (2012).

> Paulo, formou-se uma comissão executiva destinada a arrecadar fundos para a construção de um monumento ao compositor. Os membros da comissão eram figuras de destaque da colônia italiana radicada em São Paulo, como os condes Francisco Matarazzo e Alexandre Siciliano, que pretendiam homenagear a cidade e o Brasil no Centenário da Independência. A escolha de Carlos Gomes se deveu ao amor do compositor pela Itália, onde residiu e compôs grande parte de suas obras. A execução do monumento, no entanto, só foi providenciada mais tarde, com a contratação do escultor Luiz Brizzollara (...) em 1920, através de um acordo entre italianos e o Governo do Estado. A colônia italiana teria contribuído com metade dos custos; o Governo do Estado e a Prefeitura com outra parte. O projeto do monumento foi aprovado pela Lei Municipal nº 2516, de 7 de agosto de 1922, assinada pelo prefeito Firmiano de Moraes Pinto. O local escolhido para sua implantação foi a esplanada do Theatro Municipal, no Parque Anhangabaú. Para tanto, a Prefeitura autorizou, conforme orçamento apresentado pelo engenheiro Francisco de Paula Ramos de Azevedo, uma verba de sessenta e cinco contos e sessenta e um mil e quinhentos réis [Rs. 65:061$500], destinada às obras necessárias para adaptação do local, de forma a receber o monumento, inaugurado no dia 12 de outubro de 1922 (PMSP, s/d).

Voltaremos a falar de algumas das figuras mencionadas acima no capítulo posterior. Cabe mencionar, por ora, que as inaugurações de monumentos públicos – e sobretudo as "homenagens" a datas e figuras públicas nacionais – foram dos métodos mais mobilizados para a afirmação simbólica dos novos grupos sociais emergentes (Lopes, 2012, p. 81). Os italianos não estavam sozinhos. Em 1917, por exemplo, a colônia sírio-libanesa realizou uma doação de Rs. 1:000$000 para a construção de um monumento (*OESP, 29/09/1917*). À maneira dos italianos, as ambições das sociedades – capitaneadas agora pela família Jafet – ampliaram-se. Em 1922, por razão do Centenário da Independência, realizou-se a inauguração de um Monumento no Parque Dom Pedro, incluindo um festejo de grande porte. Sobre o evento, afirma Oswaldo Truzzi que:

> O evento assim montado era uma espécie de confirmação de que a colônia se diferenciara e de que seus membros mais bem-sucedidos haviam

> sido aceitos na terra de adoção e deveriam servir de representantes, de porta-vozes de toda a comunidade (1992, p. 40).

Mesmo as colônias menores, com menor capacidade associativa e menos recursos, esforçavam-se por se fazer presentes na paisagem cultural urbana. A colônia espanhola, por exemplo, realizava as "festas das flores", instalando estandes de vendas de flores (e atividades culturais) na esplanada do Municipal para angariar recursos para eventos de beneficência, reformas de igrejas ou hospitais etc. (*AC, nº53, out/1916*). Destacam-se também as atividades recreativas de sociedade como o Centro Espanhol, associação que reunia a "nata da Colônia" e que inclusive possuía sede própria no coração da cidade, à rua XV de Novembro (Cánovas, 2009, p. 399-400).[123]

Também aqui, doações de pequeno porte, venda de prendas, realização de quermesses acrescidas de doações de maior porte ao "Livro de Ouro" compunham a matriz de arrecadação das associações. O cronista da *AC* em 1921 aponta uma arrecadação de 110 contos (Rs. 110:000$000) numa quermesse da comunidade italiana, valor que teria sido levantado através de doações individuais e venda de bilhetes de tômbola[124] a Rs. 2$000 (*AC, nº152, jan/1921*). Em 1917, em outro festival beneficente levado a cabo pelo Comitê Italiano Pró-Pátria, realizado no Parque Municipal (atual parque do Trianon) arrecadaram-se fundos através da venda de medalhas cujo valor variava de Rs. 2$000 a Rs. 10$000. Apesar desses valores relativamente baixos, tudo indica que tais contribuições conseguiram angariar altos montantes. Se levarmos em conta que tais eventos podiam reunir milhares ou centenas de milhares de pessoas (como no caso dos trinta mil ingressos vendidos para uma Festa Campestre da Colônia espanhola em São Paulo) temos uma noção ampliada do volume de recursos mobilizados (Cf. Cánovas, 2009, p. 383).

---

123 Mesmo a até então reduzida colônia japonesa não passava incólume a esse processo de afirmação simbólica. Assim, o *Tenchôssetsu*, o aniversário do Imperador japonês, realizado no Parque Antártica e, posteriormente, no Parque da Aclimação, além da participação das celebrações oficiais do Centenário brasileiro de 1922 (Taniguti, 2012, p. 180). Para uma discussão sobre as associações alemãs, ver o trabalho de Miranda (2008, p. 31-32).

124 Jogo muito popular dentro da comunidade italiana, que deu origem ao atual bingo (Cf. Araújo, 1981, p. 42).

Os eventos culturais das comunidades imigrantes se fizeram presentes também na capital federal, com amplo destaque para o contingente lusitano[125]. Associações nacionalistas (algumas de em prol da Monarquia e outras da República portuguesa) mobilizaram vastos recursos. Em 1917, por exemplo, a Comissão Portuguesa Pró-Pátria informava ter arregimentado donativos no elevado valor de Rs. 710:696$500 (*OPA, 06/07/1917*). Já a Sociedade Beneficente Bitencourt da Silva, conseguira, numa única festividade, levantar um montante de 20 contos de Réis (Rs. 20:000$000) (*OPA, 08/08/1917*).[126] No mesmo ano, a Mocidade do Clube Ginástico Português realizou uma festa beneficente com arrecadação (via tômbolas) de Rs. 2:916$000 (*OP, 02/08/1917*). Como em São Paulo, percebem-se claramente as ambições ostentatórias por meio da escolha do lugar dos festejos desses grupos: o Teatro Municipal do Rio de Janeiro.

Outra modalidade bastante comum – e fundamental para a dinâmica e sobrevivência econômica dos setores culturais – foi a criação de espaços culturais próprios. A colônia portuguesa, por exemplo, mantinha a *Galeria Artística Portuguesa* que abria suas portas para os artistas lusos sediados e/ou visitantes no Rio. O espaço parece ter abrigado, inclusive, um comércio regular de "retratos de monarcas, presidentes e escritores, nacionais ou estrangeiras a preços de reclame e ao alcance de todos" figurando, assim, como um ponto de vendas para pintores. O retrato do General Mena Barreto, de proporções relativamente pequenas (65 cm x 75 cm) saía por Rs. 80$000, que podiam ser pagos em prestações semanais, isto é, em "clubes" como o dos gramofones ou dos pianos (*RC, nº166, 05/08/1911* e *nº43, 22/10/1910*).

Conforme veremos no próximo capítulo, é possível imaginar que o universo dessas associações fosse fundamental para a carreira dos diversos artistas presentes nas duas cidades. Em 1914, *OPA* anunciava a exposição de "trabalhos artísticos manuais" na sede da Associação Beneficente Italiana do Rio de Janeiro (*02/09/1914*). No mesmo ano a Câmera Portuguesa de Comércio realizou um festival artístico no Teatro Lírico (*OP, 29/09/1914*). Os lusitanos, por exemplo, apoiaram as exposições do pintor Hyppolito Colombo pela Câmara Portugueza do Commercio (*AC, nº128, jan/1920*) e

125 As obras de Gomes (2000) e Vanni (2000) expandem o horizonte das atividades de associações imigrantes cariocas para além do universo lusitano. Vemos também, ainda que em escala menor do que em São Paulo, a atuação de agremiações alemãs, sírio-libanesas e italianas na cidade.

126 Desses 20 contos (Rs. 20:000$000) angariados, cerca de 15 (Rs. 15:000$000) foram gastos no próprio festejo.

os italianos financiaram a exposição de Arte Italiana no Petit Trianon, em São Paulo (*RF*, *17/01/1920*). Auxílios a mostras e recitais (de grupos ou artistas individuais) se fizeram presentes em praticamente todas as colônias das duas cidades.

Pouco estudadas pela bibliografia, é preciso mencionar também as diversas associações estaduais organizadas na capital federal, que foram fundamentais pelo abrigo dado a artistas (sobretudo músicos) egressos de outras regiões do país. Referimo-nos a atividades culturais de sociedades como o Centro Paraibano (*OPA*, *04/08/1914*), o Centro Alagoano (*idem*, *16/09/1914*), o Centro Pernambucano (*OPA*, *29/09/1914*), Centro Catarinense (*OPA*, *02/07/1917*), o Grêmio Paraense (*RC*, *15/03/1913*) o Centro Paulista (*OPA*, *06/09/1917*), o Centro Mineiro (*OPA*, *26/07/1918*) ou a imponente Sociedade Rio-Grandense (que possuía inclusive um edifício na Avenida Central) (*RC*, *16/11/1912* e *15/05/1915* e *OP*, *17/09/1914*).

As iniciativas da sociedade civil pela promoção de atividades culturais transcenderam o recorte imigrante e/ou migrante, vinculando-se a outros eixos e vieses. Não foram raros os casos em que casas comerciais mobilizaram esforços e recursos para a promoção de atividades culturais. A lista desse tipo de local é bastante extensa. Livrarias, casas de fotografia, moldurarias, lojas de instrumentos musicais, importadoras, estabelecimentos financeiros, hotéis, confeitarias ou lojas de departamentos: diversos espaços comerciais das cidades prestaram-se de vitrines de obras de artes e/ou locais para récitas musicais (Cf. Moraes, 2013a, p. 96 e Rossi, 2003, p. 101-115). Talvez as mais relevantes iniciativas desse tipo tenham sido a carioca Galeria Jorge, organizada por Jorge de Souza Freitas à Rua do Rosário no Rio de Janeiro, e a Galeria Artística da Rua São Bento, em São Paulo, organizada pela De Bellido & Comp. (*idem*, p. 114).

A proliferação desses tipos de parcerias comerciais não pode ser confundida com um processo de massificação cultural. Discutiremos a questão com maior profundidade no próximo capítulo. Cabe mencionar, por ora, que a disponibilização de espaços para a realização de atividades culturais em tais estabelecimentos era atrelada mais a vínculos pessoais entre os proprietários e os artistas do que a um deliberado projeto econômico (Cf. Rossi, 2003, p. 103).[127] Na maioria dos casos, ve-

127 Distinto é o caso, por exemplo, dos músicos alocados nas lojas de departamentos norte-americanas, já fortemente engajadas na comercialização de produtos fonográficos e na técnica comercialmente conhecida como *plugging*, isto é, o emprego de um músico profissional demonstrador de músicas mobilizado para "captar" a atenção dos clientes (Suisman, 2009, p. 75-79).

mos a ação de algumas figuras notórias, pessoas que, muitas vezes individualmente, mobilizaram-se para a realização de verdadeiras "cruzadas" em prol da promoção das artes. Percebe-se que uma parte das atividades, iniciativas e projetos culturais levados a cabo nas duas cidades vinculam-se à ação e entusiasmo dos chamados "intelectuais missionários", personagens típicos da Primeira República e tão bem analisados por Nicolau Sevcenko (1983, cap. 2).

Algumas categorias e setores econômicos foram particularmente atuantes no apoio de atividades culturais nas duas cidades. Dentro de tal quadro, é preciso destacar, primeiramente, as iniciativas levadas a cabo por associações ligadas aos próprios ofícios culturais (Moraes, 2013a, p. 96). Discutiremos com mais profundidade o tema nos próximos capítulos. Mencionamos, por enquanto, a atuação de grupos como a Casa dos Artistas. Embora dispusesse de outras fontes de renda, parte significativa dos fundos do asilo de atores e atrizes advinha do pagamento da reduzida mensalidade de Rs. 1$000 por parte de seus 1.200 associados (Nunes, 1956b, p. 50-51).

Outra categoria bastante ativa eram os jornalistas e os próprios jornais, muitos deles detentores de salões e espaços de exposição e de apresentação musical. Pelo salão do *Jornal do Commercio*, no Rio de Janeiro, por exemplo, passaram Antonietta Veiga de Assis Pacheco (*RF, nº31, 1917*), ou o "Professor Barroso Neto e suas alunas" (*RF, nº23, 1918*), as alunas de canto da Escola *Ars e Vox* da Professora Mme. Theodorini (*RF, nº48, 1918*), Lucia Branco (*RC, nº581, 09/08/1919*), a pianista Nininha Veloso Guerra (*RC, nº587, 20/09/1919*), a cantora Lena Castro e o maestro Soriano (*RC, nº590, 11/10/1919*) ou a pianista Maria dos Santos Mello (*RF, nº21, 22/05/1920*).

Outras agremiações, como o Clube dos Diários, organizavam eventos do tipo "chá dançante" (*RF, nº49, 1920 e nº34, 19/08/1916*). A Associação Brasileira de Imprensa, por sua vez, abrigou recitais de diversos artistas e conferencistas, incluindo Villa-Lobos (*RF, nº13, 30/03/1918* e Arcanjo Junior, 2013, p. 13). A atividade cultural dos periódicos também se fez bastante ativa em São Paulo. Vimos, assim, em trabalho anterior que:

> A revista *A Vida Moderna* promoveu uma série de festas e conferências culturais (...). Também a revista *O Pirralho* fazia seus tradicionais festivais de final do ano, que sempre terminavam com um passeio das crianças carentes ao cinema. (...) Parece que foi a *Cigarra* que mais contribuiu para as atividades culturais em São Paulo. As iniciativas da *AC* davam-se pelos mais diversos canais. Através dos festivais promovidos por seu diretor, o Dr. Gelásio Pimenta, por exemplo, como o que se realizou em

> 1918. Em outros casos, Pimenta e os demais diretores cediam a redação da revista para a realização de exposições de pintura e desenho. Por fim, havia o Clube d'a Cigarra com seus famosos "saraus regionalistas" que (...) se tornaram bastante populares no final da década de 1910. Estes saraus contavam quase sempre com a presença de grupos de violeiros, "cantores sertanejos" ou conferencistas que versavam sobre a cultura brasileira. Além das atividades artísticas, o clube promovia uma série de outras atividades recreativas, como festivais de dança ou concursos literários e musicais. Em junho de 1914, por exemplo, a revista oferecia um prêmio de Rs. 300$000 a quem escrevesse "uma valsa, elegante, de estilo moderno para piano (...) e um tango, puramente de estilo e forma brasileiros". Além da venda das revistas, a *AC* angariava seus recursos através das contribuições dos sócios do clube, cujo valor mensal era de Rs. 10$000 (Moraes, 2013a, p. 80).

O hábito de pagamento de mensalidades parece ter sido bastante efetivo também no financiamento de associações civis organizadas especificamente para fomento da cultura. De fato, registra-se um grande número de sociedade organizadas com objetivos exclusivamente culturais. A Sociedade de Cultura Artística de São Paulo talvez seja o exemplo mais acabado e expressivo desse fenômeno.[128]

128 Analisamos em trabalho anterior aspectos da Sociedade de Cultura Artística, de onde partem algumas das presentes reflexões (Cf. Moraes, 2013a, p. 78-80).

Figura 10 – A diretoria da Sociedade de Cultura Artística

FONTE: Agência Estado.

A Sociedade de Cultura Artística foi fundada em 1912, tendo sido gestada em reuniões na casa do poeta Vicente de Carvalho. O objetivo primordial da associação era organizar saraus literários e musicais, contribuindo assim para a formação de um emergente público paulista e oferecendo palco a artistas nacionais, uma vez que os "estrangeiros tinham empresários, mercado e público fiel" (Ângelo, 1998, p. 23). É interessante relevar, desse contexto original da associação que, a despeito da presença de grandes figuras da tradicional elite paulista (como o médico Arnaldo Vieira de Carvalho), destaca-se também um grupo de profissionais liberais (Figura 10). O destaque recai aqui para grandes jornalistas - como Julio Mesquita e Nestor Pestana - porém, desde cedo, a Sociedade esteve aberta a sócios dos estratos médios como o então professor de música Mário de Andrade.

Mais interessante aos objetivos de nossa argumentação é o fato de que a Sociedade financiava-se por meio de mensalidade de seus sócios. A Tabela 7 abaixo apresenta a evolução dos sócios e de suas contribuições ao longo dos anos:

Tabela 7 – Sócios e arrecadação da Sociedade de Cultura Artística (1913-1921)

Ano	Sócios	Mensalidades nominais	Mensalidade (valores de 1911)	Receita mensal [a]
1913	325	3$000	2$837	922$080
1914	185	3$000 [b]	3$006	556$112
1915	493	5$000	3$517	1:733$935
1916	650	5$000 [c]	3$333	2:166$609
1919	-	10$000	3$514	-
1921	1.800	10$000	3$794	6:829$740

[a] Foram excluídas aqui as entradas extraordinárias advindas, por exemplo, de possíveis recursos por doações.

[b] Para fins de cálculo, assumimos aqui que o valor de 1914 foi idêntico ao de 1913.

[c] Além da mensalidade, institui-se, a partir de 1916 joia de admissão no valor de Rs. 20$000, elevada para Rs. 50$000 no ano seguinte.

Fonte: Ângelo (1998), Moraes (2013a) e OESP, tabulação do autor.

Os valores arrecadados pela sociedade foram bastante expressivos. Em 1919, por exemplo, possuía 21 contos de réis (Rs. 21:000$000) em conta e mais 40 contos (Rs. 40:000$000) em um fundo especial para a construção de sede própria. A julgar pela estimativa do *OESP*, o teatro teria proporções grandes: capacidade para 2.400 pessoas, palco para 400 artistas e valor total estimado em 1.200 Contos (Rs. 1:200:000$000) (Bordon, 2011, p. 13). Não é à toa que o projeto só tenha se concretizado nos anos de 1950.

À maneira de tantas outras iniciativas da sociedade civil organizada, o grande crescimento do número de associados e o relativo gigantismo da sociedade pouco se conecta aos ditames da massificação cultural. Pelo contrário: o exclusivismo da sociedade parece ter sido uma marca desde os anos iniciais. Além das mensalidades e da cobrança de joia de admissão, a Cultura Artística impunha número máximo de sócios ano a ano. As indicações da imprensa da época e também da bibliografia secundária indicam que o número era sempre inferior à demanda indicando que, também essa associação, participou de um ampliado jogo de exclusões sociais.

A adesão aos canais da distinção ratifica-se também pelo fato de que, apenas cinco anos após o início das atividades da sociedade, os programas do evento começaram a cobrir também atrações internacionais. Assim, embora os artistas nacionais (desprovidos, nas palavras dos próprios organizadores, de "empresários, mercado e público fiel") jamais tenham deixado de tomar parte das atividades da associação, eles perdem participação para atrações de grande porte como os balés russos de Ana Pavlova, em 1917 (Bordon, 2011, p. 10). Ao longo das décadas seguintes, a proposta ganhará ainda mais força. No rol de objetivos da associação, o fomento a grupos e artistas locais vai perdendo assim espaço para o culto aos artistas estrangeiros. Evidencia-se nesse "culto ao estrangeiro" mais uma das indeléveis e duradouras marcas do efeito-distinção na cultura brasileira.

A institucionalização das atividades associativas

À maneira da Sociedade de Cultura Artística de São Paulo, diversas outras associações culturais foram estruturadas por grupos da sociedade civil carioca e paulistana. O êxito, a longevidade e a estruturação econômicas dessas empreitadas, contudo, foram bastante variáveis. Com o passar do tempo e a maturação do meio artístico nas duas cidades, algumas dessas associações passaram a ganhar maior destaque. É o caso da Sociedade de Concertos Sinfônicos de São Paulo, organizada em 1921. À maneira de tantas outras associações do tipo, o grupo, uma espécie de cooperativa de músicos para execução de obras sinfônicas, era mantido com "colaborações e assinaturas" de membros (Marcondes, 1998, p. 751 e Toni, 1995, p. 122).

Também o Rio de Janeiro conheceu agremiações semelhantes, como a homônima Sociedade de Concertos Sinfônicos do Rio de Janeiro, organizada em 1912. Diferentemente da paulista, a associação era detentora de uma subvenção municipal (Marcondes, 1998, p. 751). Outro grupo que conseguiu apoio público foi a Sociedade Glauco Velásquez, criada na capital federal no ano de 1914 e tendo por figura central o músico Luciano Gallet. A Sociedade, com cerca de 80 membros, tinha por objetivo homenagear o compositor nativo Velásquez – morto precocemente de tuberculose.

Esses diversos exemplos indicam um interessante fenômeno que vai ganhando corpo conforme o universo cultural das duas cidades se complexifica: o turvamento de limites entre organização da sociedade civil e o universo da oficialidade. A situação se replica também nas diversas iniciativas do mundo associativo dos imigrantes, sobretudo das comunidades de maior destaque econômico, como as de portugueses no Rio e as de italianos em São Paulo. Mesmo alguns projetos populares – notadamente o carnaval – vão encontrar, ao longo das décadas de 1920 e 1930 destino semelhante, com sua paulatina incorporação ao calendário oficial de atividades culturais.

A plena compreensão desse processo de "institucionalização" de atividades culturais oriundas do circuito da cultura cotidiana evade o escopo temporal de nossa pesquisa. Não podemos nos furtar de destacar, contudo, que a passagem de regimes associativos de captação e gestão de recursos para as modalidades públicas trouxe alterações qualitativas e quantitativas de primeira ordem. A presença – formal ou informal – de figuras públicas nessas associações indica conexões com circuitos culturais mais complexos, já alheios ao universo circunscrito da cultura cotidiana.

Capítulo 2

Salões, escolas e mecenas: o circuito cultural institucional

"A vitória chegou! A vitória chegará sempre! Se vossa ambição não for grande, ela se resumirá na regularidade quotidiana de vossos trabalhos".
M. de Andrade, 1923

"Não tendo tradições artísticas, o Brasil segue, portanto, os impulsos de sua fantasia e de sua vontade. É como uma criança, um rapazote inteligente, estouvanado e arquimilionário que, ao entrar emancipado e livre na vida, põe em prática os seus caprichos".
A. X. de Mello, 1910

Encerradas nossas reflexões sobre o circuito da cultura cotidiana avançamos rumo à compreensão da dinâmica econômica de um segundo grupo de espaços e iniciativas culturais, ligados agora ao circuito institucional. Nossas análises partem de um recorte particular que tenta abarcar dentro de tal rubrica um espectro relativamente heterogêneo de fenômenos e suportes, como as artes plásticas, a música erudita, além de parte das atividades teatrais.

Mais do que eventuais afinidades estéticas, o que nos permitiu a aproximação desses distintos suportes foram semelhanças nas estruturas organizacionais, institucionais e econômicas dos espaços a eles vinculados. Como buscaremos comprovar ao longo das seções do capítulo, a dinâmica, o financiamento e a gestão dessas atividades coligaram-se de maneira umbilical ao universo político das cidades de São Paulo e Rio de Janeiro, atrelando-se, assim, a fontes oficiais ou semioficiais de financiamento.

A relativa centralidade da arte institucional no contexto político da Primeira República traz também implicações de primeira ordem para nossa pesquisa. A primeira delas é de natureza metodológica: lidamos aqui com um tipo de produção cultural de feitio bastante circunscrito. Essa relativa rarefação do setor faz com que as análises sobre tais fenômenos (incluindo-se aí as reflexões econômicas) dependam substancialmente da compreensão de casos particulares e locais, nos motivando a pormenorizar os estudos de casos, de personalidades e de instituições-chave do período.

O caráter oficial e restrito desse tipo de manifestação artística, por outro lado, dota as iniciativas do circuito institucional de uma interessante característica, fundamental para os propósitos de nossa tese: por se tratarem de iniciativas idealizadas e, no mais das vezes, geridas pelas elites intelectuais e sociais das duas cidades, sua análise deixa transparecer as aspirações e os objetivos das nascentes políticas públicas na área cultural, indicando também a opinião desses dirigentes sobre as relações normativas entre arte e economia.

O argumento aqui mobilizado é de que, embora em escalas diferentes, o circuito da arte institucional, tanto de São Paulo quanto do Rio de Janeiro, esteve em franca sintonia com os canais da distinção. Como resultado direto desse viés, constataremos que a imensa maioria dos espaços culturais da grande arte afastou-se deliberadamente das preocupações de ordem econômica – inclusive repudiando-as – em prol de regimes de financiamento e gestão altamente dependentes de apoio governamental. Afastando-se de "preocupações terrenas", os espaços culturais da grande arte abdicaram também de aproximar-se de um público ampliado. Veremos a maneira pela qual em diversos momentos as nascentes instituições artísticas do país subordinaram-se a um complexo jogo de exclusões, tanto de artistas não coligados ao eixo de diretrizes centrais de grupos dominantes quanto do público em geral. O resultado é que as primeiras iniciativas republicanas no universo das artes no país criaram ou reforçaram um arraigado viés elitista.

O circuito institucional: um conto de duas cidades

Devemos começar o capítulo discutindo a abrangência e as limitações do circuito institucional. Aqui estamos incluindo o estudo de espaços e iniciativas vinculadas às artes plásticas, à música erudita e a parte das atividades teatrais do período. Seria possível afirmar, mesmo com certa hesitação, que os espaços aqui analisados são os espaços culturais "oficiais" do período. Nosso critério de demarcação aqui orienta-se essencialmente por um viés econômico: temos aqui iniciativas cuja organização articula-se, de uma maneira ou de outra, ao mundo governamental, dele obtendo a maior parte de seus recursos. Essa oficialidade precisa ser entendida em sentido ampliado. Isso porque é preciso incluir também espaços "semi-oficiais", lugares de figuras privadas (mas centrais no universo público) que desempenharam papel fundamental na dinâmica artística do período.

Este é um dos motivos, aliás, pelos quais o termo *arte oficial* é impreciso. Sua utilização parece pouco proveitosa, outrossim, por dar a entender uma eventual orientação estética das figuras ligadas às iniciativas aqui analisadas. Outros jargões usuais à bibliografia especializada como *arte acadêmica* ou "*cultura de salão*", são igualmente questionáveis aos presentes propósitos. Todos nos parecem problemáticos, uma vez que acabam escondendo verdadeiras "tiranias classificatórias" (Coli, 2005, p. 13). O ponto principal é que nenhum deles era corrente aos homens e mulheres do período analisado, tendo sido aplicados por grupos ou intelectuais de momentos posteriores, no intuito de diferenciar as obras da produção artística deste ou daquele grupo (*idem*, p. 9).[1] Essa terminologia é *ativa*, ocultando uma série de implicações analíticas não desejadas para nossa compreensão histórica do período[2].

Para os nossos parâmetros, cisões taxonômicas como a estabelecida entre modernistas e acadêmicos só fazem sentido quando se relacionam a diferenças estruturais, institucionais ou econômicas. Disso decorre nossa preferência por um conceito próprio que, até certo ponto, neutraliza essas polêmicas. O circuito institucional dá conta de incluir num mesmo escaninho grupos e artistas de partidos estéticos distintos sem prejuízo para nenhum dos lados, tendo como critério simplesmente a estrutura organizacional dos espaços ligados a esse segmento artístico.

1 O fenômeno não se circunscreveu ao Brasil, tendo sido registrado em diferentes variantes e intensidades também em outras partes do globo. Nas palavras de Jorge Coli: "vivemos [no Brasil - JLM], como todo o Ocidente, o triunfo da modernidade que se impôs no correr dos últimos cem anos. Ele não somente trouxe uma profunda modificação nos produtos artísticos, no papel dos criadores e na postura dos críticos. Acarretou também a eliminação de tudo aquilo que não parecia estar dentro dos parâmetros que esses modernos estabeleciam" (2005, p. 9).

2 Para uma discussão sobre a implicação da utilização dos termos e seus impactos na historiografia, ver Teixeira Coelho (1995, p. 15).

Uma segunda dificuldade advém do fato de a atividade ser carregada de matizes subjetivas, pessoais ou, para valer-se na nomenclatura de Pierre Bourdieu, dos bens artísticos de produção "restrita" (1993c, p. 115-120). Ao contrário dos demais setores por nós analisados – os teatros e cinemas comerciais e o circuito da cultura cotidiana – o universo da arte institucional impõe restrições à composição de uma massa ampliada de informações quantitativas. Seja pela dispersão dos dados, das fontes e arquivos, seja pela própria materialidade dos objetos de estudo, o universo da arte institucional é povoado por projetos de elevada unicidade. É sobretudo a atuação pessoal de agentes ou grupos centrais que determina a dinâmica de tal setor, exigindo dos pesquisadores da área um aporte diferenciado do ponto de vista metodológico.[3]

Veremos que essas supostas barreiras não são proibitivas a um estudo de corte econômico. Cabe destacar, além disso, que essas dificuldades podem ser vistas também como uma eventual vantagem. A arte institucional polariza-se sobre algumas poucas figuras e agentes sociais e seus atores gravitam ao redor de algumas instituições ou espaços-chave. Estudar esse circuito é, portanto, estudar essas instituições artísticas capitais do momento histórico, tanto no que se refere a sua dinâmica interna quanto a sua relação com os demais processos sociais. Nosso capítulo baseia-se, assim, no estudo da dinâmica socioeconômica de seis instituições do período: o Conservatório Dramático e Musical de São Paulo (CDMSP), o Liceu de Artes e Ofícios de São Paulo (LAOSP), a Escola Nacional de Belas Artes do Rio de

---

3 Quando pensamos na ação individualizada de pessoas, realizamos uma óbvia aproximação do conceito bourdieusiano de *habitus*. Sobre o tema, afirma o pensador que: "a ciência das obras culturais supõe três operações (...). Primeiramente, a análise da posição do campo literário no seio do campo do poder, e de sua evolução no decorrer do tempo; em segundo lugar, a análise da estrutura interna do campo literário, universo que obedece às suas próprias leis de funcionamento e de transformação, isto é, a estrutura das relações objetivas entre as posições que aí ocupam indivíduos ou grupos colocados em situação de concorrência pela legitimidade; enfim, a análise da gênese dos *habitus* dos ocupantes dessas posições, ou seja, os sistemas de disposições que, sendo o produto de uma trajetória social e de uma posição no interior do campo literário, encontram nessa posição uma oportunidade mais ou menos favorável de atualizar-se" (1996, p. 243). Embora a análise bourdieusiana valha-se, neste caso, do segmento literário, afirma o autor que "o leitor poderá, ao longo de todo este texto, substituir *escritor* por *pintor*, *filósofo*, *cientista* etc., e *literário* por *artístico*, *filosófico*, *científico* etc." (*idem*, *ibidem*).

Janeiro (ENBA), o Instituto Nacional da Música (INM), também no Rio de Janeiro, além dos teatros municipais das duas cidades.[4]

A escolha das referidas instituições orienta-se, em primeiro lugar, pelas posições privilegiadas por elas ocupadas no circuito institucional das duas cidades. A isto se adiciona uma questão de ordem metodológica: a relativa sobrevida de documentos oficiais relativos às atividades aí transcorridas. Como veremos, esses materiais – atas, relatórios e documentos de contabilidade – surgem como fontes privilegiadas de estudos do setor. Por detrás de normas, circulares, reformas administrativas ou mesmo de debates na imprensa, divisam-se distintos projetos, princípios e valores dessas nascentes instituições públicas voltadas ao ensino, fomento e difusão da arte. A leitura de tais fontes permite-nos a apreensão da dimensão social desses espaços e a identificação das relações propostas e estabelecidas entre a arte e a economia no bojo institucional dessas escolas.

O perfil oficial dessas fontes documentais escancara também as relações fulcrais entre o circuito institucional e o universo político ao longo da Primeira República. Não parecem faltar trabalhos que se dedicam à compreensão desse ponto em suas minúcias.[5] Não temos por intuito focar especificamente em tal ponto, embora seja necessário tangenciá-lo para os nossos propósitos. Conforme veremos, circuito institucional e política relacionaram-se numa complexa via de mão-dupla: de um lado, os ascendentes governantes republicanos precisavam de artistas para a realização de obras vinculadas à dominação simbólica no contexto do novo regime; já do lado dos artistas, contatos pessoais com figuras da oficialidade significavam um inédito abrir de portas (e de bolsos) para a materialização não apenas de novos projetos e programas estéticos, mas para a própria subsistência dos profissionais.

---

4 Conforme veremos, nosso estudo não se encerra nessas instituições, embora nelas se concentre.

5 O trabalho *A formação das almas*, de José Murilo de Carvalho, dedicado ao estudo da constituição do imaginário visual brasileiro da Primeira República a partir da análise de monumentos públicos do Rio de Janeiro, é uma das obras capitais desta bibliografia (1990). Para discussões sobre o caso paulista, recomendamos o texto de Caleb Faria Alves dedicado à vida e obra do pintor santista Benedito Calixto e sua relação com a emergente política republicana local (2003), bem como as diversas discussões sobre o Museu Paulista, sobretudo no que se refere à gestão de Affonso d'Escragnolle Taunay (Cf. Makino, 2007, p. 267-269). Voltaremos a alguns desses debates mais adiante.

Nem sempre as intersecções entre arte e poder se apresentaram de modo aberto ou evidente. A compreensão dessa teia de influências passa tanto pela análise das conexões sociais e pessoais entre artistas e políticos do período quanto pelo minucioso exame de discursos, textos e documentos remanescentes. Foram comuns os casos em que as linhas de influência se mascararam por detrás de discussões e polêmicas aparentemente desconexas, como a sempre candente questão da *arte nacional*.[6] Das telas e esculturas às opções melódicas dos compositores, passando pela escolha das atrações das temporadas líricas, percebe-se a grande centralidade que o tema – ou, mais especificamente, as *tentativas* de definição do tema – tiveram na produção cultural e intelectual do período (Cf. Sevcenko, 1983, p. 248).[7] Polêmicas, querelas e discussões que evidenciam, vez ou outra, posicionamentos a respeito do *lócus* do econômico no universo artístico. Se os projetos de arte nacional diferem caso a caso, não deixa de ser possível identificar uma linha mestra comum: a fortís-

6 Compartilhamos com Roberto Ventura a relevância analítica dada às polêmicas e debates (estéticos inclusive) do começo do século. Partindo da análise de uma série de disputas literárias (notadamente aquelas encabeçadas pelo grupo do crítico e escritor sergipano Sílvio Romero), o autor busca comprovar a existência de uma intrincada rede de discussão e disputa pelo primado estético e político na definição da arte nacional durante a *Belle Époque* no país (1991, *passim*). A título de ilustração, destacamos algumas discussões interessantes sobre o tema. No campo das artes plásticas, José Carlos Durand realiza um balanço da querela entre os pintores Pedro Américo e Vítor Meireles a respeito da representação pictórica da Guerra do Paraguai, ainda nos anos de 1870 (1989, p. 19-22). Avelino Pereira discute as disputas entre o compositor Alberto Nepomuceno e o crítico Oscar Guanabarino a respeito da utilização de elementos negros na música brasileira (2007, p. 111-121). Por fim, Níobe Peixoto, a partir de crônicas do jornalista e crítico João do Rio empreende um balanço sobre as ambições de artistas e dramaturgos pela constituição de um "teatro nacional" na *Belle Époque* carioca (2009, p. 20-21).

7 O artigo de Ailton Morila dedica-se a uma discussão sobre essas polêmicas estéticas no campo da música e, mais especificamente, no bojo da constituição do Conservatório Dramático e Musical de São Paulo. Afirma o autor que: "inserida no contexto da ciência evolucionista, a polêmica – típica do final do século XIX – inicia também um debate que não é apenas entre gerações, entre o novo e o velho, como antes, mas no interior da própria geração. (...) As disputas em torno da música realizadas através das polêmicas – mormente publicadas nos periódicos – eram disputas em torno do papel da música na sociedade, muito embora algumas delas encobrissem disputas por público, alunos e prestígio" (2010, p. 91).

sima presença dos canais da distinção, um projeto de exclusão, o repúdio da dimensão econômica da arte etc. Como não poderia deixar de ser, essas questões todas desenvolveram-se de modos distintos nas diversas localidades do país. Em face de realidades políticas singulares, os agentes da arte institucional paulistana e carioca assumiram discursos diferentes.[8]

Sendo a capital federal do país, as questões artísticas no Rio de Janeiro vincularam-se e subordinaram-se à necessidade de dominação (efetiva e simbólica) sobre o território nacional como um todo.[9] Já na ascendente São Paulo, é possível identificar um discurso distinto, vinculado à ambição da elite local, sua preocupação no estabelecimento de novos símbolos e seus desejos de projetar o Estado no cenário artístico nacional.

A relativa centralidade das duas urbes no cenário cultural do período, contudo, fez com que se desenvolvesse, dentro da bibliografia, certa polarização nas avaliações históricas da trajetória do setor (Camargo, 2002, p. 50). Estabeleceu-se, ao longo do tempo, algo como uma dicotomia entre as duas cidades, cisão esta que ganhou força a ponto de encontrarmos leituras esquematizadas que pintam as duas metrópoles como detentoras de setores artísticos com características radicalmente antagônicos (Valle, 1996, p. 11).[10] Embora problemática, essa proposição auxilia-

8 A opção argumentativa para o presente capítulo foi a de, primeiramente, desagregar o estudo das duas cidades, estudando, ao longo das primeiras cinco seções, as instituições paulistas e cariocas separadamente. No restante do capítulo, contudo, as duas urbes serão reagrupadas numa análise conjunta.

9 "Os problemas do Rio fingiam ser os da nação inteira" (Lemos, 2007, p. 62) Sobre o assunto, ver também Braga (2003, p. 7) e também Machado Neto (1973, *passim*).

10 Cabe indagar-se em que medida essa polêmica não foi gerada pelos próprios modernistas paulistas nas décadas posteriores à Semana de Arte Moderna. Tadeu Chiarelli, por exemplo, revisita as supostas diferenças entre o Rio de Janeiro e São Paulo com base numa palestra proferida por Mário de Andrade no Rio de Janeiro em 1942 quando o escritor compara as relações entre "burguesia carioca" e a "aristocracia paulista" com as artes de suas cidades à época da Semana de 22 (1996, p. 45-46). Não podemos deixar de apontar algumas implicações negativas dessa cisão. Isso porque, antes do que uma conclusão propriamente teórica a respeito da condição histórica das duas cidades, as lacunas e incompreensões mútuas iniciam-se e deságuam, no mais das vezes, em leituras de um provincianismo bloqueador. Com estudos, circunscritos aos limites das duas cidades, ignoram-se as movimentações de artistas e agentes por campos culturais mútuos. Acerta Tadeu Chiarelli ao propor que, ainda hoje, "a história da arte

-nos em nossa análise sobre os espaços da arte institucional nas duas cidades e suas relações com o mundo econômico.

Uma primeira abordagem seria enxergar na cisão Rio – São Paulo uma disputa de natureza estética. Essa disputa centrar-se-ia essencialmente nas diferenças entre o Modernismo paulista e os membros do partido "acadêmico" (corporificados, em grande medida, na Escola Nacional de Belas Artes do Rio). Retoma-se assim, em chave distinta, a divisão entre modernos e acadêmicos, desta vez com cores regionais: de um lado o grupo "moderno" paulista e de outro o contingente "acadêmico" carioca. Nesta etapa da tese, tomamos por dado que nossa argumentação não se baseia em critérios estéticos ou formais. É interessante nos perguntarmos, portanto, se essas diferenças de natureza aparentemente cultural engendrariam *posicionamentos institucionais opostos* no que se refere à dimensão econômica da arte. Seria possível identificar diferenças marcantes entre Rio de Janeiro e São Paulo no que se refere ao mundo econômico da arte institucional? Seria possível propor que os espaços culturais deste segmento seriam regidos por forças distintas, cumprindo papéis diferenciados dentro do ampliado campo de vetores sociais?

É José Murilo de Carvalho quem nos auxilia na condução de tais hipóteses. No artigo *Aspectos Históricos do Pré-Modernismo Brasileiro*, o autor esboça uma leitura sobre as diferenças do ambiente socioeconômico das duas cidades, buscando compreender se "as origens e características sociológicas do Rio e de São Paulo teriam alguma coisa a ver com as posturas distintas de seus intelectuais e sobre a natureza distinta de sua produção" (1988, p. 14). De maneira esquemática, podemos apresentar a argumentação de Carvalho a partir da clivagem por ele proposta entre cidades *ortogenéticas* e *heterogenéticas*, pertencendo o Rio ao primeiro grupo e São Paulo ao segundo.[11]

O primeiro grupo caracterizar-se-ia como aquele composto por cidades de acentuada função política e administrativa, onde predomina o perfil consumidor em detrimento do aspecto produtivo e onde "a função econômica se limita ao comércio"

---

brasileira – salvo exceções muito raras – vem sendo escrita tendo como base a profunda ignorância que os dois centros hegemônicos do país nutrem entre si" (1996, p. 330). Ver também, sobre o tema, a discussão de Velloso, dedicado à análise da Exposição do Centenário de 1922 (1998, p. 400).

11 Os termos são reconhecidos pelo próprio autor como "rebarbativos", sendo apresentados em variações temáticas ou teóricas em outras obras (Carvalho, 1987, p. 153-154 e 2002, p. 110).

(*idem, ibidem*). Já o segundo grupo seria formado por cidades menos presas às obrigações políticas e, por tal razão, com "maior liberdade de criação, maior iniciativa cultural (...) e predomínio da economia" (*idem*, p. 14-15).

O autor avança em seu cotejamento buscando as origens históricas do desenvolvimento urbano e social das duas cidades. A condição de capital do Império e posteriormente da República ocupada pelo Rio de Janeiro teria sido fundamental nesse processo. Afirma o autor que a parte mais dinâmica da vida intelectual carioca gravitou ao redor do Estado e da burocracia pública (*idem, p.* 16). O posto de capital da nação impôs ao Rio, outrossim, um forte viés à *ostentação*, vinculado tanto à necessidade de dominação simbólica junto aos demais estados quanto de exposição do Brasil perante os outros países, sobretudo os europeus (*idem*, p. 16).[12] Já em São Paulo, supostamente sob jugo menor da presença estatal e da necessidade de ostentação e com "maior peso da imigração e da industrialização", teria se desenvolvido uma produção intelectual mais livre, abrindo-se as portas para o estabelecimento de um tipo de arte mais conectado ao universo da *produção* (Cf. *idem*, p. 20).

Não nos parece descabido propor algumas homologias entre os termos apresentados pelo autor com aqueles por nós propostos. Ora, se a produção intelectual das cidades ortogenéticas (como o Rio) é pautada antes pelo consumo, pelas vinculações ao Estado e pela necessidade de ostentação, poderíamos propor que tais cidades, bem como seus espaços culturais, estariam em maior alinhamento aos canais da distinção. Já nas cidades heterogenéticas, como São Paulo, marcadas pelo "predomínio do econômico", estariam abertas as portas para uma relação diferenciada entre as artes e o mundo econômico sendo possível propor uma relação entre os seus nascentes espaços culturais com os canais da massificação.

Temos certo que essas linhas interpretativas ainda se encontram num campo altamente especulativo e apenas o aumento da massa total de reflexões históricas sobre o período pode esclarecer tais pontos. Aceitamos, contudo, o convite proposto por José Murilo de Carvalho de avançar nas comparações entre as duas cidades.[13]

---

12 "Os donos da República queriam que ela [a cidade do Rio de Janeiro - JLM] refletisse a nação de maneira a fazê-la aceitável perante a Europa, ou ao mundo considerado civilizado. Tal preocupação aparecia nitidamente na política do governo federal e do governo municipal, como não podia deixar de aparecer na produção dos intelectuais" (Carvalho, 1988, p. 16).

13 "O exame da relação entre o intelectual e a cidade parece-me abrir perspectivas interessantes ainda pouco exploradas entre nós. O que aqui fiz foi apenas exercício algo

Assim, as reflexões do presente capítulo buscarão, antes de mais nada, apresentar os espaços culturais da arte institucional de São Paulo e Rio de Janeiro no início do século XX. Independentemente de opções estéticas deste ou daquele grupo, nosso interesse é a identificação de padrões e tendências ampliados, capazes de posicionar esses diversos espaços dentro dos vetores sociais da massificação e da distinção.

O conservatório: reflexões econômicas sobre a Escola Paulista de Música

Sendo como foi a "locomotiva da nação" durante o período da Primeira República, os agentes paulistas não deixariam de demonstrar grande ênfase na suposta jactância de sua produção artística (Moraes, 2013a, p. 43-64). Desde cedo, políticos, intelectuais e jornalistas locais destacaram as proezas e a evolução do meio artístico patrício nos primeiros decênios do século XX.[14] De fato, o período é marcado por uma grande inflexão do segmento na cidade, registrando-se o surgimento de novos espaços e instituições culturais. Nada parece ter causado maior empolgação aos paulistas do que o aparecimento de uma geração de musicistas nativos, reconhecidos internacionalmente pelo seu talento. Parte significativa desses músicos formou-se e/ou gravitou ao redor do Conservatório Dramático e Musical de São Paulo (CDMSP).

Os planos de dotar a cidade de São Paulo de um conservatório datam do último quartil do século XIX. A despeito de sua população relativamente reduzida quando comparada à capital federal, a cidade já dispunha, à época, de um meio musical relativamente maduro.[15] Ernani Silva Bruno, por exemplo, destaca a grande

---

canhestro na expectativa de que outros possam retomá-lo com maior competência" (Carvalho, 1988, p. 21).

14 Para uma ilustração desse tema, ver as compilações de artigos, notas e crônicas do período apresentados nos trabalhos de Ricardo Severo (1934), Sevcenko (1992) e Chiarelli (1995).

15 "Em estreita ressonância com as transformações urbanas que se processavam na cidade de São Paulo, também o universo musical, sobretudo no último quartil do século XIX, vai passar por um forte e acelerado processo de mudanças. Acompanhando as tendências verificadas num plano mais amplo – ecletismo, cosmopolitismo, transformações na infraestrutura, presença da perspectiva e pretensões civilizatórias da elite urbana, a difusão, produção e recepção da música da capital vão se encaminhar na direção de seu fomento e de sua institucionalização" (Tuma, 2008, p. 88).

presença de músicos, professores, intérpretes e lojas de instrumentos musicais na São Paulo oitocentista (1953, p. 755-793).[16]

Além dos estabelecimentos comerciais propriamente ditos, foram extremamente populares nas últimas décadas do século XIX as sociedades de concertos musicais, sendo o Clube Haydn a mais celebrada (Tuma, 2008, p. 53). Inspirada nas sociedades cariocas congêneres – o Clube Mozart e o Clube Beethoven[17] – a associação foi criada em 1883, tendo como figura mestra o músico, compositor e comerciante de instrumentos Alexandre Levy. De acordo com a *Enciclopédia da Música Brasileira*, o Clube Haydn teria promovido, ao longo de seus quatro anos de existência, mais de 30 concertos (Marcondes, 1998, p. 204).

Além de apresentações, os encontros desse tipo de associação serviam como momentos privilegiados para a interação entre músicos, alunos e membros da elite intelectual e política da cidade. É em meio ao contexto associativo das agremiações musicais que teria surgido a primeira proposta formal de criação de uma instituição de ensino musical. No ano de 1889, os jornais da cidade anunciavam as iniciativas de instrumentistas e compositores que juntavam esforços para tal fim (Gonçalves, 1995, p. 188).

É particularmente interessante o fato de que diversos dos envolvidos nessa primeira tratativa fossem profissionais egressos de círculos musicais comerciais. Destacavam-se aí figuras como a do compositor e dramaturgo João Gomes de Araújo, do maestro Gabriel Giraudon, administrador do Cassino Paulistano, bem como Gustavo Wertheimer, músico profissional (Cf. Tuma, 2008, p. 52). De acordo com Janice Gonçalves, as tentativas desse grupo de formalizar o ensino musical da cidade foram malsucedidas, tendo sido tratadas, inclusive, com ironia por parte da imprensa do período. Sobre Giraudon e seus colegas recaiu a crítica de tentar "ins-

16 É curioso que, a despeito do caráter simultaneamente teatral e musical do Conservatório, a instituição tenha dado muito mais ênfase ao núcleo musical. Voltaremos a discutir esse tema adiante cabendo, por ora, referência a uma passagem de Elizabeth Azevedo: "No período de 1910 a 1932, a escola formou 1.411 alunos no total, sendo 18 em Arte Dramática. A discrepância pode dar uma falsa ideia sobre a escola. Acontece que cerca de 80% dos estudantes formados pela instituição eram alunos de piano" (2007, p. 3).

17 Falaremos delas quando de nossa análise sobre a gênese dos espaços culturais da grande arte no Rio de Janeiro.

titucionalizar o teatro de revista", isto é, de banalizar e fomentar músicas de feitio comercial ou de baixa qualidade (Gonçalves, 1995, p. 188).[18]

A reação da opinião pública foi distinta quando da segunda tentativa, desta vez levada a cabo entre os anos 1897 e 1898, e tendo por líder Luigi Chiafarelli. Ao contrário dos músicos do primeiro grupo, a trajetória do maestro não passou pelos teatros de revista comerciais da São Paulo oitocentista, mas sim pelo mercado de professores e preceptores musicais familiares (Cf. *idem*, p. 191).[19] Nascido em uma família de músicos na cidade italiana de Iserna em 1856, Chiafarelli emigrou para o Brasil aos 29 anos de idade instalando-se, num primeiro momento, na cidade de

---

18 Faz-se fundamental, obviamente, resguardar-se aqui dos riscos de uma eventual História contrafactual. Não temos conta de compreender se o rumo do desenvolvimento dos espaços culturais paulistanos da grande arte teria sido distinto caso o projeto de Giraudon e Wertheimer para um conservatório dramático e musical fosse distinto ou supostamente mais afeito aos ditames da massificação em relação aos demais. Voltaremos a discutir o viés "anti-comercial" no mundo artístico no capítulo 3.

19 O antagonismo entre um grupo comercial (capitaneado pelo pianista Gustavo Wertheimer) e Luigi Chiafarelli é defendido por Janice Gonçalves. A autora vincula em sua tese diversos ataques mútuos publicados pelos dois músicos na imprensa do período. Em 1897, em carta publicada na revista *Música para todos*, Wertheimer critica duramente as opções de ensino postuladas por Chiafarelli. De acordo com o pianista, ao estimular o virtuosismo das jovens moças, escancarava-se a proposta elitista do projeto de Chiafarelli. Dizia o músico que "fica o ensino dividido em dois campos. Em um se tratará da educação para a máxima produção quantitativa, exibições de tantas dúzias de peças, tendo como prêmio a admiração geral e o aplauso frenético, compensação para a mais alta, mais velha, mas robusta aluna que na próxima sessão levantará um peso mais forte! É isso o cúmulo da arte, é isto o Parnaso a que dirigimos os passos? No outro campo prepara-se lentamente o talento, estudam-se inclinações, escolhem-se os autores desde os primeiros grãos até mais e mais para diante, respeita-se a índole, acompanha-se, porém, todo o trabalho da palavra animadora que faz entrever à aluna que a música tem significações íntimas" (1995, p. 184). Noutra passagem, afirma a autora que: "Wertheimer dá a entender ser porta-voz de um grupo de profissionais, diretamente prejudicados pela atuação supostamente irresponsável, inconsistente e arrogante de Luigi Chiafarelli" (*idem*, p. 186). Todavia, também figuras do grupo comercial, aí incluindo o próprio Wertheimer, estiveram presentes no circuito de aulas particulares, uma opção quase que universal aos músicos de formação erudita, conforme veremos na seção "o circuito institucional no quadro econômico geral das cidades".

Rio Claro, São Paulo, onde se dedicou ao ensino musical de filhos e, sobretudo, de filhas de famílias abastadas da região (Orsini, 1992, p. 39-40 e Bessa, 2012, p. 141).

Transferindo-se para a cidade de São Paulo em 1885 tornou-se, rapidamente, uma figura central na constelação musical paulistana, sendo contratado como professor particular de renomadas famílias da cidade. A despeito de seu sucesso, prestígio e do apoio de grandes figuras da elite local, também sua proposta de criação de um conservatório não vingou, obrigando o músico a concentrar esforços em outro projeto de bastante relevo nos anos de 1890: os "Concertos Históricos". Tratava-se, de acordo com Caldeira Filho, de uma sequência de apresentações de música erudita em que tomavam parte os prodigiosos alunos e alunas do maestro italiano (1958, p. 99-100).

Cabe destacar, por fim, a tentativa de incluir uma escola de música no projeto de 1896 do Teatro Municipal de São Paulo (Marcondes, 1998, p. 210). Veremos em seção posterior, este projeto partiu da iniciativa do então vereador Pedro Augusto Gomes Cardim. Natural de Porto Alegre, Cardim era filho de um músico e dramaturgo. Formado na Faculdade de Direito do Largo São Francisco, o gaúcho foi profícuo colaborador da imprensa paulistana, tendo assinado artigos em jornais como *A Província de S. Paulo*, *A Gazeta*, além de ter sido redator-chefe do *Diário de Notícias* (Azevedo, 2007, p. 2). Paralelamente às suas atividades jornalísticas, Cardim esteve bastante envolvido com a cena teatral e musical paulistana, tendo escrito operetas, *vaudevilles*, monólogos e comédias (*idem, ibidem*).

Além da atuação no mundo dos palcos paulistanos, o maestro acumulou cargos políticos, ocupando o posto de vereador e Vice-Intendente de Obras Públicas na cidade (Lima, 1982, p. 1). Ao que tudo indica, esse duplo caráter de Cardim - vinculado tanto ao mundo dos palcos comerciais paulistanos quanto ao universo aristocrático da política paulistana - lhe permitiu centralidade nas iniciativas musicais da urbe. Não é de se estranhar, assim, que após a derrota na tentativa de incluir uma escola de música no projeto do Teatro Municipal, Cardim tenha encabeçado a quarta e definitiva proposta de criação do CDMSP (Marcondes, 1988, p. 211).

A boa circulação do político gaúcho pelos diferentes meios sociais da cidade pode ter dado conta, também, de apaziguar os ânimos de grupos musicais rivais. Em 1904, quando o CDMSP inicia a compor seu quadro docente, encontramos tanto figuras ligadas ao grupo de músicos e dramaturgos comerciais - como João Gomes de Araújo - quanto de agentes mais ligados ao grupo dos preceptores particulares, como Luigi Chiafarelli (Gonçalves, 1995, p. 184-186).

Por fim, a posição de Cardim dá conta de explicar também algumas indefinições no que se refere ao caráter institucional da escola: embora fosse uma iniciativa privada, supostamente mantida por recursos próprios, oriundos da renda de "espetáculos e quermesses" e taxas de matrícula, a instituição recebeu, por meio de uma parceria política logo em seus primeiros anos de atividade, um aporte de 100 contos (Rs. 100:000$000) da Câmara Estadual, além de um recurso adicional advindo de loterias públicas (Lima, 1982, p. 1 e Marcondes, 1998, p. 211). Foi graças a tais esses auxílios que a escola conseguiu sair de sua sede provisória à rua Brigadeiro Tobias, adquirindo o imóvel da rua São João onde segue existindo, uma transação orçada em 160 contos (Rs. 160:000$000) (Moraes, 2013a, p. 85). Como veremos, esse tipo de arranjo, mesclando recursos públicos e privados para o financiamento dos espaços culturais da arte institucional, foi bastante presente, sobretudo em São Paulo.

Definido o quadro docente, instalado em sede fixa e estabilizado como o principal centro de formação e difusão musical na cidade, cabia definir por fim os rumos e as finalidades às quais a instituição se prestaria. A leitura de notas e crônicas nos permite conhecer um pouco melhor as ambições do CDMSP, entendendo também as articulações socioeconômicas estabelecidas pela instituição com a sociedade paulistana da época.[20] Um dos temas que salta aos olhos pela constância nos jornais e revistas era o *virtuosismo* dos alunos e alunas egressos da casa. Esse fenômeno não deve causar estranheza: de acordo com Janice Gonçalves, o "virtuoso", isto é, um executante bastante técnico, performático e, no mais das vezes, extremamente jovem, foi uma categoria musical que ganhou destaque na segunda metade do século XIX, sendo altamente valorizado na cultura musical da *Belle Époque* (1995, p. 105). De acordo com a pesquisadora, a moda teria sido introduzida em São Paulo rapidamente, obtendo cada vez mais adeptos e reputação por parte do público local (*idem*, p. 106).

Foi, contudo, na figura de Luigi Chiafarelli que o virtuosismo passou a ser cultuado em sua forma mais elaborada (Orsini, 1992, p. 37). Desde os tempos dos Concertos Históricos o maestro havia encampado um tipo peculiar de ensino artístico, baseado no que Janice Gonçalves chamou de "trinômio do virtuose": elevada quantidade de apresentações executadas, alta dificuldade técnica das peças e pre-

20 Infelizmente, inexiste um centro de documentação do CDMSP. Há, atualmente, impedimento à consulta de documentação da escola, cujo arquivo encontra-se em processo de transferência entre o Centro Cultural São Paulo e o reformulado Museu do Teatro Municipal de São Paulo. É possível, assim, apenas consultar os documentos preservados no Acervo Mário de Andrade do Instituto de Estudos Brasileiros da Universidade de São Paulo (IEB-USP), além das informações vinculadas nas revistas e jornais da época.

sença de "crianças-prodígio" solistas (1995, p. 184). Impossível não identificar aí conexões com as discussões teóricas sobre o "gênio" Mozart propostas pelo sociólogo Norbert Elias (1995, *passim*). É possível evocar também muitas das discussões de Pierre Bourdieu sobre a construção social do artista.[21]

A questão é interessante, uma vez que diversas alunas particulares do maestro podem ser categorizadas sob a rubrica de virtuose e, ao que tudo indica, havia grande expectativa por parte da imprensa da época que o CDMSP fornecesse a São Paulo e ao mundo instrumentistas tão técnicos e habilidosos quanto os formados por Chiafarelli ao longo dos anos de 1890. Detenhamo-nos na análise de algumas dessas figuras para compreender melhor o "aluno ideal" almejado pela formação da Escola Paulista de Música, posicionando essa forma de ensino dentro das lógicas da massificação e da distinção por nós analisadas.

A primeira pupila de Chiafarelli a obter renome foi Antonietta Rudge. A pianista demonstrou talentos precoces e aos sete anos apresentava-se nas associações da cidade. Em 1905, durante os tempos de seu primeiro casamento, com o esportista anglo-brasileiro Charles Miller, iniciou uma série de turnês internacionais, excursionando pela Inglaterra, Alemanha e França (Marcondes, 1998, p. 696). Rudge foi também a fundadora do Trio Feminino em 1915, composto por ela, a violinista Paulina D'Ambrosio e a violoncelista Brasiliana Bormann. A despeito do aparente sucesso comercial da artista, não deixa de causar espécie a informação fornecida pela *Enciclopédia da Música Brasileira* que o primeiro disco de Rudge a ser prensado tenha saído apenas nos anos de 1970, sob a iniciativa oficial do Museu da Imagem e do Som e da Secretaria de Cultura de São Paulo (*idem, ibidem*).

Além de Antonietta, outra discípula de Chiafarelli que obteve imenso sucesso na cena musical do período foi a também pianista Guiomar Novaes. Nicolau Sevcenko vê no "fenômeno Guiomar" um dos maiores triunfos da formação artística de São Paulo, compilando, inclusive, inúmeros exemplos de orgulho e ufanismo da imprensa local.[22] O entusiasmo era tamanho que a revista *A Cigarra* chegou a

21 O ponto é bastante discutido por Bourdieu em diversos textos e passagens. Para ele, a análise do mundo artístico não se centra tanto na questão "o que é arte (ou o artista)?", mas sim "*quem disse* que um determinado objeto é, de fato, artístico?". Sobre o assunto ver as seções "quem cria o 'criador'?" e "o círculo da crença" do artigo *A produção da crença* de Pierre Bourdieu (1993b, p. 76-77).

22 Há imenso destaque por parte da mídia paulistana do período ao fato de que ambas as prodigiosas músicas eram "nascidas em São Paulo, filhas do adiantado estado que tanto

manter uma coluna intitulada "Guiomar Novaes", entre os anos 1918 e 1920, para acompanhar as turnês e as demais atividades da artista.[23]

Também ao longo das páginas da biografia *Guiomar Novaes: uma arrebatadora história de amor*, escrita por Maria Stella Orsini, temos uma ideia dos sucessos da pianista pelo mundo: a então aluna particular de Chiafarelli foi aceita aos 15 anos no Conservatório de Paris, tendo como banca examinadora músicos do primeiro escalão internacional, como Claude Debussy e Gabriel Fauré. A artista excursionou diversas vezes pela Europa e também pelos Estados Unidos, onde assinou contratos de apresentação com cifras milionárias (1992, p. 140). Além das diversas excursões internacionais, Guiomar foi detentora de contratos de gravação, tendo assinado parcerias com as companhias norte-americanas RCA, Columbia, Decca e Vox (*idem*, p. 99-104). É, contudo, expressiva a informação da *Enciclopédia de Música Brasileira* que a primeira gravação brasileira da pianista só tenha chegado ao mercado local em 1974 (Marcondes, 1998, p. 1974).

É interessante que o prestígio artístico de duas das principais figuras da "Escola Paulista de Música", pupilas do maestro Chiafarelli, não tenham se convertido em ganhos econômicos locais, isto é, que não tenham gerado ganhos aos capitais fonográficos endógenos que, como vimos no capítulo 1, já atuavam no país desde finais do século XIX. Queremos com isso defender a tese de que o sucesso comercial das pupilas de Chiafarelli e, consequentemente, dos músicos e músicas por ele formados do CDMSP, longe de indicar um projeto paulista de estímulos à música co-

---

destaque vem tendo, não só pelo valor de sua riqueza material, como pela pujança da inteligência de seus naturais" (*OESP, 02/07/1914*). Percebe-se novamente aqui o ufanismo paulistano e as relações estabelecidas entre riqueza material e "pujança intelectual". Já Nicolau Sevcenko afirma que: "para além do teclado, Guiomar Novaes tocara em alguma corda sensível que, embalada pela música, a transformara num símbolo vivo. (...) Parte desse poder de deflagrar explosões de emoção, com certeza, vinha do prestígio de ser uma brasileira, 'paulista', como a crítica local insistia, que seduziu as plateias mais sofisticadas do mundo" (1992, p. 250-252). Sobre o assunto, ver também Orsini (1992, cap. 2)

23 Em 1918, dizia a coluna que "apenas Paderewsky e Hoffmann [os dois pianistas mais aclamados do período – JLM] lhe podem ser comparados" (*AC, nº100, set/1918*). O *OESP* menciona que foi em 1920 que se estabeleceu um convênio de permuta de profissionais entre os governos de São Paulo e da Inglaterra (*19/08/1921*). Algumas semanas antes da celebração do convênio, o cronista do jornal mostra-se bastante surpreso com o número de músicos paulistas aplaudidos nos palcos europeus e norte-americanos (*06/08/1921*).

mercial, representou mais um dos muitos exemplos de uma opção deliberadamente *anticomercial* e elitista da cultura.

Não deixa de ser sintomático que o professor fizesse questão de afastar sua própria imagem de possíveis ligações com o mundo do comércio. A revista *A Cigarra* realizou, em 1923, uma matéria especial sobre o professor descrevendo-o como "um digno educador (...) que nunca foi o que vulgarmente se chama homem de negócios: não viera cá fazer sordidamente a América" (*AC, 01/01/1923 apud* Orsini, 1992, p. 39).

A análise dos documentos do CDMSP indica que essa posição anti-comercial de Chiafarelli foi institucionalizada pela escola ao longo de seus anos de atuação na diretoria. Diversos argumentos subsidiam tal posição. Tomemos, por exemplo, uma passagem do *Regulamento Interno de 1922*. No Capítulo V, Art. 69º do referido documento, lemos que:

> É absolutamente proibido a qualquer aluno tomar parte como autor ou como executante em concertos, espetáculos ou outras diversões públicas fora do Conservatório, dar publicidade a exercícios escolares seus ou de outros alunos, sem licença do Conselho Superior e prévia autorização dos respectivos professores (CDMSP, 1922, p. 39).

Também o Capítulo XIII do Regulamento indicava restrições à utilização do salão para fins outros que não os "estritamente artísticos", vetando sua utilização para apresentações que tivessem entrada remunerada (*idem*, p. 49).[24] Ora, mas proibida a utilização do salão para fins comerciais, comprometia-se a renda da instituição que, como vimos, deveria supostamente sustentar-se com recursos oriundos de atividades internas.

Uma solução era a cobrança de taxas e mensalidades. De acordo com o mesmo regulamento, estipulava-se em Rs. 80$000 a taxa de matrícula. As mensalidades do curso dramático e do curso preliminar de música saíam a Rs. 12$000. Já para os cursos especiais, como composição, piano, violino, canto, flauta ou aprendizado dos demais instrumentos, os valores variavam de Rs. 15$000 e Rs. 20$000. Acresce-se ao quadro a cobrança de taxas especiais para alguns exames, que podiam chegar a Rs.

---

24 Também os professores estavam impedidos de realizar uma série de atividades comerciais externas às atividades do CDMSP, justificadas se, e somente se, tivessem autorização da direção do instituto (CDMSP, 1916).

60$000. Já caminhamos aqui para uma compreensão sobre o perfil social dos alunos da casa e dos operadores de exclusão envolvidos nas taxas.

Outra solução encontrada pelos administradores foi abrir as portas do salão para as mais diversas atividades do mundanismo paulistano do período. Em 1917, por exemplo, lemos sobre a realização de um sarau lítero-musical promovido pela Revista *A Vida Moderna*, evento que contou a presença dos "elementos sociais muito conhecidos de nosso meio" (*AC nº65, abr/1917*). Também em 1915, as "distintas senhoras da cidade" utilizaram o salão do CDMSP para a realização de um concerto beneficente em homenagem aos soldados do exército belga (*AC nº18, fev/1915*). Foi bastante recorrente também o emprego do salão por associações femininas como os "chás dançantes" organizados pelo Rosa Clube em 1917 (*OESP, 12/08/1917* e *09/09/1917*).

A utilização da instituição para tais finalidades não deixava de causar incômodos tanto ao núcleo musical urbano mais ligado ao filão comercial quanto à opinião pública, desejosa de ver na escola um centro de formação de quadros musicais profissionais. Lemos, assim, numa crônica d'*A Cigarra* de junho de 1915, a seguinte crítica:

> A arte não é uma prenda para exibição em família: é uma profissão que tem por objetivo imediato a educação estética do público. Colocando os artistas na quase impossibilidade de exercer esta ação, tornamos inúteis todos os sacrifícios que fizemos (*AC nº22, jun/1915*).[25]

Essa situação se evidencia quando analisamos os dados referentes ao CDMSP na Tabela 8. Nela podemos ver a centralidade dos cursos tradicionalmente vinculados às "prendas matrimoniais" (o piano, o violino e o canto) em detrimento ao ensino de todos os outros instrumentos:

25 O ponto, aliás, fazia ressurgir uma contenda antiga entre os grupos originais do CDMSP indicando uma cisão entre os músicos mais afeitos ao mundo da música comercial contra Chiafarelli.

Tabela 8 – Participação de cursos de piano, canto e violino no CDMSP e no INM (1890-1920)

Instituição		CDMSP (Em nº alunos)					INM (Em nº docentes)				
Em nº de pessoas [a]	Curso	1890 - 1901	1902 - 1905	1906-1910	1911-1914	1915-1920	1890 - 1901	1902-1905	1906-1910	1911-1914 [e]	1915-1920
	Piano [b]	-	-	2	21	62	5	15	13	23	25
	Canto [c]	-	-	0	4	5	4	7	4	11	10
	Violino [d]	-	-	0	2	4	6	6	7	10	9
	Outros	-	-	3	4	4	26	25	25	33	38
	Total	-	-	**5**	**31**	**75**	**41**	**53**	**49**	**77**	**82**
Em percentual	Piano	-	-	40%	67,7%	82,7%	12,2%	28,3%	26,5%	29,9%	30,5%
	Canto	-	-	0,0%	12,9%	6,7%	9,8%	13,2%	8,2%	14,3%	12,2%
	Violino	-	-	0,0%	6,5%	5,3%	14,6%	11,3%	14,3%	13,0%	11%
	Outros	-	-	60%	12,9%	5,3%	63,4%	47,2%	51,0%	42,9%	46,3%
	Total	-	-	100%	100%	100%	100%	100%	100%	100%	100%
% Piano, Canto e Violino		-	-	**40%**	**87,1%**	**94,7%**	**36,6%**	**52,8%**	**49,0%**	**57,1%**	**53,7%**

[a] Embora indiquem o mesmo fenômeno, os dados do CDMSP e do INM não são comparáveis uma vez que, no primeiro caso, temos o número de alunos formados anualmente pelo CDMSP e, no segundo, o número de docentes da casa alocados dentro de cada curso. Na rubrica "outros" incluímos, no caso do CDMSP, também os alunos do curso dramático, um contingente bastante inexpressivo, conforme indicado pela argumentação de Azevedo (2007).

[b] Foram aqui incluídos todos os docentes (regulares, adjuntos e livre-docentes) dos cursos de piano e teclado.

[c] Incluímos aqui apenas dados referentes ao "canto solo" (e não ao canto coral).

[d] Foram agregados aqui dados dos cursos de "violino e violeta" do INM.

[e] Os recortes temporais são assimétricos porque eles tentam seguir as reformulação, vinculação e/ou alteração do quadro docente do INM por motivos de reformas de ensino. É no ano de 1911 que se registra a mais acentuada delas, a chamada "Reforma Rivadávia" que, como podemos ver, não alterou significativamente o quadro aqui analisado.

FONTE: Pereira (2007) e CDMSP (Relatório do CDMSP: ano letivo de 1930. São Paulo: Tipografia Fiume, 19- apud Bessa, 2012). Cálculo e tabulação do autor.

Recoloca-se aqui a relação entre arte e prenda matrimonial analisada no primeiro capítulo. A diferença, contudo, é que, enquanto lá estávamos analisando um fenômeno de natureza privada (a aquisição de um piano), estudamos aqui a dinâmica de um espaço institucional e, ponto ainda mais central, de um espaço detentor de apoio e de benesses públicas. O que se divisa no CDMSP é, portanto, uma proposta de natureza elitista que postula que a arte (ou, mais especificamente aqui, o ensino artístico) estaria essencialmente vinculado à dotação de certas práticas sociais ou, colocando em outros termos, de acúmulo de capital simbólico por parte de grupos abastados.

É curioso perceber, outrossim, que, ao menos neste quesito, a posição dos modernistas não difere muito da dos acadêmicos. Embora se colocasse como inimigo do virtuosismo propagado por Chiafarelli, também Mário de Andrade defendeu uma posição assumidamente anti-comercial para os projetos da escola. Aluno Praticante do CDMSP desde 1912 e catedrático da casa desde 1922, Mário foi convidado pelos alunos da turma desse ano para proferir o discurso de Paraninfo. Desbastando o lirismo do discurso, percebem-se valores semelhantes, calcados na doutrina do gênio e em evidentes restrições em relação à música comercial:

> Em dizer que tendes agora um destino não quero significar com isso o 'modus vivendi', o meio de subsistência, o ganha-pão. (...) há raciocínios utilitários, espertezas de ganhar a vida, leviandades de se entregar a um prazer passageiro que muitas e muitas vezes deturpam a linha pura dos gestos. (...) Aqueles que se deixarem levar por um desses propósitos preliminares,

> tenha conseguido embora um fim de carreira, não será jamais artista – porque o verdadeiro artista tem como sina ser escravo e esmole, a que jamais enegrecerá a simples sombra dum egoísmo (Andrade, 1923, p. 2).

O tema é reiterado na segunda *Oração de Paraninfo*, proferida por Mário em 1935. A exaltação da "professorinha anônima do Bexiga" em detrimento de Francisco Mignone, o mais famoso e bem-sucedido aluno da casa, escancara que o CDMSP – ao menos na visão de um de seus mais renomados professores e figura capital da intelectualidade do período – não se prestava ao objetivo de fornecer profissionais para o mercado musical local.[26]

> Não me orgulha ter saído das salas conservatorianas um Francisco Mignone, por exemplo. Porque na formação dum grande artista entra um sem número de contingências e condições, todos de decisório valor. O que me orgulha sois vós, senhores diplomandos, é o enxame. O que me orgulha é a professorinha anônima do Bexiga ou da Mooca, a mulher de Taquaritinga ou Sorocaba, que ensina seu Beethoven ou, dormidos os filhos, inda soletra aos ouvidos da rua algum noturno de Chopin (Andrade, 2005, p. 264).

Igualmente expressiva é a Figura 19, tirada no início dos anos de 1930. Nela vemos Mário de Andrade e alunos do CDMSP. Também aí a ampla presença feminina é marcante indicando que o padrão da casa pouco se alterou no decorrer das décadas posteriores à nossa pesquisa.

26 Obviamente os professores possuíam propostas e abordagens distintas e, muitas vezes, divergentes. Sobre o assunto, ver Barongeno (2010) e Morila (2010).

Figura 11 – Mário de Andrade e alunos do CDMSP (Anos de 1930)

FONTE: IEB-USP

Ramos de Azevedo e o Liceu de Artes e Ofícios de São Paulo

A posição anticomercial do CDMSP se fez menos presente na mais importante instituição de ensino das artes plásticas da cidade durante os primeiros decênios do século XX, o Liceu de Artes e Ofícios (LAOSP). Pelo contrário: a bibliografia especializada costuma ver o liceu como um ator maior do projeto modernizador paulista, vinculando-o aos nascentes canais industriais da cidade.[27] O destaque dos estudiosos, por vezes, recai sobre o suposto compromisso assumido pela diretoria da casa com a *arte utilitária*, pelo menos a partir dos anos de 1890. Para outros, a escola figuraria como o expoente local da voga internacional de valorização do artesanato e do ornamento, os chamados movimentos *Arts and Crafts* e *Art Nouveau.*[28] Parte dos autores, por fim, vai além, vendo no liceu um projeto industrialista, conectado às demandas da emergente indústria paulista.

27 O artigo *A Modernidade Acadêmica: Os primeiros tempos do Liceu de Artes e Ofícios de São Paulo*, publicado em 2010 na revista *Dezenovevinte*, discute diversos temas levantados a seguir figurando, assim, como um embrião da presente seção (Cf. Moraes, 2010a).

28 Para uma definição do movimento, bem como um estudo sobre sua chegada e aclimatação ao Brasil, ver Held (1981), Fontana (2010) e também Valle (1996, p. 33).

Antes de tecer conclusões sobre esse espaço cultural e suas relações com os canais econômicos da arte, faz-se necessário um breve resgate da trajetória da instituição. Tudo se inicia nos anos de 1870, quando um grupo de 130 intelectuais e membros da elite cafeeira paulista constituiu uma instituição filantrópica de educação popular. Em 1873 foi criada a *Sociedade Propagadora da Instrução Popular*, uma associação cujo intuito era angariar e gerir recursos para o fornecimento de aulas gratuitas de ensino básico, secundário e profissionalizante para a população menos favorecida da cidade. Daí se originaria o LAOSP (D'Angelo, 2000, p. 112-113 e Severo, 1934, p. 162). Pela análise da grade curricular e dos estatutos, podemos dizer que os primeiros anos de atividades do estabelecimento prestaram-se mais a fins filantrópicos e beneficentes do que propriamente utilitários ou industriais (Dupré, 1984, p. 16).[29]

Registra-se, na década de 1890, uma guinada para o aspecto profissionalizante. Isto se deve, em grande medida, a uma mudança na gestão da instituição. Em 1895, o arquiteto e engenheiro Francisco de Paula Ramos de Azevedo assumiu a direção da casa. Nascido em 1851 na cidade de Campinas, Azevedo teve uma formação privilegiada na Europa, nas áreas de arquitetura e engenharia civil. Durante sua estadia na Bélgica, nos anos de 1870, o aluno vinculou-se à *École Du Génie Civil* e à *École de Arts et Manufactures* da Universidade de Gant. De acordo com Maria Cristina Wolff de Carvalho, as duas instituições possuíam um currículo de perfil mais técnico/utilitário do que artístico, incluindo disciplinas nos campos da Física, Química e desenho de máquinas (2000, p. 69).

Paralelamente, Azevedo matriculou-se também em disciplinas da Academia Real de Belas Artes de Gant. Discutimos, em trabalho anterior, que "embora os dados sobre esta instituição sejam escassos, sabemos que os colegas de turma de Azevedo dedicavam-se, sem exceção, às artes aplicadas – marceneiros, estucadores, vitralistas etc." (Moraes, 2010a). Há, assim, fortes indícios de que a formação do engenheiro voltou-se tanto ao mundo das belas artes quanto das artes utilitárias/aplicadas, em-

29 "O pessoal docente era de primeira ordem, mas voltado para a metafísica, deixava num recanto, perdida entre azinganhas, a prática naquilo que significa o êxito, o lucro, o interesse em todas as variações" (*Jornal do Commercio, 28/01/1917 apud* Severo, 1934, p. 191). Afirma Ricardo Severo que nessa época "o programa excedia-se em cadeiras de inegável utilidade cultural, sem contudo realizar completamente a organização didática duma escola técnica de arte e ofícios, confinada no seu campo profissional, e destinada especificamente à formação do artífice e do operário" (*idem*, p. 26).

bora a presença destas tenha sido mais forte. Essa dupla formação do profissional, todavia, transparecerá em diversas de suas atividades no Brasil incluindo-se aí a organização e gestão do LAOSP.

Retornando ao Brasil no ano de 1875, o engenheiro assumiu uma série de obras e melhorias públicas em sua cidade natal.[30] Pouco tempo depois, transferiu-se para São Paulo, onde se aliou ao colega engenheiro Antônio Francisco de Paula Souza. A dupla iniciou a construção de edificações, envolvendo-se de forma cada vez mais proeminente com o nascente setor imobiliário paulista. Na década de 1890, já plenamente instalado na cidade, Azevedo passou a se integrar ativamente às iniciativas oficiais do Governo do Estado, destacando-se aí a criação da Escola Politécnica, em 1894 e a direção do LAOSP no ano seguinte (Miceli, 2003, p. 34).

Em seu primeiro ano como diretor-geral promoveu mudanças na estrutura curricular, dando maior centralidade às disciplinas técnicas em detrimento de aulas teóricas.[31] Juntamente com estas alterações, registrou-se uma reformulação da organização da escola articulada, em grande medida, à fundação do "Escritório Técnico F.P. Ramos de Azevedo". Dedicada ao setor de construção civil, a empresa foi responsável por um sem número de obras, tanto públicas quanto privadas.[32]

Diversos artífices egressos das oficinas (tanto mestres quanto aprendizes) destacaram-se e foram assimilados à cúpula do escritório de Azevedo. É o caso, por exemplo, de Domiziano e Cláudio Rossi, grandes parceiros do arquiteto no ramo de decorações e pinturas internas. Ao redor do engenheiro gravitaram também empresas como a Casa Ernesto de Castro, importadora de materiais de construção, a Cerâmica Vila Prudente, a Serralheria Central, além de grupos financeiros como a Companhia Iniciadora Predial e a Carteira Imobiliária do Banco União (Nagamini, 1999, p. 174 e Belluzzo, 1988, p. 114). Não são descabidos os epítetos de "pai da construção civil", "empresário inovador" ou "empreendedor pioneiro" atribuídos ao

30 "Em sintonia com as ideias positivistas de ordem e progresso (...) [foi um] expressivo representante da burguesia local, simpatizante da ideia de produzir uma nova Campinas, mão-de-obra qualificada e edifícios modernos para o cumprimento de tal anseio" (Monteiro, 2000, p. 45).

31 "Aquele programa original de 1882, que atribuía importância muito grande ao ensino do desenho, foi reestruturado com a supressão de algumas disciplinas teóricas, dando-se maior ênfase ainda ao ensino do desenho linear, de ornato, arquitetura e máquinas" (Silveira, 1983, p. 23).

32 Discutiremos, adiante, o universo das encomendas públicas e privadas.

diretor do Liceu, sugerindo-nos, novamente, a existência de um viés altamente comercial da escola (Cf. D'Angelo, 2000, p. 100).[33]

A aliança entre uma instituição formadora de quadros técnico-profissionalizantes e um escritório de engenharia civil faz da escola um objeto particularmente interessante dentro de nossas discussões. É possível ver aí um espaço da arte institucional supostamente dinâmico e, ponto ainda mais interessante, um centro irradiador e massificador. Diversos autores veem o LAOSP como um indutor do mercado de arte na cidade, uma vez que ele teria capacitado milhares de artífices (Cf. Durand, 1989, p. 58). Os números variam ano a ano, mas são sempre elevados: Miriam Rossi fala que, por volta de 1900, a escola possuía "1400 alunos, 400 operários e mestres e um grupo de 30 professores" (2001, p. 16). Dez anos depois, havia cerca de "1300 aprendizes e alunos, com 700 operários, professores, mestres e contramestres" (Nagamini, 1999, p. 180).[34]

Igualmente grande foi a heterogeneidade dos cursos oferecidos pelo LAOSP. No período por nós analisado, a escola contou com oficinas de carpintaria, marcenaria, escultura em madeira, ebanisteria, envernizamento de madeira, esmalte e douradura, serralharia mecânica e artística, fundição de bronze, latão e metais preciosos, modelação (gesso, cimento e pedras artificiais), cursos para estucadores, caldeireiros, encanadores e instaladores sanitários, formação em galvanoplastia, gravura em metais, encadernação, tapeçaria e colchoaria, além de cursos especiais de belas artes nas áreas de construção civil, arquitetura, escultura e pintura (Rossi, 2001, p. 17 e Figura 12).

---

33 "O escritório Ramos de Azevedo do fim do século representa já a empresa capitalista moderna, na qual desaparecem as autorias em nome da empresa, que está organizada como um complexo fadado a vencer todas as concorrências" (Belluzzo, 1988, p. 116).

34 Valendo-nos do *Anuário Estatístico do Estado de São Paulo*, tomamos ciência que, em 1908, eram 1440 matriculados. Em 1911, 920 e, no ano seguinte, 1190 (REASP, 1906-1915).

Figura 12 – Oficinas dos artífices do LAOSP

FONTE: Acervo Liceu de Artes e Ofícios.

A partir dessas informações, pode-se dizer que a escola se inscreveu de uma maneira particular à nascente indústria paulista, fornecendo quadros profissionais capacitados não apenas para a firma de Azevedo, mas também para outros grupos locais. Essa leitura é reforçada se levarmos em conta a descrição das oficinas da escola:

> A organização das nossas oficinas é completa, sob o ponto de vista prático e comercial, pois se executam obras de aplicação imediata às construções civis e mobiliário. (...). Cumpre assinalar o sucesso que têm colhido perante o nosso público os trabalhos expostos à venda particularmente os móveis e objetos de ebanistaria. (...) O nosso instituto cumpre neste campo um duplo serviço: a educação do pessoal operário próprio e a introdução no mercado de modelos de evidente bom gosto e acabamento, que são um estímulo para as indústrias similares e concorrentes (Severo, 1934, p. 178).

A julgar pelos relatórios e correspondências oficiais do período percebemos que as oficinas eram montadas dentro de um padrão industrial, com divisão de tarefas, turnos e aulas noturnas e remuneração de acordo com a produtividade de cada trabalhador.[35] Evidencia-se, assim, outra conexão do LAOSP aos canais da massificação, mediada agora pelo universo do trabalho. Márcia D'Angelo, por exemplo, defende que os cursos e oficinas prestavam-se a um programa de "domesticação" e "disciplinarização" dos operários, a partir do rigoroso cumprimento das hierarquias internas e da obediência aos mestres e currículos escolares (2000, p. 106).

Outro forte indicativo de vinculações do espaço ao universo da massificação é o fato – bastante destacado pela imprensa e pela própria diretoria – que o LAOSP gozava de autossuficiência financeira. As notas compiladas por Ricardo Severo afirmam que a escola "sempre viveu por si, sem o amparo oficial", contando apenas com "escassas contribuições dos associados e as dádivas de alguns colaboradores devotos", sem mencionar as numerosas encomendas feitas às suas oficinas (Cf. 1934, p. 186 e 197).[36]

A lista de projetos assinados pelo Liceu/Escritório Ramos de Azevedo é imensa: além da própria sede do Liceu e do Teatro Municipal, destacam-se também o prédio da Secretaria da Agricultura, da Secretaria da Fazenda, da Secretaria da Polícia, da Escola Politécnica, da Escola Normal, da Escola Prudente de Morais, da Escola Modelo do Brás, do Hospital Militar e do Hospício de Alienados, além de projetos no interior, como o Paço Municipal de Campinas (Macedo, 2011, p. 26-30, Camargos, 2007b, p. 39 e Durand, 1989, p. 60). Os artífices do Liceu colaboraram também para projetos e encomendas fora do Estado de São Paulo, como no caso do mobiliário da Câmara dos Deputados Federais, o Palácio Guanabara e o Palácio Itamarati (Nagamini, 1999, p. 176).

Percebe-se, aqui, a forte presença tanto de encomendas de órgãos públicos quanto de figuras da alta sociedade paulista. Veremos na seção "O circuito institucio-

---

35 "O salário era estabelecido para cada operário, por unidade hora, de acordo com seu mérito profissional, sendo adotada a jornada máxima de 8 horas diárias. Por sua vez, ao aprendiz será, desde sua entrada na oficina, atribuído um salário de acordo com sua capacidade de trabalho e a habilidade que demonstrar ao ofício a que se destino, pois terá que frequentar os diversos cursos noturnos oferecidos pelo Liceu" (Nagamini, 1999, p. 187).

36 "As oficinas são montadas como verdadeiros estabelecimentos industrias, destinados a produzir os artefatos utilizáveis no mercado: contratam obras, aceitam encomendas e fabricam encomendas e manufaturas de comércio corrente (...). Todo o movimento de contas das oficinas está sujeito ao escritório central do Liceu, que funciona como o de qualquer outro estabelecimento comercial" (Severo, 1934, p. 181-182).

nal no quadro econômico geral das duas cidades" em que medida esse padrão relativizava a conclamada "autossuficiência" do Liceu. Cabe, por ora, destacar os vínculos de feitio capitalista do empreendimento de Azevedo. Assim, além da presença do escritório de Ramos de Azevedo no mercado imobiliário, é possível identificar alianças com outros grupos e segmentos emergentes. É o caso das empresas de água, luz e melhoramentos urbanos de diversas cidades do Estado de São Paulo. De acordo com Marilda Nagamini, o LAOSP realizou a fabricação de hidrômetros para os sistemas públicos das cidades de Santos, Piracicaba, Poços de Caldas, São Vicente, Batatais, Descalvado, Bebedouro, Bauru, Ribeirão Preto, Franca, Araraquara e Guaratinguetá (*idem*, p. 178). Já na capital, a empresa esteve em grande afinidade com a *Light & Co.*, companhia de abastecimento de luz e fornecedora do transporte público e então detentora de mais de um terço da área urbana da cidade (Araújo, 2002, p. 24). É sintomática a informação de que o LAOSP estava isento de pagamento de contas de luz, justamente por um acordo de parceria com a empresa (Severo, 1934, p. 179).

Outro segmento de destaque com o qual a escola se associou foi o ferroviário. Ana Maria Belluzzo aventa a hipótese de que, por volta de 1902, parte dos operários da *São Paulo Railway* envolvidos com a construção da Estação da Luz teriam se radicado no país, sendo incorporados aos projetos oficiais de ensino técnico (Cf. 1988, p. 106). A questão, todavia, não está clara. O que é certo é que, em 1908, as oficinas do LAOSP realizaram uma encomenda de grande vulto: um carro dormitório para a Estrada de Ferro Sorocabana (Nagamini, 1999, p. 184). Sintomático também é saber que, no ano de 1910, o patrimônio de setenta a oitenta contos (Rs. 78:000$000) da instituição era constituído de apólices do Estado e de ações das companhias ferroviárias Paulista e Mogiana (Severo, 1934, p. 179).

A análise do universo de encomendas e projetos do LAOSP, todavia, não se esgota nas encomendas advindas do mundo público ou de empresas de infraestrutura instaladas no Estado. Os trabalhos nas áreas de mobiliário, decoração e projetos arquitetônicos para clientes privados foram fundamentais no portfólio da empresa. Destacam-se aí residências realizadas para figuras abastadas da sociedade paulista, como o palacete da Marquesa de Itu, o Palacete Paes de Barros, além das casas de Lacerda Soares, Pádua Salles, Mello e Oliveira, Almeida Prado, Ignácio Penteado, Barboza de Oliveira, José Paulino e Almeida Netto (Cf. Miceli, 2003, *passim*). Essas encomendas indicam que a atuação da escola ia além do trabalho das oficinas técnicas, tendo o LAOSP desempenhado também papel de destaque em encomendas de outra natureza. As encomendas realizadas para figuras proeminentes da sociedade paulistana – algumas delas pessoalmente próximas de Ramos de Azevedo – indicam linhas de atuação distintas na escola, alheias ao universo produtivo industrial (e, assim, aos canais da massificação) e, de certo modo, em maior sintonia aos ditames da distinção.

Nosso argumento se expande se levarmos em conta que, além das oficinas, a instituição prestou-se também à função de espaço de exposição. É bem verdade que o LAOSP havia participado de diversas exposições técnicas e industriais. A seção de marcenaria chegou a receber prêmio da Exposição Industrial de St. Louis, em 1904 (Belluzzo, 1988, p. 123). A condição de "vitrine comercial", todavia, expandiu-se também para além do mundo das artes aplicadas, alcançando o universo das belas artes. De acordo com Márcia Camargos, o Liceu de Azevedo extrapolou a função exclusiva de centro de capacitação técnica, constituindo um "projeto estético em si" (2007b, p. 39).[37]

37 O fato parece vincular-se à desistência, por parte das autoridades públicas paulistas, em organizar uma escola superior de belas artes na cidade. Azevedo, aliás, articulou-se tanto ao projeto do Instituto Paulista de Belas Artes, de 1892, quanto do Instituto de Belas Artes, de 1893, ambos aprovados pela Assembleia Estadual, mas nunca efetivados (Itaú Cultural, 2001). Dentro de tal quadro, coube ao Liceu concentrar também o papel de instituição primeira de ensino das belas artes na capital paulista.

Figura 13 – Sala de exposições do LAOSP

FONTE: Arquivo Freitas Valle in: Araújo (2002)

A sobreposição de funções evidencia-se, por exemplo, na utilização da escola como espaço de exposição. O LAOSP foi, pelo menos até a maturidade da Pinacoteca do Estado, em 1911, o principal espaço expositor da cidade (Figura 13). Foram realizadas mostras coletivas como a Exposição de Arte Espanhola, em 1911, e de Arte Francesa, em 1913. Artistas individuais (quase sempre vinculados à casa) também tiveram espaço por lá. É o caso de Pedro Alexandrino e Aurélio Figueiredo, que expuseram em 1912, Enrico Vio, em 1914, e Alfredo Norfini, em 1917, além de diversos escultores como Amadeu Zani, William Zadig, Fernandes Caldas e Ettore Ximenes (Pinacoteca, 2005, p. 28 e Camargos, 2007b).

Igualmente interessantes foram os salões anuais. Em 1911, o LAOSP realizou a Primeira Exposição Brasileira de Belas Artes. De acordo com Marilda Nagamini, foram "67 expositores na seção de pintura, com 363 quadros; 8 da seção de escultura, com 28 obras, 8 na seção de arquitetura e mais 70 desenhos e fotografias" (1999, p. 189). O fato indica que, embora tenha enveredado para o universo das artes aplicadas, o LAOSP reivindicou a realização de uma exposição anual de belas artes, a distribuição de prêmios aos artistas, a aquisição de obras para o acervo etc. Ao que tudo indica, a influência maior dessa pauta não eram as escolas profissionalizantes dos EUA ou da Europa, mas sim a Escola Nacional de Belas Artes do Rio de Janeiro, instituição sobre a qual falaremos mais a frente (Cf. Moraes, 2010a).

Assim, analisado individualmente, pode-se dizer que o LAOSP teceu maiores articulações aos canais comerciais e massificadores do que qualquer outra iniciativa do circuito institucional no período. Ocupando o *locus* privilegiado entre o veio educacional, moralizador e protoindustrialista, figurou como um dos poucos espaços alinhados aos canais da massificação. A subordinação das oficinas ao Escritório Ramos de Azevedo, a integração da escola aos nascentes canais industriais da cidade, a utilização do espaço para realização de exposição e comércio de obras e, sobretudo, a conclamada autossuficiência financeira apontam para um quadro tendencialmente ligado à massificação. Por outro lado, a relativa autonomia alcançada pelo "projeto estético" do LAOSP – expressa na utilização de suas salas como espaços de exposição de belas artes ou na presença de encomendas de figuras destacadas da sociedade paulista – colocam um contraponto a esse argumento. Conclui-se daí que a plena compreensão da instituição passa por uma análise mais ampla, capaz de posicionar o liceu num quadro ampliado de vetores e forças econômicas no universo das artes.

Mecenas e salões: pelo panteão da grande arte paulistana

Uma interessante maneira de matizar as ações do LAOSP é perscrutar os aspectos financeiros de suas atividades. Vimos que, no início da década de 1910, a escola deu início ao projeto dos salões anuais de belas artes, apresentando quadros, esculturas e demais obras dos artífices egressos da casa. Assim, em 1912, foi realizada a II edição da Exposição de Belas Artes do LAOSP. Como no ano anterior, o espaço de exposição da escola foi mobilizado para exibir peças das artes aplicadas e belas artes, conectando o nascente universo de artistas e artífices da cidade com possíveis compradores (Rossi, 2001, p. 80). A despeito do bom resultado, a organização do evento encontrou dificuldades econômicas para levar adiante o projeto e repetir as exposições nos anos seguintes, precisando recorrer ao poder público em busca de auxílios. O Estado de São Paulo chegou a adquirir alguns quadros no evento, mas recusou-se a subsidiá-lo, decretando o fim do projeto naquele mesmo ano (Camargos, 2007b, p. 47).

A ideia de uma exposição geral de Belas Artes, contudo, não foi abandonada. Assim, dez anos depois, no contexto do centenário da Independência nacional, foi realizada no Palácio das Indústrias a I Exposição de Belas Artes. Embora não fosse oficialmente organizada pelo LAOSP, a mostra era composta, basicamente, por artistas de lá egressos que, de acordo com Ana Maria Marcondes, encontraram imensas dificuldades financeiras para a organização do evento (2006, p. 35).

O registro de dificuldades de organização e de financiamento de atividades realizadas e/ou vinculadas ao LAOSP figura como um curioso argumento. Os casos levantam dúvidas quanto à autossuficiência financeira e à dinâmica econômica do LAOSP e das figuras a ele conectadas. Contrariamente ao que era propagandeado pela diretoria, a dependência da escola de repasses públicos vinha se prolongando há algum tempo. Numa carta de 1896 redigida por Ramos de Azevedo ao então governador do Estado, Siqueira Campos, relatava o arquiteto algumas das dificuldades da instituição:

> Até 1896 as consignações foram absorvidas pelas folhas dos professores, aluguel da casa, gás de iluminação e outras despesas inerentes ao exercício dos cursos, mantendo-se até então apenas o ensino primário, algumas matérias do ensino secundário e um curso de desenho (...). Para a execução dos trabalhos eram necessários recursos que não poderiam ser retirados da subvenção e anuidades voltadas à manutenção dos cursos. Foi nessa emergência que o Congresso veio em auxílio à Administração, aumentando as consignações do orçamento do Estado em favor do nosso Instituto.
> A administração, reunindo a esses elementos os meios que lhe tem dispensado a generosidade de alguns cavalheiros que conhecem os seus intuitos, os donativos de materiais e de serviços que lhe vem mais ou menos espontaneamente da população desta terra, tem se esforçado para a realização de um plano que possa comportar futuramente um grande estabelecimento (*20/08/1902 apud* Severo, 1934, p. 176).[38]

A menção tanto a subsídios, auxílios e consignações públicas quanto às doações de particulares nos indica que a situação administrativa – e, de certo modo, o projeto econômico do LAOSP como um todo – precisa ser matizada em um contexto ampliado. Uma interessante maneira de iniciar a questão é partir da análise da Tabela 9 abaixo:

38 De acordo com Ana Maria Belluzzo, o LAOSP chegou a estar à beira da falência no ano de 1894. Isso porque a escola sofreu uma perda orçamentária nos anos iniciais do regime republicano. A entrada de Ramos de Azevedo teria regularizado a situação nos anos subsequentes (1988, p. 105). Sobre o assunto, ver também Rossi (2001, p. 16).

Tabela 9 – Subvenções e donativos ao LAOSP (1896-1922)

Valores nominais								A valores de 1911							
Ano	Governo do Estado	Câmara Municipal	Ministério da Agricultura	Ministério do Interior	Loteria Federal	Particulares	Total	Ano	Governo do Estado	Câmara Municipal	Ministério da Agricultura	Ministério do Interior	Loteria Federal	Particulares	Total
1896	5:000$000						**5:000$000**	**1896**	4:548$980						**4:548$980**
1897							-	**1897**							-
1898	7:000$000						**7:000$000**	**1898**	5:089$014						**5:089$014**
1899	5:000$000						**5:000$000**	**1899**	3:708$193						**3:708$193**
1900	8:000$000						**8:000$000**	**1900**	6:836$707						**6:836$707**
1901	8:000$000						**8:000$000**	**1901**	8:328$222						**8:328$222**
1902	8:000$000						**8:000$000**	**1902**	9:013$812						**9:016$812**
1903	8:600$000	6:000$000				100$000	**14:700$000**	**1903**	9:491$041	6:621$657				110$361	**16:223$059**
1904	60:000$000	6:000$000				21:000$000	**87:000$000**	**1904**	57:273$919	5:727$392				20:045$872	**83:047$182**
1905	45:833$328	3:000$000				20:000$000	**68:833$328**	**1905**	43:753$905	2:863$696				19:091$306	**65:705$907**
1906	70:833$266	9:000$000					**79:833$266**	**1906**	67:614$979	8:591$088					**76:206$066**
1907	98:333$360	6:000$000				1:000$000	**105:333$360**	**1907**	98:997$084	6:040$498				1:006$750	**106:044$333**
1908	108:333$340	6:000$000					**114:333$340**	**1908**	106:717$273	5:910$495					**112:627$768**
1909	91:666$660	6:000$000				9:047$000	**106:713$660**	**1909**	94:887$440	6:210$815				9:364$873	**110:463$128**
1910	108:333$340					2:000$000	**110:333$340**	**1910**	121:042$355					2:234$628	**123:276$983**
1911	91:666$660					2:500$000	**94:166$660**	**1911**	91:666$660					2:500$000	**94:166$660**
1912	108:333$316						**108:333$316**	**1912**	100:357$487						**100:357$487**
1913	99:999$980	3:000$000					**102:999$980**	**1913**	94:572$329	2:837$170					**97:409$499**
1914		3:000$000	8:000$000		16:329$130	5:000$000	**32:329$130**	**1914**		3:006$013	8:016$036		16:361$861	5:010$022	**32:393$933**
1915		30:000$000	18:500$000		1:433$000	20:553$000	**70:486$000**	**1915**		21:102$659	13:013$306		1:008$004	14:457$432	**49 581$401**
1916		4:000$000			3:796$383	55:000$000	**62:796$383**	**1916**		2:666$596			2:530$855	36:665$697	**41 863$148**
1917		6:000$000			2:592$582	2:800$000	**11:392$582**	**1917**		3:301$934			1:426$756	1:540$903	**6 269$592**
1918		3:000$000	20:000$000		1:094$517		**24:094$517**	**1918**		1:388$595	9:257$302		506$614		**11 152$511**
1919		8:500$000	10:000$000		2:661$542		**21:161$542**	**1919**		2:986$995	3:514$111		935$295		**7 436$401**
1920		2:500$000			2:554$417		**5:054$417**	**1920**		:800$386			817$808		**1:618$194**
1921			30:000$000		1:250$000		**31:250$000**	**1921**			11:382$901		474$288		**11:857$189**
1922			40:000$000	10:000$000	1:342$320		**51:342$320**	**1922**			15:177$201	3:794$300	509$317		**19:480$818**
								Total	**923:899$400**	**80:055$989**	**60:360$858**	**3:794$300**	**24:570$797**	**112:027$843**	**1.204:709$188**

FONTE: Severo (1934), cálculos do autor.

Como se pode ver, os governos municipal, federal – na figura dos Ministérios da Agricultura, do Interior e por meio da Loteria Federal – e sobretudo estadual auxiliaram a instituição durante todo o período por nós analisado. Não deixa de ser igualmente interessante a presença de auxílios particulares à escola. Embora desiguais, vemos que esses valores alcançaram cifras elevadas, como no ano de 1916, com a doação de Rs. 55:000$000 do "legado de Bento Quirino", ou os Rs. 41:000$000 oferecidos entre 1904 e 1905 pela "Exma. Snra. José Lima Gualco" (Severo, 1934, p. XXVI).[39]

O binômio doações particulares e subvenções públicas se repete também quando da análise de outros espaços da grande arte na cidade constituídos e/ou reformulados nesse momento: a Pinacoteca do Estado e o Museu Paulista. A primeira foi inaugurada no ano de 1905, inicialmente subordinada ao LAOSP. Nesse período, constitui-se um pequeno acervo composto por doações de outras instituições (como o Museu Paulista), além de obras de artistas locais adquiridas pelo governo do Estado (Pinacoteca, 2005, p. 26-35). Foi somente em 1911 que a instituição passou a gozar de autonomia administrativa. A Lei nº1271 de 21 de novembro determinava, dentre outras coisas, "verbas para custeio (...) bem como para aquisição de novos trabalhos" (Araújo, 2002, Anexo II). O volume e a regularidade desses repasses, todavia, não era definido.

Já o Museu Paulista, embora existente desde o século XIX, passou por uma transformação. A gestão de Hermann von Ihering (iniciada em 1893) e sobretudo a de Affonso Taunay, a partir de 1917, alteram sobremaneira as feições do antigo "gabinete de curiosidades" (Brefe, 2005 e Moraes F R, 2008). As aquisições, encomendas e doações marcaram os primeiros decênios do século XX na instituição, sobretudo no que se refere à constituição da chamada seção histórica. De fato, o Museu Paulista desempenhou papel central na celebração do centenário da independência do país em 1922, tendo Taunay mobilizado recursos para financiar essa reformulação, mediante a encomenda de quadros, painéis e esculturas a artistas nacionais

---

39 Outros donativos dignos de nota foram os realizados por Ignácio e Olívia Penteado (Rs. 12:000$000 entre 1910 e 1916), os Rs. 20:552$500 da Comissão Feijó de 1915, além da doação pública do terreno de 13.500 metros quadrados entre as ruas Cantareira e João Teodoro onde foram instaladas as oficinas de serralheria e marcenaria no ano de 1906 (Nagamini, 1999, p. 181). Sobre a gestão do LAOSP, afirma Ana Maria Belluzzo que "a venda dos produtos contribui para manter a escola, mas, a rigor, as oficinas nunca sustentaram o Liceu, que (...) nos limites da Primeira República, dependeu da contribuição de particulares e de auxílios estatais" (1988, p. 123).

consagrados.[40] Novamente, essas iniciativas não contaram com recursos públicos ou definidos por lei, ficando sempre a critério das negociações pessoais travadas entre os diretores com as autoridades públicas e com doadores particulares.[41]

Como falaremos mais sobre o universo das encomendas públicas em seção posterior, cabe destacar, por ora, que nesses diversos espaços culturais paulistas, os acervos e atividades do período foram financiados num regime essencialmente *misto*, com grande participação do erário público (de volume e regularidade não regulamentados), mas contando também com a presença de recursos privados.

A proposta que aqui aventamos é que esse perfil, flexionado pela lógica das doações e/ou encomendas, esteve em maior afinidade aos ditames da distinção. Isso porque todas essas instituições (LAOSP, Pinacoteca, Museu Paulista) inscrevem-se no contexto do *colecionismo* e das relações particulares. O tema é trabalhado por autores como Maria Izabel Ribeiro e Sérgio Miceli. Ao analisar coleções particulares, a autora identifica um grupo frequente e relativamente assíduo de grandes compradores de arte na cidade, com destaque a figuras da tradicional elite local como o Conde de Lara, Ramos de Azevedo, Macedo Soares, Azevedo Marques e Sampaio Vianna (1992, *passim*). Já Miceli indica a maneira pela qual o universo das artes plásticas em São Paulo gravitou ao redor de um grupo restrito de compradores abastados. O autor destaca figuras públicas de primeira ordem que foram fundamentais para a dinâmica do setor, ora realizando compras privadas, ora atuando em favor de certos artistas, ora intervindo para a realização de compras públicas (2003, *passim*).

A relativa estreiteza da lista de compradores aponta, de certo modo, para a força da distinção em detrimento da massificação: ora, a obtenção de contatos e canais diretos de relacionamento com figuras abastadas parece ser o principal foco dos artistas, em detrimento de uma produção anônima. Percebe-se assim uma inversão na lógica de funcionamento do setor, retomando um argumento do primeiro capítulo: o protagonista do setor não é o "mercado", mas sim o "mercado das honorabilidades". O argumento se amplia se levarmos em conta que, a despeito do conclamado dinamismo econômico do segmento, constituiu-se um fraco universo de intermediários culturais. Veremos, por exemplo, que reinou a precariedade e a falta de lugares

40 "O programa decorativo do Museu Paulista, projeto formulado por Taunay [, foi] implementado com recursos do tesouro estadual e de doações de particulares abonados" (Miceli, 2003, p. 40).

41 Sobre as relações e negociações entre Taunay e a Secretaria do Interior, principal fonte de recursos do Museu Paulista no período, ver Brefe (2005, p. 107).

adequados para exposição. Inexistiu, outrossim, a figura do *marchand*, isto é, do galerista especializado em vender e comprar obras (Cf. Chiarelli, 1995, p. 63 e Rossi, 2001, p. 53). Ante tais fatos, observa-se um setor com reduzida autonomia, bastante dependente de compras e subvenções do governo e/ou de figuras abastadas.[42]

Assim, o padrão de funcionamento e a dinâmica social do setor precisam ser entendidos no contexto ampliado da ostentação e do elitismo da *Belle Époque* no Brasil e no mundo durante o período (Camargos, 2001, p. 39). Vimos, no capítulo anterior, o surgimento de eventos e espaços culturais ligados a emergentes grupos de imigrantes. Em resposta a essa ascendente concorrência, registrou-se uma articulação da elite tradicional, reavivando um antigo mecanismo de disputa simbólica – *a ostentação artística* – para afirmar-se dentro dessa querela (Rossi, 2001, p. 72 e Oliveira, 2009, p. 9-15).

A aquisição de obras, o tráfico de influências em detrimento deste ou daquele artista, o apoio a este ou àquele grupo, em suma, elementos diversos da dinâmica da vida social da grande arte inscreveram-se numa rebuscada disputa entre grupos estabelecidos e emergentes. Nessa batalha, ressurge, em nova roupagem, uma figura de tempos pretéritos: o mecenas. Machado Neto descreve esse patrono da *Belle Époque* republicana como uma figura "lateral à estrutura intelectual" (Cf. 1973, p. 52). A definição coaduna-se com as discussões sobre as disputas pelo acúmulo de capital simbólico no universo artístico. Detentor de verbas e/ou posições no universo público, o mecenas legitima grupos e artistas, dá-lhes notoriedade, assegura-lhes o triunfo.

42 Sérgio Miceli afirma que se constituiu na cidade de São Paulo dos anos de 1910 "um embrião avantajado de mercado de arte, dotado das principais características de seus congêneres estrangeiros" (2003, p. 21). Há uma discussão de fundo que precisa ser mencionada aqui: referimo-nos ao controverso debate relativo à definição teórica sobre o *mercado* da grande arte e quais seriam suas particularidades. O já mencionado aspecto subjetivo do setor (tanto em termos de artistas quanto em termos de compradores) coloca em dúvida a própria possibilidade de massificação desse segmento. Já vimos que o aspecto *restrito* (para valer-se da nomenclatura bourdiesiana) desse tipo de produto não nos impede a proposição de um quadro ampliado. Há, contudo, uma série de discussões teóricas, sociológicas e históricas sobre o assunto. Destacamos, dentro da bibliografia, os trabalhos de Alpers (2010, *passim*) e também De Marchi e Van Miegroet (2006, *passim*), ambos dedicados à compreensão de eventuais momentos de "gênese" de mercados de artes plásticas no contexto europeu.

Ninguém parece preencher melhor a vaga de mecenas ideal do que o advogado e político José de Freitas Valle[43]. Nascido no Rio Grande do Sul em 1870, estabeleceu-se em São Paulo no final da década seguinte como estudante da Faculdade de Direito. Casou-se, em seguida, com Antonieta Egídio de Sousa Aranha, pertencente a uma abastada família cafeeira da região de Campinas (Cf. Camargos, 2001, p. 89). A presença de Valle, por quase três décadas, na vida política local, com o exercício de sucessivos mandatos parlamentares, permitiu-lhe imensa presença no cenário cultural em constituição na cidade.

Durante os anos em que foi deputado e, posteriormente, senador estadual pelo PRP (Partido Republicano Paulista, o grupo político ligado à elite cafeeira), Valle propôs diversos projetos relacionados à questão cultural e educacional (Cf. *idem*, p. 97-101). O senador estimulou e, de certo modo, moldou questões centrais do circuito institucional na cidade. O estudo de suas ações e decisões é, portanto, fundamental para a compreensão dos espaços desse segmento. Sem embargo, é possível dizer que, a despeito de projetos nas áreas de educação, como a criação de colégios profissionalizantes e de bibliotecas populares no Estado (Cf. Camargos, 2001, p. 100-101), suas escolhas culturais indicam uma tomada de posição em prol de uma arte elitista e restritiva.

Tomemos, por exemplo, duas iniciativas culturais propostas pelo político – a Pinacoteca do Estado e o Pensionato Artístico. Embora legisladas praticamente no mesmo período (o Pensionato foi regulamentado pelo decreto nº 2234 de 22 de Abril de 1912), pode-se dizer que o governo do Estado deu preferência a este em detrimento daquela. Há consenso de que as décadas iniciais da Pinacoteca foram marcadas pela franca letargia causada, em grande medida, pela falta de recursos e de empenho público. Apuros e descaso orçamentário despertavam a ira da opinião pública, ciente do mau estado de seu principal museu (Cf. Moraes, 2013a, p. 69). Enquanto isso, o Estado despendeu grandes esforços para manter o Pensionato, um projeto destinado a subvencionar nos "centros artísticos da Europa, (...) moços paulistas dos que maior vocação artística houverem demonstrado para o estudo da pintura, da escultura, da música ou do canto" (Araújo, 2002, anexo I).

43 Freitas Valle encarna o "modo típico ideal de atuação do mecenas privado, bancado por recursos do Tesouro público, [que] consiste em delegar ao erário do Estado os onerosos dispêndios de formação e treinamento dos artistas beneficiados e aplicar a disponibilidade de recursos pessoais em pechinchas e transações convidativas com obras de arte" (Miceli, 2003, p. 60).

A opção por um projeto elitista (o Pensionato) evidencia-se também na divisão orçamentária entre os dois: em 1916, o Estado reservou Rs. 9:000$000 destinados à Pinacoteca contra Rs. 25:200$000 para a manutenção dos artistas na Europa (Camargos, 2001, p. 167). Privilegiava-se, assim, uma política de benefícios e excelência, inspirada no "modelo das bolsas de estudos no exterior, concedidas por Dom Pedro II, [que] premiava jovens artistas (...) com estágios de aperfeiçoamento na Europa" (Araújo, 2002, p. 29).

É bem verdade que, na formulação original dos projetos, os bolsistas do Pensionato ficavam responsáveis pelo envio de obras, bem como a doação de peças à Pinacoteca quando de seu retorno da Europa. Essa cláusula, todavia, não altera o quadro geral do universo da arte institucional em São Paulo. Isso porque a decisão sobre o envio de alunos à Europa cabia a um comitê deliberativo capitaneado pelo próprio Freitas Valle, havendo claríssimos benefícios a artistas próximos de seu círculo pessoal e afetivo (Camargo, 2001, p. 161-163).

O caso abre portas para outra reflexão. Compreender a arte institucional em São Paulo exige ir além da análise de espaços propriamente oficiais, incluindo também um estudo sobre o mundo dos *salões*. Podemos definir o salão como uma instituição que deita raízes na sociabilidade urbana europeia dos séculos XVIII e XIX. Organizados no âmbito doméstico e protagonizados, no mais das vezes, por um anfitrião abastado, a ideia central desses espaços era a de congregar artistas, personalidades ou figuras da alta sociedade num cômodo do ambiente doméstico (Cf. Habermas, 2003, p. 62). Sobre o tema, afirmamos em trabalho anterior que:

> [Define-se] este local como um espaço ou cômodo relativamente grande que se localiza nas residências familiares. Embora situado espacialmente no "lar" e estando, portanto, relacionado ao ambiente íntimo, o salão apresenta funções públicas. Sua utilização não tem a ver com o cotidiano e a convivência dos habitantes, servindo como "ponte de contato" entre a família com a sociedade, compreendida aqui como as demais famílias e figuras públicas da esfera burguesa (Moraes, 2013a, p. 63).

São diversos os autores e correntes teóricas que versam sobre os salões e seu impacto no universo político e artístico da Europa[44]. Aos objetivos da presente tese nenhum enquadramento teórico parece mais adequado do que o de Pierre Bourdieu.

---

44 Para estudos e debates sobre o caso nacional ver Camargos (2001, p. 37) e Rago (2004, p. 405).

Isso porque o autor francês vê nos salões um ponto privilegiado no campo de lutas simbólicas, isto é, na disputa de artistas e figuras públicas pela obtenção e salvaguarda de seu capital simbólico e, consequentemente, de ascensão e/ou manutenção nas hierarquias internas (Bourdieu, 1996, p. 23-24). Os salões surgem, assim, como espaços culturais eminentemente ligados aos canais da distinção.

Chegando tardiamente ao contexto brasileiro, a cultura do salão aclimatou-se bem ao universo local. Registram-se, assim, ao longo da segunda metade do século XIX e início do século XX diversos salões na capital federal – como os de Nair de Teffe ou Laurinda Santos Lobo – e também em São Paulo. No caso de Freitas Valle, destaca-se a importância de sua residência na Vila Mariana, a "Villa Kyrial". O local despontou como um dos mais importantes salões culturais do período, congregando artistas, intelectuais e membros da elite paulista (Camargos, 2001, *passim*). Esses encontros, obviamente, não serviam exclusivamente para o debate artístico ou encontro mundano, registrando-se uma série de tráficos de influência e intermediações políticas:

> Não foram poucas as vezes que Freitas Valle, "o magnífico" ou o "delicioso mecenas" (...) valeu-se de seu poder em auxílio de seus artistas protegidos. Pelos salões de seu casarão, a Villa Kyrial, localizado na Vila Mariana, passaram figuras como os escritores Oswald e Mário de Andrade. Valle patrocinou a primeira exposição de Lasar Segall em São Paulo em 1913, foi responsável pela liberação das bolsas de estudo dos artistas plásticos Tarsila do Amaral, Anita Malfatti e Victor Brecheret. Aliás, prova de que o "magnífico" gozava de amplas influências no panorama cultural e político é o fato de que as bolsas concedidas tanto a Malfatti quanto a Brecheret violavam o regulamento do Pensionato. Ela, por exceder em nove anos a idade máxima para a concessão de bolsas. Ele, não somente excedia a idade máxima como também violava a condição de nacionalidade. O escultor nasceu em Farnese di Castro, na Itália, enquanto o regulamento estipulava que apenas artistas paulistas poderiam receber os benefícios. Também para o campo musical, Valle teve papel decisivo, como na concessão da bolsa ao compositor Francisco Mignone (*idem*, p. 169) que, em retribuição, compôs a obra "Cavaleiros da Kyriall" (Moraes, 2013a, p. 72-73).[45]

45 "A Villa Kyrial, ao lado de salões similares, atuava como apêndice do aparelho de Estado, exercendo as funções institucionais de um verdadeiro Ministério da Educação e Cultura – aliás, inexistente na época" (Camargos, 2001, p. 102).

Além da Villa Kyrial, despontaram outros salões influentes ligados às tradicionais famílias do café na cidade. O mais antigo deles era o de Dona Veridiana Prado. Filha de Antônio Prado, o barão de Iguape, casou-se com um primo de segundo grau (*idem*, p. 41). Eclética em seu gosto artístico, Dona Veridiana colecionou em sua casa em Higienópolis obras de uma gama de artistas, sendo responsável também pela inserção de diversos elementos e "gostos estéticos" da cultura europeia - principalmente francesa - em solo paulista durante a segunda metade do século XIX e início do século XX (Cf. Levi, 1977, p. 138 e 152).

Próximo dali, à rua Duque de Caxias, localizava-se outro influente salão do período, o de Dona Olívia Guedes Penteado. Natural de Campinas, filha de José Guedes de Souza, barão de Parapitingui, Olívia despontava por sua riqueza. Foi em Paris - onde sua família mantinha residência - que ela entrou em contato com os modernistas, iniciando uma duradoura história de amizade e apoio institucional ao grupo de Mário, Oswald e Tarsila. Embora parte significativa de suas contribuições ao panorama cultural paulistano tenha ocorrido no período pós-1922, seu salão se fazia influente nas décadas anteriores, conforme descreve Telê Ancona Lopez:

> Dona Olívia e seu marido Ignácio Penteado bem exemplificam o esforço de atualização da aristocracia do café. Quebrando, desde 1895, as barreiras do provincianismo, (...) fizeram de suas residências centros de discussão das artes e da literatura, sem esquecer a política (2002, p. 194).[46]

A empolgação (e os recursos) da patrona obviamente estiveram presentes quando da organização de um dos principais eventos culturais do período: a Semana de Arte Moderna em 1922. Dona Olívia foi, de fato, a segunda maior subscritora, atrás apenas do intelectual, escritor e, obviamente, cafeicultor, Paulo Prado (Cf. Piva, 2009, p. 85 e Camargos, 2007a, p. 19). Uma rápida análise da contabilidade do evento nos indica questões interessantíssimas sobre a dinâmica econômica do segmento e as influências trocadas no restrito mundo dos salões artísticos.

46 Também Margareth Rago menciona que seu salão era o mais numeroso e variado, o mais "verdadeiramente salão", planejado pelo arquiteto Gregori Warchavchik e decorado por Lasar Segall (Cf. 2004, p. 406).

Para a realização da Semana, foi alugado o Teatro Municipal ao preço de Rs. 847$000.[47] O evento cobrou preços razoavelmente acessíveis para os padrões da casa e do período (a cadeira para a apresentação de Guiomar Novaes no dia 15 de fevereiro saiu por Rs. 12$000 e uma cadeira na plateia para o concerto de Villa-Lobos custava Rs. 5$000), mas teve que enfrentar gastos altos com a vinda de artistas cariocas e a instalação das exposições. O resultado final foi um prejuízo de Rs. 7:400$000 dividido "em cotas de seiscentos e poucos mil réis entre os membros do comitê organizador" (Macedo, 2011, p. 57 e Gonçalves, 2012, p. 264). Ora, a análise dos membros desse comitê – formado por Paulo Prado, René Thiollier, Alberto Penteado, Numa de Oliveira, Alfredo Pujol, Oscar Rodrigues Alves, Armando Penteado, Antônio Prado Junior, Macedo Soares e Martinico Prado – indica a fortíssima presença de membros da elite cafeeira paulista (Camargos, 2007a, p. 7 e Figura 14).

Figura 14 – Cheque para o aluguel do Teatro Municipal

FONTE: Acervo Mário de Andrade/ IEB-USP in Gonçalves (2012)

47 O aluguel do Municipal para realização de atividades de grupos da elite local foi uma prática comum, como veremos em seção adiante.

A aliança entre artistas modernistas e elites tradicionais da cidade é polêmica e foi analisada por diversos autores.[48] Sem o intuito de nos determos em demasia no tema, limitemo-nos a alguns breves comentários. Márcia Camargos posiciona a Semana dentro de um contexto político de "festas cívicas pela celebração do Centenário da Independência Nacional", contando inclusive com 5 contos de réis (Rs. 5:000$000) da Loteria Federal (2002, p. 22 e 29). Também Elias Saliba vê na Semana "apenas mais um evento entre a extensa programaçao de festas cívicas que ocorriam na São Paulo dos anos de 1920, sempre com patrocínio do governo do Estado" (2002a).

O ponto central que queremos destacar é que, ao manter uma estrutura baseada no financiamento e no apoio de mecenas da aristocracia local, a Semana de Arte Moderna em pouco se diferenciou de eventos contemporâneos congêneres. Dos diversos temas e assuntos levantados por Mário, Oswald e seus parceiros, a constituição de novos métodos de financiamento às artes não veio à baila.[49] Assim, São Paulo pode até ter revolucionado a arte nacional e fincado os marcos do modernismo estético. A superação de antigas modalidades de organização econômica da cultura, contudo, estava muito além de seu alcance. Se o ano de 1922 instaurava o Modernismo nas Artes no Brasil, não representava um passo igual no que se refere à gestão cultural. Em última análise, o financiamento do projeto modernista – ba-

---

48 "A Semana, é certo, irradiou um sentimento de rejeição à arte oficial e ao 'passadismo', mas o fez por intermédio de obras que, em muitos aspectos, se conectavam à tradição que pretendiam confrontar" (Gonçalves, 2012, p. 270). Sobre o tema, ver também Carvalho (1988,p. 21).

49 Embora a Literatura não faça parte do presente estudo, julgamos interessante vincular aqui – a título de contraponto – uma interessante discussão de Márcia Camargos sobre uma proposta alternativa de financiamento às artes encampada por outro "rival" do grupo dos modernistas: Monteiro Lobato. A autora antagoniza a *Klaxon*, o principal veículo de comunicação dos modernistas de 22, cujos custos foram cotizados pelos próprios artistas (provavelmente um dos motivos da curta vida da publicação) com a *Revista do Brasil*. Fundada em 1915 por meio de uma sociedade anônima com 60 subscritores, a publicação foi adquirida, três anos depois, por Lobato e figurou como a "mais importante empresa editorial" do país até os anos de 1930 (2002, p. 63). As fragilidades econômicas dos grupos modernistas (internacionais) são o tema do texto de Rainey (1999). A partir de uma análise de dados editoriais, o autor estuda a maneira pela qual o grupo literário de T. S. Eliot e Ezra Pound viabilizou-se economicamente na Inglaterra dos anos de 1910 e 1920.

seado no financiamento público e nas relações pessoais com figuras chave - pouco diferia do dos "acadêmicos" cariocas, tão criticados pelo grupo paulista.

As "ditaduras" cariocas: a distinção institucionalizada

Se em São Paulo a presença do LAOSP e a retórica modernista geram alguma indecisão a respeito da filiação do circuito institucional paulista aos canais da distinção, na análise das principais instituições da capital federal - a Escola Nacional de Belas Artes (ENBA) e o Instituto Nacional da Música (INM) - essa situação é muito mais patente.

O aspecto mais importante do Rio de Janeiro durante o período por nós analisado é sua condição de capital federal e o contexto de organização das primeiras instituições republicanas. No bojo de diversas reformulações do período, também a cultura se viu bastante afetada. Não seria infundado pensar que se configura no momento uma embrionária "política cultural" no país, tendo estas instituições, juntamente com o Teatro Municipal, desempenhado papel-chave no nascente aparato público do setor.[50] Analisar as condições e as motivações do novo regime configura-se como tarefa fulcral para a compreensão da dinâmica do universo cultural brasileiro como um todo.

É interessante notar, outrossim, que a questão cultural não era de todo minoritária dentro da pauta política do período. Em ofício de 30 de novembro de 1889 - 15 dias, portanto, após o início da República - a Secretaria de Estado e Negócios Internos nomeou uma comissão de "cidadãos artistas" para reformular o Imperial Conservatório de Música e a Academia Imperial de Belas Artes (Vaccani, 1949, p. 154). Essa situação explica-se, por um lado, pela urgência do regime em constituir um novo aparato de dominação e legitimação simbólica.[51] Havia, por outro lado, a

50 É, todavia, anacrônico trabalhar com o conceito de "política cultural" nesse momento histórico, tendo-se em vista a inexistência e/ou falta de autonomia dos órgãos de fomento e gestão cultural. Como veremos, as diversas iniciativas oficiais no universo cultural estiveram atreladas a secretarias ou ministérios outros (assuntos internos, educação etc.). Cabe aqui uma menção a discussões acadêmicas realizadas no seminário "*Le Second Empire et la culture: réflexions sur la genèse des politiques culturelles*", organizado pelo Centre d'Histoire Culturelle des Sociétés Contemporaines da Universidade de Versalhes Saint-Quentin-en-Yvelines (CHCSC-UVSQ), em setembro de 2012.

51 Em tempos em que os meios de comunicação de massa (sobretudo o cinema) ainda engatinhavam, a música e sobretudo as artes plásticas figuravam como suportes pri-

latente presença de pressões advindas de grupos articulados e insatisfeitos com os quadros imperiais e sequiosos por mudanças e recursos da máquina pública.

No circuito da arte institucional carioca, dependente até então dos magros repasses da Casa Imperial[52], a mudança de regime abria portas, espaços e verbas para grupos insatisfeitos ou não contemplados pelas benesses públicas. Uma primeira leitura, portanto, seria compreender o surgimento da ENBA e do INM no contexto de lutas e disputas internas da Academia Imperial de Belas Artes e do Conservatório Imperial, com a passagem do poder de grupos monarquistas para republicanos (Cf. Pereira, 2007, p. 65).[53]

A organização e gestação das novas instituições, todavia, passa também por canais externos às duas escolas, vinculando-se às atividades de grupos associativos do último quarto do século XIX. Já vimos, ao longo de diversas seções da presente tese, a importância das sociedades e agremiações culturais na promoção de atividades de grupos das distintas classes sociais. Particularmente importante para a reformulação das instituições culturais da capital foram os clubes Mozart e Beethoven, criados em 1867 e 1882, respectivamente. Sobre o primeiro, embora ele tivesse por função primordial a "promoção de concertos de música sinfônica e de câmera e o

---

vilegiados para o controle simbólico e, consequentemente, para a afirmação política. Conquistar os canais de ensino e difusão dessas artes, portanto, era uma questão de estado. Sobre o tema, ver as discussões de Aguilar (2000, p. 109).

52 Durante o II Império, "a Academia Imperial de Belas Artes era formalmente vinculada ao Ministério do Império e tinha orçamento regular aprovado e pago por seu Ministro. As verbas para pensões vinham em parte desse Ministério, em parte da rubrica de despesas controlada diretamente pelo monarca Pedro II. A dotação da casa imperial, donde saíam os recursos do famoso "bolsinho do imperador", era o fundo de que ele lançava mão para sustento da família real e de seus palácios e para o amparo de menores 'desvalidos', de estudantes e de parentes empobrecidos" (Durand, 1989, p. 25). A discussão aplica-se também ao Imperial Conservatório de Música: embora criado como uma instituição autônoma em 1841, ele esteve formalmente vinculado à Academia Imperial entre 1855 e 1872 (Cf. Silva, 2007 e Pereira, 2007, p. 64-65).

53 "No novo horizonte descortinado pelo regime republicano, anunciavam-se bons tempos para os músicos que viviam no Rio de Janeiro, capitaneados por algumas de suas lideranças mais expressivas. Estas, livrando-se da tutela imperial, esperavam conquistar agora uma fase de prosperidade e realizações na senda do 'progresso'. Para isso, contavam receber um apoio mais eficaz e não sujeito aos caprichos do velho Imperador ou à carolice da Sereníssima Princesa: o Estado republicano" (Pereira, 2007, p. 65).

ensino", percebem-se contornos essencialmente elitistas de seus estatutos e do regime de membros (Cf. Vermes, 1996, p. 25).[54]

Machado de Assis – que foi bibliotecário da associação – afirma que tudo começou como uma "sociedade restrita que fazia seus saraus íntimos numa casa do Catete", passando, em seguida para uma sede própria no bairro da Glória (*idem*, p. 127). Além das atividades propriamente musicais, dispunham de "salão e assinatura de jornais internacionais" (*idem*, p. 128).

Mais do que essas diversas comodidades e benesses, tudo indica que associações como os clubes Mozart ou Beethoven cumpriram um papel *gregário* fundamental, coligando figuras da elite que, mais tarde, viriam a compor os quadros institucionais do nascente regime. As análises biográficas de Mônica Vermes e Antônio José Augusto indicam a incrível homologia (e, em grande medida, continuidade) dos membros e projetos estéticos dos organizadores do Clube Beethoven nos anos de 1880 com o INM na década seguinte. Despontam neste período figuras que, mais tarde, assumirão os postos de diretoria da casa, como Alberto Nepomuceno e Leopoldo Miguez (Vermes, 1996, p. 26 e Augusto, 2008, p. 129).

Não se pode afirmar, todavia, que essas associações fossem essencialmente republicanas ou partidárias do novo regime. Tudo indica que o elemento definidor dos membros era antes o pertencimento à classe abastada da capital do que uma eventual inclinação política. Uma prova disso é indicada por Avelino Pereira, quando de sua afirmação que uma das razões do sucesso dos clubes foi "a adesão das elites do Segundo Reinado, bem como da família imperial, tendo à frente a 'Sereníssima Princesa Imperial" (2007, p. 49). A influência gregária de agremiações como o Clube Beethoven, outrossim, não se limitou apenas à esfera musical. Uma das famílias artísticas mais assíduas aos saraus era a dos talentosos irmãos Bernardelli.

Ora, os artistas plásticos Rodolpho e Henrique Bernardelli foram, juntamente com o escultor Rodolpho Amoedo, os protagonistas da chamada querela entre *positivistas e modernos* transcorrida no interior da Academia Imperial de Belas Artes

---

54 O Clube Mozart cobrava de seus sócios contribuintes taxa de admissão de Rs. 10$000 mais Rs. 5$000 mensais. Já os sócios beneméritos pagavam a taxa de Rs. 500$000 e tinham por obrigação trazer 30 novos membros. Como resultado dessa política, em 1874, a associação já dispunha de 400 sócios, contingente que se ampliou para 500 e para 553 em 1885 (Augusto, 2008, p. 122-124 e Vermes, 1996, p. 128). Os números são semelhantes aos do Clube Beethoven.

nos anos finais da década de 1880 e início dos anos de 1890 (Dazzi, 2007, *passim*).[55] Insatisfeitos tanto com as opções estéticas da casa (tidas como "antiquadas") quanto com a condução do ensino das belas artes no Brasil, os dissidentes criaram o chamado "atelier livre", um espaço de exposição e ensino apartado da instituição imperial oficial.

Mesmo gozando de vida curta, a associação conquistou a simpatia do meio intelectual carioca, logrando arregimentar artistas, críticos e professores insatisfeitos. O grupo chegou, inclusive, a cotizar despesas de manutenção e gastos para exposições dos artistas independentes (Cavalcanti, 2007, s/p).[56] Resguardadas as diferenças, podemos dizer que iniciativas como o Atelier Livre dos Bernardelli e Amoedo ou os Clubes Beethoven e Mozart serviram como espaços de gestação das futuras instituições. Uma vez decretada a República, a decisão do governo foi a de manter as duas escolas, rebatizando-as e entronando figuras da "juventude artística" maturada nos meios dissidentes, defenestrando antigos mestres e diretores ligados ao Império.

São diversas as discussões historiográficas a respeito das continuidades e rupturas das novas instituições em relação a seus correlatos imperiais. Não teremos condições de nos ater em todas elas. Optamos, assim, por passar em revista os elementos que, no nosso entender, relacionam-se mais centralmente ao tema do presente capítulo e tese: a dinâmica socioeconômica das escolas, bem como seu impacto no circuito institucional e na vida cultural do país como um todo. Cabe destacar, primeiramente, que a despeito da mudança de regime, o modelo básico de financiamento, constituído no contexto monárquico, não se alterava[57]. Pelo contrário, a dependência dos repasses oficiais do Estado foi *reiterada*, conforme nos sugere Camila Dazzi:

> A sobrevivência de traços fundamentais que caracterizavam a Academia Imperial estava em pleno acordo com o que foi proposto na reforma de 1890. Talvez o mais importante desses traços mantidos tenha sido o modelo tradicional de ensino artístico subvencionado pelo Estado, impres-

---

55 Sobre o tema, ver também Cavalcanti (2007).

56 Sobre o tema, ver Rosa (2000, p. 94) e Uzeda (2006, p. 14).

57 "Apesar das inevitáveis queixas de protecionismo oficial surgidas nos anos finais da Monarquia, permanece verdade que o mundo artístico do Império, em boa parte concentrado no Rio de Janeiro, era dominado pelo patrocínio imperial, por intermédio da Academia e do empenho pessoal do Imperador" (Carvalho, 1990, p. 96).

cindível à ENBA enquanto instituição e consolidado na sua estreita ligação com governo republicano recém-instaurado (2007, p. 200).[58]

Mais do que qualquer outra coisa, o advento republicano permitiu substituições do quadro diretor e docente da instituição. A primeira grande reforma, levada a cabo em 1890, entronou as figuras centrais do Atelier Livre e do Clube Beethoven – os irmãos Bernardelli e Rodolpho Amoedo na ENBA e Leopoldo Miguez e Alberto Nepomuceno no INM. Não é descabida a hipótese de que esse grupo constituía uma verdadeira *unidade*, tendo em vista as interrelações, afinidades e amizades entre os empossados do universo das Belas Artes e da Música. Os irmãos Bernardelli eram bastante próximos de Miguez e de Nepomuceno. Em 1885, o violista Félix Bernardelli, o mais moço dos irmãos, apresentou-se juntamente com Alberto Nepomuceno (Vermes, 1996, p. 25 e Figura 15). Não é incorreto afirmar, outrossim, que os artistas realizaram um verdadeiro golpe, instaurando um novo arranjo institucional baseado numa estrutura altamente hierarquizada, centralizadora e excludente de projetos artísticos distintos. É por essa razão que a opinião pública da época alcunhou os dois primeiros diretores – Rodolpho Bernardelli e Leopoldo Miguez – de "ditadores": a permanência do escultor à frente da ENBA por nada menos do que 25 anos é apenas a expressão mais gritante. Como veremos, os efeitos das "ditaduras" foram grandes no desenvolvimento do setor na cidade e no país, inclusive no que se refere à dimensão econômica da arte.

58 A leitura de parte da documentação dá a entender que a escola poderia se autofinanciar e/ou inclusive gerar receitas próprias. Lemos, por exemplo, em decreto de 1911 que "o Patrimônio da ENBA era organizado com os donativos e legados que lhe eram feitos, com as taxas de matrículas, de certidões, de bibliotecas e de certificados, com as porcentagens das taxas de frequências dos cursos e das inscrições para exames, com o produto das exposições que se realizavam. Esse fundo se convertia em apólices da dívida pública, inscritas com a cláusula da inalienabilidade" (*Regulamento para a ENBA, Decreto nº8.964, 14/09/1911 apud* Uzeda, 2006, p. 164). Tudo leva a crer, todavia, que os aportes públicos superavam, e muito, as receitas advindas desses recursos internos.

Figura 15 – Alberto Nepomuceno com a família Bernardelli em Roma

FONTE: Acervo da Fundação Biblioteca Nacional in: Pereira (2007).

À parte iniciativas pontuais, é possível dizer que as duas instituições se comprometeram em fortalecer matizes elitistas do ensino e da difusão de arte no Brasil. Eternamente preocupadas com disputas estéticas, com a salvaguarda de benesses públicas e com a exclusão de grupos rivais, as instituições esforçaram-se por abafar projetos artísticos outros, aí se incluindo propostas alternativas que se preocupavam com a dimensão econômica da arte e, assim, possivelmente mais afeitas aos canais da massificação. Não resta dúvida que a ENBA e o INM operaram como espaços fortemente vinculados ao efeito-distinção.

A fim de entender tal ponto, analisemos algumas das opções das diretorias ao longo das primeiras décadas do século XX. Podemos começar pelas reformulações regimentais empreendidas pelas instituições com o intuito de regular o ingresso e manutenção de alunos. Ao longo do período analisado, a ENBA incluiu novas exigências, cobrando dos ingressantes um número maior de atestados escolares (Cf. Valle, 2007, p. 49).[59] A primeira, e mais básica delas, era a exigência de "condições de cultura preliminares nos exames [de admissão – JLM]" (Durand, 1989, p. 62). Essas demandas referiam-se não apenas à simples alfabetização ou conhecimentos gerais: em documento de 1911, lemos que se cobravam dos alunos regulares conhecimentos de seis disciplinas (português, aritmética, geografia, história geral, geometria, física e química) e mais álgebra, trigonometria e história natural (Uzeda, 2006, anexos).

Já se percebem aí os primeiros impedimentos a alunos aspirantes de condição social mais humilde. É preciso adicionar ao quadro o fato de que o exame de cada uma das disciplinas saía, para este mesmo ano, Rs. 10$000. Adicionando-se os Rs. 10$000 de matrícula ao Curso Livre inicial e Rs. 1$000 para utilização da biblioteca, chegamos ao total de Rs. 111$000 anuais, valor não negligenciável para um estudante de baixa renda (*idem*, p. 162).[60]

As barreiras e impedimentos socioeconômicos precisam, obviamente, ser modulados ao longo do período analisado.[61] Todavia, a despeito de mudanças e

---

59 Para um estudo sobre a reforma de ensino realizada no ano de 1911, ver Uzeda (2006, p. 162). Há também grande discussão a respeito do perfil social dos alunos da escola e sobre possíveis continuidades a respeito dos alunos da AIBA. Sobre a questão ver as discussões de Durand (1989).

60 "Ingressar na ENBA ia se tornando cada vez mais difícil e, não obstante seu papel de instituição governamental, a escola não era gratuita. A cobrança de uma série de taxas dificultava a entrada e permanência de estudantes das camadas menos favorecidas" (Uzeda, 2006, p. 162).

61 Ao que tudo indica, as medidas tomadas neste ano de 1911 foram particularmente severas. As taxas de matrícula, além da extinção dos chamados "cursos de livre-frequência", neste ano de 1911, eram apontadas pelo crítico Modesto Brocas como um dos

abrandamentos – muito dependentes das decisões dos diretores das instituições – o quadro geral não sofreu grandes alterações. Também no que se refere ao ingresso na carreira musical, estavam os aspirantes a músico profissional sujeitos a pesadas taxas de matrícula. O flautista Patápio da Silva, natural da pequena cidade de Itaocara, filho de um barbeiro, encontrou grande dificuldade em avançar nos seus estudos no INM por razão das taxas cobradas pela escola (Cechine *et alli*, 1983). Alberto Nepomuceno, então diretor da escola musical e preocupado com a questão, criou, em 1907, um curso preparatório, impedindo que as altas exigências causassem uma sangria de talentos musicais (Pereira, 2007, p. 246).

É bem verdade que surgiam algumas oportunidades de remuneração aos alunos internamente. Os prêmios advindos de bom desempenho acadêmico nas exposições do salão de Belas Artes ou recitais e apresentações do INM poderiam constituir um possível contrapeso financeiro para os estudantes mais dedicados.[62] A julgar pela análise das crônicas e notas do período, essas atividades detinham bastante centralidade na pauta das instituições acadêmicas da capital, mobilizando esforços e recursos significativos.[63] A maior das honrarias, todavia, era o prêmio de viagem para a Europa, concedido, ao menos teoricamente, aos melhores alunos.[64]

Tudo leva a crer, todavia, que a importância dessas premiações (tanto das nacionais quanto das internacionais) esteve muito mais ligada a ganhos simbólicos e

---

"principais entraves à popularização das belas artes" (Uzeda, 2006, p. 163). Todavia, ainda em 1915, afirmava um documento da escola que "aluno algum poderá concorrer aos exames de suficiência ou concurso (...) sem que prove ter pago a primeira prestação da taxa de frequência, nem prestar exames ou tomar parte nos concursos sem que prove ter pago as duas prestações desta taxa" (*idem*, p. 224).

62 O primeiro regulamento da ENBA, de 1890, estipulava que os melhores colocados nas exposições recebiam, além das medalhas, prêmios de até Rs. 500$000 (Uzeda, 2006, p. 40). Dados sobre os prêmios e as exposições podem ser acessados no *Anuário estatístico do Brasil 1908-1912* (IBGE, 2003).

63 Ronald de Carvalho criticava a escola ao afirmar que: "limitamo-nos a distribuir anualmente prêmios de viagem, que nem sempre são justamente dados, e a despender medalhas honrosas, consoantes aos caprichos de um júri por vezes mal orientado" (Amaral, 1975, p. 96).

64 Nos anos de 1930, Frederico Morais reporta a "quase obsessão" dos alunos da Escola pelo prêmio de viagem. De acordo com o autor, a premiação era fundamental na trajetória profissional dos artistas, levando-se em conta a imensa presença do mecenato público, da ausência de galerias ou de compradores regulares (1982, p. 58).

disputas internas do que a rendimentos econômicos efetivos aos alunos. Prova disso é a baixa remuneração reportada pelos bolsistas, que enfrentavam grandes adversidades financeiras durante e após a viagem (Cf. Simioni, 2008, p. 178 e Rosa, 2000, p. 173).[65] Um caso dramático ocorreu no ano de 1901, quando a artista subvencionada Julieta de França encontrava-se em Paris. A aluna do ENBA enviara carta ao diretor da escola reclamando que sua bolsa de estudos não havia sido paga. Como resposta, respondeu-lhe o diretor Bernardelli:

> Tenha calma, sossegue, e lembre-se que muitas vezes lhe disse que a arte não é uma *profissão*, a arte é uma vocação, e assim é que é necessário sofrer, com resignação e coragem, todas as contrariedades, se é que se quer chegar a alguma coisa (França, s/d *apud Simioni*, 2008, p. 177).[66]

O trecho é ilustrativo ao expressar a posição do diretor a respeito de natureza tão "corriqueira" quanto o pagamento de uma bolsa para uma estudante no exterior. A carta é ilustrativa também por demonstrar a opinião dos gestores da arte oficial com relação às potencialidades econômicas do artista e às razões de ser do circuito institucional como um todo. O viés anticomercial se evidencia também quando analisamos o Liceu de Artes e Ofícios do Rio de Janeiro (LAORJ). Poderíamos imaginar que, diferentemente da ENBA (e semelhantemente ao LAOSP), essa instituição estivesse mais afeita aos canais da massificação. De acordo com Ana Paula Simioni:

> O primeiro Liceu havia sido fundado no Rio em 1858 com o objetivo de promover a capacitação técnica e artesanal de quadros para a criação de uma indústria nacional. O projeto distinguia-se daquele constitutivo da Academia Imperial, voltada ao ensinamento das belas-artes, diferenciando

---

65 Ainda nos tempos imperiais, em 1874, o pintor Souza Lobo reclamava que os pensionistas, quando de seu retorno da Europa, "não recebiam encomendas, e que eram raros os que, dali vindos, passavam a pertencer ao corpo docente" (De Los Rios Filhos, A. Morales. *O ensino artístico: subsídios para sua História.* Rio de Janeiro: s/e, 1938 *apud* Durand, 1989, p. 11). Voltaremos a falar do tema na seção seguinte, quando de nossa análise sobre as encomendas públicas. Já dentre os docentes, lemos, no Estatuto da ENBA de 1901 sobre as possibilidades de um prêmio concedido a professores autores de produções didáticas "notáveis" no campo das belas artes. Além da publicação, estes poderiam obter prêmios entre Rs. 2:000$000 e Rs. 5:000$000 (ENBA, 1901).

66 França, Julieta de. *Souvenir de ma carriére artistique*, s/d *apud* Simioni (2008).

as instituições segundo critérios de uma arte pura *versus* aplicada, ou ainda, de uma arte sem fins comerciais *versus* arte para o mercado (*idem*, p. 122).

Ora, acontece que o LAORJ – diferentemente de seu congênere paulista – passou, pelo menos até meados da década de 1910, por "grandes dificuldades técnicas" (*idem*, p. 126). Sem fundos suficientes e sem recursos para comprar maquinário para o adequado treinamento de seus alunos, a instituição acabou se tornando uma espécie de "antessala" da ENBA, oferecendo poucos cursos e tendo se registrado um grande fluxo de professores e alunos pelas duas instituições (*idem, p.* 122).[67] Mesmo depois de 1911, com a mudança na diretoria e com o melhor aparelhamento da casa, a instituição esteve em franca inferioridade em relação à ENBA (Cf. Uzeda, 2006, 45).

Por detrás de discussões, definições e prioridades como estas, corriam propostas institucionais divergentes, no mais das vezes refratárias ao viés mercadológico. As disputas pela definição da profissão e, subsequentemente, pela exclusão de projetos potencialmente mais afeitos aos canais da massificação, também se fizeram presentes em diversas discussões do INM. Em 1903, por razão da polêmica nomeação de um crítico de arte ao cargo de "membro honorário do Conselho", a Congregação da escola iniciou uma ampla querela sobre a definição de *artista*. Em meio a devaneios românticos e definições idealistas, evidenciava-se a luta pela demarcação profissional. É nessa chave que devemos ler a definição proposta de Alberto Nepomuceno quando de sua afirmação que: "[o] artista é aquele que professa a arte, ou seja, aquele que se dedica *por inteiro à atividade artística, na maioria dos casos dela retirando a sua sobrevivência*" (Pereira, 2007, p. 148-149, destaque nosso). Excluíam-se, assim, não apenas os amadores e os diletantes, mas

67 "Embora criado em 1858, o LAORJ, à época de Pedro II, e ainda por duas décadas de regime republicano, não conseguiu implantar efetivamente a formação prática em ofícios porquanto não conseguiu recursos para instalar as oficinas previstas no regimento de fundação. O arquiteto Bethencourt da Silva, diretor e, até a morte, comandante supremo do Liceu, insistiu por muito tempo para que o governo lhe desse fundos para construí-las e equipá-las. Mas seu primeiro êxito nesse sentido só foi alcançado em 1889, quando o Visconde de Ouro Preto, então presidente do Conselho de Ministros, resolveu encabeçar uma lista de contribuições que circulou entre pessoas abastadas da corte. Em 1890, juntou-se a quantia necessária e foi iniciada a construção das oficinas; em 1893, já adiantadas as obras, um incêndio devolveu o projeto ao ponto zero, sendo necessária nova campanha financeira para só em 1911 de fato inaugurar-se a 'aprendizagem prática de ofícios naquela tradicional casa de educação'" (Durand, 1989, p. 59).

todos aqueles que, por necessidades materiais, não tinham condições de ter na música o meio principal de seu sustento.

Nas diversas tentativas de resguardar a pureza da instituição musical, as barreiras e impedimentos impostos a professores e alunos causavam-lhes apuros materiais. O artigo 42 do regulamento de 1907 do INM, por exemplo, proibia os docentes de "dar aulas particulares a alunos do Instituto da matéria de sua disciplina ou a de cujo exame tomasse parte" (*idem*, p. 223). Ora, tal medida, colocava de acordo com o próprio Nepomuceno "o corpo docente (...) em condições de vida dificílimas, tal a carestia de tudo que é indispensável à mesma" (*idem*, *ibidem*).

Igualmente polêmica foi a nomeação, em 1916, de Abdon Milanez para a direção do INM. Se não resta dúvida que parte significativa da indisposição dos professores da casa advinha do fato de que Milanez fora uma indicação política externa e contrária às vontades do grupo central da casa, recaía sobre seus ombros o estigma de ter sido um compositor e intérprete do circuito teatral popular carioca nos anos anteriores (Cf. *idem*, p. 328).[68]

Não era a primeira vez que os docentes do INM se uniam para repudiar o que consideravam as interferências negativas de grupos mais ligados ao mercado musical. Em oposição aos artistas "puros", perfilavam os "argentários", os "mercenários", os "maxixeiros", músicos que, muitas vezes por necessidades materiais, percorriam os circuitos comerciais da cidade. Um dos casos mais interessantes deu-se ainda na década de 1890. Carlos Cavalier fora professor do Imperial Conservatório de Música e, por razão do advento republicano (e também por desavenças pessoais), foi excluído do projeto de Miguez. Indignado com sua exclusão dos canais oficiais, juntou esforços com o crítico Oscar Guanabarino – outro oponente ferrenho dos entronados do INM – criando a Academia Livre de Música. A proposta de Cavalier e Guanabarino estava, na medida do possível, em maior afinidade a um projeto mais

68 "O que importa registrar é o fato de os professores comungarem as mesmas ideias de Nepomuceno, assinando (...) documento, em que Milanez é caracterizado como 'estranho', seja por ser uma 'pessoa estranha ao corpo docente' (...) seja por 'não ser técnico, por não pertencer à classe'". Milanez, em sua defesa, alegou que os governos que o nomearam estavam cientes que ele, quando jovem, havia "praticado o imperdoável delito de compor música popular, mesmo popularíssima" (Pereira, 2007, p. 327-328).

"pragmático" de formação musical, com maior articulação aos canais comerciais e à formação de músicos para o mercado da época (Cf. Augusto, 2008, p. 35).[69]

O influente Miguez, obviamente, fez com que o projeto não fosse adiante. Em 1897, Guanabarino e Cavalier tentaram obter apoio e espaço físico junto ao Externato Ginásio Nacional, tendo o pedido sido negado sob a alegação de que "uma associação (...) que visa a fins lucrativos (...) não está, pois, no caso de merecer tão alto favor dos poderes públicos" (*idem*, p. 35). A resposta do órgão de ensino reforça a tese de uma apatia oficial em relação a um projeto mais conectado aos canais comerciais da grande arte.

Um dos pontos capitais que opunha o projeto de Cavalier e Guanabarino ao INM era a questão dos cursos noturnos. Embora estivessem presentes na formulação original do INM, a modalidade só foi implementada efetivamente após a "Reforma Nepomuceno", de 1900 (Pereira, 2007, p. 144). Quatro anos depois, todavia, o novo diretor Henrique Oswald suspendeu os cursos alegando que eles causavam "grave prejuízo para o ensino diurno, onde podem ser aproveitados tantos professores" (Barbosa, 1900 *apud* Pereira, 2007 p. 161).[70] O impacto não poderia ser outro: a supressão das classes noturnas fechava portas para aspirantes a músicos desprovidos de condição de frequentar as aulas durante o dia. Nesse grupo encontrava-se, por exemplo, Heitor Villa-Lobos (Guérios, 2003, p. 72).

A decisão de Oswald evidencia uma tomada de posição e uma clara eleição de prioridade por parte da direção da casa. Suprimir cursos noturnos e realocar professores e recursos para os cursos diurnos significava um verdadeiro compromisso com a exclusão. Acresce-se ao quadro o fato de que parte significativa do corpo discente, à maneira do CDMSP, era composto por jovens mulheres das classes média e alta, interessadas (ou matriculadas por seus pais) antes por razão da aquisição da "prenda matrimonial" do piano do que pelo efetivo aprendizado profissional da música.

Essa situação vinha sendo detectada (e mesmo com certo alarme) desde muito cedo. A análise de Janaina Silva indica que no século XIX o Imperial Conservatório

---

69 Não podemos dizer, todavia, que as duas figuras fossem particularmente fervorosas pelo estabelecimento de projeto massificador das artes. Guanabarino, especialmente, parece ter embarcado no projeto mais por aversão ao grupo majoritário do INM (Miguez e Nepomuceno) do que por convicções programáticas.

70 Barbosa, José Rodrigues. Reforma do Instituo Nacional de Música. *Apreciação do projeto de regulamento*. 01/03/1900. Arquivo Nacional (IE 7 90), Ministério da Justiça e Negócios Interiores, Instituto Nacional da Música. Ofícios do diretor *apud* Pereira (2007).

de Música era mais frequentado por mulheres do que por homens (2007, p. 66). Em 1895, Leopoldo Miguez elaborou relatório a partir de visita realizada a diversos conservatórios europeus. Apontava o então diretor que um dos principais entraves ao desenvolvimento de um campo musical maduro e autônomo no país era o excessivo número de discentes do sexo feminino, impossibilitadas, à época, de compor quadros fixos de orquestras e demais grupos musicais. Sugeria Miguez "implementar iniciativas para reverter a grande desproporção entre o número de alunos homens e mulheres". Dos 401 alunos matriculados em 1895, 347 eram mulheres, 76 das quais no curso de piano (contra apenas 4 homens) (Vermes, 2004, s/p).

Menções na imprensa da época a uma verdadeira "superpopulação" de pianistas mulheres no Rio não faltam.[71] Em 1897 – ainda no bojo das disputas entre Cavalier e Miguez – publicou o jornal *OPA* uma carta feroz do primeiro. Ofendido, lançava o antigo professor imperial críticas ao INM pintando-o como "um grande colégio de meninas, só incompleto por faltar ali uma cadeira de trabalhos de agulha e um confessor para preparar a primeira comunhão" (*OPA, 29/03/1897 apud* Augusto, 2008, p. 35).

Quase duas décadas depois, em 1919, Alberto Nepomuceno ainda se revoltava diante do "problema", aparentemente insolúvel e estrutural. O músico não se conformava com a substituição de um professor de solfejo por um novo docente de piano. Ora, já eram 21 classes de piano supervisionadas por sete professores, além de 30 classes de livre-docência.[72] A julgar pelos números da Tabela 8, vemos uma dedicação elevada da instituição à instrução do canto solo e do piano, as duas principais formações musicais tradicionalmente ligadas ao ensino de prendas matrimoniais.[73]

71 "Todos os anos, quando chega o momento dos concursos (...), não se pode deixar de pensar em todas as rapazolas, em todas as mocinhas (a maioria de índole meiga!) que vêm sovar pacíficos pianos que nunca lhe fizeram mal" (*RF, nº3, 16/01/1909*).

72 "Que serve isso, quando no Rio há mais de 50 mil raparigas que precisam levar na sua *corbeille* essa prenda essencialmente casamenteira, que se traduz em tocar piano? (...) Estas cinquenta classes de piano, aproximadamente, não bastavam nesta Pianópolis" (*Instituto Nacional de Música. Documento nº 1 anexo ao documento nº4 – Declarações prestadas pelo professor Alberto Nepomuceno. Rio de Janeiro, 12/11/1919. Arquivo Nacional (IE 7 126) apud* Pereira, 2007, p. 321).

73 Para uma discussão sobre a excessiva concentração de professores dessas disciplinas vis-à-vis os demais instrumentos ver Bessa (2012, p. 140).

Algumas disciplinas como as de trompa, trompete ou fagote passaram anos a fio contando com apenas um docente.[74]

Ainda que em escala distinta, a situação das artes plásticas era semelhante.[75] O livro de Ana Paula Simioni e os dados do *Anuário estatístico das Belas Artes* indicam uma proporção razoável de mulheres nos cursos e exposições da ENBA nas primeiras décadas do século (sobretudo de pintura).[76] Baseando-se nos livros de matrícula da Escola Nacional de Belas e nos catálogos dos Salões Nacionais de Belas Artes, vemos que as mulheres representaram, em média, 20,1% das expositoras, no período que vai de 1890 a 1922, sendo o ano de 1900 o mais expressivo dessa trajetória, com 40% de expositoras do sexo feminino (Simioni, 2008, p. 53). Quando analisamos do ponto de vista das matrículas femininas na escola, os números são mais modestos: de 1892 a 1896, as mulheres representaram, em média apenas 17,7% das matriculadas da ENBA.

São pelo menos duas as evidências que esse contingente feminino possuía menor inserção profissional: primeiramente, a imensa maioria das matriculadas na escola encontravam-se no chamado Curso de Livre Frequência. Diferentemente dos cursos de formação geral - como o de pintura, escultura ou arquitetura, por exemplo, todos eles demandantes de exames de admissão e com duração de quatro ou cinco anos –, os cursos de livre frequência não exigiam "demonstração de habilidade ou atestados de conhecimentos gerais", bastando uma autorização da diretoria (*idem*, p. 95). Além disso, esses cursos forneciam uma grade curricular mais enxuta, dispensando os alunos de matérias complexas e, em grande medida, fundamentais para a realização do ofício artístico (*idem*, p. 96).

Em segundo lugar, pesava sobre essas mulheres artistas o rótulo do "diletante" ou de "amadora". Um adjetivo que, na interpretação de Ana Paula Simioni "trazia consigo um tipo de classificação hierárquica que se baseava em uma contraposição implícita à figura do artista profissional, percebida como essencialmente masculina" (*idem*, p. 38).

---

74 Veremos em que medida isso foi um problema para a constituição das primeiras orquestras oficiais e, subsequentemente, para a maturação do meio musical profissional na cidade e no país.

75 De acordo com Durand, foi somente mais tarde, "por volta dos anos dez ou vinte", que a pintura adquiriu um "valor de dote" semelhante ao do piano (1989, p. 49).

76 Sobre o tema, ver também Oliveira M. A. (2006, p. 87-104).

Cisões de gênero à parte, podemos dizer que a inserção profissional tanto dos artistas plásticos da ENBA quanto dos músicos do INM não foi das mais simples, exceção feita, é claro, às figuras mais achegadas aos diretores. Evidencia-se aqui, uma vez mais, que os relacionamentos com figuras públicas e/ou vinculados à oficialidade eram mais relevantes que o traquejo mercadológico para o sucesso profissional dos artistas. É mais um indício do poder da distinção em detrimento da massificação. Para compreendermos plenamente tal aspecto, contudo, devemos estudar a trajetória de alguns artistas do período, analisando a vida desses atores sociais para além dos muros das escolas de arte.

O circuito institucional no quadro econômico geral das cidades

Mais do que qualquer coisa, a rarefação do circuito institucional ao redor de algumas poucas figuras e escolas gerava, ela mesma, desigualdades e vieses elitistas. Em primeiro lugar porque esses espaços figuraram como instituições condicionantes, pelas quais os músicos e artistas plásticos teriam, quase que obrigatoriamente, que percorrer caso quisessem ascender profissionalmente. É interessante compreender que a lógica de funcionamento desses espaços culturais oficiais (as instituições de ensino) ou semi-oficiais (os salões dos mecenas) interferiu e condicionou a dinâmica socioeconômica da grande arte como um todo. O tema é analisado por Ana Paula Simioni quando de sua análise sobre a influência da ENBA:

> A Academia continuava a ocupar um espaço institucional e, especialmente, por promover os mais importantes salões anuais e monopolizar as decisões sobre as mais altas premiações existentes, como eram as bolsas de viagem para o exterior. O êxito alcançado naqueles meios constituía a principal oportunidade de se erguer uma carreira plenamente dedicada às artes, como demonstram as mais bem-sucedidas trajetórias daquele momento. (...) Os artistas consagrados dentro dos círculos oficiais gozavam dos privilégios oriundos daquela esfera de atuação como maiores chances de êxito nos concursos de cátedra de instituição, onde poderiam lecionar como docentes, atuar como júris dos salões (2008, p. 120).

Uma interessante maneira de compreender essa questão é se embrenhando na análise das trajetórias profissionais de alguns artistas. Por trás de caminhos e escolhas, evidenciam-se as diretrizes gerais do setor.[77] Assim, pretendemos nessa seção realizar uma espécie de voo panorâmico sobre o segmento, desenhando um quadro geral de potencialidades profissionais e econômicas do circuito institucional. Analisaremos também as relações firmadas entre os diversos espaços culturais. Queremos indicar que, aglomerando-se ao redor de iniciativas do universo da oficialidade, a arte institucional vinculou-se de maneira inequívoca aos ditames da distinção, não se constituindo então um mercado massificado no setor.[78]

Cabe dizer, primeiramente, que a imensa centralidade dada pelos artistas às próprias instituições de origem é, simultaneamente, ponto de partida e ponto de chegada de nossa argumentação. As raras possibilidades econômicas para além dos muros da escola tornava os artistas reféns da constante (e quase vitalícia) necessidade de que se mantivessem dentro e/ou em contato com as instituições. Por sua vez, a centralidade desses espaços inibia a formação de um circuito comercial externo, retroalimentando a dependência dos entre profissionais e instituições formados.

Comecemos nosso estudo por uma apresentação das possibilidades internas às próprias instituições. Findos os anos de aprendizagem, diversos alunos seguiam formal ou informalmente vinculados. São frequentes, por exemplo, os casos em que pupilos "assumiram" a vaga de seus docentes quando da aposentadoria ou morte destes (Pereira, 2007, p. 88).[79] Tornar-se membro do corpo docente ou administrativo dessas instituições garantia, antes de mais nada, estabilidade profissional. Na Tabela 10, vemos os valores dos vencimentos mensais de funcionários de algumas das instituições artísticas do período:

---

77 Essa opção metodológica coaduna-se com as propostas de Bourdieu e sua noção de *habitus*, desenvolvida ao longo de parte significativa da obra do autor e incorporada ao campo de estudos da Economia da Cultura (Cf. Moraes, 2010b).

78 Afirma, por exemplo Dmitri Fernandes, analisando o contexto musical que, nessa época "inexistiu a formação de um mercado erudito" (Fernandes, 2010, p. 28).

79 Independentemente da instituição, a "reserva de vagas" era um mecanismo extremamente comum e, por vezes, bastante escancarada. De acordo com Suely Weisz, o escultor Chaves Pinheiro ficou "guardando a vaga" de seu discípulo Rodolpho Bernardelli, que a assumiu em 1885 (1996, p. 60). Onze anos depois, Leopoldo Miguez redigiu carta a Alfredo Bevilacqua a respeito da vaga de professor de violino no INM: "tratemos de salvar a cadeira das mãos de qualquer candidato inoportuno e incompetente" (Pereira, 2007, p. 88).

Tabela 10 – Salários dos principais cargos das instituições artísticas

Núcleo	Cargo Cidade / Instituição e ano cálculo	Valores nominais						Valores de 1911					
		Rio de Janeiro		São Paulo				Rio de Janeiro		São Paulo			
		ENBA	Escola Dramática	LAOSP	CDMSP	Teatro Municipal	Pinacoteca	ENBA	Escola Dramática	LAOSP	CDMSP	Teatro Municipal	Pinacoteca
		1911	1920	1911	1922	1912	1911						
Administrativo	Diretor	750$000		400$000 [a]	-	800$000	800$000	750$000	-	400$000	-	741$102	800$000
	Secretário	600$000	-	-	400$000	400$000	400$000	500$000	-	-	157$634	370$551	400$000
	Oficial	-	-	-	250$000		-	-	-	-	98$522	-	-
	Tesoureiro	500$000	-	-	-	-	-	500$000	-	-	-	-	-
	Conselheiro	-	900$000					-	288$139	-	-	-	-
Docente / Artístico	Professores I	500$000	600$000	300$000 [d]	Variável[b]	-	-	500$000	192$093	300$000	-	-	-
	Professores II	500$000	300$000	200$000	-	-	-	500$000	96$046	200$000	-	-	-
	Conservador de quadros [c]	480$000	-	-	-	-	300$000	480$000	-	-	-	-	300$000
	Restaurador		-					360$000	-	-	-	-	-
Suporte	Bibliotecário	400$000	-	-	-	-	-	400$000	-	-	-	-	-
	Suporte I [f]	300$000	-	-	-	-	-	300$000	-	-	-	-	-
	Suporte II [g]	300$000	-	240$000	135$000	-	-	300$000	-	240$000	53$202	-	-
	Guarda	240$000	-	200$000	-	-	-	240$000	-	200$000	-	-	-
	Servente	180$000	-	150$000	100$000	-	-	180$000	-	150$000	39$409	-	-

[a] Valor referente ao ano de 1910.

[b] O CDMSP pagava valores variáveis, dependendo do número de alunos assumido pelos docentes e do acúmulo de cargos de diretoria.

[c] Valor referente ao ano de 1915.

[d] Os valores eram variáveis de acordo com a produtividade. É presumível também que os docentes da casa tivessem remuneração semelhante aos de instituições congêneres do período, como das demais escolas profissionais e técnicas do período, indicadas no anexo de D'Angelo (2000)

[e] A categoria "Suporte I" foi feita à partir da fusão das funções de amanuense e arquivista.

[f] A categoria "Suporte II" foi feita á partir da fusão das funnções de porteiro, zelador e bedel.

FONTE: D'Angelo (2000), CDMSP (1922), ENBA (1911 e 1915), Mendes (1955), Araújo (2002) e Nagamini (1999), Nunes (1956a). Cálculos e tabulação do autor.

Figura 16 – Folha de pagamento da ENBA

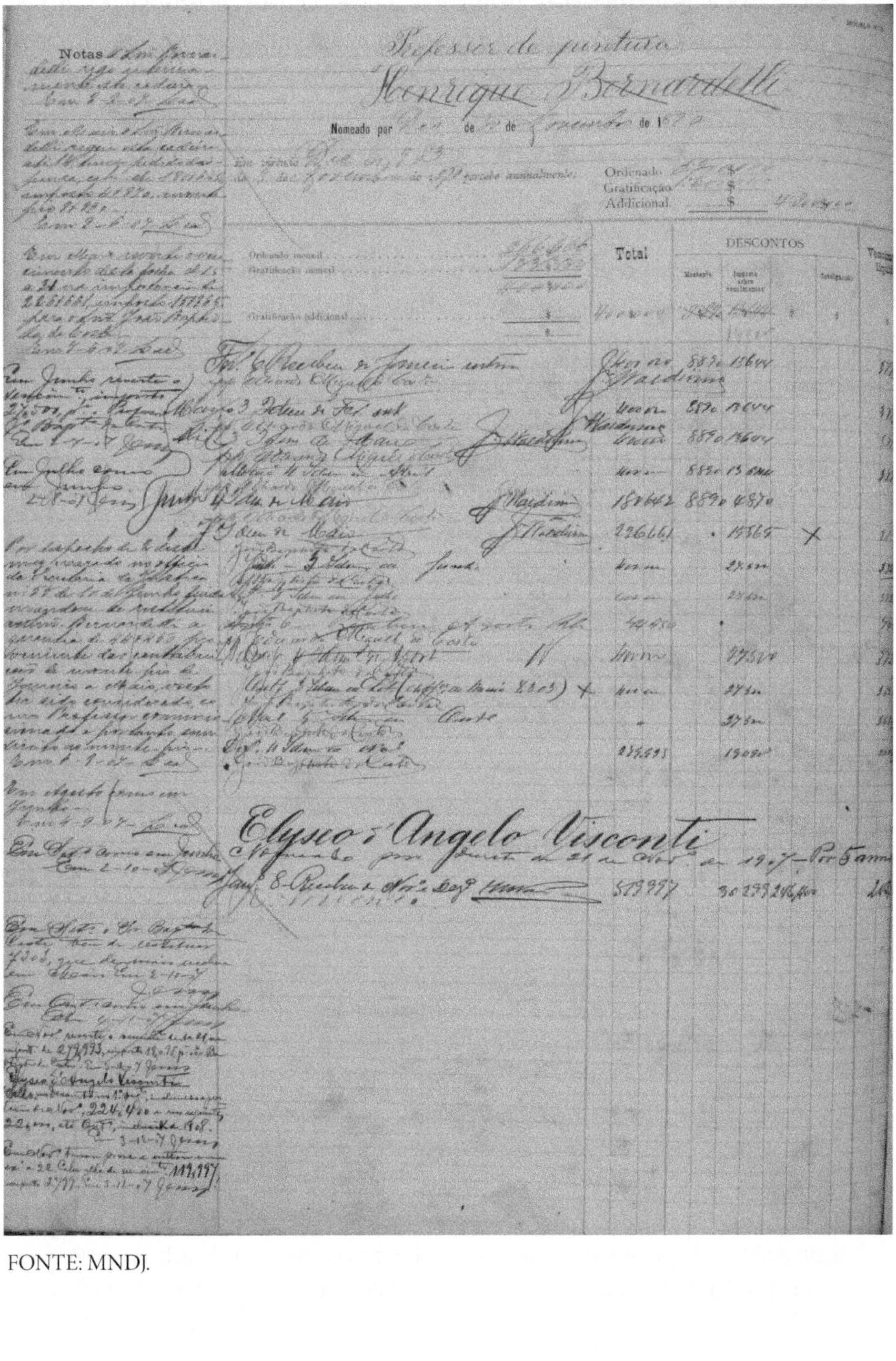

FONTE: MNDJ.

Não se pode dizer que fossem quantias elevadas. Mas as perspectivas de remuneração fixa e de gratificações, bem como a possibilidade de acumular funções, tornavam as instituições particularmente atraentes aos músicos e artistas plásticos. Figurar nas folhas de pagamento de instituições como a ENBA (Figura 16) era, portanto, quase que uma questão de sobrevivência.[80] Outro ponto bastante destacado era a possibilidade de aposentadoria – uma benesse rara e certamente valorizada na profissão artística.[81] Em 1915, quando finalmente foi aposentado (por decreto), cabia a Rodolpho Bernardelli a "quantia de Rs. 6:189$330, sendo Rs. 6:000$000 de ordenado e o resto em gratificações por seus 26 anos, 6 meses e 28 dias de serviços" (Vaccani, 1949, p. 159). Poucos foram, obviamente, os que chegaram a tal posto e a tais valores. O fantasma do ostracismo, da suspensão ou do desligamento pairava continuamente sobre os docentes das casas. O caso de Carlos Cavalier é apenas um dentre muitos. Compreende-se, assim, os temores e angústias de Mário de Andrade quando Oswald publica, em 1921, o artigo "meu poeta futurista", abalando a vida do "pobre e pacífico professor" do CDMSP (Brito, 1971, p. 231).

A importância da vinculação formal aos espaços oficiais, todavia, ia além dessas questões. Pertencer ao quadro docente assegurava aos artistas *status* ou *capital simbólico*. Conforme nos sugere Bourdieu, esse capital tem a capacidade de plasmar-se, ao longo de prazos mais alongados de tempo, em *capital econômico* (Bourdieu, 1996, p. 169 e 289). No caso específico do mundo artístico e institucional, esse câmbio operava-se pelo universo das encomendas e, sobretudo, das encomendas públicas (Simioni, 2008, p. 120). A julgar pelos dados da Tabela 11, apresentada adiante, veremos que estas sim geravam, de fato, retornos bem mais elevados do que os salários e gratificações.[82]

80 Sobre a remuneração dos professores nos tempos do Império, ver Durand (1989, p. 14). Também sobre o tema, afirma Márcia Rosa que Amoedo, nos anos de 1890, foi enviado à Europa para encontrar um professor de arqueologia. Lá encontrou Charles Gustave Paille que "se sujeitou a ganhar" os Rs. 400$000 propostos como salário (2000, p. 97).

81 Discutiremos essa questão no próximo capítulo, quando de nossa análise sobre a luta pela salvaguarda de direitos autorais e demais batalhas travadas pela classe artística nacional.

82 "Os artistas consagrados dentro dos círculos oficias gozavam dos privilégios oriundos daquela esfera de atuação, como maiores chances de êxito nos concursos de cátedra da instituição, onde poderiam lecionar como docentes, atuar como júris dos salões; esses nichos significavam maiores possibilidades de receberem encomendas públicas, as

A trajetória de nenhum outro artista expressa melhor essa questão do que a de Rodolpho Bernardelli. O escultor e diretor da ENBA foi o principal responsável pela transformação da escola em uma "máquina concentradora" de encomendas da Primeira República (Cf. Aguilar, 2000, p. 182). Durante sua longa diretoria, o escultor praticamente monopolizou o universo de encomendas de monumentos e demais obras públicas no Rio de Janeiro. Concessões, tráfico de influências e *lobby* foram feitos em benefício próprio ou para artistas vinculados a seu círculo próximo – como Rodolpho Amoedo, Eliseu Visconti ou a seu irmão, Henrique Bernardelli (Cf. Rosa, 2000, p. 121).[83] Aos desafetos, por sua vez, cabia uma implacável hostilidade. Que o diga Julieta de França, que recebeu parecer favorável de 57 grandes nomes da arte (incluindo aí o mestre Rodin), mas não conseguiu obter um parecer favorável do júri organizado por Bernardelli quando da escolha do monumento comemorativo à proclamação da República em 1915 (Simioni, 2008, p. 248).

O caso expõe as muitas fragilidades do universo dos concursos públicos para a realização de obras urbanas. O caso do Teatro Municipal do Rio de Janeiro, sobre o qual falaremos em seção específica, parece ser o mais emblemático. Bernardelli, todavia, protagonizou várias outras querelas. O escultor recusou-se, por exemplo, a competir com outros artistas nacionais quando da escolha de um autor ao Monumento de Carlos Gomes em Campinas, afirmando que "júri algum [tinha] a 'competência profissional'" para analisar sua obra (Weisz, 1996, p. 66).

Insatisfação e críticas em relação às eternas vitórias de Bernardelli e seu grupo estão presentes em crônicas e notas de três décadas da imprensa. O cronista Cosme Peixe afirmou ao *Jornal do Brasil*, em 1894, que era "inútil a concorrência em país onde havia um Bernardelli" (*idem*, p. 66). Em 1906, Gonzaga Duque escreveu à revista *Kosmos* lamentando sobre os problemáticos concursos dos monumentos,

---

quais forneciam as mais significativas importâncias na época" (Simioni, 2008, p. 120). Para uma comparação com um caso célebre internacional, ver Butler (1993).

83 Sobre o centralismo do diretor, afirma Laudelino Freire que "[Bernardelli] esbanjou por muito tempo a verba de Rs. 30:000$000 (...) que o governo lhe punha nas mãos com o fim patriótico de desenvolver as Belas Artes no país, adquirindo por quantias exageradas obras nem sempre dignas, quando o bom senso mandava que nesses casos fosse nomeada uma comissão de artistas dar o parecer sobre a aquisição proposta. Mas, o Sr. Bernardelli não gosta de ouvir os artistas" (Freire, Laudelino. *Um século de pintura: 1816-1916*. Rio de Janeiro: Fontana, 1983, Fascículo 7, p. 504 e ss *apud* Durand, 1989, p. 66).

afirmando que "a história das encomendas não está bastante conhecida" (Duque, 1906 *apud* Weisz, 1996, p. 75). O pintor Modesto Brocas, em sua famosa crítica à ENBA de 1915, atacava o "diretor que governa a Escola como um fazendeiro governa sua fazenda" (*idem*, p. 62). Por fim, comentando o Salão de 1905, criticou Duque Estrada o escultor, ao afirmar que:

> O senhor Prof. Rodolpho Bernardelli, diretor perpétuo e senhor absoluto da Escola Nacional de Belas Artes, não sei comendador de várias ordens estrangeiras, conselheiro estético do governo e outras instituições, monopolizava todas as admirações e todos os trabalhos (...). Tinha S.S. ou sua eminência uma enfiada de encomendas... Por atacado e a varejo, enquanto o Sr. Correia Lima, com quem o Estado gastou tanto dinheiro para o aperfeiçoar na arte de esculpir e cujo aproveitamento demonstrou em magníficos trabalhos, ficava às moscas, com suas ilusões metidas num saco (*Kosmos, Ano 2, nº9 set/1905 apud* Weisz, 1996, p. 64).

A relevância simbólica e econômica de alguns desses monumentos torna compreensível a disputa e a insatisfação. As estátuas do General Osório e do Duque de Caxias, encomendas do Ministério dos Negócios e do Interior foram orçadas em 160 (Rs. 160:000$000) e 120 contos (Rs. 120:000$000), respectivamente. O monumento a José de Alencar, inaugurado em 1897 no Catete e proposto por um órgão da imprensa mineira, saiu por 24 contos (Rs. 24:000$000). Em 1907, para a realização da estátua de Cristiano Ottoni, uma encomenda da Estrada de Ferro Central do Brasil, Bernardelli cobrou o valor de 35 contos (Rs. 35:000$000) (Weisz, 1996, p. 76-134). Vemos na Tabela 11 abaixo os altos valores obtidos por artistas para a fatura de obras e monumentos públicos:

Tabela 11 – Valores de obras de artistas plásticos (CONTINUA)

Cidade	Artista	Nome da Obra	Perfil da aquisição [a]	Ano	Valor nominal [b]	Valor (1911)
Rio de Janeiro	Rodolpho Bernardelli	Estátua de Duque de Caxias	Pública	1889	120:000$000	269:631$548
	Rodolpho Bernardelli	Estátua do General Osório	Pública	1894	160:000$000	176:357$569
	Rodolpho Bernardelli	Estátua de Cristiano Ottoni	Privada / Institucional	1907	35:000$000	35:236$241
	Rodolpho Bernardelli	Monumento a José de Alencar	Privada / Institucional	1901	30:000$000	31:230$833
	José Julio de Souza Pinto	Les amoureux	Privada	1897	24:000$000	18:427$552
	José Julio de Souza Pinto	Leçon du Grand-Père	Privada	1910	10:000$000	11:173$140
São Paulo	Almeida Junior	Partida da Monção	Pública	1901	10:000$000	10:410$277
	Pedro Weingarten	La Faiseuse D'Anges	Privada	-	10:000$000	10:000$000
	Oscar Pereira da Silva	O desembarque de Cabral	Pública	1902	8:000$000	9:016$812
	Benedito Calixto	A Fundação de São Vicente	Pública	1900	10:000$000	8:545$884
	Eliseu Visconti	Maternidade	Privada	1911	6:000$000	6:000$000
	Rosa Bonheur	Os Carneiros	Privada	1912	6:000$000	5:558$262
	Rosa Bonheur	Junta de bois	Privada	1912	5:000$000	4:631$885
	J. Lazerges	No Deserto	Privada	1912	4:000$000	3:705$508
	Almeida Junior	Saudade	Privada	1900	4:000$000	3:418$353
	Almeida Junior	O Importuno	Privada	1900	3:550$000	3:033$789
	Pedro Weingarten	Rosa Mística	Privada	-	3:000$000	3:000$000
	Pedro Weingarten	As Borboletas	Privada	-	3:000$000	3:000$000
	Almeida Junior	A Mendiga	Privada	1900	3:010$000	2:572$311
	Almeida Junior	Noiva	Privada	1900	2:600$000	2:221$930
	Enrico Vio	Velhice tranquila	Pública	1913	2:000$000	1:891$447
	Pedro Weingarten	Paisagem do Rio Grande do Sul	Privada	1910	1:500$000	1:675$971
	Carlos de Servi	O tropeiro	Pública	1913	1:500$000	1:418$585
	Nicota Bayeux	Coeur mertri	Pública	1913	1:500$000	1:418$585
	Benedito Calixto	Retrato	Pública	1901	1:000$000	1:041$028
	Benedito Calixto	Retrato	Pública	1901	1:000$000	1:041$028
	Anita Malfatti	Lalive	Privada	1917	1:200$000	660$387
	Anita Malfatti	Tropical	Privada	1917	1:200$000	660$387
	Benjamin Constant Neto	Coral	Privada	1905	600$000	572$739
	Benjamin Constant Neto	Songe d'épouse	Privada	1905	600$000	572$739
	Benjamin Constant Neto	Em pose	Privada	1905	500$000	477$283
	George Fischer Elpons	Rosas	Pública	1913	500$000	472$862
	Luis Cordeiro	Velhas figueiras	Pública	1913	500$000	472$862
	Almeida Junior	Garoto	Privada	1900	510$000	435$840
	Almeida Junior	Guarujá - Marinha	Privada	1900	450$000	384$565
	Almeida Junior	Cabeça de Estudo	Privada	1900	450$000	384$565
	Almeida Junior	Cabeça de Estudo	Privada	1900	450$000	384$565
	Benjamin Constant Neto	Le dernier sou	Privada	1905	400$000	381$826
	Dakir Parreiras	Sous bois	Pública	1913	400$000	378$289
	Almeida Junior	Guarujá	Privada	1900	430$000	367$473
	Almeida Junior	Guarujá	Privada	1900	410$000	350$381
	Almeida Junior	Cabeça (Estudo)	Privada	1900	400$000	341$835
	Benjamin Constant Neto	Filosofando	Privada	1905	350$000	334$098
	José Barbosa Rodrigues	-	Privada	1903	300$000	331$083
	Almeida Junior	Batismo de Cristo	Privada	1900	360$000	307$652
	Antônio Mancini	Cabeça de camponesa romana (pastel)	Privada	1919	833$333	292$843
	Daini Augusto	Concerto nº 1700 (óleo)	Privada	1919	833$333	292$843
	Carlo Vittori	O Palácio da Municipalidade em Cremona	Privada	1919	833$333	292$843
	Carlo Vittori	O Velho Montanhês	Privada	1919	833$333	292$843
	Ranerai	Morigiè	Privada	1919	833$333	292$843
	Salinas	Descanso do Baile	Privada	1919	833$333	292$843
	Benjamin Constant Neto	Repouso	Privada	1905	300$000	286$370

(CONCLUSÃO)

Cidade	Artista	Nome da Obra	Perfil da aquisição	Ano	Valor nominal	Valor (1911)
São Paulo	Benjamin Constant Neto	Moreninho	Privada	1905	300$000	286$370
	Almeida Junior	São Jerônimo	Privada	1900	290$000	247$831
	Almeida Junior	Cabeça de Estudo	Privada	1900	270$000	230$739
	Almeida Junior	Tarquínio e Lucrécia	Privada	1900	270$000	230$739
	Almeida Junior	Tanque de Indaiatuba	Privada	1900	260$000	222$193
	Almeida Junior	Caipiras negaceando	Privada	1900	220$000	188$009
	Almeida Junior	Natureza Morta	Privada	1900	200$000	170$918
	Almeida Junior	Atelier do artista em Paris	Privada	1900	200$000	170$918
	Vicente do Rego Monteiro	Um escândalo na corte de Catarina	Privada	1920	500$000	160$077
	Vicente do Rego Monteiro	Visita ao salão futurista	Privada	1920	500$000	160$077
	Benjamin Constant Neto	Estudo	Privada	1905	150$000	143$185
	Anita Malfatti	Ventania	Privada	1917	250$000	137$581
	Anita Malfatti	Paisagem de Santo Amaro	Privada	1917	250$000	137$581
	Almeida Junior	Partida das Monções (Estudo de uma figura)	Privada	1900	160$000	136$734
	Almeida Junior	Capuchinos	Privada	1900	150$000	128$188
	Almeida Junior	Ressureição do Senhor	Privada	1900	150$000	128$188
	Almeida Junior	Cesta de Flores	Privada	1900	145$000	123$915
	Almeida Junior	Violeiro (Esboço)	Privada	1900	120$000	102$551
	Almeida Junior	No banho	Privada	1900	110$000	94$005
	Almeida Junior	Conversão de São Paulo	Privada	1900	100$000	85$459
	Almeida Junior	Sátiro	Privada	1900	99$000	84$604
	Vicente do Rego Monteiro	Tarde de um índio (domesticação)	Privada	1920	260$000	83$240
	Vicente do Rego Monteiro	Caboclo do Caxangá	Privada	1920	230$000	73$636
	Vicente do Rego Monteiro	Cabeça de moleque (estudo)	Privada	1920	230$000	73$636
	Almeida Junior	A posse da Jonta Governanta de 1889	Privada	1900	80$000	68$367
	Desconhecido	Retrato (genérico)	Privada	1907	65$000	65$439
	Almeida Junior	Nu	Privada	1900	76$000	64$949
	Almeida Junior	Cena do Guarani	Privada	1900	76$000	64$949
	Vicente do Rego Monteiro	Namouná	Privada	1920	200$000	64$031
	Vicente do Rego Monteiro	Zé, o verdureiro	Privada	1920	180$000	57$628
	Almeida Junior	As Lavadeiras (Esboço)	Privada	1900	62$000	52$984
	Almeida Junior	Nu (Estudo)	Privada	1900	60$000	51$275
	Almeida Junior	O Tempo	Privada	1900	60$000	51$275
	Almeida Junior	Volta do Baile	Privada	1900	59$000	50$421
	Almeida Junior	Vista dos arredores de Paris	Privada	1900	55$000	47$002
	Almeida Junior	Nu	Privada	1900	50$000	42$729
	Almeida Junior	Cabeça de Roça (Estudo)	Privada	1900	50$000	42$729
	Almeida Junior	A Ressureição de Lázaro	Privada	1900	50$000	42$729
	Almeida Junior	Estatuário	Privada	1900	50$000	42$729
	Almeida Junior	Rochedo de Toulon	Privada	1900	50$000	42$729
	Almeida Junior	Depois do Banho	Privada	1900	35$000	29$911
	Almeida Junior	Cabeça de Criança	Privada	1900	35$000	29$911
	Almeida Junior	Cabeça de Moça (Estudo)	Privada	1900	31$000	26$492
	Almeida Junior	Corpo de Velho	Privada	1900	30$000	25$638
	Vicente do Rego Monteiro	Cabeça de Índio (Estudo de Penacho)	Privada	1920	80$000	25$612
	Vicente do Rego Monteiro	Melindrosa	Privada	1920	70$000	22$411
	José Barbosa Rodrigues	-	Privada	1903	20$000	22$072
	Almeida Junior	Ascenção de Nossa Senhora	Privada	1900	21$000	17$946
	Almeida Junior	Academia	Privada	1900	21$000	17$946
	Almeida Junior	São Francisco	Privada	1900	20$000	17$092
	Almeida Junior	Trabalho a Crayon	Privada	1900	20$000	17$092

[a] Foram computadas como aquisições públicas apenas as obras cujo comprador primeiro foi, reconhecidamente, um agente público. Como a tabela foi elaborada a partir de fontes secundárias, apenas um estudo mais pormenorizado daria conta de compreender plenamente a trajetória de venda e aquisições das obras.
[b] Os anos aqui se referem aos anos de venda (ou de publicação da venda) das obras e não o ano de sua fatura. Quando não foi possível localizar o ano, mantivemos o valor nominal indicado, sem aplicação de índice de deflação.
FONTE: Rossi (2001), F. R. Moraes (2008) e Weisz (1996). Cálculo e tabulação do autor.

Conforme exposto na Tabela 11, podemos atestar que a importância das encomendas públicas (e das relações pessoais) foi alta também em São Paulo. Já mencionamos que o Museu Paulista, sobretudo durante a gestão de Afonso d'Escragnolle Taunay, realizou um verdadeiro pacote de encomendas, movimentando o ateliê de artistas diversos. De acordo com Ana Cláudia Brefe, "as encomendas aos pintores foram intensas, sobretudo até o ano de 1920, quando Taunay complementou a série sobre a cidade de São Paulo" (2005, p. 107). Oscar Pereira da Silva, Domenico Failutti, Benedito Calixto, Wasth Rodrigues e Fernandes Machado são apenas alguns dos artistas contemplados pelo pacote de encomendas do Museu Paulista ao longo de sua gestão. Os gastos com a decoração do Museu, no ano de 1921, passaram de 250 contos (Rs. 250:000$000) (*idem*, p. 129).

Menos louvado pela bibliografia, também seu antecessor, Hermann von Ihring, mobilizou recursos consideráveis para a aquisição de obras e itens para a coleção do Museu Paulista. Apenas para citar alguns valores, em 1900 o quadro "A fundação de São Vicente", de Benedito Calixto, avaliado em Rs. 10:000$000, foi doado ao Museu pela Secretaria do Interior. No ano seguinte, o quadro "Partida da Monção", de Almeida Junior, foi adquirido por Rs. 30:000$000. No mesmo ano, foram adquiridos mais dois retratos de Calixto, ao preço unitário de Rs. 1:000$000. Já em 1902 foi a vez do Estado adquirir o quadro "O desembarque de Cabral", de Oscar Pereira da Silva, por Rs. 8:000$000 (Moraes F. R., 2008, p. 213-214).

Ainda no bojo de comemorações, efemérides e reformulações urbanísticas, registraram-se diversos retornos para os escultores sediados em São Paulo. O italiano Ettore Ximenes, por exemplo, arrematou o concurso público para a realização do Monumento do Centenário da Independência no Ipiranga (Brefe, 2005, p. 146). A escultora Nicolina Vaz, consagrada por diversas encomendas e subsídios públicos – incluindo uma bolsa do Pensionato Artístico a Paris entre 1904 e 1907 – foi a responsável pela execução da "Fonte Monumental", localizada à Praça Julio Mesquita, no centro de São Paulo. A obra foi originalmente desenhada em 1913 e inaugurada dez anos depois, inscrevendo-se no contexto de reformulações urbanística das gestões municipais de Antônio Prado (1899-1911) e Raymundo Duprat (1911-1914) (Cf. Simioni, 2008, p. 269-271).[84]

De fato, não apenas as nascentes instituições oficiais de cultura da cidade – a Pinacoteca, o LAOSP ou o Teatro Municipal – mobilizaram-se para adquirir obras para sua decoração e/ou coleção: registram-se encomendas dos mais variados órgãos do aparato estatal paulista. Percebe-se a maneira pela qual os diversos espaços culturais da arte institucional na cidade interligam-se. Longe de se observar um cenário multifacetado e heterogêneo, todavia, o que se registra é um segmento bastante dependente do erário público e, indiretamente, de apoios e auxílios de figuras da elite local.

Novamente, é incorreto imaginar que a situação dos modernistas é distinta da dos acadêmicos: as encomendas públicas foram fundamentais também para o grupo. O caso a se destacar aqui é o do escultor Victor Brecheret. Além da subvenção dada pelo governo paulista via pensionato artístico, o artista foi agraciado com a aquisição de sua estátua "Eva", comprada pela Municipalidade em 1921 (Brito, 1971, p. 130). Já seu gigantesco "Monumento às Bandeiras" demorou mais tempo para concretizar-se. A primeira tentativa deu-se ainda no contexto da celebração do centenário da Independência, tendo sua proposta sido preterida pela de Ximenes. Uma maquete do projeto foi exposta, em seguida, na Casa Byington, à rua XV de Novembro, não atraindo o interesse do patrocínio "oficial ou particular, apesar da presença do Presidente do Estado, Washington Luis, na cerimônia de abertura" (PMSP, s/d). Nova proposta foi feita à Prefeitura em 1936 para, somente em 1954, o monumento ser inaugurado.

Enquanto aguardava a lenta tramitação burocrática para a aquisição de seu projeto, Brecheret extraiu recursos de obras menores, voltadas ao mercado privado. O destaque recai aqui sobre os túmulos (Moraes, 2013a, p. 89). Diga-se de passagem, a execução de túmulos e mausoléus juntamente com a execução de bustos parece ter sido a principal fonte de renda dos escultores tanto no Rio de Janeiro quanto em São Paulo (Cf. Vaccani, 1949, p. 138). Se nos valermos do catálogo de obras realizadas por Rodolpho Bernardelli no período 1904-1922 a partir da compilação de Suely Weisz, constatamos que das 83 obras listadas, figuram 36 bustos e 9 túmulos – 56,6% de sua produção total (1996, anexo e Vaccani, 1949, p. 190-

84 Sobre as reformulações urbanísticas da borda oeste do Vale do Anhangabaú e sua relação com os espaços culturais, ver nossa discussão anterior (Moraes, 2013a, p. 169).

227). "Estátuas, monumentos e chafarizes", por sua vez, respondem por 10,8% do número total de suas obras embora, é claro, a realização deles demandasse muito mais esforço e dedicação do artista.[85]

Seja como for, evidencia-se aqui, uma vez mais, a forte relação dos artistas com o universo de encomendas e do colecionismo. A situação é bastante evidente no caso dos pintores, sempre acionados pelas elites carioca e paulista para a execução de retratos. Há certa unanimidade na bibliografia em destacar a importância desse expediente no portfólio econômico dos artistas plásticos do período (Cf. Miceli, 2003, p. 42 e 56). Como no caso das encomendas públicas, faturas privadas eram orçadas dentro de um grande espectro de preço, dependendo das dimensões das obras e, é claro, da celebridade dos artistas. Essa excessiva dependência não passou incólume pela observação de mentes argutas como a de Oliveira Lima que, visitando a Exposição Nacional de Belas Artes em 1907, afirmou que havia "mais oferta do que demanda" dos quadros, destacando a excessiva concentração de "bustos e retratos" da produção nacional (*OESP, 14/09/1907*).[86]

A importância desses expedientes privados faz-se presente também no incipiente universo das artes e projetos decorativos, uma vez mais articulado ao universo das encomendas da alta sociedade (Cf. Miceli, 2003, p. 94). Há, sobre esse tema, uma interessante discussão encampada por Milena Fernandes de Oliveira. A autora reporta-se ao universo das artes decorativas, discutindo algumas peculiaridades da penetração do *art nouveau* no Brasil. O movimento surgiu na Europa no contexto de revalorização do artesanato e como uma tentativa de harmonização entre técnicas artísticas e métodos industriais de produção. Sobre o tema, afirma a autora que:

> Enquanto nos países do centro do sistema capitalista, onde assistia-se aos processos de industrialização, a arte se mesclava à técnica e sofria um

85 O restante são trabalhos diversos com estudos, placas comemorativas, estatuetas, relevos ou pedestais. Sobre a enorme participação de bustos no catálogo de obras da escultora Nicolina Vaz, ver o levantamento de Adalzira Bittencourt (Bittencourt, Adalzira. *A mulher paulista na História.* Rio de Janeiro: Livros de Portugal, 1954 *apud* Simioni, 2008, p. 270).

86 Continua ele afirmando (com certo exagero, é verdade) que Henrique Bernardelli, "o mais completo dos atuais pintores brasileiros", sustentava-se à base de retratos de personalidades ricas da sociedade fluminense (*14/09/1907*). Sobre o tema, também Aracy Amaral destaca a grande participação da "retratística dentro do panorama das artes plásticas brasileiras no começo do século" (1975, p. 459).

> processo de massificação, o que se via nos países da periferia era justamente o contrário. A absorção do estilo servia aos propósitos de distinção e era específico às disputas de classe no interior da elite (...), disputa que assumia a forma de uma competição entre a fração da elite tradicional e a imigrante ascendente quanto à capacidade de ostentação manifestada na decoração dos palacetes (2009, p. 196).

Tem-se aqui, uma vez mais, a interessante e peculiar relação estabelecida entre distinção e massificação no contexto nacional: enquanto na Europa o movimento indicava as crescentes conexões entre a arte e a produção industrial, no Brasil ele se prestou aos serviços da ostentação e da distinção. É provavelmente na figura de Eliseu Visconti que se observa o expoente capital dessa tendência (Nepomuceno, 2002, *passim*). Sua trajetória aponta também outra fonte de renda complementar do período aos artistas plásticos, esta sim, em maior acordo ao universo da massificação: os concursos de propaganda. Visconti foi o vencedor do concurso de selos de 1904 dos Correios e Telégrafos (*idem*, p. 37). Quatro anos depois, o xarope Bromil fazia um concurso de cartazes sobre "a saúde da mulher", endereçada a "todos os artistas pintores e caricaturistas, profissionais e amadores, nacionais e estrangeiros residentes no Brasil", pagando prêmios de até Rs. 1:000$000, mesmo valor pago pelo concurso anunciado no ano seguinte n'*OPA* (*RF, nº98, 16/04/1908* e *OPA, 30/09/1909*).

O espaço profissional da propaganda nos periódicos e demais produtos de artes gráficas parecia particularmente aberto aos desenhistas, aos profissionais da imprensa da época e aos cartunistas, figurando como uma interessante fonte de renda complementar e regular (Cf. Saliba, 2002b, *passim*). Não deixa de ser sintomático que artistas de formação acadêmica como Rodolfo Amoedo, Henrique Bernadelli ou Di Cavalcanti tenham realizado charges em revistas como a *Kosmos* e *Renascença* (Guedes, 2004 e Amaral, 1975, p. 74).

Parte significativa dessas iniciativas era organizada por associações externas ao ambiente institucional vinculando-se, inclusive, a alguns canais e espaços comerciais e industriais, como os eventos da Sociedade das Artes Gráficas de São Paulo. Fundamental para os artistas foram também as exposições organizadas no período, como o Salão dos Humoristas ou a Exposição de Arte Caricatural na Associação dos Empregados do Comércio (*RF, s/n, 20/01/1917* e *nº48, 20/11/1918*).[87]

---

87 Podemos compreender tais iniciativas dentro do já mencionado arcabouço de instituições de fomento às artes ligadas à sociedade civil, tema de seção do capítulo anterior.

Não é preciso uma análise aprofundada para constatar dificuldades na carreira dos artistas plásticos do período. Há, é claro, exemplos de sucesso: Pedro Weingarten, por exemplo, em sua exposição de 1910, chegou a obter 37 contos (Rs. 37:000$000) com a venda de quadros, incluindo "Paisagem do Rio Grande do Sul" e "La Faiseuse D'Anges", indicados na Tabela 11 (Rossi, 2001, p. 165). Já Antônio Parreiras, outro nome consagrado, chegou a obter 45 contos (Rs. 45:000$000) com a venda de telas em São Paulo (*idem, ibidem*).

A despeito de sucessos pontuais como esses, podemos dizer que diversos artistas plásticos encontraram dificuldades para se sedimentar. Isso porque, para além do universo restrito das instituições oficiais, restava um mercado tacanho. As encomendas públicas eram eventuais e os concursos – quando não tinham seus vencedores marcados de antemão – disputadíssimos.[88] No mundo das encomendas privadas (túmulos, bustos e retratos), os compradores eram poucos. Ainda mais restritos e exíguos eram os espaços de exposição: lojas, salões de clubes, além dos espaços das associações comerciais e dos jornais. Inadequados, improvisados e pouco afeitos a lógica empresarial, a dinâmica desses espaços culturais esteve mais próxima da benevolência deste ou daquele patrono eventual do que a organização de um campo efetivamente profissional e autônomo (Rossi, 2001 e Chiarelli, 1995). Em outras palavras: não se constituiu um *mercado de arte* nas cidades de São Paulo e Rio de Janeiro, daí a importância da perene conexão com os canais oficiais ou semioficiais.

Cabe perguntar em que medida os artistas compensavam a exiguidade dos espaços comerciais nas duas cidades mobilizando-se pelo país. Ao longo da análise de catálogos de exposições então realizadas, são frequentes os trânsitos entre artistas plásticos. As trocas e circulações entre artistas, não apenas no eixo Rio-São Paulo, mas também entre outras localidades do país e mesmo da América do Sul integram uma história que ainda necessita de maiores estudos e pode trazer novas luzes à compreensão da dinâmica econômica do circuito institucional. Um interessante caso, destacado em pesquisa anterior, foi a excursão realizada pelo artista plástico Torquato Bassi, que organizou, em 1917, uma série de exibições de jovens pintores paulistanos na capital, em Santos e no interior do Estado, buscando "promover jovens talentos" e aumentar o alcance da produção local (Cf. Moraes, 2013a, p. 82).[89]

---

88 No concurso para o Monumento do Centenário da Independência, em São Paulo, foram 20 projetos inscritos (Brefe, 2005, p. 146).

89 Sobre o tema, afirmou uma nota d'*OESP* que "a ideia é excelente não apenas sob o ponto de vista pecuniário dos artistas. (...). Também excelente pelo seu lado educativo.

No atual estágio de pesquisa, contudo, é difícil afirmar se o alargamento geográfico representou maiores possibilidades ou se desencadeou um acirramento da concorrência nos ainda estreitos mercados locais.

Seja como for, queremos com esse verdadeiro *tour de force* sobre as possibilidades econômicas dos artistas reforçar o argumento da importância das relações diretas entre artistas e compradores – seja em relação às instituições de ensino, seja pelo bom relacionamento com um mecenas, seja por conexões com as sociedades e associações (imigrantes ou profissionais). Na ausência de um mercado anônimo e impessoal, a obtenção de conexões pessoais figurava como uma das finalidades primeiras do universo profissional da grande arte.

Para a imensa maioria que não conseguia penetrar nos quadros oficiais ou obter subvenções oficiais, todavia, a situação profissional era difícil. Para esses, restava quase que exclusivamente uma única possibilidade profissional: a docência particular. É, de fato, raro encontrar algum artista plástico que não tenha se valido, mesmo em estágio avançado da carreira, de tal expediente como forma complementar ou principal de renda. Figuras destacadas das artes plásticas de São Paulo como Pedro Alexandrino e Fischer Elpons – mas também Anita Malfatti, Amália Pfann, Minna Mee, Carlos Reits, Berthe Worms, William Zadig, Wasth Rodrigues – atuaram na área (Simioni, 2008, p. 131 e Taransantchi, 1996, p. 40). No caso de Alexandrino, afirma seu biógrafo que o artista possuía um elevado contingente de estudantes do sexo feminino. Novamente, a maioria dessas jovens pintoras não via a arte com perspectivas profissionais, mas sim como um *hobby* e/ou como uma prenda matrimonial (*idem, ibidem*).

A docência particular parecia alcançar um público muito semelhante ao das instituições de ensino analisadas nas últimas sessões: jovens moças das classes média e alta. A dimensão e as potencialidades econômicas desse mercado não podem ser menosprezadas. A organização do Ateliê Bernardelli, projeto particular encabeçado pelos irmãos Henrique e Rodolpho em paralelo às atividades da ENBA, su-

---

Alargar o círculo de vulgarização dos nossos bons pintores, quase inteiramente restrito a uma parte do público da capital é, com certeza, uma obra útil" (*OESP*, 28/07/1917). Apenas a título de menção de outros casos interessantes citamos as discussões sobre a presença de artistas paulistas nos salões cariocas ou, no sentido oposto, de cariocas em São Paulo (Amaral e Barata, 1975, s/p e Miceli, 2003, p. 72). Rosa, por sua vez, faz uma interessante discussão sobre a má penetração da obra e do nome de Rodolpho Amoedo fora do eixo Rio-São Paulo (2000, p. 127).

gere quanto a atividade era central na dinâmica profissional dos artistas plásticos (Simioni, 2008, p. 132-133). Curiosamente, foram poucos os artistas que encararam essa atividade sob uma perspectiva empresarial ou, com o perdão do anacronismo, "empreendedora": Míriam Rossi aponta que houve um salto no número de estabelecimentos privados de ensino artístico em São Paulo durante a década de 1910. A maioria destas firmas teve, contudo, vida curta. É o caso da Escola de Belas Artes, inaugurada em 1910 e fechada dois anos depois ou da Escola de Arte Novíssima que durou de 1916 a 1917 (Cf. 2001, p. 23).

A falência dessas iniciativas pode estar relacionada à falta de capacitação e tino comercial dos artistas, mais acostumados ao universo das tintas e cavaletes do que aos balanços de contabilidade.[90] Mais provável, contudo, é que essa atividade seguisse uma visão "improdutiva" da arte.[91] Evidenciava-se, também aqui, que a perspectiva *não-comercial* das artes plásticas do período transbordava os limites das instituições de ensino, espalhando-se para a dinâmica do setor como um todo.

Os músicos detinham, em relação aos artistas plásticos, uma versatilidade maior. Não se pode dizer, todavia, que as diretrizes gerais de possibilidades profissionais dos instrumentistas e compositores egressos dos espaços oficiais de formação fossem diferentes. O universo das encomendas era, pela própria materialidade da obra, menor, mas não deixou de existir. Um dos casos mais interessantes foi o do concurso do novo Hino, instaurado em 1889. Vinte e nove músicos e professores inscreveram-se incluindo o então diretor do INM, Leopoldo Miguez. Todos os jurados eram por ele definidos e, como é bem sabido, o compositor foi, ele mesmo, o vencedor da contenda (Augusto, 2008, p. 19).

Já vimos no capítulo 1 a maneira pela qual diversos instrumentistas – alguns de formação acadêmica – vincularam-se aos canais comerciais do período. Além dos teatros e cinemas, também as sociedades culturais proporcionavam espaços de inserção profissional para os músicos, sobretudo em estágio inicial da carreira, conforme apontam as análises das biografias de Luciano Gallet e, um pouco mais remoto no tempo, de Alexandre Levy (Wisnik, 1977, p. 53 e Tuma, 2008).

---

90 A análise dos currículos dos cursos indica pouca (ou mesmo ausente) instrução de ordem prática para os alunos de lá egressos. Sobre a questão ver as compilações de documentos de Uzeda (2006) e Galvão (1954).

91 Para uma discussão teórica sobre o caráter "improdutivo" da arte, ver Vasques (2010, p. 185-188).

Cabe questionar, todavia, onde estavam as orquestras, a "porta de saída" natural dos músicos profissionais egressos das escolas de música. Embora tenha constituído um conservatório dramático e musical em 1906 e um teatro municipal em 1911, o primeiro corpo estável de São Paulo, a Orquestra Sinfônica Municipal, foi organizada apenas em 1921, no bojo das atividades da Sociedade de Concertos Sinfônicos. Sua oficialização, todavia, deu-se somente no ano de 1949, mesmo ano de criação do Coral Lírico. No Rio de Janeiro, a Orquestra Sinfônica Brasileira só foi oficializada nos anos de 1930, dependendo sua manutenção, até então, de expedientes do mundo das associações da sociedade civil (Cf. Correa, 2004). Delineia-se aqui uma situação interessantíssima: o universo oficial da Primeira República mobilizou grandes esforços para a criação de instituições e espaços de ensino e difusão artística. Essas escolas, todavia, prestaram-se antes a objetivos de *consagração* e *reiteração* de vieses elitistas do que a constituição de aparato oficial efetivo de difusão e fruição artística ou, posição ainda mais distante, a consolidação de um segmento economicamente dinâmico (Pereira, 2007, p. 197)[92].

Enclausurados nas exigências técnicas e nas disputas internas de suas academias, os professores, diretores e alunos não se preparavam para o momento de sua posterior inserção no mercado. Ou melhor: ignoravam-no e por ele nutriam apatia, ojeriza ou vergonha. É sintomática a baixa ocorrência de instrumentistas nacionais eruditos nos catálogos da Casa Edison ou de qualquer outra gravadora nacional ou estrangeira: ao contrário do "comercial" Abdon Milanez, Nepomuceno só teve um registro fonográfico realizado em 1953 e Miguez, em 1958 (Augusto, 2008, p. 250).

O destino da imensa maioria dos músicos era, como nas artes plásticas, a docência particular (Bessa, 2012, p. 145). A julgar pelas notas e crônicas da imprensa da época, o CDMSP contribuiu bastante para esse quadro não apenas formando, mas também abrigando em seu salão atividades realizadas pelas professoras de canto, piano ou violino da cidade. Referimo-nos a figuras diversas que anunciaram atividades artísticas na casa como a professora "Victoria Serva Pimenta e suas pupilas" (*AC, mar/1918, nº88*), a professora de canto Climene Dual Bazoni (*AC, 1920, nº147*), as alunas Maria José Simões e Ivonne Bouron (*AC, mai/1921, nº160*), a violinista Marina Milone Vaz (*AC, jun/1921, nº161*), o "saraus beneficentes das pianistas Maria Arantes e Maria de Freitas" (*OESP, 14/09/1920*), a apresentação da "jovem

92 Para uma discussão sobre a formação de orquestras e a importância dos cursos noturnos do INM, ver Pereira (2007, p. 161-162). Sobre a falta de orquestras em São Paulo, ver Bessa (2012, p. 148).

pianista Helena Boucalt" (*AC, out/1920, nº170*), de "Lucilla de Mello e suas alunas" (*AC nº172, nov/1920*), da pianista Alayde Peixoto (*AC nº173, dez/1920*), de Cacilda Marcondes e Ophelia do Nascimento (*AC nº174, dez/1920*), e das cantoras Lilah Teixeira (*AC nº175, jan/1922*) e Maria Emma Freira (*AC nº177 fev/1922*).

Figura 17 – Alberto Nepomuceno como professor particular (1917)

FONTE: Acervo da Biblioteca Alberto Nepomuceno in: Pereira (2007)

A importância da docência musical particular atingiu também os quadros primeiros das instituições oficiais do período. À maneira do ateliê Bernardelli, vários professores do INM dedicaram-se à atividade, destacando-se aí a figura de Alberto Nepomuceno (Pereira, 2007, p. 185 e Figura 17). Do ponto de vista do estudo de possibilidades profissionais, o compositor figurou, aliás, como um dos mais interessantes e complexos atores sociais do período, uma vez que tentou conciliar atividades profissionais das mais diversas durante o período. Além da composição e regência, das aulas particulares e institucionais e do pesado trabalho administrativo e burocrático do INM, adiciona-se ao portfólio do artista uma tentativa de aproximação com dois importantes canais comerciais musicais do período: o mercado de partituras e o circuito teatral internacional.

Sobre o primeiro, afirmam seus biógrafos que o compositor foi grande partícipe do comércio de partituras tanto no âmbito local quanto internacional. Nepomuceno foi, aliás, responsável pela publicação de diversos autores nacionais e mobilizou sua rede de contatos no estrangeiro para divulgar e fomentar os talentos brasileiros (Pereira, 2007, p. 224).

Já sua incursão pelo universo teatral internacional pode ser considerada uma tragédia. O caso gira ao redor da polêmica divulgação de sua ópera *Abul* pelo circuito musical latino-americano e europeu e tem por protagonistas o próprio Nepomuceno e Walter Mocchi, empresário teatral italiano do período e concessionário de consecutivas temporadas dos teatros municipais latino-americanos.

As dificuldades encontradas por Alberto Nepomuceno – compositor oficial da República e diretor da mais prestigiosa escola de música do país – em vincular sua ópera aos grandes canais de circulação do período indicam um interessante ponto de intersecção entre o circuito da arte institucional e o circuito comercial. Mais interessantes ainda, as disputas travadas entre Nepomuceno e Walter Mocchi indicam-nos que os espaços culturais institucionais do Rio de Janeiro e de São Paulo precisam ser matizados dentro de redes maiores e ainda mais complexas.

A compreensão desse ponto, parece-nos, envolve uma descrição acurada dos últimos dois grandes espaços da arte institucional: os teatros municipais. Embora gestados e idealizados em moldes semelhantes a outros espaços culturais do período (como a ENBA ou o INM), os teatros detiveram certas particularidades. Discutiremos, a seguir, a maneira pela qual eles figuraram como pontos de convergência entre os mundos institucional e comercial. Se, por um lado, figuras maiores da intelectualidade nacional se envolveram ativamente nas discussões e debates para a construção e gestão das casas de ópera, por outro, tais espaços articularam-se (e, podemos dizer, subordinaram-se) aos nascentes canais de acumulação capitalista da indústria de espetáculos do começo do século XX.

Do local ao global e de volta ao local: os teatros municipais

Os Municipais do Rio de Janeiro e de São Paulo figuram como nós de sobreposição entre interesses restritos e internacionais, espaços ligados tanto à estandardização e racionalização de produtos culturais em âmbito global quanto à diferenciação social local, em suma, vinculados tanto aos canais da massificação quanto da distinção.

Começamos nosso estudo por uma tomada de posição metodológica: a unificação dos dois teatros numa análise conjunta. Até o presente momento, parte significativa das pesquisas sobre as duas casas de espetáculo esteve vinculada a publicações oficiais, lançadas quando da comemoração de efemérides.[93] Fortemente influenciadas pela memória urbana das duas cidades, tais publicações centram-se em demasia nos aspectos sociais locais das casas de espetáculo, destacando sua relevância no contexto específico das duas cidades, mas ignorando ou não dando a devida centralidade a contextualizações econômicas maiores. O ponto central que queremos destacar aqui é que Rio de Janeiro e São Paulo foram apenas duas das centenas de cidades que inauguraram teatros públicos de grande porte nesse momento histórico. Em levantamento realizado anteriormente, indicamos que, entre 1880 e 1920, nada menos que vinte e sete cidades da América Latina inauguraram e/ou reformaram casas de espetáculo de proporções semelhantes aos Municipais do Rio e de São Paulo (Moraes, 2013a, p. 168). Se adicionarmos à contagem cidades de países europeus e a América do Norte a lista aumentará ainda mais. O fato é que, longe de figurar como um evento específico na trajetória cultural ou política desta ou daquela cidade, a inauguração de grandes salas de espetáculo figurou como uma tendência global do período (Cf. Hobsbawm, 2008, p. 31).[94]

Se a ambição de uma *opera-house* era comum a cidades dos quatro cantos do globo, os métodos e os modelos de gestão adotados para atingi-la variaram sobremaneira. Não deixa de ser interessante que a bibliografia especializada, tão meticulosa na descrição de detalhes de decoração, de ornamentos e preciosidades arquitetônicas das casas, tenha se detido pouco no estudo dos diferentes métodos de financiamento e gestão das mais importantes casas de espetáculo do país.[95] Parece-

93 É o caso de publicações como Ermakoff (2010), Chamie (1981), Camargos (2011), dentre outros.

94 Não nos parece produtivo precisar uma origem historicamente determinada de tal fenômeno já que ele se vincula, em maior ou menor grau, a diversos acontecimentos históricos da segunda metade do século XIX. Costuma-se destacar, todavia, o teatro (e festival de ópera) de Bayreuth, na Alemanha, como caso paradigmático e inicial (Cf. Burnett, 2011, cap. 4). Diversas outras reflexões sobre espaços de tal porte foram discutidas em 2012, no colóquio internacional "Le Second Empire et la culture: réflexions sur la genèse des politiques culturelles" organizado pelo *Centre d'Histoire Culturelle des Sociétés Contemporaines* da Universidade de Versalhes (CHCSC-UVSQ).

95 Não se trata de uma exclusividade do caso nacional. Também no âmbito internacional, registram-se dificuldades de encontrar trabalhos voltados à compreensão da dinâmica econômica dos grandes palcos. Se cabem alguns destaques, indicamos o livro de Davis (2000) e os trabalhos de Charle (2012) e Goetsche e Yon (2008).

nos, sem embargo, que a comparação entre esses diferentes modelos e a análise caso a caso dá conta de indicar tanto as particularidades locais de cada projeto quanto aspectos comuns compartilhados.

Comecemos pelo Teatro Municipal do Rio de Janeiro. À maneira da ENBA e do INM, a organização de uma grande instituição teatral oficial esteve presente nos primeiros momentos do programa político do nascente regime republicano. As primeiras iniciativas deram-se no âmbito federal, pela pena do artista e então deputado pela Paraíba, Pedro Américo, em projeto de lei de 1892 (Chaves Junior, 1971, p. 3). Dois anos depois, seria a vez do crítico e dramaturgo Artur Azevedo. O artista conclamou uma subscrição pública com cotas de 10 contos de réis (Rs. 10:000$000) para construção de um teatro público (Neves e Levin, 2009, p. 95-99).

Sua pressão, apoiada pela opinião pública, foi exitosa, e naquele ano iniciou-se a tramitação oficial da lei, no âmbito municipal. Desde cedo impuseram-se grandes custos ao projeto, bastante altos ao orçamento público da cidade. A primeira proposta iniciou-se por meio do Decreto nº 92 de 16/06/1894 que instituía um "imposto sobre companhias estrangeiras em benefício do teatro nacional" (*Decreto nº 92 de 16/06/1894 apud* Chaves Junior, 1971, p. 3).[96] A lei se fez efetiva e, já em 1896, a Prefeitura havia arrecadado Rs. 95:000$000 para a construção do prédio (Ermakoff, 2010, p. 40). No ano seguinte, nova lei permitiu a extração de loterias municipais no valor de Rs. 2:000:000$000.

Nos anos subsequentes, todavia, inúmeras polêmicas afligiram o projeto. Primeiramente, a declaração do ex-ator Antônio de Souza Martins, "diretor nomeado do futuro Teatro Municipal", afirmando que o dinheiro fora utilizado, em 1898, para fins outros. No ano seguinte, o prefeito Cesário Alvim afirmou que o dinheiro existia e seria empregado corretamente. A polêmica foi tamanha que a construção do teatro virou tema da corrida eleitoral ao cargo de prefeito (*idem*, *ibidem*).

96 "Art 1º: toda companhia, empresa ou associação estrangeira, de tragédia, drama ou comédia, opereta, ópera-cômica, vaudeville, equestre, ginástica, ilusionista, coreográfica, de cançonetas denominadas cafés cantantes ou concertos, e congêneres, para funcionar no Distrito Federal, além dos impostos já estabelecidos, pagará a quantia de Rs. 200$000 mensais adiantados e mais 5% sobre a venda bruta de seus espetáculos" (*Decreto nº 92 de 16/06/1894 apud* Chaves Junior, 1971, p. 1). Aspecto curioso é que são considerados grupos nacionais aqueles que "ao menos em sua maioria são domiciliados no Brasil há mais de 12 meses".

No início do século a celeuma continuou. Em 1904 foi anunciado o vencedor do concurso de projetos para realização da grande obra. Sete candidatos se inscreveram no processo – que prometia prêmio de Rs. 10:000$000 ao primeiro colocado – inclusive arquitetos estrangeiros. A surpresa geral foi quando o anúncio que o projeto "Áquila", de autoria de Francisco de Oliveira Passos, fora o vencedor. Ora, acontece que Francisco era ninguém menos que o filho do prefeito Francisco Pereira Passos (Chaves Junior, 1971, p. 3).[97] A solução encontrada para apaziguar o ânimo dos descontentes foi fundir ideias do projeto vencedor com os demais (Ermakoff, 2010, p. 60).

Igualmente polêmicos foram os gastos incorridos para a construção. A decoração externa e interna do teatro ficou a cabo dos sempre presentes irmãos Bernardelli e de Rodolpho Amoedo (MNBA, 1999, p. 42).[98] Já o pano de boca foi encomendado a Eliseu Visconti, que o produziu em seu atelier na França.[99] Se adicionarmos a essas encomendas as toneladas de bronze, mármore italiano e vidros alemães, as ações de importadores contra a prefeitura e a greve de operários, seria difícil que a obra conseguisse ficar dentro dos 1.500 contos (Rs. 1:500:000$000) propostos originalmente. Em 1905 a prefeitura liberou um crédito suplementar de 3.180 contos e a obra, concluída em 1909, foi inaugurada ao custo de Rs. 10:856:000$000, um custo 7,2 vezes maior, portanto, do que os 1:500:000$000 orçados inicialmente (Ermakoff, 2010, p. 66).

Se no Rio de Janeiro a opção de financiamento do Municipal pelos cofres públicos era um consenso, o mesmo não se deu na metrópole do café. Em 1895, o edil Carlos Garcia propôs à Câmara um projeto de "isenção de imposto a particu-

97 Sobre o tema, afirmou Enéas de Sá Freire em discurso na Câmara: "não é procedente desta forma, senhor presidente, que havemos de ser um país respeitado por todas as nações do mundo; não podemos ser respeitados quando a maior autoridade local do distrito convida, em um certame universal filhos de nações estrangeiras para a ele concorrerem, sabendo de antemão que já estava o primeiro prêmio destinado a seu próprio filho" (MNBA, 1999, p. 42).

98 Para maiores referências às obras dos artistas no teatro, ver MNBA (1989 e 1999).

99 Tudo leva a crer que, como de costume, a tarefa foi delegada sem a realização de um concurso. De acordo com o crítico Frederico Barata, Visconti (aluno de Bernardelli) teria sido escolhido por Pereira Passos, "temeroso que a tarefa pudesse cair sobre 'algum improvisador'" (Cf. Nepomuceno, 2002, p. 13). Obviamente, a ausência de um certame foi criticada pela imprensa. Sobre o fato, lamentou-se Artur Azevedo: "tratando-se de obra tão importante, não tivesse havido um concurso entre cenógrafos brasileiros" (*idem*, p. 18).

lares interessados em erguer um teatro", sem obter êxito (Amaral, 1979, p. 391). A Municipalidade tentou novamente mobilizar o setor privado no ano seguinte, em projeto de José Roberto e Gomes Cardim, concedendo 20 anos de isenção de impostos (Brandão, 1993, p. 18). Em 1898, nova lei estendia o prazo de isenção para 50 anos. Neste ano foram também realizadas tratativas com o empresário Giacomo Leone para levantar capitais para o projeto na Europa. Leone, todavia, morreu sem conseguir alcançar o feito (Amaral, 1979, p. 392).

Em 1900 o projeto passou para a esfera estadual. Entre os dias 14 e 30 de agosto foram realizadas acaloradas discussões sobre o Projeto de Lei nº3 daquele ano, de autoria do senador Frederico Abranches.[100] Não deixa de ser curioso que a tônica capital das discussões tenha sido, precisamente, a pertinência de financiar tal projeto por vias públicas. Sobre o tema, afirmou Brandão que:

> Frederico Abranches (...) motivou uma discussão marcado por um aspecto interessante, debatido praticamente ao longo de todo este século [XX]: deve ou não o Estado usar o dinheiro público para a construção de teatros ou centros de cultura? Cabe ao Estado financiar a produção cultural? Este foi outro aspecto que marcou a modernidade do Municipal. Porque se propunha a ação da iniciativa privada, vinculada ao Estado (...) amparada por leis ainda incipientes, mas que marcam um caminho. Lavoura e comércio, sugeriu-se, poderiam se unir para dotar a cidade de um teatro (1993, p. 18).

A análise das atas das três discussões do legislativo é interessantíssima aos objetivos da presente tese e do presente capítulo, pondo à prova a hipótese de José Murilo de Carvalho sobre o perfil *heterogenético* da cidade de São Paulo (1988). A defesa de Abranches inicia-se com uma louva aos valores morais e civilizatórios do teatro, "uma escola fecunda de costume". Encerrada sua apresentação, afirma o senador:

> Poderão objetar-me que, embora sejam verdades incontroversas tudo quanto venho de dizer, todavia elas não justificam o projeto, porque o teatro deve ser construído e mantido por iniciativa individual e jamais

100 Para uma análise mais minuciosa das discussões no legislativo paulista sobre a criação do Municipal, ver Moraes (2013a, cap. 4).

> pelos cofres públicos que representam o trabalho e o suor dos contribuintes (ALESP, 14/08/1900).

A despeito dos avanços materiais do Estado nessa fase de sua história, decorrência dos ótimos resultados do café ao longo da década de 1890, o compromisso com gastos tão elevados era, no mínimo, questionável. O Senador Jorge de Miranda, por exemplo, cita que a cidade "não tem uma casa para o Tribunal de Justiça e quer ter um teatro", além de destacar as "péssimas condições sanitárias" da cidade.[101]

Ainda mais contundentes foram as críticas do senador Ezequiel Ramos, maior opositor do projeto. Para ele, deveriam os gastos públicos ser alocados para finalidades mais urgentes que um teatro de grande porte. Na opinião do parlamentar, o projeto deveria ser conduzido pela iniciativa privada. De acordo com sua argumentação, esta já era responsável pela realização de iniciativas de "custos muito superiores, como as indústrias, as lavouras e mesmo as estradas de ferro". O senador menciona que já havia, de fato, uma experiência de um teatro de grandes proporções na cidade administrado por grupos privados, inclusive vinculados aos grandes capitais do café.[102] Afirma o senador:

> Eu podia repetir os diversos casos em que o Estado intervém com maior vantagem para a coletividade, em que sua intervenção se justifica pela necessidade de ordem pública (...). Fazê-lo intervir na construção de teatro que não interessa à população do Estado, que não afeta a população da própria capital, mas sim à classe rica e poderosa que pode, em vistosos trens, com luxuosas vestimentas, despendendo largo dinheiro, concorrer aos camarotes dos teatros, é sem dúvida al-

101 "De há trinta anos eu bem sei o desdobramento do progresso porque passou este Estado; mas com este desdobramento da civilização vem simultaneamente o desdobramento de novas necessidades públicas, vem a instrução em maior escala (...), vem novos encargos e despesas públicas, que oneram o nosso orçamento, como serviços de água e esgoto, saneamento, força pública e tantas outras despesas" (ALESP, 30/08/1900).

102 Trata-se do Teatro São José, o primeiro com este nome, erguido em 1864. De acordo com Antônio Barreto do Amaral, o palco teria sido erguido com recursos públicos. Após uma sequência de dificuldades operacionais para concluir e gerir o espaço, ele teria sido arrendado à iniciativa privada, passando pelas mãos de diferentes empresários, até sua destruição por um incêndio em 1898 (Amaral, 1979, p. 61-89).

> guma negar a posição que deve manter o Estado. (...) [Como] votar uma verba de 2.000 contos [Rs. 2:000:000$000] para que as classes ricas poderosas possam frequentar o teatro? (*idem*).

Evidencia-se o temor com uma subordinação do novo espaço aos ditames da distinção. A argumentação ainda segue mas, sejam quais tenham sido os argumentos definitivos, o projeto de Abranches é aprovado, tornando-se a lei nº750, promulgada em 13 de novembro de 1900 (Versaci, 1991, p. 59). O método de financiamento escolhido foi a emissão de apólices de 6% até dois mil contos (Rs. 2:000:000$000) (Severo, 1911, p. 34). Ao longo dos anos seguintes, o projeto tramitou na burocracia estadual, sendo transferido para o âmbito municipal em 1903, mediante uma permuta de terrenos mediada por Gomes Cardim (Brandão, 1993, p. 19).[103]

Iniciam-se, então, as obras, sendo escolhidos como responsáveis o engenheiro Ramos de Azevedo, o cenógrafo italiano Cláudio Rossi e o também italiano Domiziano Rossi. À maneira do Teatro Municipal do Rio de Janeiro, a *opera-house* paulistana incorreu na mesma exorbitância de gastos: embora parte da decoração tenha sido feita *in loco*, pelos artífices do LAOSP, foram encomendadas toneladas de "cristais da Boêmia, mosaicos venezianos, estátuas alemãs e tapeçaria milanesa", sem falar da encomenda das pinturas internas feitas a Oscar Pereira da Silva (*idem*, p. 22 e 103 e DPH, 1985, p. 28-33). O resultado foi, novamente, um estouro de orçamento: ao invés dos dois mil contos (Rs. 2:000:000$000) de réis propostos pela lei original, a obra atingiu a conclusão ao custo total de 4.500 contos (Rs. 4:500:000$000) (Cf. Chamie, 1981, p. 3).

Distinção e massificação na dinâmica econômica dos teatros municipais

Superadas as adversidades de construção das casas de espetáculo públicas das duas cidades brasileiras, cabia agora o desafio de preencher o calendário com espetáculos. Percebe-se que a ideia básica dos legisladores (e também da opinião pública) era a de conjugar atividades de grupos internacionais convidados e/ou temporariamente sediados no país com o fomento a talentos nativos.[104]

---

103 Para uma discussão mais aprofundada sobre a passagem do projeto para o âmbito municipal, ver Brandão (1993, p. 18-20).

104 "A ideia do Teatro Municipal não se limitava a oferecer aos espectadores uma boa casa de espetáculos, mas propunha a criação de um espaço em que se sustentasse uma

Vimos, todavia, a dificuldade das duas cidades em criar instituições capazes de formar quadros profissionais estáveis. A situação não seria distinta no que se refere ao gênero dramático. Em 1908, por exemplo, no bojo da abertura da primeira concorrência pública para administração do Municipal - com subvenção de 120 contos (Rs. 120:000$000) - uma das condições a serem cumpridas era a criação de uma "companhia nacional e de uma escola dramática" (Andrade, 2009, p. 2).[105]

Uma rápida análise sobre o funcionamento da escola nos indica quão longe a instituição esteve de seu objetivo de formar um corpo teatral permanente. Cabe destacar, em primeiro lugar, que a escola funcionou, até 1950, sem sede fixa, ocupando espaços improvisados na Escola Venezuela, no Teatro João Caetano e no próprio Teatro Municipal do Rio (Sepúlveda, 2012, p. 2). Também o quadro de disciplinas e a escolha dos docentes eleitos para a função surgem como indicadores dos verdadeiros propósitos da escola. Com exceção de Eduardo Victorino, ator e empresário, a quase totalidade dos docentes era egressa da intelectualidade local, sendo o literato Coelho Neto eleito primeiro diretor em 1911 (Andrade, 2009, p. 2-3). Tudo leva a crer, portanto, que os cargos de diretoria da escola foram preenchidos por critérios, nos dizeres de Gonzaga Duque, "ornamentais" ou "decorativos".[106]

A falta de estrutura revelou-se rapidamente. Dos 138 candidatos inscritos na primeira turma, trinta foram aprovados em 1913, mas apenas quatro se tornaram, efetivamente, atores profissionais (*idem, ibidem*). Como em quase todos os outros espaços da arte institucional, elitismo, polêmicas na gestão e dependência do erário público foram as marcas principais. A situação ficou escancarada em 1917 quando o próprio diretor veio a público criticar as péssimas condições de trabalho da instituição.

---

companhia dramática composta por artistas brasileiros, para a representação de textos literários nacionais. O prédio seria um símbolo de evolução da arte no país" (Neves e Levin, 2009, p. 95).

105 Artigo 19 da lei nº1.167 de 13/01/1908, ratificado pelo Decreto nº832 de 08/06/1911 (Sepúlveda, 2012, p. 2). Seria interessante analisar também a curta vida da Companhia Dramática Brasileira, organizada em 1908 por motivo da realização da Exposição Nacional de 1908. Para uma discussão sobre a questão, todavia, ver Neves e Levin (2009, p. 27-29).

106 A expressão "cargos decorativos" atribuída aos professores e membros das instituições culturais foi cunhada por Gonzaga Duque, em crítica à ENBA (Uzeda, 2006, p. 12). O tema aparece também, interessantemente, nas discussões teóricas de Renato Ortiz sobre o caráter "ornamental" da cultura no contexto nacional" (Ortiz, 2001, p. 30).

O escritor lastimava que a escola funcionasse ainda "sobre a casa das máquinas do Municipal", com cadeiras "por ele arranjadas por empréstimo" (*OPA, 30/08/1917*). A crônica, carregada do ressentimento, indica um ponto fundamental do funcionamento das casas de espetáculos. Neto deixava seu cargo à disposição, afirmando:

> Me dispenso dos cargos que exerço, por vezes com sacrifício da própria saúde e dispêndio de minha algibeira (...) no interesse patriótico do ressurgimento do teatro nacional preterido pelas empresas estrangeiras que encontram nos poderes públicos todas as facilidades e atenções mimosas (*OPA, 30/08/1917*).

Não menos polêmico foi o decreto nº2.182, sancionado em 28 de junho de 1920. Em linhas gerais, buscava oficializar a Companhia Dramática Nacional (CDN), garantindo-lhe "existência e estabilidade" e provendo aos artistas o que havia de mais avançado em termos de legislação trabalhista (Cf. Nunes, 1956a, p. 206-207). O que tornava o projeto de lei particularmente interessante é que ele propunha institucionalizar atividades que já vinham sendo desempenhadas por atores privados. Isso porque a CDN já existia nessa época, sendo uma reformulação da Companhia Dramática Paulista – o grupo teatral capitaneado por Itália Fausta e apoiado por Gomes Cardim (Mariano, 2010). De acordo com a lei, a Companhia iria ocupar não exatamente o Teatro Municipal, mas sim o novíssimo "Teatro Brasileiro a construir-se por força de decreto" na região da Praça Tiradentes, no espaço do então Teatro São Pedro (Dias, 2012, p. 86).

Em termos administrativos, o que o projeto previa era a incorporação de artistas de uma companhia privada ao funcionalismo público. Compreende-se, assim, o veto do prefeito Carlos Sampaio ao projeto de lei[107]. Para minimizar os efeitos de

107 Em sua justificativa, Sampaio tentou mitigar o argumento orçamentário (e ilegal) da proposta com um argumento de ordem "artística": "A resolução obriga ao veto, porque incorpora os artistas da Companhia ao funcionalismo municipal com os vencimentos divididos em dois terços como ordenado, e um terço, móvel, por gratificação, garantidos aqueles determinadamente pelos cofres da Municipalidade e fazendo parte de seu orçamento de despesa. Essa disposição além de contrariar o dispositivo insofismável da lei orgânica que veda ao Conselho criar lugares e encargos financeiros onerosos aos cofres municipais, teria o inconveniente de roubar aos artistas brasileiros o estímulo que é, aliás, o elemento dinâmico atuando sobre sua tendência artística para desenvolvê-la e aperfeiçoá-la" (Nunes, 1956a, p. 213).

seu veto, contudo, propunha o alcaide a liberação de "uma determinada subvenção por parte dos cofres municipais" (Nunes, 1956a, p. 213). A licenciosidade com recursos públicos – presente, como vimos, no CDMSP, outra iniciativa de Cardim – se fez presente também no ano seguinte, mas agora em São Paulo. De acordo com Ferdinando Martins, "Em 1921, a Companhia Dramática Nacional solicitou a concessão do Teatro Municipal e uma subvenção de dez contos de réis [Rs. 10:000$000] para uma temporada de oito recitais" (2012, p. 88).

Em face das desilusões com o cenário local, depositavam-se esperanças numa miraculosa intervenção internacional: a cessão das temporadas a empresários estrangeiros, supostamente capazes de constituir quadros, trazer orquestras e atrações de grande porte, "civilizando" o meio cultural nacional[108]. De acordo com Múcio da Paixão, o primeiro contrato de concessão foi celebrado no Rio de Janeiro a 4 de novembro de 1909, tendo a municipalidade escolhido os senhores "Carlos Fernandes e Guilherme da Rosa para exploração do Municipal pelo período de 5 anos" (Chaves Junior, 1971, p. 4). Pela leitura das obrigações dos concessionários temos a impressão que a casa de espetáculos deveria seguir, de certo modo, uma administração semelhante ao INM e na ENBA. De acordo com Brito Chaves Junior:

> Os concessionários eram obrigados a manter e administrar uma companhia dramática nacional, para a qual deviam desde logo aproveitar os melhores elementos nacionais, completando o elenco com os mais provectos artistas estrangeiros que representassem em língua portuguesa. (...) Além da companhia, os contratantes eram obrigados a: (i) cantar uma ópera de autor nacional; (ii) manter uma temporada oficial de 3 de maio a 15 de novembro; (iii) pagar prêmios aos autores das peças melhor classificadas; (iv) criar e manter a sua custa, exclusivamente, uma escola de livre-frequência para o ensino da arte dramática (e manter, de preferência, os alunos diplomados pela mesma escola); (v) manter, a sua custa, nos centros artísticos europeus, durante 2 anos, com uma subvenção anual de 2.400 francos, o aluno laureado (*idem*, p. 4).

---

108 São particularmente interessantes as crônicas de João do Rio sobre o tema. Em 1909, por exemplo, afirma o escritor: "para o teatro Municipal não ficar fechado, e dando resultados nacionais num futuro remotíssimo, precisamos do elemento estrangeiro (*Página Teatral, 30/05/1909 apud* Peixoto, 2009a, p. 84). Sobre as propostas do autor a respeito do teatro nacional, ver Moraes (2011).

Ora, acontece que diferentemente dos circuitos da música erudita ou das artes plásticas, passíveis de maior controle por parte de grupos endógenos, o teatro era um setor cuja dinâmica extrapolava o âmbito local[109]. Se as encomendas de quadros e estátuas ou de apresentações musicais podiam ser supridas, ainda que parcialmente, no país, as exigências teatrais eram maiores, havendo necessidade da presença de grupos estrangeiros. Iniciava-se um capítulo de efetiva subordinação dos maiores palcos nacionais aos canais de circulação internacional do período, centrada na atuação de três personagens: os irmãos Faustino e Guilherme Da Rosa e Walter Mocchi. Sobre os primeiros, há poucas informações. Além de sua atuação nos teatros municipais brasileiros, destaca-se sua boa circulação pelo meio português, espanhol, francês e argentino (Cf. Rosselli, 1993).[110]

Mais reveladora, todavia, é a análise da figura de seu principal parceiro comercial. Nascido na Itália em 1870, Mocchi foi, até os primeiros anos do século XX, um ativo sindicalista do Partido Socialista Italiano, envolvendo-se na organização de manifestações políticas e com a publicação de periódicos de esquerda (Andriotti, 2004, p. 276). Em 1906, todavia, abandonou a política, contraindo matrimônio com a cantora lírica Emma Carelli. Na condição de esposo de uma das mais destacadas prima-donas italianas, decidiu focar-se no ofício de empresário teatral, carreira que desenvolveu com habilidade ímpar.[111]

Iniciou suas atividades, num primeiro momento, pelo agigantado mercado italiano. Rapidamente, contudo, evidenciou-se a importância do circuito internacional e, mais especificamente, latino-americano no portfólio de suas atividades (Cf. AGBCA, 2008, p. 25). Em 1907, constituiu a STIA (Società Teatrale Ítalo-Argentina) e em 1908 a Società Teatrale Internazionale e Nazionale (STIN).[112] Em agosto do

---

109 "No início do século XX, além da pequena receptividade ou desinteresse do grande público, as poucas companhias dramáticas brasileiras enfrentavam uma concorrência desigual: o prestígio das companhias europeias. Acrescente-se à desigualdade técnica e financeira das mesmas o fato de que os escritores nacionais emprestavam ao texto dramático, quando dele se ocupavam, importância menor" (Peixoto, 2009, p. 19). Discutiremos esse tema com mais profundidade no capítulo 3.

110 Ver também Noccioli (1982, p. 46) e Oliveira (2012, p. 78).

111 A despeito das críticas, o perfil empreendedor de Mocchi sempre foi bastante exaltado (Cf. Del Cima, 2002, p. 28).

112 Ao que tudo indica, as razões de sua escolha por Buenos Aires residem na grande presença italiana na capital platina (Cf. Andriotti, 2004, *passim*). É preciso destacar

mesmo ano adquiriu, na condição de acionista majoritário desta sociedade, o controle do Teatro Constanzi, o maior palco de Roma.

As atividades e polêmicas de Mocchi à frente do Constanzi ou nas temporadas internacionais de sua empresa indicam um empresário de aguda agressividade comercial: seu nome é citado tanto nos compêndios de história da música – envolvendo parcerias (e por vezes disputas) com figuras como Pietro Mascagni e Arturo Toscanini – quanto em querelas dos arquivos jurídicos da Biblioteca Nacional de Buenos Aires (Flury, 2001, p. 17, Toscanini, 2002, p. 89 e Maglioni, 1918).

De acordo com Silvio D'Amico, Mocchi criou um verdadeiro "trust ítalo-argentino, reagrupando os principais teatros italianos e sul-americanos, organizando regimes de temporada (orquestra, coro, corpo de baile, cenários, vestuário etc.)" (Cf. 1975, p. 29-31). Suas conexões e parcerias (sobretudo os irmãos Da Rosa) fizeram com que sua empresa se tornasse imbatível na oferta de grandes produções líricas. Pelo menos até meados dos anos de 1920, o Constanzi foi o grande "distribuidor lírico para Argentina, Brasil e Uruguai" (Andriotti, 2004, p. 98).

A bibliografia especializada destaca que, se as praças portenha e montevideana ainda ofereceram alguma concorrência, a penetração no Brasil foi muito simples.[113] Essa situação explica o completo monopólio da figura de Mocchi à frente das temporadas dos Municipais de Rio de Janeiro e São Paulo. Foram raríssimas as temporadas que não contaram com a organização de pelo menos um membro do time Mocchi e irmãos Da Rosa. No Rio, mesmo após a rescisão do contrato de Da Rosa pelo prefeito Serzedelo Corrêa, em 1911, vemos a presença dos dois irmãos nos anos seguintes (Cf. Chaves Junior, 1971, p. 3). Em São Paulo, as companhias Mocchi ou Mocchi/Da Rosa estiveram à frente das temporadas de 1912 a 1925, ininterruptamente (Camargos, 2011, p. 54)[114].

---

também uma particularidade do segmento teatral, que era seu regime de *temporadas*. Voltaremos a falar sobre essa questão no próximo capítulo cabendo, por ora, menção a uma passagem do trabalho de Matteo Ingliati sobre a estação lírica do Teatro Costanzi de Roma que ia, de acordo com o autor, de abril a maio (1907, p. 106).

113 Tudo leva a crer que, pela enorme concentração de italianos emigrados para Buenos Aires e Montevidéu na virada do século, a concorrência com outros empresários fosse maior do que no Brasil. Para um estudo sobre essas duas praças comerciais e seus teatros municipais, ver Sanguinetti (2001), Benzecry (2007) e Salgado (2003).

114 São raros os exemplos de temporadas não comandadas por eles. A temporada de 1912 foi parcialmente organizada por Eduardo Vitorino. A de 1920 foi organizada por José

Os empresários extrapolaram, e muito, todos os limites e exigências contratuais. Sabedores de sua condição de monopolista, descumpriram inúmeras exigências contratuais locais[115]. A primeira delas referiu-se às discutidas obrigações de constituição de um aparato educacional ao redor dos Municipais. De acordo com Marcelo Del Cima, Mocchi até ensaiou a criação da Escola de Canto no Rio de Janeiro em 1921, mas o projeto só vingou dez anos depois (2002, p. 41).

Ora, a situação estendia-se também para a escolha das obras levadas aos palcos das cidades. Na ausência de um controle efetivo ou de concorrentes capazes de trazer ao Brasil companhias de grande porte, ficavam as cidades à mercê dos caprichos de Mocchi e dos Da Rosa. Assim, a despeito das exigências locais de diversidade de gêneros ou presença de autores nacionais, não raras foram as vezes que os empresários optaram por vincular peças simples, reprisadas ou já amplamente conhecidas pelo público local. Óperas como "A viúva alegre", de Franz Lehár, "Os palhaços", de Leoncavallo ou "Cavalaria Rusticana" de Mascagni, eram sinônimo de sucesso rápido e certeiro, sendo executadas à exaustão nos principais palcos do globo, aí incluindo os municipais (Cf. Souza, 2004, p. 176-177)[116].

Loureiro no Rio e, em 1915, Pascoal Segreto e Bonacchi estiveram à frente da temporada paulista (Chaves Junior, 1971, p. 158 e 163 e Camargos, 2011, p. 54). Não parecem se tratar, todavia, de "derrotas" de Mocchi. Sobre o tema, afirma Márcia Camargos que "empreendedores como Walter Mocchi, que se destacou no rol dos copatrocinadores, não raro associavam-se aos concorrentes para superar dificuldades pontuais, contornar questões de verbas e manter o monopólio" (*idem, ibidem*). Falaremos mais sobre esses empresários no próximo capítulo.

115 Sobre a temporada de 1910, "a menos nacional de todas as coisas nesse país", afirma João do Rio: "deram a um empresário simplesmente empresário, habituado a mover "estrelas" e a jogar com as sumidades do trabalho, rápida e destramente como um malabarista. No gênero empresário, digamos a verdade, o cavalheiro é fino, delicado, empreendedor, dotado de uma coragem pouco comum. Para dirigir uma companhia nacional de regeneração do nosso teatro – que aliás não existiu nunca – é que não. O resultado era fatal!" (*Página Teatral, 31/07/1910 apud* Peixoto, 2009, p. 117).

116 Registram-se aqui, novamente, inúmeras semelhanças com outros casos internacionais, como o Colón argentino: "en la etapa de concesión (1908-1924), la gestión del gran teatro estaba en sus manos [dos empresários – JLM], y por ende, el rol del estado municipal no pasaba de una supervisión en el cumplimento de los términos del contrato celebrado con el concesionario de turno (...). Podemos afirmar que el estado resigno en esos años el manejo de una herramienta fundamental para la política de

Compreende-se, assim, a dificuldade de artistas nacionais em vincular suas peças, relegados à produção de maior apelo comercial. O caso da ópera *Abul* de Alberto Nepomuceno é bastante ilustrativo. Mocchi excursionava, no ano de 1913, pela América do Sul com sua companhia *La Teatral*. Ele e Nepomuceno encontraram-se e travaram um contrato para a realização de apresentações de ópera no Brasil, na Argentina e em Roma. De acordo com Avelino Pereira, as atividades correram relativamente bem no Rio de Janeiro, mas foram catastróficas tanto na Argentina quanto em Roma. Modificações nas partituras originais, falta de comunicação, não-pagamento de direitos autorais e quebra de prazos foram algumas das questões com as quais Nepomuceno teve que se debater até ver sua obra encenada (Cf. 2007, p. 229-234).

A opinião pública, obviamente, se revoltava contra o enorme poder dos empresários e seu pouco caso com as obrigações contratuais.[117] Afirmava um cronista d'*OPA*, em 1920, que:

> A função específica do empresário do teatro oficial de um grande país como o Brasil não é o de ser árbitro exclusivo nas escolhas do repertório que, por motivos seus especiais, pode preferir, mas sim o de ser unicamente o honesto intermediário entre o público e a grande produção lírica (*01/07/1920*).

Outra questão polêmica referia-se à duração da temporada. Embora os concessionários estivessem obrigados a trazer atividades durante um período extenso do ano, a análise documental indica que as atividades líricas e dramáticas concentravam-se entre os meses de julho a setembro, período da chamada "temporada lírica".[118] O argumento é comprovado pela Tabela 12, que indica o tipo de atividades realizadas no Municipal carioca e a porcentagem de espetáculos realizados nesses três meses em relação ao restante do ano:

---

gobierno. A menudo, los fines comerciales prevalecieron sobre los culturales y los subordinaran (AGCBA, 2008, p. 26).

117 Muitos cronistas não se furtavam de atacar nominalmente os dois empresários concessionários. Afirma um colunista da *RF*: "a empresa Da Rosa e Mocchi – a iniciadora da mais torpe exploração no gênero lírico entre nós – merece o justo prêmio de sua desfaçatez" (*nº483, 22/09/1917*).

118 Voltaremos ao tema no próximo capítulo.

Tabela 12 – Atividades do Teatro Municipal do Rio de Janeiro (1909-1922)

Ano	Teatro	Ópera	Recital/ Concerto	Balé	Opereta	Outros	Total	% Temporada / Total	% Opera + Ballet / Total
1909	43	0	4	0	0	3	50	88,00%	0,00%
1910	86	17	23	0	0	14	140	52,86%	12,14%
1911	23	16	23	0	2	4	68	76,47%	23,53%
1912	75	12	11	0	0	0	98	44,90%	12,24%
1913	104	26	20	12	0	2	164	43,90%	23,17%
1914	18	21	11	0	0	0	50	66,00%	42,00%
1915	22	17	12	3	0	10	64	71,88%	31,25%
1916	24	19	8	6	0	12	69	57,97%	36,23%
1917	30	25	19	14	0	10	98	65,31%	39,80%
1918	20	21	29	0	0	1	71	60,56%	29,58%
1919	19	31	46	7	0	2	105	66,67%	36,19%
1920	58	74	40	0	0	1	173	70,52%	42,77%
1921	41	55	34	1	0	4	135	37,04%	41,48%
1922	38	51	40	0	0	4	133	51,13%	38,35%

FONTE: Chaves Jr., 1971, p. 19-31, tabulação do autor.

As maiores reclamações do público e da mídia referiam-se às dificuldades de acesso ao teatro. Em São Paulo, eram poucas as oportunidades de visitar a casa fora do estreito período da temporada oficial.[119] Uma vez abertas, ainda restava arcar com os pesados custos de deslocamento[120] e, é claro, os preços caríssimos dos ingressos, sobretudo das óperas e balés, as atrações mais custosas da casa e, como se pôde ver pela Tabela 12, bastante presentes. Os cronistas do período não se furtavam de criticar o valor dos ingressos uma vez que, curiosamente, os palcos públicos ofereciam atrações muito mais caras que a concorrência privada. Uma análise dos preços das poltronas do Municipal *vis-à-vis* as cadeiras de outras opções de entretenimento é apresentada no Gráfico 4. Mesmo se incluirmos as matinês, supostamente mais acessíveis, o preço ainda é elevado:

119 Afirma Miroel Silveira que "não é à toa que um dos personagens da comédia 'São Paulo Futuro', escrita por Danton Vampré na década de 1910, era o "Teatro Municipal: o que estava sempre inacessível" (Silveira, Miroel. *A contribuição italiana ao teatro brasileiro (1895-1964)*. São Paulo: Quíron, 1976 *apud* Moraes (2013a)).

120 Voltaremos ao tema no último capítulo.

Gráfico 4 – Média de preços de cadeiras de plateia de teatros, cinemas e teatros municipais, Rio de Janeiro e São Paulo (1904-1921)

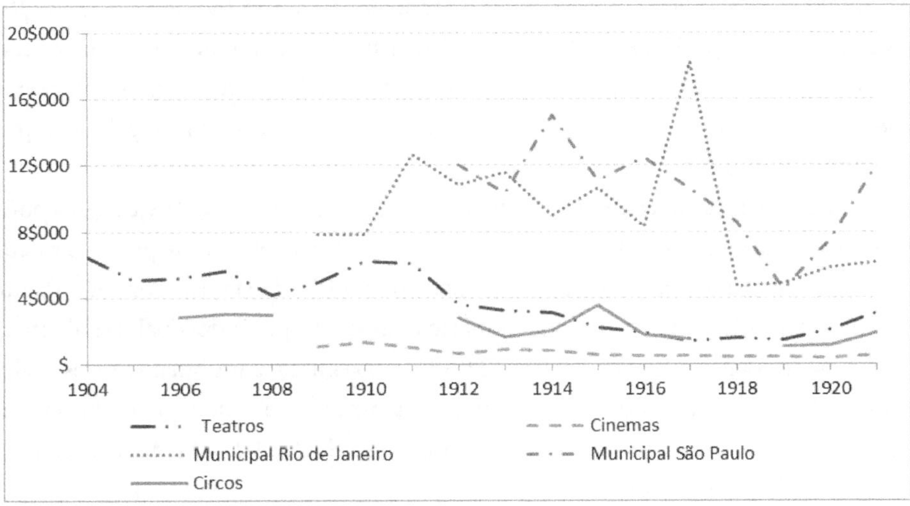

Não foram encontrados dados quantitativos sobre preços anteriores a 1909. Não foram encontrados dados quantitativos sobre a temporada de 1910.
FONTE: OESP e OPA, 1904-1921, tabulação do autor.

O gráfico indica, em grande medida, uma curiosidade. Na ausência de subsídios ou intervenções públicas diretas, ficavam os teatros municipais sujeitos às leis de mercado: Walter Mocchi e os demais concessionários das casas traziam suas grandes (e caras) atrações internacionais para os palcos brasileiros sendo recebidas de braços abertos pela elite das duas cidades. Como veremos no próximo capítulo, a boa qualidade dos dois palcos oficiais teria alçado ao patamar de teatros de excelência, fora mesmo da competição de seus concorrentes teatrais ou cinematográficos.[121]

É verdade que algumas poucas atividades dos municipais tinham preços mais acessíveis. As apresentações da Sociedade de Concertos Sinfônicos de 1914 a 1921, regidas pelo maestro Francisco Braga, tinham ingressos de plateia a Rs. 5$000. Era comum também que, ao final das apresentações de temporadas, as companhias realizassem uma matinê a preços reduzidos.

121 Voltaremos ao tema no capítulo 3. Sobre o poder dos empresários, ver Charle (2012) e Goetsche e Yon (2008).

Os anúncios públicos de "preços populares", todavia, são bastante enganosos: as referidas récitas populares das temporadas do Municipal do Rio de 1913 ou 1914 não saíam por menos de Rs. 10$000 e, mesmo por força de contrato, o preço da cadeira de plateia seguia altíssimo, a Rs. 14$000 em 1916 (no Rio de Janeiro) ou Rs. 18$000 em 1911 (em São Paulo)[122]. A falta de sensibilidade (ou mesmo a conivência) do poder público com tais abusos era patente: na capital do café chegou-se inclusive a decretar, em 1912, a "proibição de entradas gratuitas" em seu principal palco público (Cf. Mendes, 1955, p. 8).

A despeito da autonomia administrativa dos dois palcos e de variações pontuais na condução administrativa, tudo leva a crer que as políticas de preços e exclusividade foram praticadas com igual intensidade no Rio de Janeiro e em São Paulo. Nem todas as atividades dos concessionários passavam pelos dois palcos: algumas vinham apenas para o Rio de Janeiro partindo, em seguida, para Buenos Aires. Cabe destacar, também, que as autoridades locais organizavam eventos que mobilizavam músicos locais, como Guiomar Novaes e outras estrelas do CDMSP em São Paulo e de músicos do INM no Rio.

122 "O nosso dourado teatro fica fechado até que uma nova companhia venha deliciar os ricaços da terra. (...) O povo... Ora, o povo... Ele foi feito para pagar e gemer. Mas que injustiça! Dirá alguém, pois não houve espetáculos a preços populares? – Sim, é verdade, mas a dezoito mil réis a cadeira!" (*OP*, *nº9, out/1911 apud* Moraes, 2013a, p. 176).

Figura 18 – Planta do Municipal de São Paulo

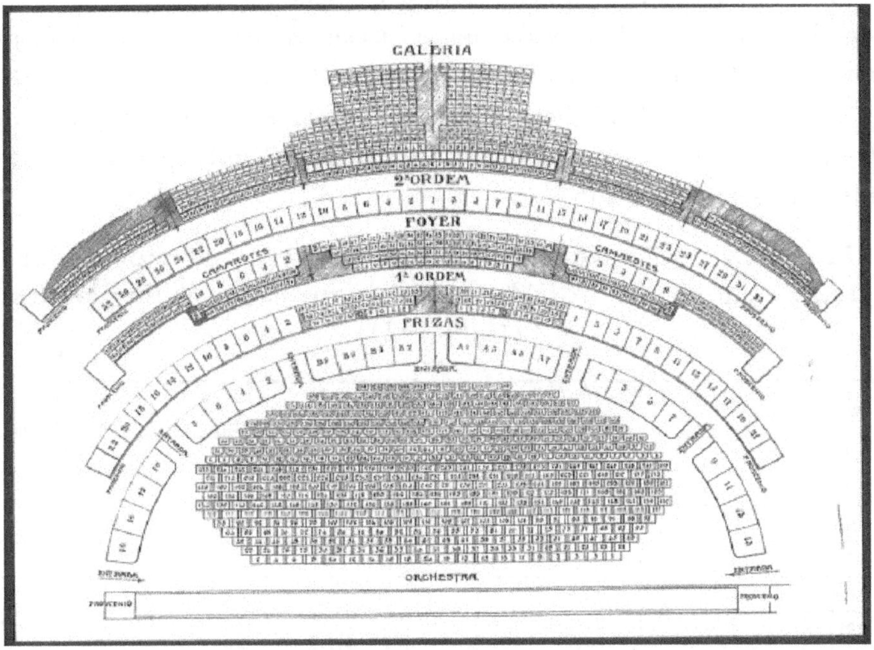

FONTE: Severo (1911)

O que era partilhado pelos dois teatros, todavia, eram as fortíssimas hierarquias e distinções expressas pelos altos valores de frisas e camarotes. Ora, uma frisa ou um camarote eram ambientes segregados que permitiram conforto e exclusividade a seus usuários. A arquitetura dos teatros, outrossim, permitia aos assinantes excelente visão não apenas do palco, mas sobretudo das demais lugares do teatro, aparentemente uma necessidade de primeira ordem para o público abastado[123]. Em todo caso, imaginamos algumas situações possíveis: na primeira delas, esses espaços

123 O exibicionismo dos frequentadores desses espaços pode ser visto em diversas crônicas do período como por exemplo: "um cavalheiro que conhecemos no automovel-clube e do triângulo [a abastada região comercial central de São Paulo – JLM]. Como bom "triangular", estava tão irrepreensivelmente indumentado como o próprio artista figurino que se mostrava no palco. Sentou-se, ajeitou-se, bateu os punhos e sacou do binóculo para a revista preliminar da casa. Nessa minuciosa investigação, com sorrisinhos amigos para uma ou outra frisa conhecida, passou todo o primeiro ato" (*AC, nº97 ago/1918*).

continham lugares para quatro, cinco ou seis pessoas[124]. À parte o fato de que tais espaços eram segregados fisicamente, havia boa visibilidade do palco (Figura 18).[125] O que fizemos, assim, foi estabelecer um coeficiente entre o preço dos assentos de frisas e camarotes (de quatro a seis lugares) pelos preços das cadeiras de plateia. Qualquer valor acima de 1 indica um "preço distinção", isto é, um valor pago a mais pelo simples fato de se estar em um camarote ou frisa. A Tabela 13 abaixo indica de maneira mais objetiva tal fato:

Tabela 13 – Relação entre média de preços de cadeiras de frisas e camarotes dos Municipais com cadeiras de plateias (1909-1921)

Ano	Cadeira (Frisa 4) / Plateia	Cadeira (Frisa 5) / Plateia	Cadeira (Frisa 6) / Plateia	Cadeira (Camarote 4) /	Cadeira (Camarote 5) /
1909	2,89	2,31	1,93	2,89	2,31
1911	1,36	1,09	0,91	1,19	0,96
1912	1,72	1,37	1,14	1,02	0,82
1913	1,54	1,23	1,03	0,92	0,74
1914	1,65	1,32	1,10	1,21	0,97
1915	1,59	1,27	1,06	0,98	0,79
1916	1,35	1,08	0,90	1,07	0,86
1917	1,14	0,91	0,76	0,92	0,74
1918	1,51	1,21	1,01	1,15	0,92
1919	2,31	1,85	1,54	1,23	0,98
1920	1,39	1,11	0,93	0,93	0,75
1921	1,45	1,16	0,97	1,04	0,83

FONTE: OPA e OESP, análise e tabulação do autor.

Vemos que esse sobrepreço é presente em todos os anos e em quase todos os indicadores propostos. A aquisição de uma frisa ou de um camarote só compensaria

124 De acordo com Chaves Junior, o teatro municipal do Rio de Janeiro dispunha, quando de sua inauguração, de 24 frisas de 6 lugares cada e 29 camarotes de primeira ordem com 5 lugares cada (1971, p. 13). Diz também uma crônica na abertura do Municipal de São Paulo: "comprei a assinatura da frisa, para dez récitas, por 1 conto (Rs. 1:000$000). Sai a cem mil réis por noite (...). Cem mil réis para 5 lugares" (Brandão, 1993, p. 24).

125 Ao contrário de balcões, galerias, galerias superiores ou gerais, cuja maior altura comprometia a visão do palco, sem falar nos temidos "pontos cegos" das galerias superiores.

(isto é, se equivaleria a 1) quando ela estivesse completamente ocupada. A julgar pelas citadas crônicas, tudo leva a crer que essa situação não era das mais comuns.[126] Percebem-se, outrossim, alguns valores altos mesmo quando as frisas e camarotes estão cheios. Em 1909, por exemplo, vemos valores excessivamente altos, com o preço de uma cadeira numa frisa custando quase o triplo de uma cadeira na plateia.

O que era particularmente injusto, dentro desse regime de preços, é que havia demanda reprimida para os espetáculos.[127] João do Rio e os demais cronistas do período referiam-se aos frequentadores do Municipal carioca como "os 300 de Gedeão", uma referência à exiguidade do público frequentador da sala. Em 1920, por exemplo, relata um cronista paulistano:

> Espetáculo cheio, não foi assim, sobretudo naquelas localidades geralmente ocupadas pelos que não precisam olhar muito para o orçamento doméstico numa preocupação constante de equilíbrio. Deu-se mesmo o fato significativo de se acharem repletas as zonas do teatro em que se alojam as famílias mais modestas, ao passo que as frisas, camarotes e plateias ofereciam numerosos claros [isto é, espaços vagos – JLM] (*OESP*, *04/07/1920*).[128]

Outro índice interessante desse fenômeno ocorre nos anos em que os concessionários trouxeram ao país "estrelas" do período. O cantor italiano Titta Ruffo, por exemplo, apresentou-se ao ar livre no Parque Antártica de São Paulo, cobrando como entrada Rs. 2$000 (isto é, preço bastante acessível, comparável mesmo ao de

126 Na estreia do Municipal de São Paulo: "vai ser um espetáculo lindo. Não pense que muita gente irá todas as noites. Iremos na estreia, e depois, uma noite sim, uma noite não. Nos outros dias a gente vende os bilhetes aos cambistas" (Brandão, 1993, p. 24).

127 "Não houve grandes casas para nenhuma das quatro únicas récitas. Mas também os preços, upa! ... Poltronas a Rs. 20$000, camarotes de primeira a Rs. 120$000 – é um pouco salgado, nestes tempos em que o dinheiro não anda lá muito abundante" (*AC*, *nº74, set/1917 apud* Moraes, 2013a, p. 176). Também Milena Oliveira se pergunta: "O preço das localidades ao alcance de todos não contribuiria para aumentar a receita?" (Oliveira, 2009, p. 269).

128 Em 1920, por exemplo, cantores nacionais encenaram a ópera *La Bohéme* de Puccini, encontrando "Balcões e galerias, cheios; plateia, menos do meio. Frisas e camarotes ocupados em grande parte pelos artistas da companhia lírica para fazer número" (*O Paiz, 21/07/1920*).

um ingresso de cinema). O tenor foi prestigiado por nada menos que 20 mil pessoas (*AC, nº28, out/1915* e *OESP, 28/09/1915 apud* Moraes, 2013a, p. 176). Outro caso curioso ocorreu no Rio de Janeiro, na temporada de 1917. A pressão dos frequentadores instalados nas galerias superiores (mais baratas e menos confortáveis) para ver o tenor italiano Enrico Caruso foi tamanha que exigiu a "abertura das galerias, obrigando o povo a avançar para a área reservada para senhores de importância averiguada" (*OPA, 05/09/1917*).

Outras situações ilustrativas se davam quando as casas ficavam vazias por razão da sobreposição com eventos sociais da alta sociedade carioca e paulistana. Em 1917, durante a realização dos Grandes Concertos Sinfônicos no Municipal no Rio, a orquestra regeu para uma sala com pouco público. De acordo com o cronista d'*OPA*, o motivo da ausência foi a concomitância com a "festa na embaixada americana" (*11/09/1917*). No mesmo ano, em São Paulo, o *CP* relatava que no Municipal, os "camarotes [estavam] vazios por causa da concorrência do chá ao almirante Capertune dos Estados Unidos na mansão do Sr. Caio Prado em Higienópolis" (*29/09/1917*).

As referências são interessantes por demonstrar em que intensidade os ditames da distinção se impunham a uma lógica econômica (massificadora) na dinâmica das temporadas. Tudo indica que a exclusão de parte significativa da população era *constitutiva*. Somam-se às evidências até agora indicadas diversos relatos do período: cartas, notas e crônicas dos periódicos do período descrevem (nem sempre em tom positivo ou amigável) as temporadas do Municipal como espaços privilegiados de "smartismo" ou de consumismo ostentatório.[129] Afirma um cronista paulista, por exemplo, sobre a temporada de 1915:

> A companhia Huguenot vem aí, com o seu prestígio artístico e o seu bando de cômicos, que interpretam, com maravilhosa harmonia, as concepções do espírito francês no seu pequeno repertório de exportação, o societário da Comédie traz de tudo: o drama e a comédia, a farsa cabriolante e espumosa e a tragédia arrepiadora das almas sensíveis. Diante dessa próxima invasão, a sociedade paulista faz *toilettes* e ensaia poses. O que queremos mostrar aos cômicos da Gália não é a

---

129 Também João do Rio, na inauguração do Municipal carioca impressiona-se com o fato: "luxo demais! Só o supérfluo é realmente importante na vida. Esse supérfluo tem de fato moralmente mais utilidade do que uma porção de coisas úteis" (*Página Teatral, 18/07/1909 apud* Peixoto, 2009a, p. 91).

> nossa compreensão do que eles representam: é o nosso luxo.
> Todavia, a nossa plateia é, em geral, inteligente. Inteligente e exigente. Mas sacrifica em excesso as preocupações exteriores que, nos templos da arte, são essencialmente secundárias. Vamos para os teatros como vamos para as igrejas e para o corso, não para vermos, mas para sermos vistos, o que implica uma considerável diferença. Há famílias que dispondo de recursos modestos que a assinatura de um camarote exige, evitam essa despesa pela série de encargos de *toilette* que ele arrastaria. Segundo a pragmática de nosso incurável esnobismo, a cada peça nova deve corresponder uma nova *toilette*. Feitas as contas, considerada a crise presente, as diferenças de câmbios e outras coisas com que os pessimistas nos massacram os ouvidos, uma assinatura da companhia francesa vem a ficar pelo preço de uma fazenda de café. É uma superfluidade para os ricos. E, como o número destes não é grande, o insucesso financeiro da *tournée* parece-nos incontestável (*AC, nº24, jul/1915*).[130]

Alguns meses depois, sua indignação persistia. Evidencia-se, mais do que nunca, que a dinâmica do Municipal pouco tinha a ver com o sucesso da turnê ou mesmo com as atrações lá exibidas:

> A estação lírica marca, em São Paulo, o advento das elegâncias. Durante todo este período, a nossa vida noturna transforma-se, assume um requintado chique, revela-se impregnada de parisianismo (...) O Municipal, (...) é onde se engastam os melhores rostos de São Paulo, as melhores *toilettes*, as melhores jóias e os melhores sorrisos. O aspecto da sala faz esquecer o do palco. Titta Ruffo, com a sua voz e o seu prestígio, não é mais que um simples pretexto para o culto da evidência e o reclamo dos *ateliers*.
> Os que vão ao lírico por motivos de arte – isto é, para ouvirem e não para se mostrarem – confessam-se entusiasmados com a temporada (...). Infelizmente, para os apreciadores do bel-canto, a arte, entre nós, continua a ser um monopólio dos privilegiados da fortuna. Como todo o artigo de importação, a arte no Brasil é cara. É uma arte para argentários. As nossas convicções democráticas levam-nos a formular o desejo de que, após a excelente tournée de Titta Ruffo, nos dêem, enfim, a ópera popular,

130 "Vai-se abrir a temporada *chic* do Municipal" (*OP, nº89. Mai/1913*).

> como se faz em todas as grandes cidades do mundo, onde se entende que os prazeres divinos da música e do canto são um dos melhores agentes de educação e civilização que se conhecem (*AC, nº27, set/1915*).

Percebe-se, da passagem acima, a importância dos gastos conspícuos por parte dos frequentadores do teatro. *Toilettes*, joias e sobretudo vestimentas caras faziam parte dos códigos sociais básicos das casas. Pela Figura 19 – o anúncio de uma loja de departamentos oferecendo produtos femininos para a temporada lírica do Municipal de São Paulo – percebemos a maneira como essas práticas já estavam incorporadas no imaginário do período, indicando a força dos vieses da distinção na opinião pública das duas cidades.

Figura 19 – Anúncio do Mappin

FONTE: AC. Biblioteca Mário de Andrade.

Um último argumento que ratifica a adesão dos Municipais aos canais da distinção diz respeito à utilização do espaço para finalidades outras, fora das temporadas. Apenas para citar alguns exemplos de São Paulo, todos ligados a atividades da alta sociedade, vemos a realização do "baile em benefício dos belgas, por iniciativa das distintas senhoras paulistas" (*AC, nº23, jan/1915*), da "festa dançante pelas obras da matriz de Santa Cecília" (*AC, nº79, nov/1917*), da festa pela matriz do Braz (*OP, nº79, mar/1913*), festa beneficente para a paróquia Nossa Senhora de Lourdes (*AC, nº131, mar/1920*), da festa pela Matriz de São Geraldo (*AC, nº161, jun/1921*), da festa pela Matriz da Lapa e baile-concerto pelo hospital das crianças da Cruz Vermelha (*AC, nº177, fev/1922*), da festa para a Cruz Azul italiana (*AC, nº65, mai/1917*), da festa pela Cruz Vermelha Nacional (*OESP, 14/09/1917*), além, é claro, dos bailes de carnaval (*AC, nº35, jan/1916*). Em todas essas atividades operavam mecanismos de exclusão, seja pela cobrança de ingressos, seja pela exigência de filiação a grupos ou associações.

Igualmente excludente foi a utilização desses espaços para eventos políticos. Em São Paulo, por exemplo, foram realizados no Municipal celebrações como o "Banquete a Washington Luís" (*AC, nº128, jan/1920*), o Banquete aos doutores Altino Arantes e Cândido Rodrigues (*AC, nº34, jan/1916*) ou a "recepção promovida por Antônio Prado e o Automóvel Club em homenagem ao aviador Eduardo Chaves". Obviamente, em todas essas ocasiões, "o bar do Municipal conservou-se fechado durante o banquete, sendo apenas franqueada a entrada aos convidados" (*CP, 24/07/1914*). A julgar pelas crônicas e notas, a situação não foi diferente no Rio de Janeiro. João do Rio, por exemplo, critica o fato de que "o Municipal (...) nunca estivera cheio senão nos banquetes gargantuescos da politicagem" (*Cinematógrafo*, 05/09/1910 *apud* Peixoto, 2009a, p. 119). Também em 1917, lemos nas páginas d'*OPA* sobre diversas festas privadas realizadas no restaurante do teatro, o Assírio, exigindo-se "o pagamento de entradas a Rs. 10$000" (*11/07/1917*).

Um compromisso com a desigualdade

Poderíamos seguir adiante com a vinculação de outras tantas informações quantitativas ou relatos do período, mas nos parece que temos aqui informações suficientes para uma conclusão. Nossa escolha por deixar a análise de casos dos teatros Municipais do Rio de Janeiro para o final do presente capítulo não é casual. Tudo indica que, mais do que os outros espaços da arte institucional, eles serviram como símbolos maiores da força da distinção e do verdadeiro *compromisso oficial com a desigualdade*. Incapazes de desempenhar função formadora, pouco acessíveis durante e fora da temporada, é perceptível a maneira pela qual os palcos se articularam aos projetos de exclusão e diferenciação social. Tampouco a opção pelos empresários estrangeiros passou incólume pela opinião pública, pelo contrário, tinha-se a sensação de que a solução encontrada era a pior de todas. Uma crônica da *RF*, um ano apenas após a inauguração do Municipal carioca indica com imensa lucidez a questão:

> O teatro nacional abandonado e o estrangeiro subvencionado pelo município: na forma do contrato em vigor, o teatro oficial não é um teatro nacional. É uma empresa largamente subvencionada para explorar em benefício de particulares, um próprio municipal e trazer, com esse intuito, ao Rio de Janeiro, companhias estrangeiras (*nº121, 24/09/1910*).[131]

Preços altos, regimes de exclusividade, benefícios e regalias aos estrangeiros ou a grupos locais extremamente reduzidos: estas parecem ter sido as principais características dos espaços e iniciativas institucionais do período. Insatisfações a seu respeito não foram, fique novamente claro, exclusividade do caso brasileiro. A bibliografia internacional indica a constância dessa situação nos diversos cantos do globo durante o período (Charle, 2012). Se há uma diferença marcante, todavia, é que nas economias centrais ao capitalismo deste momento, esses espaços e atividades, embora se vinculassem aos canais locais de distinção, articulavam-se também a uma nascente indústria cultural.

É curioso que Frederico Abranches e os demais senadores paulistas tenham discutido opções alternativas de financiamento do Teatro Municipal e, de certo modo, dos demais espaços culturais do circuito institucional nas duas cidades. Ao longo das discussões de 1900, discutem-se inclusive modelos de gestão semelhantes ao do Metropolitan norte-americano. Os políticos nacionais, obviamente, não tinham acesso à contabilidade dos grandes teatros internacionais contemporâneos, mas se o tivessem saberiam que, mesmo assumindo custos altíssimos, eles incorriam em lucros (Melin, 2007 e Blandeau, 2003).

A simples menção às possibilidades econômicas no mundo da arte, todavia, causava arrepios em solo nacional. No início da década de 1910, a proposta do edil

---

131 Também João do Rio criticava a situação, em crônica de 1912: "Então, quando teremos a Companhia Dramáticva Nacional para a qual foi construído o Municipal? (...) O Municipal é como o Palácio Monroe. Serve aos estrangeiros" (*Página Teatral, 25/03/1912 apud* Peixoto, 2009, p. 194).

Carlos Garcia de arrendar o Municipal de São Paulo foi extremamente mal recebida. Afirmaram os críticos da proposta que: "em vez de fonte de renda, o Teatro Municipal será e deve ser um derivativo de despesa" (Mendes, 1955, p. 8). Na mesma época, Coelho Neto defendeu os gastos exuberantes dispendidos com o teatro carioca: "A arte é luxo (...) e um luxo caro" (Nunes, 1956a, p. 217 e Figura 20). Evidencia-se, nessas passagens, a proposta oficial de uma arte criada pela elite e voltada para a elite (mas financiada publicamente).

Figura 20 – Charge no Caminho do Theatro

FONTE: RF, nº52, 04/04/1908. Biblioteca Nacional.

Em terras nacionais, todavia, regidas pelas "ideias fora do lugar", demandavam-se atividades e instituições de gabarito internacional, sem que esse fenômeno viesse acompanhado do correspondente lastro econômico. O resultado não poderia ser mais perverso. No Brasil a exclusão e a diferenciação social no universo cultural foram não apenas apoiadas, mas efetivamente patrocinadas pelo poder público. Não parece haver maneira melhor de concluir este capítulo do que com uma passagem da revista *AVM*, realizando seu balanço sobre a inauguração do Municipal paulista:

> Quando o teatro municipal, outra vantagem não oferecesse, bastaria esse renascimento de sociabilidade fina, essa escola de modos e de maneiras à nossa *jeunesse dorée*, para que se tenha justificado o sacrifício de sua construção e aparelhamento (*AVM, 30/09/1911, nº93*).

Capítulo 3

Teatros e Cinemas: o circuito cultural comercial

"Aqui produzimos não em caráter de indústria, mas por ideal ou por vontade de brincar de cinema".
P. Lima, 1947

"A meu defunto pai, a meu avô, familiares dos balcões de segunda, a hierarquia social do teatro deu o gosto pelo cerimonial. Quando muitos homens estão juntos, cumpre separá-los por meio de ritos ou então eles se chacinam. O cinema provava o contrário: mais do que uma festa, o seu público tão mesclado parecia reunido para uma catástrofe; morta, a etiqueta desmascarava enfim o verdadeiro laço dos homens, a aderência. Tomei aversão pelas cerimônias, adorei as multidões".
J. P. Sartre, 1964

O último capítulo de nossa tese versa sobre o circuito comercial, centrando atenções nas atividades transcorridas nos teatros e cinemas cariocas e paulistanos nas décadas iniciais do século XX. Nosso ponto de partida é uma discussão ampliada sobre os efeitos da massificação cultural, uma vez que em tais suportes artísticos – supostamente com maior apelo comercial – deveríamos encontrar maiores conexões aos ditames da massificação.

Encerrada essa seção introdutória, avançamos rumo à caracterização do circuito comercial nacional, posicionando os principais atores sociais dentro de tramas econômicas ampliadas. Cedo se percebem, por exemplo, as conexões de agentes e empresários com os canais de circulação internacional. Veremos, contudo, que a dinâmica social do circuito não pode se resumir a uma mera dicotomia entre agentes locais e estrangeiros.

Nesse sentido, parte significativa de nosso capítulo volta-se justamente a compreender as particularidades econômicas desses processos em âmbito local. Para tanto, estudaremos variáveis como o volume e o perfil dos recursos envolvidos na atividade, as conexões dos empresários do setor, as relações de trabalho firmadas etc. Nosso foco central é a identificação de processos de distinção e de massificação.

Conforme explicaremos, é possível pensar o circuito comercial como o *locus* principal de ocorrência de efeitos da massificação no universo artístico brasileiro do período. Ele poderia até mesmo servir como uma espécie de "contrapeso" aos elevados efeitos da distinção nos demais circuitos analisados. Contudo, à medida que perscrutamos as fontes, percebemos que também aqui a distinção se faz amplamente presente.

O circuito comercial e a massificação: algumas questões teóricas

Antes de iniciarmos nossa análise sobre o circuito cultural comercial, julgamos necessário empreender um rápido debate teórico, a fim de melhor delimitar os temas sobre os quais nos determos ao longo das próximas páginas. Os efeitos da massificação - bem como exemplos de suas heterogêneas manifestações no panorama da cultura brasileira -surgiram em diversos momentos ao longo de nossa tese. A ideia da presente seção, todavia, é ir adiante, delimitando, de modo sintético, alguns dos principais pontos de estudo no tema. Para isso, mobilizamos as ideias e propostas de alguns autores e correntes analíticas que nos auxiliam na condução de nossas hipóteses. Não é nosso objetivo empreender uma exaustiva revisão bibliográfica, mas sim de constituir um ferramental básico para o estudo das relações entre arte e economia no contexto da massificação cultural.

Nosso ponto de partida é o mencionado fenômeno histórico da II Revolução Industrial. Vimos que, por volta da segunda metade do século XIX, iniciou-se um processo de profundas transformações no universo produtivo em certas regiões do globo. Já tivemos a oportunidade de discutir alguns dos efeitos econômicos e sociais desse processo. Cabe refletir, finalmente, sobre seus impactos também na esfera intelectual, com o surgimento de uma série de reflexões teóricas voltadas à compreensão dos efeitos da industrialização e da modernidade na esfera cultural e social.

Alocam-se aqui inúmeros autores e correntes interpretativas cuja plena apresentação fugiria, e muito, do escopo de nossa análise.[1] Deixando de lado a plena reconstrução da trajetória desses debates, podemos dizer que nas décadas de 1920 e 1930 a temática da massificação cultural se faz fortemente presente na elaboração teórica de alguns autores. Surgem aí novos debates capitaneados por autores como Walter Benjamin, Siegfried Kracauer e, um pouco mais adiante, Max Horkheimer, Theodor Adorno.[2] Como se pode perceber, nosso destaque recai aqui sobre o trabalho de pensadores vinculados à chamada Teoria Crítica, ou, em sentido mais lato, à Escola de Frankfurt.[3] A despeito das variações temáticas, podemos identificar algumas linhas mestras que, de certo modo, perpassam as obras dos diversos pensadores frankfurtianos: ganham centralidade conceitos como técnica, razão e modernização, bem como a compreensão dos heterogêneos impactos dessas variáveis na condição humana, aí incluindo alterações no universo da cultura (Cf. Ortiz, 2001, p. 30).

Claro está que tais temas têm abrangência imensa e precisam ser modulados tanto no tempo quanto ao longo da obra de cada um dos autores. Valhamo-nos, a título de exemplo, de uma reflexão sobre o pensamento de Kracauer. Afirma Miriam Hansen, uma de suas comentadoras, que diversos textos do pensador centraram-se no estudo dos impactos sociais de

---

1 Analisamos alguns pensadores que se voltaram a temas coligados aos aqui discutidos. São figuras maiores da Sociologia como Werner Sombart, Thorstein Veblen, Max Weber ou Norbert Elias. A lista de pensadores que podem ser mobilizados para compreender os impactos sociais da massificação, contudo, segue adiante. Para uma reflexão sobre a massificação cultural e seus impactos teóricos no século XIX, ver Huysen (1987).

2 Para um debate mais aprofundado sobre tais autores, bem como suas divergências, ver Frisby (1986).

3 "A simples menção dos nomes citados anteriormente [Adorno, Horkheimer, Benjamin etc. – JLM] – alguns bem mais conhecidos do que outros – já pode provocar a pergunta: mas esse conjunto de autores não é o que se costuma agrupar sob o nome de Escola de Frankfurt? De fato, foi (e ainda é em alguns círculos) muito comum referir-se a esse coletivo como Escola de Frankfurt. Mas há uma série de problemas nessa denominação. Em primeiro lugar, a ideia de 'escola' passa a impressão de que se trata de um conjunto de autores que partilhavam integralmente uma doutrina comum, o que não é o caso. (...). Em segundo lugar, há o problema de saber quais autores devem ser incluídos ou excluídos desse conjunto" (Nobre, 2008b, p. 16).

> Uma *ratio* (razão) progressivamente instrumentalizada, uma razão abstrata, formal, dissociada da contingência humana, e encarnada na economia capitalista e no respectivo ideal de uma 'sociedade civilizada e completamente racionalizada' (Hansen, 2004, p. 412).[4]

Em outra passagem, tomamos conhecimento que o autor está particularmente sensível à presença da "racionalidade tecnológica" e de seu avanço dentro de todos os domínios da experiência humana aí abrangendo, uma vez mais, o mundo cultural (*idem*, p. 432)[5]. Começamos a divisar uma característica fundamental do pensamento dos autores frankfurtianos e uma particularidade metodológica de suas reflexões, especialmente interessante aos nossos objetivos: para além do simples esforço de descrição dos objetos culturais, registra-se também um empenho crítico, reflexivo, centrado na compreensão dos aspectos sociais e econômicos que os circundam e condicionam. É justamente nesse ponto que a análise dos autores frankfurtianos se diferencia. Mais do que simples teorias, temos aqui *teorias críticas*. Sobre o tema, afirma Marcos Nobre:

> A concepção moderna de ciência e de teoria científica estabeleceu-se como um conjunto de princípios abstratos com base nos quais se torna possível formular leis que explicam a conexão necessária dos fenômenos unicamente segundo relações de causa e efeito. O cientista procura aplicar os princípios e leis a fenômenos particulares, formulando

4 "Com a introdução dos princípios fordistas-tayloristas de produção tanto na indústria quanto no setor de serviços e com a expansão das formas culturais de consumo de massa que acompanharam esse processo, as próprias categorias desenvolvidas para compreender a lógica da modernidade – 'racionalização', 'desmitologização', 'alienação', 'reificação' – ganharam uma nova dimensão; e o conceito de *ratio* assumiu uma face mais concreta, mas também mais complexa e contraditória" (Hansen, 2004, p. 414).

5 É precisamente esse o fenômeno analisado por Paulo Koguruma em sua tese sobre a modernidade (e o discurso da modernidade) desenvolvida na São Paulo do começo do século XX. Destaca o autor os impactos (em âmbito global) dessa "racionalidade técnica que se encontra voltada para a eficácia da constituição de uma intensa cadeia produtiva, cujas ramificações se espraiam por toda parte, sempre buscando escamotear as assimetrias existentes, num movimento mistificador de aplainamento das identidades e diferenças que se impõem de modo avassalador, ao fazer tábula rasa das especificidades e situações existentes nas e entre as diversas sociedades estabelecidas sobre a superfície do globo terrestre" (2003, p. 27).

> hipóteses que se constituem em previsões sobre o que tem necessariamente de ocorrer dadas determinadas condições iniciais. A ocorrência do fenômeno previsto pela hipótese significa a confirmação da previsão e, nesse sentido, a confirmação da própria teoria. Caso não ocorra o previsto, passa a ser necessário rever sejam as condições do experimento de verificação, seja algum aspecto da própria teoria.
> (...) Contra isso, insurge-se o *comportamento crítico*, que pretende conhecer sem abdicar da reflexão sobre o caráter histórico do conhecimento produzido. Sendo o capitalismo uma forma social histórica que tem como centro organizador o mercado, trata-se antes de mais nada de reconhecer que a produção de mercadorias é o foco a partir do qual se estrutura a sociedade (Nobre, 2008a, p. 43-44).

Caminhamos aqui para a constituição de ferramentas básicas mobilizadas em nosso estudo: quando analisamos a presença dos efeitos da massificação nas artes, estamos realizando, na verdade, um *diagnóstico* sobre o grau de penetração da lógica econômica capitalista neste setor.[6] Esse esforço analítico se realiza das mais diversas maneiras dentro do quadro teórico deste ou daquele autor. Adorno, por exemplo, em seu ensaio *Cultura e Administração*, discute a maneira pela qual a lógica industrial se insere dentro dos heterogêneos segmentos culturais. Afirma o pensador que:

> Em muitos setores ainda não houve um balanço da situação. Isso se aplica sobretudo àquelas regiões isoladas ou distantes das tendências sociais mais poderosas, embora elas dificilmente se beneficiem de seu isolamento (2006d, p. 123-124).[7]

---

6 Evidencia-se aqui a "preocupação com as possibilidades de submissão de toda e qualquer sociedade e cultura aos ditames das grandes linhas de produção e circulação da indústria cultural padronizadora e massificadora (bem como da identificação de pontos de resistência a esta tendência) (...). Parece-nos, que há um enfoque analítico cujo objetivo é compor uma teoria de *diagnóstico* a respeito do grau de penetração da lógica econômica e da massificação cultural dentro de sociedades e espaços ainda operantes em outras lógicas" (Moraes, 2012, p. 8).

7 Em *Minima Moralia*, por sua vez, encontramos uma reflexão centrada no estudo dos espaços ainda "não-capitalizados" do globo: "é de se temer às vezes que a inclusão dos povos não-ocidentais no exame aprofundado da sociedade industrial, que em princípio já está mais do que na hora, venha a beneficiar menos os libertos do que à elevação

Empreendida, assim, essa visão geral sobre os principais autores e temas de dentro do estudo da interface entre economia e cultura massificada, podemos avançar rumo à apresentação de algumas pautas específicas sobre as quais se centrarão as reflexões do presente capítulo:

(I) Alguns dos casos analisados em seções anteriores – como o surgimento do setor fonográfico ou as vinculações do LAOSP ao nascente setor industrial paulista – sugerem um primeiro foco de análises quando do estudo dos efeitos da massificação: as transformações da cultura no que se refere à *produção* propriamente dita de bens e serviços culturais. Refletir sobre o processo de massificação da cultura envolve refletir, primeiramente, sobre uma série de inflexões registradas no núcleo produtivo do setor artístico. Estamos pensando aqui em temas como a racionalização e serialização das etapas de criação, padronização e mercantilização dos produtos culturais, mudanças nas relações de trabalho dos profissionais envolvidos etc.

Sob tal enfoque, é impossível não se reportar a obras canônicas da Teoria Crítica, como o ensaio *A obra de arte na era de sua reprodutibilidade técnica*, de Walter Benjamin, cuja primeira publicação data de 1936. A obra baliza e, em grande medida, inaugura uma série de debates sobre o *locus* social, econômico e político das artes diante das novíssimas potencialidades proporcionadas pela reprodutibilidade técnica (Benjamin, 1994)[8]. Cabe o resgate aqui também ao conceito de Indústria Cultural, talhado pelos também alemães Theodor Adorno e Max Horkheimer em seu livro *A Dialética do Esclarecimento*, de 1947, e revisitado, para as mais distintas finalidades e aportes teóricos, ao longo das décadas seguintes[9].

Com essa abordagem, podemos pensar sobre os efeitos econômicos das inflexões técnicas na dinâmica de cada um dos diferentes suportes artísticos aqui analisados: distintos graus de reprodutibilidade engendrariam diferentes conexões com o mundo econômico e diferentes níveis de subordinação aos ditames da massificação[10].

---

racional da produção e da distribuição e à modesta elevação do padrão de vida" (2008, p. 49). Para mais discussões sobre o método de estudos adornianos no universo cultural, ver Steinert (2003, p. 45) e Duarte (2003).

8 Para reflexões sobre a temática da reprodutibilidade técnica, bem como outros conceitos benjaminianos correlacionados, ver as discussões de Palhares (2006 e 2008).

9 Para debates sobre o desenvolvimento do conceito ao longo da segunda metade do século XX, bem como seu emprego no contexto atual, ver Guzman (2009) e Maar (2008).

10 Kracauer por exemplo, se detém no estudo do que ele chama de *taylorismo na produção* de uma peça teatral que conseguir realizar "um trabalho de precisão sem prece-

(II) Cedo se percebe, contudo, que as discussões sobre a massificação cultural caminham para além das mudanças no âmbito da produção em sentido restrito. Ao discutir seu conceito de Indústria Cultural, afirma Adorno que "a expressão 'indústria' não deve ser levada literalmente. Ela se refere à estandardização dos produtos (...) e à racionalização das técnicas de distribuição e não ao processo produtivo em sentido estrito" (Adorno, 2006a, p. 100)[11]. Dentro de tal proposta, evidencia-se que a análise dos referidos efeitos precisa olhar para além do núcleo da produção artística, envolvendo também reflexões sobre as etapas de distribuição, comercialização, financiamento e fruição desses bens e serviços (Moraes, 2012b).

Uma vez mais, encontramos discussões sobre o tema realizadas por uma ampla gama de autores e correntes interpretativas, cuja amplitude estende-se para além dos limites da teoria crítica frankfurtiana. Ao longo do século XX, uma miríade de novos enfoques foi desenvolvida, incrementando sobremaneira o leque de ferramentas analíticas disponíveis. Um amplo resgate bibliográfico sobre esses vários movimentos teóricos – como a *Nouvelle Histoire* francesa ou os *cultural studies* britânicos – certamente evadiria o escopo de nossa discussão[12].

Tendo em vista os objetivos da presente seção, contudo, julgamos oportuna a menção a uma corrente interpretativa específica, denominada Economia Política da Cultura[13]. Surgida no Reino Unido na década de 1970, intentava "incluir no campo analítico as relações histórico-econômicas da produção cultural no contexto específico da predominância dos grandes meios de comunicação e da crescente industrialização dos produtos culturais" (Moraes, 2010c, p. 43). Destacam-se, aqui, os esforços de autores como Bill Ryan que, mediante análise de dados e do-

---

dentes, um deleitoso taylorismo de braços e pernas, um charme mecanizado (...), um flerte cronometrado" (Kracauer, 2009b, p. 95 e Hansen, 2004, p. 415-416). A preocupação com o surgimento de "métodos fordistas" na produção cultural também está presente nas reflexões de Adorno (Cf. Steinert, 2003, p. 76).

11 "O termo indústria refere-se à racionalização das técnicas de divulgação, ou seja, ao amplo aparato, formado pelo cinema, pelo rádio, pela televisão e pela imprensa, movimentado para veicular seus produtos" (Gatti, 2008, p. 78).

12 Sobre o tema, afirma Renato Ortiz que "é praticamente na década de 70 que surgem os primeiros escritos que tratam dos meios de comunicação de massa, fruto sobretudo do desenvolvimento das faculdades de comunicação" (2001, p. 14). Para um resgate de algumas dessas discussões teóricas, ver Sirinelli (2002) e Le Goff (1990).

13 Sobre o tema, ver as discussões de Cook (1996), Herscovici (2003) e Moraes (2010b).

cumentos de natureza administrativa e econômica, reconstrói a dinâmica interna dos setores culturais, destacando temas como a taxa de lucratividade no setor, métodos de financiamento, conexão entre os distintos elos da cadeia produtiva etc. (Cf. Ryan, 1992 e Cook, 1996).

Como para Ryan, temas como a distribuição ou a etapa de financiamento cultural são centrais nos trabalhos de nomes como Nicholas Garnham, Graham Murdock ou Peter Goulding. Em todos os casos, vemos análises que se dedicam à compreensão dessas interrelações entre os setores culturais e os capitais oriundos de outras esferas econômicas (Murdock e Golding, 1974, *passim* e Garnham, 1979, p. 144). Para além do simples arrolamento de figuras teóricas, destacamos tais autores porque com eles partilhamos algumas questões metodológicas. Conforme veremos ao longo do capítulo, documentos de natureza contábil ou administrativa podem adquirir protagonismo quando do estudo de fenômenos artísticos desenvolvidos em sociedades industriais.

(III) Ainda dentro dessa acepção ampliada de reflexões sobre a massificação cultural, é fundamental destacar também as inflexões transcorridas na "ponta final" da cadeia produtiva, isto é, quando do momento da *fruição* artística. Como veremos na próxima seção, a simples postulação de que a cultura é passível de ser consumida – e de ser consumida mediante pagamento – envolve a compreensão de uma série de premissas históricas e teóricas (Cf. Oliveira, 2009, *passim*).

Cabe, por ora, mencionar que o surgimento de uma sociedade de consumo de bens culturais inscreve-se num contexto alargado de reformulação das funcionalidades socioeconômicas da cultura. Mobilizamos, no primeiro capítulo, o conceito de *macrofuncionalidade* da cultura, isto é, a assunção de que a cultura desempenha certos papeis dentro da dinâmica econômica num dado contexto social (Cf. Herscovici, 1995, p. 51). No presente capítulo avançaremos nessa temática, localizando possíveis inflexões nessas funcionalidades no bojo do circuito comercial das duas cidades. Sob tal chave, o surgimento de uma cultura de consumo de bens culturais (no caso, o consumo de entradas de espetáculos teatrais e cinematográficos) inscreve-se numa série de mudanças de primeira ordem, com a supressão de elementos tradicionais, modificações das relações de trabalho, surgimento de um *ethos* capitalista no setor etc.

Para avançar nessa temática podemos nos reportar, uma vez mais, a autores como Kracauer ou Adorno. São várias as reflexões dos autores que se centram no estudo (ou, conforme discutido anteriormente, no diagnóstico) da expansão técnica do capitalismo sobre o reino da cultura. A questão é abordada por Kracauer em ensaios como *A viagem e a dança*, de 1925, *Culto da distração*, de 1926, ou ainda *O ornamento da massa*, de 1927 (Cf. Kracauer, 2009a, 2009b e 2009f). Em Adorno, identificamos reflexões sobre o tema tanto na *Dialética do Esclarecimento* quanto em um de seus últimos textos, o artigo *Tempo livre*, de 1969 (Adorno, 1977 e Adorno e Horkheimer, 1985).

O ponto em comum a todas essas discussões é a compreensão de que, dentro de moldes industriais, a cultura encontra-se, mais e mais, resumida ao escaninho da simples "diversão" e da "distração" (Adorno, 1977, *passim* e Adorno e Horkheimer, 1985, p. 128). Diante de uma sociedade pautada cada vez mais pelo ritmo industrial, também a cultura vai sendo "domesticada", condicionando-se aos ditames de tempo e espaço do sistema capitalista (Kracauer, 2009f, p. 346). Conforme veremos ao longo do capítulo, esse processo é acompanhado, outrossim, por uma mudança na organização das atividades culturais que precisam, também elas, se profissionalizar e se estruturar para dar conta das novas exigências[14].

(IV) Podemos pensar uma infinidade de outros temas e questões no bojo das inflexões das macrofuncionalidades da cultura dentro de contextos industrializados[15]. Além dos aspectos mencionados nos itens anteriores, optamos também por destacar no presente capítulo o estudo de uma questão adicional: as relações estabelecidas pelo nascente setor cultural com outros segmentos econômicos do período. O pressuposto teórico por trás de tal preocupação remete, uma vez mais, às discussões da Teoria Crítica e à leitura adorniana sobre a Indústria Cultural. A importância das interconexões entre o segmento cultural e os demais setores econômicos evidencia-se numa passagem da *Dialética do Esclarecimento*, em que Adorno e Horkheimer narram as relações entre os "automóveis, as bombas e os filmes" (1985, p. 129).[16]

---

14 Sobre o tema, afirma Kracauer que "a forma empresarial da ocupação do tempo livre é a forma da empresa, do negócio" (2009f, p. 346). Sobre o tema, ver também as discussões de Singer (2004, p. 115-117) e Hansen (2004, p. 452).

15 Obviamente, um dos temas mais centrais quando de estudos sobre as interfaces entre cultura e economia são os estudos sobre a temática da *ideologia*, compreendendo o conceito em suas múltiplas e variadas facetas. Para amplas revisões sobre essa temática ver os trabalhos de Thompson (1990), Eagleton (1997), e Konder (2002).

16 "[A] mobilização de recursos técnicos e financeiros revela a aproximação dos interesses dos produtores culturais com os de outros setores econômicos em torno da busca do lucro. Nesse sentido, Adorno aponta a dependência entre o rádio e a indústria elétrica ou entre o cinema e o financiamento dos bancos" (Gatti, 2008, p. 78).

(V) Pensar as relações entre o setor cultural e os demais setores econômicos num dado contexto social e histórico abre portas para nosso último foco de estudos: a compreensão de alguns condicionantes locais, brasileiros. Refletir sobre os efeitos da massificação da cultura brasileira do começo do século XX envolve levar em conta questões econômicas outras vivenciadas no país no mesmo período. Pensar o eventual surgimento de uma indústria cultural nacional envolve pensar alguns condicionantes do surgimento da própria indústria brasileira.

Um dos objetivos do capítulo é dialogar com alguns temas e questões dessa historiografia. Uma vez mais – mas por vias distintas – devemos relativizar a noção de "indústria": não apenas por razão das particularidades do setor cultural, mas também aqui pelo diferencial da história da industrialização brasileira. Pensar aspectos desse processo exige refletir não apenas sobre o núcleo produtivo em sentido restrito, englobando também reflexões sobre as etapas de circulação e distribuição de produtos culturais no Brasil, sobretudo no que se refere à posição do país no contexto econômico global do período (Cf. Deaecto, 2002, p. 63).[17]

Veremos assim, ao longo das seções, algumas conexões temáticas entre a dinâmica econômica dos setores teatral e cinematográfico com as teorias da industrialização brasileira, notadamente os debates acerca da substituição de importações. Como veremos, o surgimento e consolidação das atividades do circuito comercial brasileiro relacionaram-se a algumas particularidades locais, com um arranjo nativo de forças da distinção e da massificação.

Para compreender tal ponto, todavia, é fundamental analisar os precedentes econômicos do setor cultural na virada para o século XIX para o XX, aí identificando algumas variáveis chaves que, ao longo das décadas seguintes, vincular-se-ão aos canais da massificação e da distinção.

---

17 Partindo de sua preocupação sobre a categoria de "exposição" na virada do século XX, destaca Heloísa Barbuy a importância do comércio – e, mais especificamente, do comércio importador – na dinâmica econômica local do período: "o comércio não constituiu um sistema para circulação e consumo apenas de produtos locais, fossem artesanais, fossem industriais, mas também – e intensamente a partir do final do século XIX – de produtos estrangeiros. Assim, o raciocínio segundo o qual é a indústria que antecede e impulsiona a expansão do comércio não se aplica de todo ao nosso caso. Ao contrário, pode-se entender que a presença de um sem-número de artigos variados de origem externa oferecidos pelo comércio é que pode ter impulsionado o desenvolvimento de uma indústria local" (2006, p. 28). Trabalharemos diversas dessas questões ao longo das próximas seções.

Modernidade e moralidade: prelúdios do entretenimento em massa do final do século XIX

É preciso destacar, obviamente, que as diversas categorias teóricas mobilizadas na seção anterior – massificação dos produtos, racionalização das etapas produtivas etc. – se desenvolveram em contextos históricos e econômicos específicos. Nesse sentido, para além de uma simples aplicação ou extensão acrítica de termos e conceitos teóricos ao caso nacional, a compreensão da dinâmica do circuito comercial brasileiro do início do século XX exige um estudo sobre alguns condicionantes e particularidades locais. A presente seção versará, assim, sobre a situação do setor de entretenimento carioca e paulista na virada do século XIX para o XX, interpretando o momento como uma etapa embrionária ou incipiente do segmento. Sem o intuito de empreender um debate exaustivo, a linha condutora da seção será a identificação de alguns vieses estruturantes, identificando, assim, a presença dos efeitos distinção e massificação.

Nosso debate não poderia começar de outra maneira, senão por uma reflexão sobre a modernidade. O tema – de amplitude e complexidade ímpares – figura como pauta maior dentro de estudos das mais diversas cadeiras das Humanidades, tendo sido abordado por diferentes vieses e correntes interpretativas.[18] Entendemo-lo aqui, em linhas bastante gerais, como o extenso rol de mudanças técnicas, econômicas e sociais transcorrido nas décadas finais do século XIX e início do século XX, no bojo da chamada II Revolução Industrial, tendo como epicentro as zonas urbanas e industriais da Europa Ocidental e dos Estados Unidos.[19]

A urbanização e industrialização de certas áreas do globo já figuram, por si só, como as primeiras e mais impactantes das transformações do período aqui analisado.[20] Esses processos precisam ser entendidos em sua riqueza e complexi-

---

18 A lista de referências é extensa. Nossas recomendações, assim, se centram em obras voltadas precisamente a apresentações panorâmicas dessa temática, como os trabalhos de Frisby (1986), Habermas (2000), Bermann (2001) e Buchloh *et alli* (2004).

19 Charney e Schwartz apresentam diversas leituras sobre a modernidade, dentre elas a concepção de que o fenômeno poderia ser visto como "uma fórmula abreviada para amplas transformações sociais, econômicas e culturais", associando-a às chamadas "invenções talismânicas: o telégrafo e o telefone, a estrada de ferro e o automóvel, a fotografia e o cinema" (2004, p. 17).

20 "A modernidade implicou um mundo fenomenal especificamente urbano – que era marcadamente mais rápido, caótico, fragmentado e desorientado do que as fases ante-

dade: o período que vai, grosso modo, de 1870 até os anos de 1920 (ou mesmo depois, dependendo da localidade analisada)[21] registra amplificação ou efetiva explosão de quase todas as variáveis sociais e econômicas das zonas supracitadas: foi o momento de radical aumento da expectativa de vida e de queda da mortalidade, do aumento da taxa de alfabetização, o momento de ampliação da geração de energia e de significativo incremento da capacidade de produção e distribuição industrial (Hobsbawm, 2008, cap. 1).

Foi este também o período de surgimento e aprimoramento de variadas inovações: a locomotiva e o barco a vapor, presentes na paisagem europeia e norte-americana desde a primeira metade do século XIX, passam a triunfar sobre seus antecessores tecnológicos – a carroça e o barco a velas. A luz elétrica triunfa e expandem-se as técnicas construtivas em aço e vidro, isso sem falar na construção dos primeiros arranha-céus.[22] Mais interessante ainda, é um período em que se registram mudanças consideráveis no que diz respeito a objetos e serviços de uso cotidiano: surgem os alimentos processados e os refrigerantes, as escovas e pastas de dente, o fogão a gás, os elevadores, a caixa registradora, as roupas com zíper e os aparelhos de barbear descartáveis. Isso sem falar nas bicicletas, bondes, além de automóveis e aviões (Sevcenko, 1998, p. 9 e Morris, 2006, p. 181-184).

Essas diversas transformações têm no setor cultural um ativo agente de mudança (Abel, 1994, cap. 1 e Ortiz, 1998, p. 210).[23] De fato, um vasto rol desses

---

riores da cultura humana" (Singer, 2004, p. 96).

21 "Os historiadores tendem a concordar que, a partir de meados do século [XIX – JLM], o ritmo da história social se modifica. O termo em si é impreciso – "meados do século" –, mas quando lemos sobre as diversas histórias específicas (econômica, demográfica, urbana, técnica) parece haver uma convergência no sentido de se localizar, dentro dos limites dessa duração, senão uma ruptura, pelo menos uma aceleração" (Ortiz, 1998, p. 21). Charney e Schwartz também propõe a distinção entre "uma modernidade oitocentista, essencialmente ligada à cultura de Paris, e a modernidade do século XX, esta da 'produção em massa, do consumo em massa e da aniquilação em massa; da racionalização, da padronização e dos públicos de mídia" (2004, p. 20).

22 São sintomáticas as ilustrações e charges do período, compiladas por Ben Singer, que mostram veículos e meios de transporte modernos (como os bondes e automóveis) em verdadeiras "rotas de colisão" com elementos tradicionais (como as carroças) (2004, p. 102).

23 "Se os historiadores muitas vezes privilegiam os níveis técnicos e econômicos, podemos argumentar que o advento de novas tecnologias implica também mudanças substanciais

novos produtos industrializados volta-se precisamente ao mundo da diversão e do entretenimento. Vimos, no primeiro capítulo, o impacto social de dois desses novos produtos – o piano, cuja produção foi industrializada nessa época, e o gramofone –; devemos incluir aqui outros adventos como as rodas-gigantes e as montanhas-russas, além, é claro, do cinematógrafo, todos eles símbolos da novíssima paisagem moderna das metrópoles do Hemisfério Norte.

O surgimento desses novos objetos e formas de diversão precisa ser atrelado a uma verdadeira mudança da *sensibilidade* das pessoas do período. Dos poemas de Baudelaire aos romances de Dostoievsky, dos ensaios de Georg Simmel às crônicas de João do Rio: é possível ver aí um momento de acentuada inflexão na percepção humana, sobretudo dos habitantes dos centros urbanos diretamente afetados pelo novo ritmo de vida. Técnica, velocidade, multidão, ruídos, luzes e tantos outros elementos outrora circunscritos ao ambiente fabril (ou ao universo simbólico e onírico) passam a povoar as ruas e o cotidiano das metrópoles (Charney e Schwartz, 2004, p. 9 e Hardman, 1988).

São desse momento também iniciativas e projetos de expressividade artística inigualáveis. O decadentismo *fin-du-siècle* e a euforia modernista, o simbolismo, o surrealismo e o suprematismo, a *Art nouveau* e a Bauhaus: temos aqui elementos de um dos capítulos mais interessantes na História da Arte do Ocidente cuja compreensão, obviamente, escapa aos objetivos da presente tese.[24] Sensibilidades artísticas à parte, é fundamental destacar a importância da modernidade e das inflexões econômicas na composição desse novo quadro cultural. É impossível compreender essas diversas alterações sem levar em conta as radicais transformações nos métodos e técnicas industriais e comerciais então desenvolvidos.

A título de ilustração, podemos contextualizar algumas das renomadas personagens da ecologia artística no rol de novidades econômicas do período. Tomemos, por exemplo, a figura do boêmio, isto é, o frequentador de bares e do meretrício das grandes metrópoles oitocentistas. Embora presente na paisagem urbana desde meados do Oitocentos, ou mesmo antes, ele adquire destaque justamente nos anos finais

na esfera da cultura" (Ortiz, 1998, p. 28). Para mais debates sobre o *locus* da cultura no processo de modernização, ver as discussões propostas por Lima (2000, p. 185).

24 Para discussões pormenorizadas sobre os diversos movimentos do período, ver, por exemplo, as discussões de Argan (1992) sobre as artes plásticas e a arquitetura e de Wilson (2004) sobre a literatura. Outra referência fundamental sobre o período são os trabalhos de Schorske (1988) e de Gay (2009).

do século XIX. Longe de representar um fenômeno cultural isolado ou espontâneo, a sugestão de Marcus Verhagen é que teria ocorrido, na Paris fim-do-século, uma convergência de interesses e conexões econômicos entre a boemia e o novíssimo *show business* francês, segmento este responsável pela abertura de novas possibilidades profissionais para artistas e escritores (2004, p. 134).[25]

Leitura semelhante pode ser feita a respeito do *flaneur* – o caminhante das calçadas urbanas, observador arguto de lojas, vitrines e exposições. Alçado à categoria de protagonista da nova metrópole e imortalizado nos trabalhos de Walter Benjamin sobre a Paris do século XIX, também nele identificamos os inegáveis matizes econômicos dos novos tempos. Basta dizer que todos esses elementos – lojas de departamento, vitrines, exposições internacionais etc. – são frutos da II Revolução Industrial. Alexandra Keller chega mesmo a comparar a *flanerie*, isto é, o despretensioso passeio pelos centros comerciais, com o folhear de páginas de um catálogo comercial de uma loja de departamentos (Cf. Keller, 2004, p. 186).

É preciso resguardar-se, obviamente, de associações mecânicas e acríticas entre o universo econômico e o cultural. É impossível não destacar, contudo, a importância de novas variáveis dentro de uma ampliada equação social. Cedo se percebe, por exemplo, a inflação exponencial de um novíssimo fenômeno: o *consumo*. O surgimento de uma inédita sociedade de consumo massificado talvez seja a mais visível e palpável das transformações ocorridas. São variados os trabalhos que se dedicam à análise desse tema, compreendendo-o sobre diferentes prismas e chaves teóricas.[26] Poderíamos resumir a questão à feliz expressão de Charney e Schwartz, que veem no consumo o verdadeiro "motor da modernidade" (2004, p. 25).

Algumas questões específicas merecem especial ênfase no estudo dessa novíssima estrutura consumista. A primeira delas diz respeito ao surgimento de um público feminino. De roupas e acessórios a cosméticos e bilhetes de teatro, as mulheres passam a ser o alvo dos anúncios e campanhas publicitárias, alterando substancialmente o dia-a-dia de lojas, teatros e demais espaços da esfera pública e da vida

25 Outra leitura é proposta por Milena Oliveira, igualmente marcada pelo viés econômico. Evocando as relações entre diversão e mundo do trabalho, afirma a autora que "o aparecimento da vida boêmia no mundo moderno corresponde à fuga em relação à excessiva racionalização que pesa sobre a vida cotidiana" (2009, p. 118 e também p. 257).

26 Uma discussão sobre essa bibliografia é feita por Oliveira (2009). Sobre o tema, ver também os trabalhos de Williams (1982) e Ohmann (1996).

urbana. As implicações sociais dessa mudança não são negligenciáveis (Cf. Peiss, 1986, *passim* e Oliveira, 2009, p. 239-243).

A inserção feminina não é, contudo, a única descontinuidade registrada. É preciso pensar o surgimento do consumo (e do consumo cultural) dentro do arcabouço de novas funcionalidades da cultura: saem de cena os operadores tradicionais de sociabilidade para entrar a lógica do tempo livre, da distração, do entretenimento. A essas novas funcionalidades da cultura vinculam-se novas estruturas organizacionais dos espaços e eventos culturais. As emergentes modalidades de diversão em massa, contudo, muitas vezes se chocavam com os modelos tradicionais pré-existentes e o resultado desse combate nem sempre era harmonioso. Sobre o tema, afirma Nicolau Sevcenko:

> Era necessário transformar o modo de vida das sociedades tradicionais, de modo a instilar-lhes os hábitos e práticas de produção e consumo conformes ao novo padrão da economia de base científico-tecnológico. Foram essas tentativas de mudar as sociedades, suas culturas e costumes seculares que desestabilizaram suas estruturas arcaicas (1998, p. 12-13).[27]

Pensar a implementação de uma sociedade consumista de cultura – e, consequentemente, da estruturação do circuito comercial como um todo – é pensar em termos de rupturas, negociações e continuidades. Isso se aplica ao estudo das mais variadas modalidades de diversão surgidas e/ou ampliadas. Tomemos como exemplo alguns espaços e gêneros de entretenimento consagrados no período, como o *vaudeville* e o café-cantante franceses, o *music-hall* inglês ou a burleta portuguesa. Todos eles, embora tributários de antecessores – as tavernas, os *pubs* ou os botequins – são novos: é novo o público, é nova a organização e, sobretudo, é nova a racionali-

27 Heloísa Barbuy nos fornece um interessante exemplo. Afirma a autora que, juntamente aos produtos e comerciantes estrangeiros que aportam na São Paulo de fins do século XIX, "introduzem-se também os modos de comerciar em voga. Da conformação das lojas às estratégias publicitárias, novas práticas vão ganhando terreno, em sintonia com as modas europeias. E aí um verbo se conjuga todo o tempo: expor" (2006, p. 78). Alexandra Keller, por sua vez, analisa os novos métodos de pagamento desenvolvidos (como a venda e pagamento de compras por catálogos) afirmando que essa nova modalidade "ossificou as estruturas econômicas antes flexíveis, cortando de modo significativo os sistemas de pagamento mais interno à comunidade como crédito e trocas em espécie" (Keller, 2004, p. 196).

dade, menos marcada pelo localismo e mais afeita aos ditames da racionalização do tempo e à massificação (Cf. Lima, 2000, p. 64 e 78).[28]

O mesmo pode ser dito em relação aos circos. Diversões com animais, como as corridas de cavalos, as touradas ou mesmo as rinhas de galo, estavam presentes no leque de opções de entretenimento do século XIX e, assim, no universo de diversões pré-modernas.[29] É no momento histórico aqui analisado, contudo, que se registra uma inflexão na racionalidade da atividade: as novas rotas férreas e marítimas expandem o itinerário dos picadeiros, possibilitando o surgimento de um setor efetivamente global. O segmento se capitaliza, quadros e técnicas inéditas são incluídas no repertório, incluindo o uso de novas máquinas, cenários e atrações tecnológicas (Cf. Hansen, 2004, p. 416-417).[30]

O momento registra, outrossim, o surgimento de uma modalidade inteiramente nova de entretenimento: o parque de diversões (Abel, 1999, p. 5). Com suas engrenagens mecânicas, luzes feéricas e estímulos sensoriais, esses espaços atiçam o imaginário coletivo do período. Esses verdadeiros "laboratórios da cultura de massa"[31] também se atrelam a modalidades anteriores como as feiras e eventos itinerantes. A montagem de estandes de diversões lúdicas em meio às *fêtes foraines*

---

28 Sobre a temática de rupturas e continuidades nos espaços populares, afirma Hosbsbawm: "o teatro popular dos subúrbios de Viena, o teatro dialetal nas cidades italianas, a ópera popular (distinta da ópera da corte), a *commedia dell'arte* e as pantomimas ambulantes, as lutas de boxe e as corridas de cavalos, ou a versão democratizada das touradas espanholas eram produtos do século XVIII (...). As formas genuinamente novas de diversão urbana na grande cidade eram subprodutos da taberna ou loja de bebidas (...). O *music-hall* e o salão de bailes surgiram da taberna" (2009, p. 381). Sobre o tema, ver também a discussão de Charle (2012, p. 41).

29 Citações sobre a condição dos circos em São Paulo e no Rio de Janeiro no século XIX são realizadas por Bruno (1953, p. 793), Gonzaga (1996, p. 31) e Araújo (1981, p. 13-19).

30 Embora o circo pertença a "um modo de produção artesanal", Kracauer nele observa um crescente "grau de penetração da racionalização mesmo em uma instituição que, rapidamente, vinha ficando para trás e sendo subsumida por formas desterritorializadas da cultura e da mídia" (Hansen, 2004, p. 416-417). Com irreverência, afirma o pensador que, dentro do novo regime produtivo, também "o mundo animal sucumbe ao jazz" (*idem, ibidem*).

31 A expressão foi talhada por John Kasson em seu influente estudo sobre Coney Island, o parque de diversões do Brooklyn (Cf. 1978).

francesas ou às exposições agropecuárias nos Estados Unidos ocorria desde meados do século XIX (Abel, 1994, p. 16-17). Com o tempo, contudo, o segmento de diversões dessas festividades se autonomiza, passando a ganhar vida e dinâmica próprias marcadas, uma vez mais, pelos princípios racionais da massificação.[32]

Autonomização é também a palavra de ordem do cinematógrafo, possivelmente a mais expressiva das diversões surgidas então. O suporte, moderno por excelência - posto que dependente de adventos mecânicos e químicos anteriormente inexistentes e pensado para audiências grandes e internacionalmente intercambiáveis - tem nos panoramas, lanternas mágicas e demais mecanismos ópticos dos séculos XVIII e XIX importantes antecessores (Cf. Trusz, 2010 e Costa, 2005, cap. 2). No ocaso do Oitocentos e do início do Novecentos, contudo, o aparelho se emancipa - tanto estética quanto economicamente - de outras diversões às quais seguia atrelado, iniciando uma trajetória própria.

Percebe-se que, a despeito das marcantes mudanças acima mencionadas, a sedimentação dessas novas modalidades de entretenimento é gradual.[33] É necessário, além disso, relativizar e modular o impacto e as especificidades da modernização - e da modernização do setor cultural - nas diferentes localidades do mundo. Para além das restritas áreas diretamente afetadas pelos processos de urbanização e industrialização da II Revolução Industrial, a cultura, na quase totalidade do globo, seguia atrelada ao universo da sociabilidade tradicional, religiosa e, no mais das vezes, geograficamente circunscrita. O surgimento de atividades de lazer vinculadas a uma novíssima *ratio* moderna, global e massificada, muitas vezes se chocou com elementos locais e tradicionais. Tudo indica que foram justamente nas periferias econômicas que essas mudanças foram mais traumáticas.[34] É dentro de tal proposta que devemos entender a situação brasileira.

---

32 Podemos recorrer aqui, novamente, a um debate de Kracauer, desta vez em seu texto "A alegria organizada", de 1930, em que o pensador analisa as reformulações de um antigo parque de diversões. Na nova disposição dos brinquedos, não existe mais "a menor lacuna" para o improviso, o que dizer, então para a reflexão (Cf. Hansen, 2004, p. 435).

33 Discutiremos na seção "*Foyeurs, votirues* e *toilettes*" a manutenção da arquitetura teatral nos cinemas de São Paulo e do Rio de Janeiro até pelo menos os anos de 1920, além da ocorrência dos chamados espetáculos "híbridos", com o emprego simultâneo de atrações teatrais e cinematográficas.

34 "O 'progresso' fora dos países avançados não era nem um fato óbvio nem uma suposição plausível, mas sobretudo um perigo e um desafio estrangeiros. Os que se bene-

Nessa narrativa, Rio de Janeiro e São Paulo assumem, até certo ponto, trajetórias diferentes. Distintamente inseridos no sistema global do século XIX, as duas cidades receberam e assimilaram de modo diferenciado as transformações do período. Por sua condição de capital federal, sua melhor conexão com as rotas marítimas e, em certa medida, pela presença da Corte Portuguesa desde o início do Oitocentos, o Rio de Janeiro dispunha de uma ambiência mais aberta e cosmopolita contando, por exemplo, com um leque mais variado de diversões urbanas. Ainda assim, as décadas finais do século XIX representam um período de acentuadas inflexões. A estabilização da energia elétrica e a inauguração da Avenida Central, na primeira década do Novecentos, podem ser identificadas como os corolários desse processo. É aí que a cidade assume, de fato, sua "vocação ao prazer" (Cf. Gonzaga, 1996, p. 25 e Araújo, 1993, *passim*).[35]

A situação em São Paulo é certamente distinta. Pelo menos até a década de 1860, a cidade tinha sofrido poucas alterações, mantendo feições urbanas semelhantes às dos tempos coloniais (Moraes, 2013a, cap. 1). A conexão ferroviária com o Rio de Janeiro e com o porto de Santos, bem como o triunfo da economia cafeeira, transformaram radicalmente o cenário local. Nos anos de 1870 inicia-se um período de grandes mudanças, aí incluindo o surgimento de novas atividades de recreação e entretenimento. Se até então as opções de lazer restringiam-se a passeios nas várzeas dos rios, festejos religiosos ou bailes dominicais, começa a surgir uma gama de atrações culturais, esportivas e festivas (Sevcenko, 1992, p. 52).[36]

---

ficiavam com ele e o acolhiam favoravelmente eram as reduzidas minorias de governantes e citadinos que se identificavam com os valores adventícios e irreligiosos. (...). O mundo estava, portanto, dividido numa parte menor, onde o 'progresso' nascera, e outra, muito maior, onde chegara como conquistador estrangeiro, ajudado por minoria de colaboradores" (Hobsbawm, 2008, p. 52-53). A referência às discussões de Ortiz (2001) e Herscovici (1995) é aqui fundamental.

35 Afirma João do Rio que os hábitos culturais da capital federal, pelo menos até 1908, pouco haviam diferido dos tempos imperiais (Cf. Peixoto, 2009b, p. 18). Aspectos desse contraste entre um segmento cultural vibrante do Rio em oposição ao marasmo oitocentista estão presentes também na apresentação de Gonzaga (1996, p. 26).

36 A precariedade do setor de entretenimento paulista no século XIX e sua posterior inflexão a partir da década de 1870 são bem discutidos na obra de Bruno (1953, p. 783-790). Sobre o tema, ver também os trabalhos de Elazari (1979), Rago (2004) e Araújo (1985, p. 18).

Variações regionais à parte, é inegável o fato de que as duas cidades são afetadas pelos efeitos internacionais da modernidade. Vimos, no primeiro capítulo, os traumáticos impactos das reformas urbanísticas nas duas cidades, com a implementação de preceitos "modernos" de higiene, saneamento e habitação. Podemos ver no surgimento de um setor de entretenimento uma espécie de narrativa paralela desse processo. Também aí registram-se resistências.

Um primeiro tipo de querela cultural também foi apresentado no primeiro capítulo: as tensões sociais envolvendo a perseguição e cerceamento de atividades e festejos de agremiações populares. No presente capítulo destacaremos uma segunda resposta local ao processo de modernização e modernização do setor cultural: a desconfiança e hostilidade a respeito do entretenimento em massa e o surgimento de um *viés anticomercial* nutrido contra os eventos e pessoas a ele vinculados. O argumento é sutil mas, dada sua conexão aos pressupostos da presente tese, muito diz sobre o país e sobre o peculiar balanço de forças da distinção e da massificação aqui desenvolvido. Detenhamo-nos com calma neste aspecto.

Cabe mencionar, primeiramente, que um viés anticomercial nas artes não é exclusividade nacional. Mundo afora registraram-se queixas - ou, nos termos de Charney e Schwartz, "respostas morais" - em represália às novas modalidades de diversão (2004, p. 25). Os exemplos internacionais abundam e indicam algumas das variantes regionais: Christophe Charle fala, por exemplo, das ressalvas das elites parisiense e londrina em relação aos espetáculos popularescos, tidos como promotores da "promiscuidade social" e "incompatíveis com os programas familiares" (2012, p. 42-49). Richard Abel, por sua vez, narra as dificuldades enfrentadas pelos primeiros cinemas americanos para se afirmarem como uma alternativa respeitável de lazer. O autor conta que, em seus primeiros anos, os *nickelodeons* norte-americanos levantavam suspeitas e ojeriza da opinião pública, uma vez que eram frequentados, majoritariamente, por trabalhadores e imigrantes (Abel, 1999, p. 68-71).

Promiscuidade social e mistura de classes e de gêneros são algumas das categorias mobilizadas para atacar as iniciativas culturais de natureza comercial. Não é preciso grande esforço conceitual para perceber que todas essas reações têm um acentuado coeficiente sociológico, classista. Em linhas gerais, podemos ver essas diversas objeções e ressalvas ao entretenimento em massa como mais das muitas manifestações de uma "ansiedade social" típica do período.[37] Problematizamos, no primeiro capítulo, o surgimento de uma classe média urbana nacional e a euforia causada por inéditas possibilidades de mobilidade e ascensão social. Nesse quadro, o entretenimento – incluindo-se aí a dinâmica socioeconômica das casas de espetáculo do circuito comercial – desempenhou papel primário. Sobre o tema, afirma Marcus Vernhagen que:

> Com seu sucesso e com a amplitude de seu alcance ela [a indústria do entretenimento – JLM] ameaçava eclipsar as práticas culturais que distinguiam uma classe da outra. (...) Aparentemente, era por meio do entretenimento de massa que a aleatoriedade do mercado penetrava a esfera cultural (2004, p. 149).

No Brasil, país marcadamente desigual, todos esses temas também se fizeram presentes. A hipótese de trabalho do presente capítulo, contudo, vai adiante: nossa proposta é que esse viés anticomercial foi significativamente ampliado no contexto nacional. Embora as ressalvas às iniciativas comercias na cultura tenham sido presentes nas diversas localidades do globo, os grandes retornos proporcionados pela atividade e a paulatina adaptação dos espetáculos ao gosto das classes médias ao longo das décadas seguintes fizeram com que o segmento fosse sendo assimilado com o passar do tempo. No contexto nacional, vemos que muitas das restrições ao universo comercial perduraram chegando mesmo a *inibir* a sedimentação de um projeto massificado do setor. Mais que uma simples particularidade brasileira, temos aí mais um indício do fortíssimo compromisso brasileiro com a distinção e a exclusão.

Podemos identificar esse viés anticomercial quando da análise individualizada dos diversos suportes artísticos. No primeiro cinema, por exemplo, essa situação se faz presente pelo emprego do termo "cavador" para designar os profissionais a ele vinculados, um conceito pejorativo. Sobre o tema, afirma Paulo Emílio Salles Gomes, em seu clássico trabalho de 1973, sobre o cinema nacional:

---

37 "As barreiras sociais estavam se desfazendo, novos padrões de vida mostravam os primeiros sinais de padronização, as relações humanas tornavam-se mais complicadas ao se ampliarem, mudanças rápidas minavam as estabilidades, o progresso da imprensa reduzia a distância entre os gostos de elites elegantes e os das massas" (Weber, 1988, p. 186). Sobre o tema da "ansiedade social" no período, ver também Hobsbawm (2008, cap. 7).

> Quanto aos homens que abordaram o cinema como negócio, eles não pertenciam ao mundo comercial estabilizado e rotineiro dominado por portugueses. Eram quase sempre italianos, frequentemente aventureiros, em cujas vidas pitorescas não pesava muito o lastro da respeitabilidade (1996, p. 10).[38]

Não apenas os cinegrafistas, mas também muitos dos atores e atrizes envolvidos nas filmagens dos primeiros filmes eram depreciados.[39] Presentes na etapa produtiva dos filmes, as restrições à sétima arte se projetavam também para o universo da exibição. Críticas à higiene e segurança das salas e aos repertórios "imorais" dos primeiros cinemas abundam (Cf. Souza, 2004, p. 45-50).[40]

O ataque à imoralidade foi também a tônica contra os teatros e demais casas de espetáculo. Os diversos profissionais vinculados ao meio – atores, atrizes, coristas, mas também diretores e financiadores – sofriam ataques da opinião pública.[41] O preconceito era "especialmente forte em relação às mulheres", comumente associa-

---

38 Há grande discussão, dentro da bibliografia voltada à História e Historiografia do Cinema brasileiro, sobre o papel dos cavadores e seu "meio sujo" e sobre as críticas a eles direcionados (sobretudo a partir dos anos de 1920, quando da maturação da crítica cinematográfica em revistas como a *Cinearte*) (Cf. Paiva, 2011, *passim*). Também versando sobre o "tradicional desprezo pelas cavações", afirma Jean-Claude Bernardet que o principal cinematografista paulista dos anos de 1910, Gilberto Rossi, "era respeitado, mas de modo geral esses cinegrafistas eram malvistos; eles tinham é que descolar a grana, qualquer trambique valia, e o filme resultante nem sempre era lá aquela maravilha. Às vezes nem filme havia. Eram os 'cavadores', e não havia quem não desancasse os cavadores, atribuíam-se-lhes todos os males do cinema brasileiro" (2009, p. 43).

39 Interessante indício dessa situação se faz presente também em alguns dos depoimentos colhidos por Maria Eliezer Galvão (1975).

40 De acordo com José Inácio de Mello Souza, a proximidade "do corpo masculino com o feminino motivou uma espécie de pânico contra os assim chamados bolinas, os aproveitadores de 'mulheres indefesas', agindo acobertados pela escuridão dos cinemas" (Souza, 2004, p. 57).

41 É curiosa a opinião do empresário lusitano Sousa Bastos quando de sua afirmação que "O negócio do teatro é tido por quase toda a gente como um péssimo negócio. (...) Não só como negócio prejudicial, mas até vergonhoso! Os sócios capitalistas tratam de esconder-se" (1895, p. 95).

das "à leviandade e à prostituição" (Neves e Levin, 2009, p. 45-46).[42] Ainda que tal paralelo com a prostituição fosse verdadeiro em relação a algumas coristas ou atrizes do teatro musicado, a acusação de modo algum se aplicava à totalidade da classe teatral. Mobilizando uma crônica da *Revista de Teatro e Esporte*, de 1918, indica Ângela Reis a longevidade desse sentimento:

> O teatro, entre nós, não é coisa honesta, não é um trabalho onde a virtude possa preocupar o pão de cada dia, muito ao contrário; para as artistas, é muito mais fácil ganhar farto dinheiro entregando o corpo ao pecado, do que conseguir sem as delícias do vício. O teatro para a maioria das nossas atrizes não é meio de vida. O dinheiro que elas gastam e esperdiçam não provem da arte que exibem no palco; o dinheiro vem da prostituição (*nº172, 09/02/1918 apud* 1999, p. 59).

Percebemos, assim, que o salário e o lucro obtidos pela atividade teatral eram alocados dentro do escaninho das imoralidades e dos desvios sociais. Diga-se de passagem, muitos dos espaços de entretenimento no Rio de Janeiro e em São Paulo foram estigmatizados, sendo tachados, ao longo dos anos de 1890 e 1900, de verdadeiros antros de perversão e decadência. O surto de febre amarela nos anos finais do século XIX – que chegou a dizimar artistas, como a portuguesa Georgina Pinto, em 1903 – certamente amplificou os temores da opinião pública (Cf. Neves e Levin, 2009, p. 135).[43] Não é à toa que, para diversos cronistas, teatro, cinemas, cabarés e outros tipos de diversão urbana surgidos nesse momento precisavam ser encarados como problemas sanitários ou, muitas vezes, como casos de polícia. A ação das chamadas "classes perigosas", frequentadores obscenos e depravados de salas escuras, habita o imaginário da imprensa dos anos de 1890 (Lima, 2000, p. 121).

---

42 Debates sobre a associação entre o ambiente teatral e a prostituição no ambiente parisiense são feitas por Vernhagen (2004, p. 139-145) e Weber (1988, p. 214).

43 Adiciona-se ao quadro, outrossim, a chegada das chamadas revistas de "baixo cômico" ao Brasil na década de 1890, apresentações de cunho sexual e escatológico, bastante repudiadas pela opinião pública, mas extremamente populares (Cf. Neves e Levin, 2009, p. 62). Esse sentimento se faz presente, por exemplo, numa crônica da *Fon-Fon* de 1907: "Para formar uma companhia genuinamente nacional, os elementos são terrivelmente parcos (...). As más revistas têm estragado o paladar do público e a vocação de muitos artistas. Como galvanizar pelo sentimento e pelo apuro literário um público que só vibra com os dengos e remexidos do maxixe?" (*RF, nº7 abr/1907*).

Soma-se uma última restrição ao setor de entretenimento nacional: a vinculação entre as diversões de massa e os jogos de azar. Expandem-se, ao longo das décadas de 1880 e 1890, as solicitações para negócios no campo dos jogos. Frontões de esporte, velódromos, boliches e bilhares, casas de apostas, roletas, dentre tantas outras modalidades de jogatina, passam a pulular no cenário urbano, sobretudo na capital federal (Cf. Martins, 2004, p. 65-72 e Araújo, 1981, *passim*). À medida que crescia o sucesso da atividade, cresciam também as preocupações sociais a seu respeito: na primeira década do regime republicano, estabeleceu-se rigorosa legislação na tentativa de cercear os abusos. A efetividade dessas proibições, como é bem sabido, foi bastante reduzida.

Das diversas modalidades então criadas, nenhuma foi tão popular (e tão combatida) quanto o Jogo do Bicho. O início da atividade data de 1892. Com o intuito de angariar fundos para um zoológico de sua propriedade, João Baptista Vianna Drummond, o Barão de Drummond, iniciou os famosos sorteios dos bichos.[44] Os visitantes do zoológico ganhavam bilhetes de admissão no parque estampados com a figura de um animal, sorteado ao término do dia. De início humilde, o levantamento de fundos em muito se assemelhava às festas das flores e vendas de prendas analisadas no primeiro capítulo. Roberto DaMatta e Elena Soárez afirmam que o período que vai até 1894 figura como uma espécie de "infância" ou "fase amadora" do jogo do bicho, uma vez que seguia circunscrito às atividades do Zoológico, permanecendo, assim, como um tipo legal de aposta (1999, p. 72).

A partir desse ano, contudo, a atividade começa a tomar uma trajetória distinta. Paulatinamente, as apostas começam a se desvencilhar de seu propósito original: para além dos muros do parque, bilhetes de aposta começam a ser negociados por intermediários. São barbeiros, donos de armazéns, quitandeiros, mas também mascates, *bookmakers* etc. (*idem*, p. 74-76). Nesta época também o jogo extrapola os limites de bairros, cidades e mesmo de estados, tornando-se uma febre nacional, tendo resultados transmitidos aos quatro cantos do país pelas recém-instaladas linhas telegráficas (Cf. Torcato, 2011, *passim*). Em pouco tempo, constitui-se um verdadeiro circuito de casas de tavolagem: Alice Gonzaga fala em 526 casas na capital federal na década de 1890. O valor chegaria a 648 em 1913, mas foi certamente mais elevado, dada a rapidez dos contraventores e a subnotificação (Gonzaga, 1996, p. 30

44 Para debates sobre a História do jogo do bicho e suas relações com o contexto socioeconômico da Primeira República, ver os debates de Chazkel (2007) e Torcato (2011).

e DaMatta e Soárez, 1999, p. 81).[45] Vicente de Paula Araújo, por sua vez, narra sobre uma batida policial, em 1901, no centro de São Paulo que teria fechado "22 roletas e 58 casas de jogo do bicho" (Araújo, 1981, p. 66).[46]

A importância da atividade não pode ser desprezada, pois foi justamente desse protocircuito do jogo do bicho que sairão diversos dos empresários e capitais para financiar o segmento de entretenimento urbano, como o cinema e os teatros populares. A título de menção destacamos as relações de algumas figuras do entretenimento com o jogo do bicho. Ainda no século XIX, Jacinto Heller, futuro arrendatário do Teatro Santana, era um dos entusiastas da "febre do jogo" da capital federal (Gonzaga, 1996, p. 117).

Outro empresário que não escondia suas relações com os jogos foi José Roberto Cunha Salles. Simultaneamente bicheiro e investidor no gênero de fantasias – isto é, de espetáculos e atrações relacionadas aos novíssimos inventos tecnológicos do período – ele figurou como um interessante exemplo da complexa sobreposição entre o setor dos jogos de azar e de entretenimento na primeira década republicana (*idem*, p. 39 e Araújo, 1981, p. 85). Destacam-se aí, também, as figuras de Pascoal Segreto, "o ministro das diversões", de Francisco Serrador e de Jácomo Staffa. Voltaremos a falar sobre esses diversos empresários em seção posterior, dedicada ao estudo da concorrência no circuito comercial.[47]

---

45 Uma geografia do jogo do bicho no Rio de Janeiro pode ser feita a partir dos documentos policiais compilados por William Martins sobre alvarás de funcionamento de casas de aposta (2004, p. 70).

46 "Dentre os anos 1898-1903, a polícia teria realizado inúmeras batidas na zona central com o intuito de reprimir atividades ilegais. Houve fechamento de 'casas de boliche', 'tiro ao alvo', 'tômbola', além das diversas casas que 'não respeitavam os mínimos critérios de moralidade e higiene'. Foi o caso das recorrentes incursões policiais ao Cabaré Eldorado. Em 1899, por exemplo, a casa foi invadida após uma denúncia de que lá estaria se exibindo 'uma menor espanhola de 7 para 8 anos de idade'" (Moraes, 2013a, p. 102).

47 "Os primeiros grandes banqueiros de bicho seriam, em sua maioria, imigrantes – árabes, espanhóis, portugueses e outros –, figuras que podiam arriscar-se com uma atividade proibida por lei porque eram estrangeiros. Essas pessoas não tinham raízes na terra e não eram obrigados a compartilhar os códigos de honra e vergonha locais. Sem nomes de família, sem parentes e sem conhecidos, esse grupo não tinha muito a perder e podia levar uma existência social semimarginazaliada, o que certamente facilitava o risco de desafiar a lei, bem como compensava seus pactos com os agentes da repressão" (DaMatta e Soárez, 1999, p. 84).

É curioso, portanto, pensar a constituição de um circuito cultural comercial numa ambiência em que seus principais atores sociais locais eram vistos com reserva e desprezo. Contudo, em meio a constante desconfiança surgida de um mundo de empresários, atores e cavadores, alguns critérios foram desenvolvidos. Nenhum deles foi mais efetivo do que a adoção da bandeira do estrangeirismo, isto é, a aceitação acrítica da superioridade dos produtos importados (Cf. Oliveira, 2009, p. 281). Há ampla discussão sobre as origens e os impactos dessa situação no contexto brasileiro (e periférico como um todo). Ao invés de adentrar nos meandros de tal debate, nosso objetivo aqui é analisar elementos de sua dinâmica econômica, aí identificando aspectos ligados aos processos de massificação e distinção.

Palcos transatlânticos: as praças carioca e paulista no regime de temporadas

Ao menos num primeiro momento, não seria descabido pensar o circuito comercial em termos dicotômicos: de um lado, as iniciativas locais, marcadas pelo baixo nível de capitalização, falta de estruturação e assoladas pela perseguição oficial. Do outro, grupos estrangeiros, reconhecidos e apoiados pela opinião pública e bem estruturados economicamente.

Desde meados do século XIX observa-se no universo dos palcos nacionais um nicho altamente organizado e capitalizado: o das temporadas dramáticas de companhias internacionais. A plena compreensão de tal fenômeno envolve, antes de mais nada, uma análise dos atores internacionais atuantes no país. Assim, na presente seção, focaremos a atenção no estudo desses agentes e do *locus* do Brasil dentro do circuito internacional de palcos dramáticos e líricos do período. No tocante aos objetivos da tese e do presente capítulo, trata-se de compreender os aspectos econômicos da dinâmica de um setor internacional em processo de racionalização e vinculado, portanto, aos ditames da massificação.[48]

---

48 Além dos livros, teses e documentos listados na bibliografia, a presente seção deve muito de sua redação aos conteúdos e discussões dos seminários *Histoire du spectacle vivant XIXe-XXe siècles* realizados no Centre d'Histoire Culturelle des Sociétés Contemporaines da Universidade de Versailles Saint-Quentin-en-Yvelines (CHCSC-UVSQ) sob responsabilidade do Jean-Claude Yon, e o seminário *Histoire des cultures en Europe XIXe-XXe siècles*, realizado na École Normale Supérieure (ENS), sob responsabilidade do professor Christophe Charle, ambos entre 2012 e 2013.

Iniciemos nosso argumento reconhecendo que o sistema teatral transatlântico da virada do século XIX para o XX deve muito de seu êxito aos adventos tecnológicos do período. É bem verdade que o perfil internacional desse circuito estava presente em momentos anteriores. A leitura da biografia de compositores célebres do século XVIII, como Mozart ou Händel, indica a presença de um ampliado canal de circulação de peças, intérpretes e autores por um espaço econômico comum cujos limites geográficos estendiam-se, grosso modo, da Inglaterra até a Rússia (Elias, 1995 e Raynor, 1981). O que ocorre a partir da segunda metade do século XIX, contudo, é uma amplificação desmedida desse circuito, com a adição de novos públicos, novas rotas e novos destinos mundo afora. Tal se deve, em grande medida, à inauguração de conexões férreas e navais, permitindo o rápido e eficiente traslado de artistas por distâncias maiores.

A relação entre o sistema teatral internacional e as redes de transporte são evidentes e bastante reconhecidas pela bibliografia. A inauguração da linha férrea conectando Portugal ao restante da Europa em 1856, por exemplo, é considerada um marco para o setor teatral local (Oliveira, 2012, p. 78). No caso brasileiro, afirma Luiz Felipe de Alencastro que na mesma década de 1850 o sistema de vapores entre a Inglaterra e o Rio de Janeiro foi regularizado, permitindo maior fluxo de artistas europeus. Nas décadas seguintes a situação se ampliaria (Alencastro, 1997, p. 38-40). Finalmente, no caso paulista, percebemos que a cidade só passa a se inscrever com regularidade nas rotas teatrais depois de sua ligação ferroviária com o porto de Santos, em 1867, e com a capital federal, na década seguinte (Moraes, 2013a, p. 42).

Vemos um interessante desdobramento sociocultural vinculado a esse inédito fluxo teatral: o surgimento de uma espécie de "euforia cosmopolita" no Rio de Janeiro e em São Paulo. Aliada aos processos de reformulação urbanística e à inauguração de casas de espetáculos e monumentos públicos, a vinda de artistas e companhias estrangeiras gerava uma sensação de requinte e sofisticação na *Belle Époque* das duas cidades.[49]

Nos jornais e revistas do período abundam notas, anúncios e crônicas embebidas na euforia desse "livre comércio teatral" (Charle, 2012, p. 27).[50] Em 1920, por exemplo, *OPA* anunciava orgulhosamente o espetáculo da Grande Companhia

49 Talvez não haja testemunho mais forte dessa sensação do que as crônicas e notas teatrais redigidas pelo escritor João do Rio (Cf. Peixoto, 2009b, p. 101 e 106).

50 Para uma discussão metodológica dos aspectos internacionais dos teatros na *Belle époque*, ver os textos de Brilhante (2012) e Balme (2012).

Lírica Italiana Bonetti, que vinha da Argentina com cantoras da Ópera Francesa e do teatro La Monnaie de Bruxelas, com a brasileira Hedy Iracema (vinculada, na verdade, às Óperas de Berlim e Viena) cantando a ópera Iracema do compositor nacional Octaviano Gonçalves (*19/08/1920*).

A circulação de artistas, peças e mesmo de gêneros teatrais por um inédito espaço comercial internacional gera também a impressão de haver um equilibrado trânsito internacional entre o Brasil e o restante do globo. Lemos, assim, sobre excursões de artistas nacionais, como Cinira Polônio ou Chiquinha Gonzaga à Europa (Diniz, 1999, p. 170 e Reis, 1999, p. 37-38). Lemos também sobre o surgimento de parcerias internacionais, como as turnês compartilhadas entre o cômico português Chaby Pinheiro e o brasileiro Leopoldo Froés (Brilhante, 2012, p. 15 e Reis, 2012, p. 98). Lemos, por fim, sobre as migrações e reapropriações de obras, temas e, por vezes gêneros inteiros. Nesse sentido, peças baseadas no fado português aparentam ser tão comuns nos palcos brasileiros quanto os quadros baseados no maxixe brasileiro o são em Portugal (*Página Teatral, 21/06/1908 apud* Peixoto, 2009a, p. 136 e Flechet, 2007, *passim*).[51]

O que o discurso do livre-comércio teatral de finais do século XIX e início do XX oculta, contudo, são as condições essencialmente desiguais dos diversos artistas, empresários e companhias em trânsito (Werneck, 2012, p. 25).[52] Não poderia haver maneira melhor de compreender a questão do que percorrer alguns depoimentos de artistas e empresários internacionais que aportaram ou se sedimentaram no Brasil. O ator português Amâncio Alpoim, em depoimento à Associação de Classe dos Trabalhadores de Teatro, no início dos anos de 1920, afirma:

---

51 "Encontro-me à noite no Apolo. É uma enchente [uma casa cheia – JLM] colossal e o José Ricardo já cantou manjericos suficientes para dar indigestão de fados, mas o público pede sempre *bis*" (*Página Teatral, 21/06/1908 apud* Peixoto, 2009a, p. 66). Outra discussão bem interessante sobre o trânsito global de artistas e gêneros é proporcionada por Hobsbawm quando de seu estudo sobre a expansão internacional do jazz norte-americano para os demais países do globo na primeira metade do século XX (1990, p. 63-83).

52 Ao falar sobre as "desigualdades técnicas e financeiras" dos grupos nacionais, afirma Níobe Peixoto que "no início do século XX, além da pequena receptividade ou desinteresse do grande público, as poucas companhias dramáticas brasileiras enfrentavam uma concorrência desigual: o prestígio das companhias europeias" (2009a, p. 19). Discutiremos mais adiante algumas dessas questões.

> Se não fosse o Brasil que ampara tantos empresários, atores e mesmo autores, há quanto tempo teríamos, pela força das circunstâncias, mau teatro em Portugal. Parece que, para não fugir à regra da crise geral, a nossa exportação teatral para o Brasil – e que rica fonte de receita ela representava – entrou em crise também (Leal, 194- *apud* Oliveira, 2012, p. 90).[53]

A situação é confirmada por outros testemunhos. A também lusitana Adelina Abranches, por exemplo, celebra em sua biografia os "bons tempos, em que, para endireitarmos as finanças, tínhamos o refúgio do Brasil" (Abranches, 1947, p. 82). A estudiosa Maria Brilhante, por sua vez, afirma que "atores, atrizes, companhias e empresários dependiam economicamente das digressões para sobreviverem durante uma parte do ano ou mesmo para poderem desenvolver atividades durante a temporada seguinte em Portugal" (Brilhante, 2012, p. 14-15). Percebe-se, dentro de tal quadro, que, se há um espaço internacional compartilhado ele é, antes de mais nada, um espaço desigual. Mais importante ainda, o livre fluxo cultural parece ter sido muito mais benéfico aos empresários do que aos atores e autores, conforme atestaremos adiante.

Vimos, no capítulo anterior, a conexão das figuras de Faustino e Guilherme Da Rosa e Walter Mocchi aos teatros Municipais do Rio de Janeiro e São Paulo. Vimos também o caráter internacional de seus negócios e sua forte presença no circuito teatral italiano e platino. Depois de Roma, Nápoles e Milão, Montevidéu e Buenos Aires figuravam como uma espécie de "segundo lar" desses empresários. No Brasil – especialmente na capital federal – a situação não será distinta. Contudo, no lugar dos italianos, destacaram-se empresários portugueses como José Loureiro, Eduardo Victorino e Sousa Bastos.

Diga-se de passagem, o intenso ir-e-vir desses empresários pelos palcos nacionais e lusitanos faz com que seja impossível determinar, em última análise, qual dos dois lados do Atlântico era mais relevante nas carteiras de negócios culturais.[54]

---

53 Leal, Carlos. *Água-forte: memórias*. Lisboa: Livraria Popular Francisco Franco, 194- *apud* Oliveira (2012).

54 O mais provável, claro, é que ambos tivessem igual importância. Em todo caso, lemos interessantes depoimentos como a menção que Loureiro "conhecia o Brasil como os seus dedos", sendo, por vezes impossível dizer se era "mais brasileiro ou português" (Cf. Oliveira, 2012, p. 87). Sobre sua atuação em Lisboa e a relação com o Teatro da Trindade, ver Rodrigues (s/d, p. 143 e Ribas, 1993, *passim*).

Embora os teatros "sedes" desses empresários sofressem alguma variação entre os anos, vemos alguma regularidade ao longo do tempo. José Loureiro esteve à frente do Teatro Apollo e do Teatro da Trindade em Lisboa e do República, do Palace Theatre, do Lírico e do homônimo Apollo no Rio de Janeiro (*OPA, 21/07/1914, 14/08/1920* e Ribas, 1993, *passim*). Em São Paulo, as companhias de Loureiro costumavam ocupar o Teatro São José (Moraes, 2013a, p. 134 e Bessa, 2012, p. 60).

Victorino, por sua vez, ocupou diversas salas. Vemo-lo ocupando o Teatro Carlos Gomes, na temporada de 1909 (*OPA, 08/07/1909*). No São José, com a Companhia Bittencourt, em uma parceria com o empresário Pascoal Segreto, em 1917 (*OPA, 21/08/1917*) e, como descrito anteriormente, à frente da temporada oficial do Teatro Municipal carioca, em 1913 (*RC nº 243, 15/02/1913*). Foi ele também o responsável pela construção do Politeama carioca, em 1911 (CTAC, s/p). Em Portugal encontramo-lo ocupando o Teatro do Príncipe Real (posteriormente rebatizado como Apolo) (Oliveira, 2012, p. 86).

Se é possível identificar um padrão, percebe-se que, tanto no caso de Loureiro quanto no de Victorino, há preferência por teatros de maior capacidade e de maior luxo e requinte. Discutiremos adiante as nuances sociais das diversas casas de espetáculo nacionais no período. Cabe destacar, por ora, que esses empresários – sobretudo Victorino – gozavam de elevada reputação e prestígio nos meios teatrais dos dois lados do Atlântico, situação bastante diferente da de outros empresários teatrais do período (Werneck, 2012, p. 31 e Peixoto, 2009a, p. 28).

A plena compreensão da força binacional desses empresários recai no fenômeno das chamadas temporadas ou "digressões". Não se trata, é bem verdade, de um fenômeno circunscrito ao circuito luso-brasileiro. O hábito dos artistas e companhias de excursionar para o Brasil (e para os demais países da América Latina) entre os meses de julho e setembro tem a ver com o término das temporadas no Hemisfério Norte. Isso porque a atividade teatral era comumente realizada nos meses de frio destes países (Cf. Moraes, 2013a, p. 192-193).[55] Com a chegada do verão europeu, as atividades recreativas migravam para espaços abertos, deixando os teatros menos ocupados.

Vemos, assim, a presença de companhias e intérpretes das mais diversas nacionalidades aportarem no Brasil durante o período: são grupos italianos, franceses e espanhóis, isso sem falar nos alemães, belgas e russos. Nada se compara,

55 Sobre o tema, ver também as discussões de Werneck (2012, p. 20).

contudo, à presença (e impacto) dos grupos portugueses. Isso porque as excursões lusitanas eram extremamente comuns e frequentes. As companhias de artistas como Lucinda Simões, Eduardo Brasão, Augusto Rosa, Adelina Abranches, Antônio Pinheiro, Carlos Santos, Chaby Pinheiro, Maria Matos, Mercedes Blasco, Carlos Leal, Tomás Vieira e Pedro Cabral cruzaram os oceanos seguidamente (Cf. Oliveira, 2012). Eduardo Brasão, por exemplo, esteve doze vezes no Brasil. Palmira Bastos, por sua vez, visitou onze vezes o país. Já Chaby Pinheiro esteve oito vezes (Reis, 2012, p. 101, Garcia, 1965, p. 61 e Tibaji, 2012, p. 67). A importância dos palcos nacionais era tamanha que algumas das digressões extrapolavam o tempo regular das temporadas. Em 1913, por exemplo, a Companhia Taveira ficou 4 meses no Brasil. Já Adelina Abranches, numa de suas excursões, permaneceu um ano inteiro no país (Leal, 1920, p. 70).

Cabe destacar aqui que, além da afinidade linguística, gozavam as companhias portuguesas de uma vasta "rede de apoio", proporcionada pela forte presença de imigrantes em solo nacional.[56] Em 1909, por exemplo, a Companhia do Teatro D. Amélia de Lisboa iniciou atividades no Rio baseando-se na premissa do "lucro garantido e da aventura estudada" (Tibaji, 2012, p. 70). Findas, assim, as obrigações das companhias com a temporada europeia, ficavam os elencos de teatros como o D. Maria II / Nacional, o Teatro do Ginásio, o Teatro do Príncipe Real/Apolo ou o Teatro D. Amélia/República livres para excursionar para o Brasil.[57]

É curioso notar que se delineia aqui uma clivagem econômica entre as diferentes trupes teatrais aportadas do período: as companhias residentes, isto é, ligadas a um teatro fixo, e as companhias sem sede. Não dispor de sede fixa significava menores certezas a respeito da entrada de recursos ao longo do ano. Significava, por outro lado, maior mobilidade internacional e maior plasticidade para a formação de quadros artísticos. Lemos, assim, nas memórias de Eduardo Brasão sobre as facilidades de agregação de artistas independentes a uma excursão internacional (Tibaji, 2012, p. 80). E, pela leitura das memórias de Adelina Abranches, tomamos conhe-

---

56 Em 1923, afirmava o artista lusitano Carlos Leal que, no Rio de Janeiro, de elevadíssima presença portuguesa, "as companhias portuguesas de *tournée* são frequentadas quase só por portugueses, o que já não sucede em São Paulo" (Oliveira, 2012, p. 88). A forte presença lusitana nos palcos nacionais foi estudada mais demoradamente em trabalho anterior (Moraes, 2011).

57 Grande parte dos teatros portugueses foi rebatizada após a Proclamação da República no país, em 1910.

cimento das maiores facilidades de permanência em solo estrangeiro por períodos mais extensos (1947, p. 81).[58]

A despeito do tom aventureiro sugerido na narrativa de vida desses artistas e das afirmações de que a duração das temporadas dependia do "amor do público", do "sucesso artístico" ou de tantos outros aspectos de natureza subjetiva, tudo indica que a dinâmica das viagens era definida previamente por um minucioso estudo econômico. Dados os elevados custos, as digressões eram definidas pelo "planejamento econômico da empreitada, incluindo a publicidade providenciada pelo empresário e a certeza de acolhimento pelo público nas cidades a serem visitadas pelos espetáculos" (Werneck, 2012, p. 22 e Tibaji, 2012, p. 70). Evidenciam-se aqui alguns elementos de massificação no setor, expressos aqui pelo emprego de técnicas de racionalização da atividade artística e pelo esforço administrativo de estabilização do risco e de aumento na previsibilidade dos retornos.

São figuras centrais dentro dessa dinâmica os empresários que aqui denominaremos "transnacionais".[59] Em termos estritamente econômicos, tais agentes eram os responsáveis pelo financiamento da empreitada e, consequentemente, pela tomada de risco da atividade.[60] A partir da análise de documentos, notas e também dos depoimentos de artistas do período temos uma ideia das atribuições gerais dessas figuras:

(I) A primeira função do empresário era o levantamento de recursos para a realização de uma excursão internacional. Essa situação era, obviamente, mais simples no caso das empresas que possuíam sede fixa e, portanto, maior volume e previsibilidade de recursos. No caso de companhias independentes, contudo, o em-

---

58 "Demoramos no Brasil um ano, e nunca mais deixei de ir lá, por conta sempre de José Loureiro" (Abranches, 1947, p. 282)

59 O termo não era empregado à época e é por nós adotado para diferenciar os empresários atuantes no circuito internacional daqueles restritos às praças locais. Discutiremos as características e atribuições destes em seção adiante. Para uma tipologia do empresariado teatral dessa época, ver as discussões propostas por Goetschel e Yon (2008).

60 Esse risco deve ser entendido no aspecto mais literal possível. Lemos, por exemplo, no depoimento de Rafael Marques que a possibilidade da bancarrota de uma companhia era plausível: "o Sr. Carlos, convidando-nos a sentar, e, encostado à bengala, começou a chorar como uma criança declarando que tinha perdido tudo, que não nos podia pagar e que alvitrara um espetáculo num teatro, que poderia ser o [Teatro] Lírico, em benefício de todos os artistas, para se repatriarem" (Marques, 1914, p. 6). Os artistas conseguiram retornar ao lar graças ao apoio de empresários, jornalistas e até do Prefeito do Rio que isentou as apresentações do grupo de impostos.

presário podia empenhar capital de seu próprio bolso ou captá-lo externamente. Por vezes, essa etapa envolvia a mobilização de contatos externos ao universo artístico, com o levantamento de recursos com sócios de outros setores econômicos.[61]

(II) Cabia ao empresário, outrossim, a obtenção de palcos que fossem capazes de abrigar as turnês. Veremos que não foram muitos os empresários que acumularam a função de proprietário teatral. No mais das vezes, assim, a opção era a de arrendar teatros locais por um período fixo para as encenações. A escolha dos palcos precisava ser minuciosa, sendo preciso levar em conta tanto o tamanho do palco e da orquestra, como também o requinte do teatro. Por detrás desses diversos critérios, ocultam-se interessantes operadores de distinção e diferenciação.[62]

(III) No caso das companhias sem sede fixa (ou no caso de eventual desfalque de um artista), cabia ao empresário a composição dos quadros dramáticos ou líricos das companhias. O caráter internacional do sistema teatral transatlântico foi particularmente relevante nessa etapa, conforme sugerem os diversos depoimentos e documentos do período. Não é raro vermos trupes sendo compostas por artistas de diferentes nacionalidades.[63]

(IV) Outra etapa desempenhada pelos empresários era a aquisição de obras teatrais. É preciso incluir aqui não apenas as peças dramáticas, mas também composições para os quadros musicais. Tudo indica que essa etapa era realizada amplamente no mercado internacional. Lemos, por exemplo, que o empresário Celestino Silva adquiriu "uma peça nova em Paris" e convenceu Loureiro a estreá-la no Rio (Abranches, 1947, p. 279).

(V) Aos empresários cabia, ao menos em teoria, a responsabilidade de traslado e acomodação de artistas, cenários, figurino e equipe técnica. Quando visitou o Brasil em 1902, por exemplo, a Companhia Réjane trazia uma bagagem de nada menos do que 80 volumes, utilizando dois vagões do trem noturno da Central do Brasil

---

61 Discutiremos essas conexões extra-artísticas posteriormente.

62 Por vezes, contudo, a escolha de certos teatros ocorria por motivos estritamente geográficos, como no caso das apresentações feitas pela trupe de Rafael Marques nos Açores e na Madeira, a caminho do Brasil (1914, p. 4).

63 "Depois de contratado, o empresário parte para cidades europeias em busca de elencos para os espetáculos" (Werneck, 2012, p. 23). Outro depoimento interessante é dado por Sousa Bastos, quando de sua afirmação de que era difícil compor quadros líricos em Portugal, sendo necessário recorrer ao mercado de músicos de outros países europeus (1895, p. 128).

(Araújo, 1981, p. 85). O monitoramento e a comunicação dessa etapa dependiam fortemente da troca de telegramas, destacando, uma vez mais, as conexões entre o sistema teatral transatlântico e os adventos tecnológicos do período. José Loureiro, por exemplo, controlava sua rede internacional a partir de telegramas trocados entre diversas partes do globo (*OPA, 10/07/1920*). O Museu Nacional do Teatro de Lisboa guarda diversos desses telegramas (MNT, datas diversas e Figura 21).

Figura 21 – Telegrama de Sacha Guitry a Chaby Pinheiro

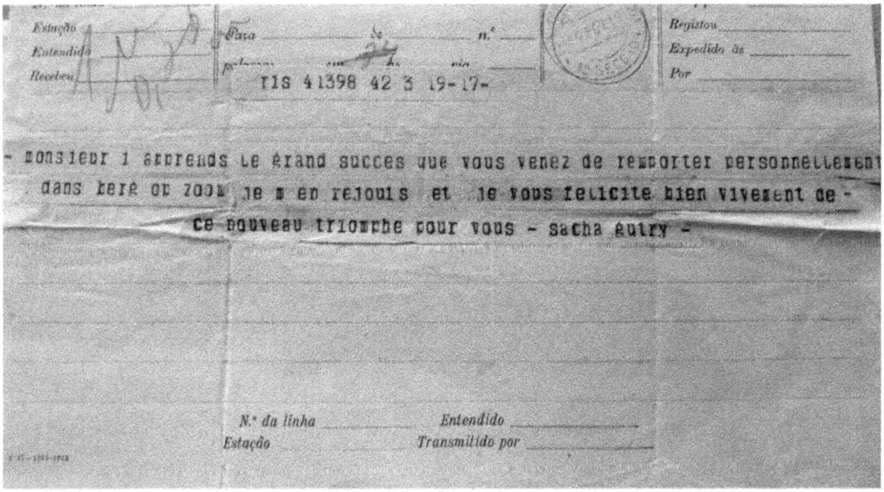
TIS 41398 42 3 19-17-

- monsieur j apprends le grand succes que vous venez de remporter personnellement dans tere ou zoou je m en rejouis et je vous felicite bien vivement de -
ce nouveau triomphe pour vous - sacha guitry -

N.º da linha Entendido
Estação Transmitido por

FONTE: MNT.

(vi) Por fim, participavam os empresários de uma espécie de rede interna de apoio mútuo. Isso envolvia negociações, disputas e, por vezes, ações conjuntas entre os diversos agentes atuantes na mesma praça comercial. Em 1921, por exemplo, lemos sobre uma parceria: José Loureiro conseguiu um contrato, com o auxílio de Walter Mocchi, para a vinda da Companhia Lírica Alemã para o Rio de Janeiro (*OPA, 14/07/1921*). Outras situações correntes eram o empréstimo de artistas entre grupos – por razão de um eventual desfalque – ou mesmo os empréstimos monetários.[64]

Uma vez captados os recursos, definida a trupe, o repertório e o itinerário, o empresário iniciava o empenho de seus recursos. Tudo começava com a compra de passagens. Os custos dessa etapa variavam de acordo com o tamanho da companhia.

64 É curiosa, por exemplo, a proposta do empresário Sousa Bastos para a elaboração de um guarda-roupa comum, passível de divisão por um grupo de empresários partícipes de uma sociedade (Bastos, 1895, p. 148).

A julgar pelos registros fotográficos de revistas do período, podemos dizer que as companhias dramáticas estrangeiras oscilavam entre 15 a 25 membros. É o caso da Companhia Gomes e Grijó-Chaby, fotografada em 1913, ou da Companhia Froes, fotografada em 1918 (*RC, nº265, 28/06/1913, RF, nº13, 30/03/1918* e Figura 22). A Companhia de Rafael Marques, montada pelo empresário Carlos d'Oliveira, por sua vez, possuía 15 artistas (Marques, 1914, p. 2-3).

Figura 22 – A trupe teatral de Leopoldo Fróes (1918)

FONTE: Biblioteca Nacional.

Em outros casos, contudo, as companhias (sobretudo as líricas), envolviam a movimentação de um contingente bem maior de pessoas. Em 1907, por exemplo, uma Companhia Lírica vinha a São Paulo com 200 pessoas, incluindo-se aí "62 professores [isto é, músicos qualificados – JLM], 58 coristas, 20 bailarinas e 24 músicos" (*OESP, 18/08/1907*). A Companhia Lírica de Luiz Mancinelli que se apresentou no Rio em 1905, por sua vez, embarcou no Porto de Gênova com nada menos do que 180 artistas (*OPA, 03/07/1905*).[65]

65 Para uma análise sobre o número de profissionais envolvidos nas empresas teatrais em Paris, Berlim e Viena, ver Charle (2012, p. 62-63).

Além dos quadros propriamente artísticos, é preciso adicionar também aos custos da viagem o traslado do corpo técnico, como os maquinistas e eletricistas, fundamentais para os espetáculos de maior porte, como as óperas (*OPA*, *13/07/1914*). O transporte de "cenário, mobília, guarda-roupa e pertences" também entrava nas contas do empresário (Mello, 1910, p. 9)[66]. Em face de tantos custos, acerta Cláudia Oliveira ao ver nesses empresários teatrais verdadeiros "capitalistas da cultura". Afirma a autora que o "cuidado com o investimento na cenografia e no guarda-roupa" podiam ser interpretados como verdadeira "mais-valia das companhias" (2012, p. 83).[67]

A presença (ou ausência) de cenários ou guarda-roupas próprios figura como um bom indicativo da robustez financeira das companhias, servindo, inclusive, como uma espécie de índice de mensuração do tamanho das companhias. José Loureiro, por exemplo, tinha cenários próprios (*JC*, *02/07/1921*). Por outro lado, a Companhia Bonetti, de menor porte, não os possuía, tornando-se dependente do auxílio de outros empresários, conforme nos sugere uma nota jornalística de 1920:

> Telegrama recebido de Buenos Aires anuncia que a comissão do Teatro Colon daquela capital recusou dar o material de que o empresário Bonetti precisa para sua turnê nesta capital, o mesmo acontecendo, naturalmente a ida da sua companhia a Montevideo. Assim, o senhor Bonetti aluga os velhos cenários de Verdini (...) ou aluga o material do empresário Mocchi (*OPA*, *12/08/1920*).

Em face de tantos custos e da relativa incerteza dos retornos, o empresário fazia de tudo para se desincumbir de uma série de riscos ou, ao menos, tentava dividi-los com os demais envolvidos da empreitada. Dentro de tal quadro, ninguém parece ter sofrido mais do que os atores, sendo essa relação fonte de grandes atri-

---

66 As crônicas de João do Rio a respeito da vinda da artista francesa Réjane (uma companhia de grande porte) também indicam a posse de cenários próprios (Peixoto, 2009a, p. 227)

67 Mais adiante, no mesmo texto, mas valendo-se agora de uma passagem do ator Carlos Leal, identifica a autora "outra mais-valia: o repertório" (Oliveira, 2012, p. 84). Falaremos adiante sobre as relações (muitas vezes abusivas) entre empresários e autores teatrais.

tos.[68] A situação é exposta, por exemplo, quando da análise de cláusulas de contratos de trabalho firmados. O livro *A vida de um teatro*, de autoria de Antônio Pimentel, anexa um contrato usual, assinado por um ator e um empresário teatral. Nele vemos alguns artigos bastante expressivos:

> Art. 5º: o segundo outorgante [o ator] se obriga a calçar-se a sua custa, bem como a vestir-se em todas as peças da atualidade.
> Art. 6º: Que a doença crônica, e todo e qualquer obstáculo, que, partindo, do segundo outorgante cause transtorno ou embaraço ao bom e regular andamento do teatro, são considerados casos legítimos de rescisão do presente contrato, se o primeiro outorgante assim o achar conveniente, e isso sem indenização alguma para o segundo outorgante.
> Art 7º: Que qualquer doença acidental do segundo outorgante, ordem superior para que o teatro feche, calamidade pública, incêndio no teatro e quaisquer outros casos de força maior, dão à Empresa o direito de suspender o pagamento de ordenados, sem que o segundo outorgante possa reclamá-los em tempo algum, ou exigir qualquer indenização (Pimentel, 1909, p. 33).

A julgar pelo estudo de outros contratos preservados no Museu Nacional do Teatro em Lisboa, temos aqui artigos bastante reais e recorrentes. O contrato redigido pelo empresário Celestino da Silva com Ferreira da Silva, ainda na década de 1880, e o contrato da Braga & Comp. com Chaby Pinheiro, em 1911, trazem artigos semelhantes, desincumbindo os empresários de gastos com possíveis doenças ou acidentes dos atores (Figura 23). São dignos de nota também os artigos que "impediam os atores de representar e/ou de exercer outras atividades para além daquelas estipuladas pelas empresas", as multas por atraso ou embriaguez, além das cláusulas de obrigatoriedade de um número exagerado de ensaios e apresentações, podendo chegar estas a até três por dia, sete vezes por semana (Cf. MNT, [188-], 1911 e Pimentel, 1909, p. 34).

---

68 Algumas passagens expressivas sobre o tema: "As relações, entre empresários e escriturados (...) estão longe de ser cordiais" (Blasco, 1923, p. 101). Casimiro Tristão, por sua vez, chamava os empresários de "doutores na ciência do oportunismo" (1919, p. 7). Carlos Leal destacava o "espírito mercantil acirrado pela luta da vida, que, vindo das empresas, lhes embota os sentimentos afetivos de amizade e camaradagem, que deviam ser sempre, para honra da classe, apanágio de todos nós" (1920, p. 63). Sobre o tema, ver também Reis (2012, p. 99).

Figura 23 – Contrato de trabalho da Braga & Comp. e Chaby Pinheiro

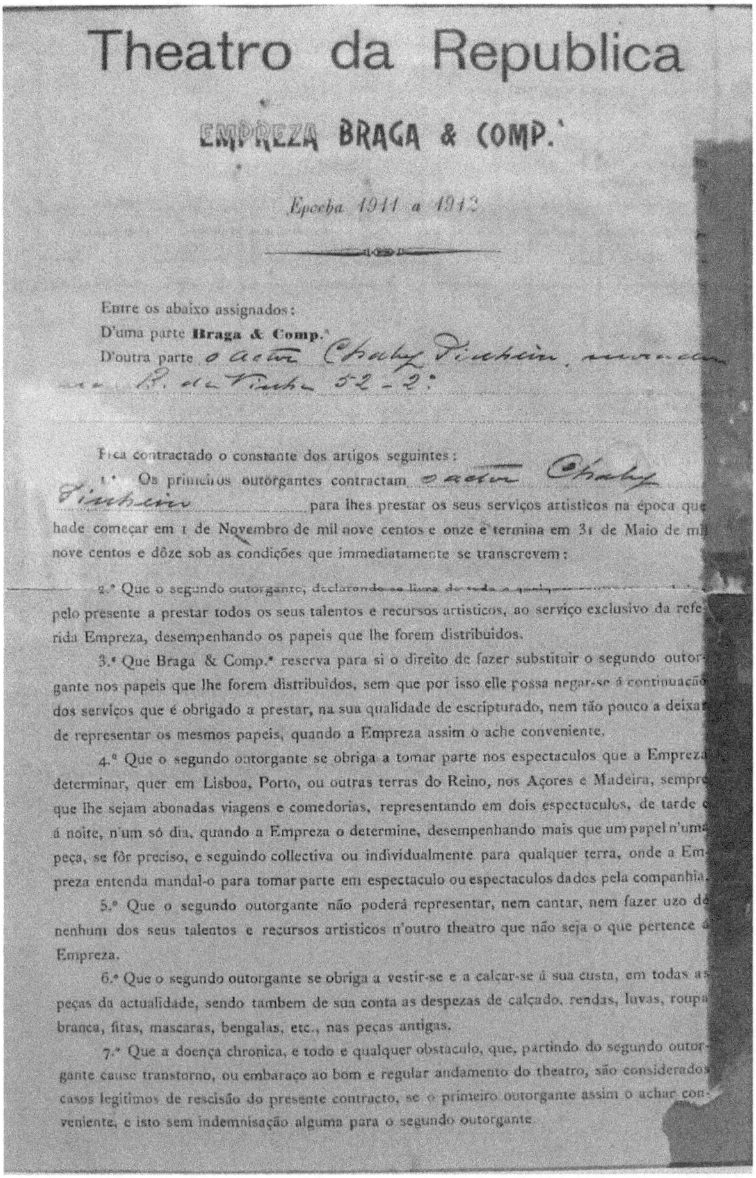

Theatro da Republica

EMPREZA BRAGA & COMP.ª

Epocha 1911 a 1912

Entre os abaixo assignados:

D'uma parte **Braga & Comp.ª**

D'outra parte o actor Chaby Pinheiro, [illegible] 52 - 2.º

Fica contractado o constante dos artigos seguintes:

1.º Os primeiros outorgantes contractam o actor Chaby Pinheiro para lhes prestar os seus serviços artisticos na época que hade começar em 1 de Novembro de mil nove centos e onze e termina em 31 de Maio de mil nove centos e dôze sob as condições que immediatamente se transcrevem:

2.º Que o segundo outorgante, declarando-se livre de toda a qualquer [illegible] pelo presente a prestar todos os seus talentos e recursos artisticos, ao serviço exclusivo da referida Empreza, desempenhando os papeis que lhe forem distribuidos.

3.º Que Braga & Comp.ª reserva para si o direito de fazer substituir o segundo outorgante nos papeis que lhe forem distribuidos, sem que por isso elle possa negar-se á continuação dos serviços que é obrigado a prestar, na sua qualidade de escripturado, nem tão pouco a deixar de representar os mesmos papeis, quando a Empreza assim o ache conveniente.

4.º Que o segundo outorgante se obriga a tomar parte nos espectaculos que a Empreza determinar, quer em Lisboa, Porto, ou outras terras do Reino, nos Açores e Madeira, sempre que lhe sejam abonadas viagens e comedorias, representando em dois espectaculos, de tarde e á noite, n'um só dia, quando a Empreza o determine, desempenhando mais que um papel n'uma peça, se fôr preciso, e seguindo collectiva ou individualmente para qualquer terra, onde a Empreza entenda mandal-o para tomar parte em espectaculo ou espectaculos dados pela companhia.

5.º Que o segundo outorgante não poderá representar, nem cantar, nem fazer uzo de nenhum dos seus talentos e recursos artisticos n'outro theatro que não seja o que pertence á Empreza.

6.º Que o segundo outorgante se obriga a vestir-se e a calçar-se á sua custa, em todas as peças da actualidade, sendo tambem de sua conta as despezas de calçado, rendas, luvas, roupa branca, fitas, mascaras, bengalas, etc., nas peças antigas.

7.º Que a doença chronica, e todo e qualquer obstaculo, que, partindo do segundo outorgante cause transtorno, ou embaraço ao bom e regular andamento do theatro, são considerados casos legitimos de rescisão do presente contracto, se o primeiro outorgante assim o achar conveniente, e isto sem indemnisação alguma para o segundo outorgante.

FONTE: MNT

Compreende-se, assim, a afirmação de Mercedes Blasco de que o contrato "tanto vale para obrigar os atores à escravidão" (1923, p. 102)[69]. A vinculação desse tipo de informação serve para evidenciar uma lógica econômica bastante perversa e que tentava assegurar os retornos do empresário a qualquer custo. Outro ponto polêmico (e comum) nos contratos e reforçado pelos depoimentos pessoais relaciona-se ao pagamento das passagens. Chaby Pinheiro, por exemplo, conta-nos que era usual que as empresas pagassem apenas a ida, condicionando a volta dos artistas aos bons resultados no Brasil (Colaço e Braga, 1938, p. 85). O vislumbre de um eventual exílio causava imensa revolta na classe artística, conforme sugerem os debates de associações trabalhistas lusas[70]. A situação é explicada por Casimiro Tristão: "antes da guerra, o custo da passagem em 2ª classe era de 287 escudos, que foi quanto eu paguei; hoje custam mais 600 escudos, ou sejam quase 900 escudos! A pensão, onde se pagava 150 escudos, só aceita hoje hóspede por 230" (1919, p. 11).

As reivindicações apresentadas por Tristão, Chaby ou Marques indicam também outras praxes administrativas dos empresários transnacionais: o pagamento de adiantamentos feitos, no mais das vezes, "uma quinzena antes da partida" (Marques, 1914, p. 4)[71]. Também Procópio Ferreira, em suas memórias sobre os palcos nacionais na década de 1910, indica que o pagamento aos artistas era feito pelos "vales" (2000, p. 34-38). Tudo indica subsistirem aqui, portanto, práticas bastante informais e exploratórias de remuneração dos profissionais dos palcos, além de precárias relações de trabalho nos palcos internacionais. As similitudes desse tipo de exploração com a praticada no crescente universo industrial do período não podem ser, em absoluto, aqui desconsideradas.

---

69 Isso quando os contratos não eram placidamente ignorados por parte dos empresários (Cf. Pimentel, 1909, p. 29-30).

70 "O artista que hoje for ao Brasil sem a sua passagem de regresso garantida, ou sem ordenado suficiente para a comprar, pode ter a certeza absoluta de que só voltará, ou por subscrição ou repatriado pelo ministro – se o conseguir –, ou então terá de ficar por lá a engrossar a legião de tantos outros, que por lá vi, sem poderem jamais voltar ao seu país!" (Tristão, 1919, p. 12).

71 "Alguns artistas pediram os seus adiantamentos, e o Sr. Carlos disse-lhes que pedissem o menos possível, porque o Sr. Loureiro tinha mandado só o dinheiro para as passagens, e mostrou o telegrama do Sr. Loureiro, que dava ordem para a Companhia seguir" (Marques, 1914, p. 4).

Estrelas, atores e autores: a massificação e o mercado de trabalho teatral

As disputas e contendas trabalhistas travadas entre atores e empresários podem ser posicionadas dentro de um debate ampliado do circuito comercial brasileiro e internacional: o da constituição de um efetivo mercado de trabalho teatral. Na presente seção deter-nos-emos precisamente nesta temática, analisando seus aspectos diversos e, ponto ainda mais importante, identificando pontos de contato entre a temática e os multifacetados efeitos da massificação cultural.

Começamos nossa discussão a partir de uma reflexão sobre as folhas de pagamento das companhias teatrais do período. Isso porque, a despeito dos supracitados gastos com transportes, mobília, arrendamento de teatros ou de guarda-roupas, a atividade cênica seguia sendo eminentemente intensiva em trabalho. A discriminação de cifras e valores exatos dispendidos na atividade não é simples, dada a dispersão dos documentos remanescentes e das mencionadas diferenças estruturais entre um grupo e outro. Em todo caso, mobilizando dados referentes ao setor teatral francês no final do século XIX, afirma Christophe Charle que as despesas com "a administração e com o setor artístico" comprometiam de um terço a metade das receitas de uma companhia dramática (2012, p. 64 e 121-123).

O autor vale-se de um cálculo anterior, realizado por André Antoine, sugerindo que a receita anual de um teatro de médio porte em Paris ficava na casa de 780 mil Francos por ano, para o ano de 1890. A partir de informações prestadas por João do Rio, em uma crônica de 1908, podemos comparar valores realizados no Brasil e na França. Afirma o escritor que "uma folha de companhia regula mensalmente de vinte e cinco a trinta contos [Rs. 25:000$000 – Rs. 30:000$000], fora as diárias que nunca são menores de setecentos mil-réis, fora o aluguel do teatro e o que escorre" (Peixoto, 2009a, p. 220).[72] Noutra crônica do autor, de 1905, refere-se ele a uma conversa com o artista português Cristiano de Souza: "Vem ao Brasil [Cristiano de Souza] para ganhar os cem contos [Rs. 100:000$000]? Vim e ganhei mais, ganhei cento e vinte" (Peixoto, 2009b, p. 108). Se pensarmos que a companhia excursionou por 3 ou 4 meses – tempo usual de uma digressão – chegamos a uma faixa de 30 a 40 contos mensais (Rs. 30:000$000 – Rs. 40:000$000). O valor é semelhante aos

72 É presumível que os valores apresentados referem-se a uma companhia lusitana excursionando pelo Brasil. Uma vez mais, um valor bastante compatível.

computados por Domingos Segreto, contador da Empresa Segreto, para as despesas mensais do Teatro São Pedro (*OPA, 11/07/1920*).[73]

Convertidos em moeda nacional, transformados em valores mensais e deflacionados a valores de 1908, os valores de Antoine representam uma folha de pagamentos de 57,6 contos (Rs. 57:600$000). Vemos, assim, que os recursos que circulavam dentro de uma companhia teatral francesa eram de duas a três vezes superiores aos nacionais. Ainda assim, a diferença não parece exorbitante, sendo até compatíveis com os realizados em solo nacional.[74] É possível, com base nessas afirmações, ratificar nossa hipótese a respeito da existência de um "espaço empresarial comum" compartilhado entre atores sociais atuantes em palcos franceses e luso-brasileiros.

Se há semelhanças no que se refere ao tamanho das folhas de pagamento como um todo, também a análise individualizada dos salários pagos aos artistas dá mostras de convergência internacional. A partir de dados coletados em fontes primárias e secundárias, elaboramos a Tabela 14. Nela apresentamos a remuneração mensal (nominal e a valores de 1911) de artistas teatrais internacionais atuantes em diferentes categorias:

73 A série completa de informações foi deflacionada e tabulada no Gráfico 14 mais adiante. Informações adicionais sobre os custos das companhias podem ser acessadas nos trabalhos de Nunes (1956, p. 187) e também de Gomes (2004)

74 É preciso, obviamente, compreender diferenças estruturais mais profundas entre a organização das companhias teatrais no Brasil e no exterior. Voltaremos ao tema em outras seções do presente capítulo.

Tabela 14 – Salários de artistas teatrais internacionais por categoria

País	Categoria / Escalão	Remuneração nominal[d]	Remuneração (valores de 1911)	Ano	Artista / Companhia
França[a]	Estrela	7:653$600	7:539$427	1908	Blanche Toutain
	Estrela	3:000$000	2:955$247	1908	Companhia Rejane
	Estrela	1:994$000	1:903$403	1906	Teatro Odeon de Paris
	Segundo	448$650	428$266	1906	Teatro Odeon de Paris
	Terceiro	199$400	190$340	1906	Teatro Odeon de Paris
	Terceiro	99$700	95$170	1906	Teatro Odeon de Paris
Inglaterra[b]	Estrela	3:287$500	3:138$133	1906	-
	Primeiro	1:095$833	1:046$044	1906	-
	Segundo	136$979	130$756	1906	-
	Terceiro	65$750	62$763	1906	-
Alemanha[c]	Estrela	1:308$333	1:354$302	1909	-
	Primeiro	588$750	609$436	1909	-
	Segundo	425$208	440$148	1909	-
	Terceiro	81$771	84$644	1909	-
Portugal	Segundo	400$000	381$829	1895	-
	Segundo	4:000$000	644$254	1919	Casimiro Tristão
Brasil	Estrela	4:000$000	3:940$329	1908	Palmira Bastos[e]
	Estrela	12:000$000	3:841$852	1920	Eduardo Brazão
	Estrela	12:000$000	3:841$852	1920	Nascimento Fernades
	Estrela	10:000$000	3:201$544	1920	Palmira Bastos
	Estrela	3:000$000	2:955$247	1908	Almeida Cruz
	Estrela	1:700$000	1:674$640	1908	Dolores Rentini
	Estrela	1:500$000	1:477$623	1908	Amelia Lopiccolo
	Estrela	3:000$000	3:105$407	1909	Amelia Lopiccolo
	Primeiro	6:000$000	920$926	1920	Alice Pancada[f]
	Primeiro	883$333	885$104	1914	Rafael Marques
	Primeiro	1:500$000	569$145	1921	Laís Areda
	Primeiro	1:200$000	455$316	1921	Vera Adonai
	Primeiro	1:100$000	417$373	1921	Vicente Celestino
	Primeiro	1:000$000	379$430	1921	-
	Primeiro	1:200$000	384$185	1920	Helena Castro
	Primeiro	1:000$000	379$430	1921	Alfredo Silva
	Primeiro	900$000	341$487	1921	Otília Amorim
	Segundo	600$000	227$658	1921	Cândido Leal
	Segundo	600$000	227$658	1921	J.Figueiredo
	Segundo	450$000	170$744	1921	Procópio Ferreira
	Segundo	400$000	151$772	1921	Jaime Costa
	Segundo	300$000	113$829	1921	-
	Terceiro	300$000	113$829	1921	Henriqueta Brieba
	Terceiro	300$000	96$046	1920	-
	Terceiro	250$000	94$858	1921	Francisco Alves
	Terceiro	200$000	75$886	1921	-
	Terceiro	100$000	37$943	1921	-

[a] Os valores do Teatro Odeon de Paris foram obtidos a partir dos dados propostos por Charle (2012). Tentamos, sempre que possível, respeitar as divisões propostas pelo autor. Assumimos também que os

valores de sua categoria "base da escala" são 4.000 Francos / Ano e não 40.000 conforme apresentado em sua tabela.

[b] Os valores apresentados foram calculados com base nos dados fornecidos por Charle (idem) em Libras e Francos. Foram calculados os valores aqui a partir dos valores em Francos.

[c] Para mais esclarecimentos sobre os métodos de pagamento dos teatros alemães, ver Charle (idem).

[d] Não foram computados remunerações adicionais por benefícios. Como veremos, a imensa maioria dos artistas valia-se desse método de pagamento.

[e] Valor fixo mais Rs. 200$000 por noite de apresentação.

[f] A atriz solicitou também "adicional pelo custo de toilettes"

Fonte: Bastos (1895), Charle (2012), Marques (1914), Nunes (1956a e 1956b), Peixoto (2009a e 2009b) e Tristão (1919) e Gomes (2004), tabulação e cálculos do autor.

Cabe destacar primeiramente que, embora tenhamos aí um conjunto relativamente expressivo de informações, a heterogeneidade e a dispersão temporal das fontes nos impõem grandes cautelas. De fato, enquanto os dados da França, Inglaterra e Alemanha partem de informações gerais obtidas na bibliografia majoritariamente na bibliografia secundária, as informações de Brasil e Portugal partem de dados primários. Igualmente desafiante foi a correta alocação dos artistas dentro das categorias propostas. De fato, nem sempre são claras as linhas demarcatórias entre "estrelas" e artistas de primeiro escalão ou entre artistas de segundo ou terceiro escalão. Em outros casos, como nos dados de Portugal, não foi possível obter informações para todas as categorias.

Contudo, a despeito dessas marcadas restrições metodológicas, julgamos que a tabela nos provê de informações sobre algumas tendências gerais no universo do trabalho teatral da época. Em linhas gerais, podemos ver o registro de certa convergência de remunerações dentro de cada uma das categorias apresentadas. Vemos assim que, atores de primeiro, segundo e terceiro escalões encontram retornos relativamente homogêneos, independentemente do país em que se encontram atuando. Essa convergência de valores entre os diversos países era, até certo ponto, esperada, levando-se em conta a política de temporadas. Nesse sentido, embora referente a atuações realizadas no Brasil, os contratos de atores como Eduardo Brasão, Palmira Bastos ou Alice Pancada foram, muito provavelmente, assinados na Europa (neste caso, em Portugal).

Se há maior homogeneidade de salários nos escalões baixo e intermediário, a dispersão aumenta quando analisamos os cachês do primeiríssimo grupo, o das "estrelas". O Gráfico 5 apresenta visualmente as médias dos valores apresentados na tabela acima:

Gráfico 5 – Salários pagos a artistas teatrais por categorias

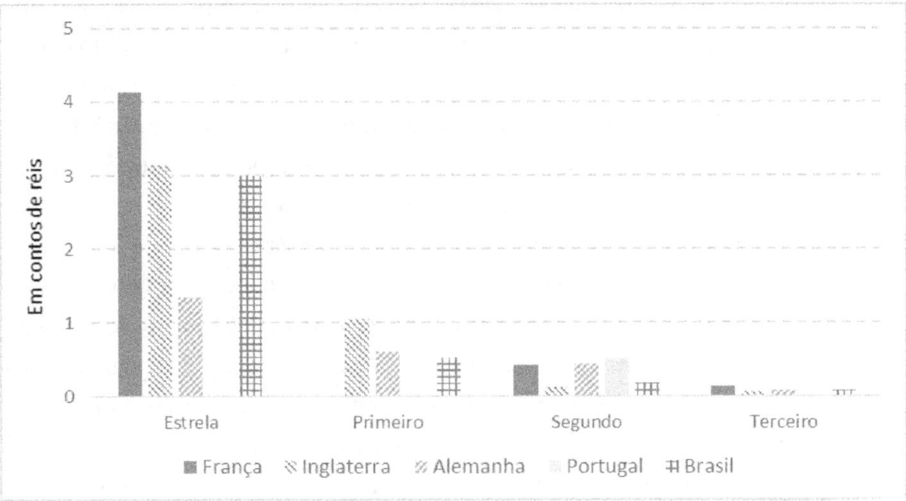

FONTE: Bastos (1895), Charle (2012), Marques (1914), Nunes (1956a e 1956b), Peixoto (2009a e 2009b), Tristão (1919) e Gomes (2004), Tabulação e cálculos do autor.

Exceção feita à Alemanha, vemos o registro de cachês bastante altos pagos a alguns artistas. A elevada variância registrada dentro desse grupo não compromete nossa hipótese sobre a convergência das remunerações dentro das categorias profissionais propostas. Pelo contrário: o importante a ser demonstrado aqui é que o grupo das estrelas encontra-se num padrão de remuneração nitidamente à parte dos demais. Podemos imaginar, assim, que a formação dos salários desse grupo era bastante distinta daquela das demais categorias.

Essa situação pode ser explicada, primeiramente, pelo acúmulo de cargos dos astros teatrais. Sobre o tema, afirma João do Rio que "as estrelas e os astros quase sempre são os sócios (...) [e, dentro desse grupo – JLM] são raros os vencimentos abaixo de um conto de réis [Rs. 1:000$000]" (Peixoto, 2009a, p. 220). Percebemos que, no rol total de companhias dramáticas do período, várias carregavam o nome de suas estrelas. É o caso da Leopoldo Fróes, da Chaby-Grijó, da Rosas & Brasão ou da Taveira, isso sem falar em outros grandes grupos internacionais como a Companhia Réjane, a Companhia Eleonore Duse ou a Companhia Sarah Bernhardt. Parte da alta remuneração desses artistas precisa ser compreendida, portanto, dentro dessa dupla condição ou, em outras palavras, pelo acúmulo das rendas do trabalho e do capital.

As remunerações milionárias para estrelas teatrais apontam, contudo, para um outro aspecto, este sim, bastante conectado ao universo da massificação: seria possível enxergar aí o desenvolvimento de um incipiente *Star System*, isto é, um processo de hipertrofia simbólica (e, dentro dos limites tecnológicos da época, multimidiática) das figuras pessoais de atores e atrizes no contexto mercadológico internacional. Um debate pormenorizado a respeito da gênese e da abrangência do conceito de *Star System*, bem como a plena compreensão de suas conexões com o universo da indústria cultural, certamente evadiria o escopo da presente pesquisa. Podemos apontar, contudo, algumas chaves interpretativas gerais.

No quadro teórico adorniano, debates sobre a temática do "culto à personalidade midiática" aparecem em diversos momentos. Vemo-lo, por exemplo, em textos como *O fetichismo na música e a regressão da audição*, de 1938 (Adorno, 2006a, p. 31) e em *O Esquema da cultura de massas*, de 1942 (*idem*, 2006b, p. 81). Outro debate profundo do autor sobre o tema pode ser encontrado em seu artigo *Teoria Freudiana e o padrão fascista de propaganda*, de 1951 (*idem*, 2006e, p. 139-141).[75] Um segundo caminho interpretativo é empregar a mencionada teoria adorniana da semicultura, mobilizando seu interessante debate sobre a astrologia e suas similitudes com o cinema, a moderna "fábrica de sonhos" consumista (Cf. Duarte, 2003, p. 87).[76]

Para compreender o fenômeno podemos recorrer, outrossim, a outros autores como Barthes (2010) ou Morin (1990).[77] Independentemente do quadro teórico empregado, é necessário destacar que o *Star System* participou ativamente do processo de apropriação e reprodução dos ganhos econômicos por parte de agentes da massificação. Diferentemente do músico "virtuoso" – analisado em capítulo anterior e vinculado às forças da distinção e vinculado a uma tradição oitocentista de valorização da escassez e do talento inato ou "genial" –, o astro midiático é moldado, criado e gerido por outras forças. É o que Alain Herscovici chama de "gestão de escassez", isto é, a construção de uma raridade objetiva, administrada e tecnicamente induzida por canais massificadores (Cf. 1995, p. 172-173).

Vemos, assim, que as estrelas desempenham múltiplos papéis na acumulação econômica dos setores massificados de entretenimento. Primeiramente, por serem

---

75 Uma menção direta ao conceito de *Star-System* é feita pelo autor em seu artigo *A Industria Cultural reconsiderada*, de 1963 (Adorno, 2006c, p. 101). Para um amplo debate sobre o culto à personalidade midiática e suas conexões com o conceito de Indústria Cultural, ver Cook (1996, p. 51-75).

76 Sobre o tema, ver também Mihailescu (2007).

77 Uma revisão sobre a temática é realizada por DeCordova (1990). Sobre a temática, ver também Benjamin (1994, p. 180).

suas figuras (rostos, gestos, expressões, jargões etc.), elas próprias, partícipes do processo de mercantilização da cultura. Embora esse processo ganhe maturidade com o cinema, identificamos muitos de seus elementos definidores nos palcos teatrais do período aqui analisado. Para além de presença de palco, personalidade marcante ou quaisquer outras qualidades artísticas então louvadas, figuras como Rejane, Sarah Bernhardt ou Caruso eram detentoras de uma *persona* cujo valor econômico não pode ser negligenciado (Cf. Suisman, 2009, p. 139-149).[78]

É possível destacar, além disso, um segundo aspecto que conecta os astros teatrais do período aos ditames da massificação: a vinculação de suas imagens ao emergente setor da propaganda. No contexto de emergência de uma sociedade de consumo em massa, abundam pelas páginas dos periódicos consultados anúncios de produtos diversos cuja qualidade era chancelada por Rejane ou Caruso (*OESP, 29/09/1917* e *OPA, 20/07/1919*). De sabonetes a roupas, de acessórios femininos a gramofones ou cinemas: os classificados dos periódicos consultados evidenciam as conexões intersetoriais firmadas pelo mundo cultural e outros segmentos econômicos, mediados aqui pela presença dos astros.

Caminhando para fora do mundo estrelas mas ainda nos baseando na Tabela 14 e no Gráfico 5, podemos extrair outro aspecto interessante sobre a dinâmica salarial do setor e suas conexões com os efeitos da massificação: a relativa flexibilidade dos métodos de pagamentos. Sugerimos algumas das particularidades (e precariedades) dos contratos trabalhistas teatrais e da reinante informalidade nas relações trabalhistas no Brasil do período dentro dos escalões intermediários e inferiores dos palcos. Certamente fundamental dentro dessa dinâmica foram os chamados "benefícios dos artistas", apresentações (usualmente as últimas de uma temporada) cuja renda era revertida para rateio entre os artistas.[79]

---

78 A situação se evidencia, por exemplo, nesta nota d'*O Paiz*: "O Sr. Caruso é o único hoje que interessa ricos e pobres a ponto de fazê-los pagar fortes somas para ouvi-lo (...). Indaguei ao empresário e o empresário disse-me: 'Caruso é um artista mais barato – porque é o único que chama o público a cobrar quantas assinaturas quisermos (...)'. Cada um que vai lá ouvi-lo (e não vão só os ricos e os pedantes, mas a massa compacta que se chama povo" aceita "pagar em adiantado" e aceita "o mesmo repertório sempre" (*04/09/1919*).

79 Há alguma divergência sobre o rateio dos benefícios entre os diversos atores da companhia. Os contratos de Amelia Lopiccolo (1908), Dolores Rentini, Almeida Cruz e Palmira Bastos incluíam o pagamento de mais um ou dois "benefícios". O depoimento

Poderíamos interpretar, num primeiro momento, essa modalidade de pagamento como uma espécie de "adicional de performance" das trupes. Isto é, uma gratificação paga por bons resultados de uma turnê ou temporada. Cedo se percebe, contudo, que a realidade não era essa. Os benefícios eram simplesmente fundamentais para a subsistência dos atores. Sousa Bastos, por exemplo fala que os artistas dependiam fundamentalmente desses benefícios (1895, p. 120). Também Rafael Marques menciona que, "não fossem os benefícios obtidos no Teatro Lírico do Rio de Janeiro", não teriam os atores recursos para voltar para Portugal (1914, p. 7-13).

A situação aponta, uma vez mais, para as condições precárias de trabalho do núcleo artístico teatral internacional e para um regime sistemático de exploração e assédio por parte dos empresários, tanto no Brasil quanto no contexto internacional. Em face de verdadeira insegurança (jurídica inclusive) de recebimento de ordenados fixos, ficavam os artistas na dependência dos benefícios e, assim, à mercê da benevolência do público.[80] Muitas das chamadas "récitas de benefício" assemelharam-se aos métodos de levantamento de fundos de caridade analisados no primeiro capítulo. Apenas para citar alguns casos, mencionamos as "récitas para os artistas Itália Fausta e Leopoldo Froés" (*OPA, 19/08/1920*) ou o "Festival à caridade dos artistas no Campo de Santana" (*OESP, 07/09/1907*). A realização de uma "tômbola para os velhos artistas franceses", com distribuição de bilhetes no meio da peça, indica quanto essas récitas se assemelhavam aos levantamentos de recursos analisados anteriormente (*OPA, 03/09/1915*).

Além dos artistas de segundo e terceiro escalão, outros profissionais do meio teatral dependiam do pagamento dos benefícios: os autores.[81] Diga-se de passagem, não parece haver polêmica maior na imprensa teatral do período do que o injusto

---

de Casimiro Tristão, por outro lado, atesta que os astros e estrelas estavam fora do rateio dos benefícios, já que eles ficavam com os recursos das *premières*, isto é, das primeiras (e mais rentáveis) apresentações (Tristão, 1919, p. 7). É possível imaginar que a divisão dessa remuneração adicional respeitava as hierarquias internas à companhia.

80 João do Rio chega a mencionar um verdadeiro "excesso de benefícios" no Rio de Janeiro (Peixoto, 2009a, p. 98). Também Casimiro Tristão afirma que somente depois das peças estarem "exploradíssimas (...) o pobre artista, caminhando sob um sol estiolante, (...) [realizava os benefícios – JLM] pedindo, implorando" (1919, p. 8).

81 Apenas para citar um exemplo vinculado nos jornais do período, vemos, n'*O Paiz*, uma "Récita dramática em benefício do autor José Theodoro de Castro" *(03/07/1909)*. Sobre o tema, ver também Diniz (1999 p. 120).

pagamento feito aos autores. Uma vez mais, a ausência de legislação (nacional e internacional) permitia os mais diversos abusos. Afirma Sousa Bastos, estudando valores dos teatros na França e em Portugal, que o autor detinha, em média, de 10% a 12% das receitas das peças (1895, p. 116).[82] A julgar por alguns depoimentos do período, contudo, essa cifra é posta em cheque. Cinira Polônio, por exemplo, indispôs-se com o empresário Pascoal Segreto por razão da remuneração por uma peça de sua autoria que considerou injusta. Afirma a artista:

> Escrevendo a peça, não tive em mira proventos pecuniários, nem tampouco venceu-me a ideia de ser aplaudida como autora ou maestrina. Fi-lo com o intuito de qualquer coisa; de uma brincadeira, por exemplo. Mas, quando fui cuidar dos meus direitos autorais, o 'coronel' Alvarenga Fonseca [diretor técnico da empresa Segreto – JLM] fez-me ciente de que a empresa costumava pagar apenas 15 mil réis por noite, isto é, 5 mil réis por sessão. Sabendo eu que pelo menos um autor percebe 30 mil réis por noite, contrariei-me com tal seleção e retirei a minha *revuette*". Fonseca responde que os autores não ganhavam nem 5 mil réis por sessão (Reis, 1999, p. 35).

Em valores absolutos, afirma Polônio que a peça em questão, *Forrobodó*, encenada em 1912 no Teatro São José, no Rio de Janeiro, tinha dado lucro líquido à empresa Segreto de "97 contos de réis" (Rs. 97:000$000) e que os autores tinham recebido 600 mil réis (Rs. 600$000) cada um, "tendo essa quantia sido negada à ela" (*idem*, p. 34). Em 1919 foi aprovada legislação que afirmava "não mais ser possível ignorar o pagamento de Rs. 450$000 ao autor por mês de exibição de uma peça de sua autoria" (*idem, ibidem*). Mário Nunes nos fornece alguns valores adicionais: em 1918, por exemplo, a remuneração de um autor teatral por uma peça de êxito estaria na casa de Rs. 1:500$000, contra Rs. 100:000$000 do empresário, ou seja, 1,5%. Dois anos depois, seis autores embolsaram Rs. 2:700$000 pela peça *Pé de Anjo*, contra Rs. 150:000$000 do empresário Segreto, ou seja: 1,8% do retorno, bem abaixo dos 10% desejados pela classe (Nunes, 1956a, p. 180 e 211).[83]

---

82 Em outra passagem, calcula o empresário que um preço justo a ser pago aos benefícios do autor, isto é, a remuneração por seus direitos autorais, é de 1/15 da receita da peça (1895, p. 114).

83 Para mais discussões sobre o pagamento de direitos autorais e seus valores, ver Gomes (2004, p. 102-105).

É nos anos finais da década de 1910 que começam a se sedimentar no país diversas iniciativas de classe para salvaguarda de direitos e benefícios trabalhistas de autores e atores teatrais. Entre 1915 e 1922 constituem-se associações como a Casa dos Artistas (1914), o Ciclo Teatral (1915), a Academia Dramática Brasileira (1916), a Sociedade Brasileira de Autores Teatrais (SBAT) (1917), a Caixa Beneficente Teatral (1919), o Centro Artístico Teatral do Brasil (1920), além da União dos Pontos Profissionais (1920) e a União dos Eletricistas Teatrais (1922) (Cf. Souza, 1922, p. 264, Peixoto, 2009a, p. 17, Nunes, 1956b, p. 19 e Gomes, 2004, p. 105).

Embora agrupados por pautas das mais diversas, é possível encontrar pontos comuns às reivindicações das associações então fundadas. Destacam-se, primeiramente, demandas ligadas ao trabalho cênico propriamente dito, como o descanso e dia de folga dos artistas. Como veremos na próxima seção, o regime de trabalho dos palcos era extremamente árduo, agravando-se após o surgimento das primeiras salas de cinema.[84] Destacam-se, além disso, pautas de natureza social ou previdenciária, como a constituição de caixas de auxílio mútuo, a construção de orfanatos para os filhos dos artistas e de retiro para os artistas aposentados, incapazes de seguir na ativa.

Os autores reclamavam o correto pagamento dos direitos autorais e também a defesa contra a livre tradução de suas peças no contexto internacional. O caráter global do circuito teatral do período fazia com que peças e obras circulassem com imensa velocidade pelos palcos europeus e nacionais. Em 1903, por exemplo, Chiquinha Gonzaga viu uma composição sua em Berlim (Diniz, 1999, p. 211). Diante de tais casos, a repercussão era, no mais das vezes, negativa, conforme indicam algumas notas d'*OPA* contra a "farandulagem das traduções" e seu negativo impacto para os autores nacionais (muitos deles, é bem verdade, jornalistas desses mesmos periódicos) (*OPA, 01/07/1917* e *05/07/1917*). Cronistas e autores da época, como João do Rio, insurgiram-se contra o fato (Peixoto, 2009a, p. 197).[85]

Percebe-se que, tanto no caso dos artistas quanto dos autores, a militância inspirava-se e dialogava com organizações internacionais. Vemos assim que, nos anos finais da década de 1910 o internacionalismo – tão fundamental na composição de um espaço comercial comum e da manutenção dos lucros empresariais – pas-

84 É o caso, por exemplo, da demanda pela Lei do descanso de um dia da semana dos profissionais teatrais (Nunes, 1956a, p. 135). Já os pontistas militavam, em 1920, pela instauração de piso salarial de Rs. 400$000, além de garantias de estabilidade em caso de enfermidade (Gomes, 2004, p. 104).

85 Ver, por exemplo as crônicas compiladas por Peixoto (2009a, p. 99 e 199).

sava a servir agora aos propósitos dos trabalhadores teatrais. Nos diversos debates sobre a constituição da SBAT ou sobre a construção da Casa dos Artistas, por exemplo, abundam referências a iniciativas de outros países.[86] Associações de classe criadas em outros países, como o Monte-Pio e Caixa de Socorro dos Artistas do Teatro Dona Amélia, em Portugal, o Sindicato dos Artistas Dramáticos ou o Orphelinato das Artes de Paris influenciaram os debates nacionais (Cf. Pimentel, 1909, p. 41 e Charle, 2012, p. 129-135).[87]

Durante a Primeira Guerra e nos anos que a sucedem, eclodem também novas questões no meio teatral nacional. Se até então o antagonismo entre empresários e atores/autores podia ser pintado em termos nacionalistas (empresários estrangeiros *versus* artistas/autores nacionais), a dinâmica setorial se complexifica, com a entrada (ou o fortalecimento) de novos atores sociais.

É sintomática, por exemplo, a entrevista concedida por José Loureiro a um periódico lusitano em 1921. Afirmava então o empresário que a situação de seus negócios no Brasil vinha se deteriorando ano após ano e que ele havia até amargado a perda de "dezenas de contos" em suas últimas incursões (Nunes, 1956b, p. 14). Dois anos antes, Casimiro Tristão admoestava seus conterrâneos a evitar o "canto das sereias", pois o Brasil não era mais o "Eldorado" de ganhos econômicos certos para atores e companhias teatrais (1919, p. 13). É também dessa época uma carta da empresa Pascoal Segreto que vinha a público defender seus negócios contra um possível despejo do Teatro São Pedro. Domingos Segreto, então contador, defendia o grupo que empregava "cento e tantas pessoas" e dispendia "cerca de 50 contos" (Rs. 50:000$000) mensais. Acima de tudo, defendia ele um projeto que era "nacional e nacionalista por excelência" (*OPA, 06/07/1920* e *11/07/1920*). Começavam a se divisar os pilares de uma nova narrativa do setor, calcada em interesses aparentemente estéticos mas cujos alicerces fundamentavam-se, inegavelmente, no reino econômico.

86 Sobre o tema ver as seções teatrais d'*O Paiz* de 15/07/1920 e 19/07/1920. Leopoldo Froés, um dos pivôs da criação da SBAT foi ativo entusiasta de outras associações como o Retiro dos Jornalistas Brasileiros e Portugueses (*O Paiz, 23/07/1920*).

87 Surgem também nesse momento algumas parcerias internacionais de salvaguarda de direitos autorais, como um memorando de intenções firmado por associações brasileiras e argentinas (Nunes, 1956a, p. 222).

Os empresários locais e elementos da capitalização endógena do circuito comercial

Os depoimentos de artistas e empresários estrangeiros sugerem uma inflexão na trajetória do segmento teatral brasileiro, iniciada durante a Primeira Guerra mundial e fortemente amplificada nos anos seguintes. Referimo-nos aqui a um inédito processo de *nacionalização* ou de efetiva "substituição de importações" do segmento de entretenimento (Moraes, 2013a, p. 107).[88] Para além de um debate de natureza estritamente estética, queremos entender esse fenômeno em seus contornos econômicos, destacando a ocorrência de transformações no cenário empresarial local. A presente seção pretende realizar um debate sobre a maturação e capitalização do segmento de entretenimento no Rio de Janeiro e em São Paulo e de seus principais agentes locais. Queremos assim destacar as conexões do fenômeno com os ditames da massificação e da distinção desenvolvidos internamente.[89]

Nosso estudo começa por uma rápida análise da trajetória empresarial de algumas figuras-chave do setor. Não parece haver nenhum nome mais central do que o de Pascoal Segreto, o "ministro das diversões", uma espécie de "pivô" do entretenimento nacional. Nascido na cidade italiana de Salerno, em 1869, Segreto veio ao Brasil na década de 1880 acompanhado de seu irmão Gaetano. Com o passar dos anos e a expansão de atividades da família, mais familiares cruzaram o Atlântico, cada qual ocupando um ramo de atividades do grupo.[90]

---

88 Afirma Procópio Ferreira: "deveu-se à Guerra de 1914 o reerguimento de nosso teatro" (2000, p. 36). Também a biografia de Leopoldo Froés reconhece no período o momento em que o "teatro brasileiro começa a desembaraçar-se da concorrência estrangeira" (Tomé, 1942, p. 134).

89 Não deve causar espécie, nesta altura de nossa argumentação, nossa opção de trabalhar conjuntamente com o universo teatral e cinematográfico. Destacamos também que parte significativa dos dados relativos à praça paulistana foram extraídos de pesquisa anterior (Cf. Moraes, 2013a, cap. 3).

90 Gaetano Segreto permaneceu à frente do ramo de distribuições de jornais. Alfonso (Afonso) Segreto, o irmão mais jovem, por sua vez, assumiu tarefas práticas e consagrou-se, nos anos seguintes, no ramo cinematográfico, filmando, alugando e adquirindo filmes para exibição nas salas pertencentes à família. A ele é atribuída, aliás, a primeira filmagem feita no Brasil. Domingos Segreto, finalmente, assumiu a área teatral, sobretudo no emergente polo da Praça Tiradentes, ocupando também o papel

Vimos que a virada do século XIX para o XX representou um momento de transição no setor de entretenimento – tanto no Brasil quanto em outras partes do globo. É o momento de surgimento e expansão de diversas atividades recreativas, muitas delas interconectadas e não plenamente diferenciadas entre si. O caso dos irmãos Segreto não seria distinto. Em seus anos iniciais, Pascoal e Gaetano sobreviveram como jornaleiros, ascendendo após a fundação de um jornal voltado à comunidade italiana no Rio de Janeiro. Com os recursos aí acumulados, começaram a se associar aos diversos empreendedores do emergente setor de entretenimento urbano da cidade. Lemos, assim, sobre parcerias com empresários sedimentados, como José Roberto Cunha Salles, com quem criaram o "Salão de Novidades", um espaço de variedades e exibições, ou com a Charles Séguin e Cateysson, com quem constituíram o Cassino Nacional, local de realização de atividades recreativas diversas (Gonzaga, 1996, p. 39 e Dias, 2012, p. 173). A associação dessas diversas figuras com o universo dos jogos (lícitos e ilícitos, como o jogo do bicho) é dada como certa pela bibliografia especializada e o mesmo pode ser dito a respeito de Segreto.

Fernando Mencarelli identifica outras conexões do empresário nesse momento. É o caso, por exemplo, da firma Segreto & Jattarola, constituída em 1897 e registrada na Junta Comercial do Rio de Janeiro sob a rubrica "Botequins, restaurantes e bilhares" (2003, p. 275). A empreitada teve vida curta, mas dinamizou outras atividades congêneres. De acordo com o autor, "o mesmo comércio continuaria girando só a firma individual de Segreto com o capital de 11:000$000 (onze contos). Jattarola ao sair também levou 11 contos" (*idem*, *ibidem*).

Em 1900, Segreto – desta vez por meio da Segreto, Vasques e Companhia – realizou novo registro na Junta Comercial com capital social de 30 contos (Rs. 30:000$000) (*idem*, p. 276). Na virada do século XX, o empresário seguiu ampliando atividades, sendo responsável pela criação e/ou administração de parques de diversões, choperias, casas de variedades e estabelecimentos de atrações musicais. Data de 1899 o arrendamento do Parque Fluminense, um parque de diversões com carrossel e cinematógrafo. No ano seguinte foi a vez do Cabaré Moulin Rouge. Em 1903, incorporou outra casa noturna de espetáculos e variedades a seus negócios, a Maison Moderne, e, em 1905, o Teatro Carlos Gomes (Dias, 2012, p. 167 e Gonzaga,

---

de contador da empresa, apenas para citar os mais destacados (Cf. Gonzaga, 1996, p. 61-69 e Martins, 2004, *passim*).

1996, p. 272-275).[91] Além destes, veremos o empresário assumir e controlar outros palcos da cidade, como os Teatros São Pedro e São José, isso sem mencionar sua atuação em São Paulo e outras cidades do Brasil, mais restritas do que a capital federal mas, ainda assim, impactantes (Cf. Antunes, 2004, p. 37).[92]

Nossa atenção, dada a ascensão de Segreto e a diversidade de seus diversos negócios no meio do entretenimento nacional, recai sobre a sua paulatina migração rumo ao universo teatral[93]. Para além de uma suposta afinidade com o suporte, a opção de Segreto pela atividade teatral revela não apenas seu apurado tino comercial mas, em grande medida, um traço estrutural do segmento de entretenimento nacional. É que das diversas atividades nas quais Segreto atuou – filmagens e exibições cinematográficas, restaurantes, bilhares, casas de jogos, parques de diversão e até mesmo invenções tecnológicas – seu foco recaiu no teatro. Ora, o ponto é que era precisamente esta a mais elitista das atividades recreativas e, em grande medida, a mais conectada aos ditames da distinção.[94] Adicionam-se ao quadro os diversos mecanismos de conexões institucionais estabelecidos pelos irmãos, aí se destacando crescentes relações com figuras públicas da intelectualidade carioca – jornalistas, artistas, empresários e até mesmo o Marechal Hermes da Fonseca. O futuro presidente batizou, em 1908, um dos filhos de Gaetano (Cf. Martins, 2004, p. 29 e 50-51).

Nossa hipótese é que a hegemonia do empresário nas praças paulista e, sobretudo, carioca foi alcançada prioritariamente pela habilidade de conquistar espaços numa atividade vinculada a um público mais elitista e de maior poder aquisitivo ou, nos termos de Bourdieu, uma audiência de maior "qualidade social" (1996, p. 246-249 e 288). Essa situação parece evidente no ano de 1908, quando Segreto torna-se o res-

91 "O capital de Pascoal vai se formando aos poucos através de negócios envolvendo casas que funcionavam como restaurante e choperia" (Mencarelli, 2003, p. 276).

92 Sobre as ações de Segreto em São Paulo, ver Araújo (1981, passim).

93 São diversos os temas tangenciados ao longo de nossa pesquisa documental mas que, por motivos de escopo da pesquisa, tiveram que ser descartados. Um exemplo se refere às diversas exposições (nacionais e regionais) organizadas pela empresa de Segreto. É o caso também da análise de dados de documentação notarial ou dos documentos preservados nos Fundos Pascoal Segreto do Arquivo Nacional que não puderam ser consultados para a presente pesquisa. Para um estudo sobre essa coleção de documentos, ver as discussões propostas por Martins (2003, p. 54) e Araújo *et alli* (2005, p. 91).

94 "O cada vez mais poderoso empresário caminhava a passos largos para o veio principal da época, o teatro" (Gonzaga, 1996, p. 66).

ponsável oficial das atividades de entretenimento das diversas festividades e eventos cívicos, com amplo destaque para a Exposição Nacional Comemorativa do Centenário da Abertura dos Portos às Nações Amigas de 1908 (Cf. Gonzaga, 1996, p. 66).

Podemos descrever, assim, a capitalização de Segreto, no período que vai de sua chegada ao Brasil até os anos de 1920, como a paulatina conquista de filões mais respeitáveis do entretenimento tanto no Rio quanto em São Paulo. Se, nos anos de 1890, seu nome ainda é estigmatizado pela imprensa por suas conexões com o mundo do jogo do bicho, ele chega aos anos de 1920 com admirável reputação, sendo até reconhecido como um prestigiado membro da comunidade italiana carioca (Vanni, 2000, p. 68 e Labanca, 2010, p. 2). Divisam-se alguns interessantes traços de distinção dentro de um setor em que, ao menos inicialmente, esperávamos iniciativas mais afeitas à massificação.

É, portanto, nesse contexto social que devemos compreender sua posição durante a Primeira Guerra Mundial e, portanto, no supracitado fenômeno de nacionalização dos palcos brasileiros. De fato, neste período, o empresário figurará como o único capaz de fazer frente à concorrência internacional, o único com a habilidade e os recursos para financiar iniciativas de maior vulto no teatro nacional. A bibliografia especializada reconhece mesmo uma verdadeira polarização entre as companhias e teatros pertences a José Loureiro e as pertencentes a Segreto (Nunes, 1956, p. 2-3 e Ruiz e Brandão, 1988, p. 108).[95] Levando-se em conta as mencionadas vantagens empresariais dos grupos portugueses, a ascensão de Segreto não pode ser subestimada. Não deixa de ser curioso, outrossim, que em oposição à presença lusa, a bandeira do nacionalismo do entretenimento é levantada por um empresário imigrante italiano.

São inúmeras as semelhanças das trajetórias de Segreto e do principal empresário do setor de exibição cinematográfica do período, o espanhol Francisco Serrador.[96] Nascido em 1872 na cidade espanhola de Valência, atracou no país em 1887, tendo desembarcado primeiramente em Santos. Ao que tudo indica, a cidade não lhe rendeu grandes retornos, e o imigrante optou por se transferir para outro porto – Paranaguá. Pouco depois, fixou residência em Curitiba (Barro, 1996, p. 63).

---

95 "Durante o segundo decênio do século XX, o teatro de revista foi monopolizado por dois empresários: José Loureiro e Pascoal Segreto" (Antunes, 2004, p. 36). Voltaremos a este tema na próxima seção.

96 Os parágrafos seguintes valem-se amplamente de reflexão anterior, dedicada exclusivamente à análise da trajetória econômica de Francisco Serrador (Moraes, 2012a).

Na praça paranaense o espanhol encontrou suas primeiras possibilidades concretas de capitalização. Aliando-se a empreendedores locais, como o também espanhol Manuel Laffite Busquets e o italiano Antônio Gadotti, iniciou atividades no ramo recreativo, organizando partidas de pelota basca, administrando de circos e promovendo touradas. As conexões de Serrador com o setor de jogos de azar – e, novamente, com o jogo do bicho – são bastante prováveis (Moraes, 2012a, p. 7). Sobre os anos que seguem, afirmamos em trabalho anterior:

> Em 1904 (...) Serrador e Gadotti compraram um projetor Pathé (chamado Richembourg) e começaram a expor vistas no Coliseu Curitibano. (...) A praça curitibana deu rapidamente mostras de esgotamento, de modo que os sócios decidiram iniciar uma trajetória itinerante seguindo, a princípio, o caminho de volta feito pelo imigrante: primeiro Paranaguá e depois Santos. Em 1907, encontravam-se no Teatro São Carlos de Campinas e em agosto do mesmo ano chegaram à cidade de São Paulo.
> Segue-se a partir daí um período de crescimento realmente vertiginoso. (...) [Entre] 1907 e 1911, a empresa de Serrador deu conta de eliminar e/ou anexar seus principais concorrentes nos mercados de venda, locação e exibição cinematográfica paulistana. Não causa espanto, assim que, em 1913, o imigrante detivesse o incrível número de 28 cinemas na cidade, espalhados por diversos bairros. No ano seguinte, ainda que o número fosse um pouco menor (21 estabelecimentos), sua empresa possuiria nada menos do que 31 mil assentos na cidade (*idem*, p. 8).

Todas essas atividades, contudo, são eclipsadas em detrimento do posterior momento empresarial de Serrador, quando da constituição da chamada Cinelândia, o luxuoso complexo de cinemas criado na região central carioca nos anos de 1920.[97] É possível afirmar que, à maneira de Segreto, o ponto capital da trajetória de Serrador foi um projeto de corte elitista, isto é, o oferecimento de cinemas para as classes médias e altas cariocas. Seria possível enxergar nas etapas anteriores do empresá-

97 "A relação umbilical entre Francisco Serrador e a Cinelândia e, consequentemente, a relação com o Rio de Janeiro, não deve nos levar a concluir que essa visão "mistificada" do empresário espanhol ocorre apenas na bibliografia carioca. Em muitos casos, a excessiva importância atribuída à Cinelândia de Serrador 'faz sombra' às análises historiográficas sobre outras praças comerciais brasileiras" (Moraes, 2012a, p. 3).

rio – incluindo-se aí os anos sediados em São Paulo – uma fase embrionária de seu posterior momento de triunfo (Cf. Moraes, 2012a, p. 3). Evidencia-se aqui, uma vez mais, o interessante desequilíbrio de forças entre os efeitos massificação e distinção, sempre com prevalência deste sobre aquele. Uma análise acurada da etapa paulista de Serrador (e da posterior superação desta pelo projeto da Cinelândia carioca) contribui sobremaneira com essa leitura.

Sob os mais diversos pontos de vista, podemos afirmar que o período que vai da chegada do imigrante a São Paulo até meados da década de 1910 (ou, mais acertadamente, até os anos finais da Primeira Guerra Mundial) é marcado pelos ditames da massificação. Recém-chegado do Paraná, Serrador adota uma postura incrivelmente agressiva, inaugurando salas para os mais distintos públicos urbanos, obtendo contratos de representação e disputando frontalmente com os exibidores então instalados na cidade. É também este o momento de lançamento de um novíssimo mecanismo de captação de recursos: as subscrições públicas. Se, até então, o setor do entretenimento no país vinha se expandindo quase exclusivamente por meio de capitais próprios e/ou familiares dos diversos empresários atuantes, as possibilidades originadas pela abertura de capital permitiam um inédito dinamismo no setor (Cf. Souza, 2005, p. 216).

A primeira empresa de Serrador a abrir seu capital foi a Cia. de Diversões. Em 1909, foram lançadas subscrições totais de 112 Contos (Rs. 112:000$000) adquiridas por figuras notáveis da sociedade paulista. Seria contudo a abertura da Companhia Cinematográfica Brasileira (CCB), em 1911, que impulsionaria em definitivo a atividade cinematográfica do empreendedor (Moraes, 2012a, p. 9). Tudo indica, portanto, que a primeira opção de Serrador era, de fato, a criação de um império massificado, com a inauguração de cinemas em diversos pontos do país e acessíveis aos diversos tipos de consumidor. Para tal, empregava o empresário as mais modernas técnicas de captação financeira então disponíveis no país.

Entre 1915 e 1917, todavia, esse primeiro modelo de negócios de Serrador (ou, pelo menos, sua estratégia de levantamento de recursos) dava mostras de arrefecimento. São vários os registros de disputas e querelas entre os diversos acionistas envolvidos, culminando com rompimentos. Primeiramente com seus parceiros e fornecedores, os irmãos Julio e Luciano Ferrez e, posteriormente, com seus financiadores capitalistas de São Paulo. Centrado agora na Cinelândia carioca, evidenciam-se as novas diretrizes e prioridades do imigrante, mais conectadas no mundo da distinção em detrimento da massificação.

À maneira da CCB de Serrador, outras empresas do período ensaiaram a abertura de capital e em nenhuma delas o modelo funcionou. A Companhia Internacional Cinematográfica, por exemplo, sociedade anônima fundada em 1912 com capital de 2 mil contos de réis (Rs. 2:000:000$000), faliu no ano seguinte (Souza, 2004, p. 320). A Cinemacolor, "organizada para a exploração do processo de filmes coloridos", fundada em 1912 com capital de 800 contos (Rs. 800:000$000) – e contando com o Conde Álvares Pentenado dentre a lista de subscritores – entrou em liquidação em 1915 (*idem*, p. 324 e *OESP*, *02/08/1914*). Percebemos em todas essas iniciativas as dificuldades de capitalização e os crescentes custos da organização de atividades. A Tabela 15 apresenta os recursos envolvidos na construção e/ou reforma de alguns espaços do circuito comercial:

Tabela 15 – Recursos envolvidos no circuito comercial (1908-1922)

Cidade	Nome do estabelecimento	Valor referente a	Capital envolvido (nominal)	Capital envolvido (valores de 1911)	Tipo	Ano
Rio de Janeiro	Terreno de Francisco Serrador na Cinelândia	Aquisição de Terreno	5.300:000$000	2.010:979$175	Cinema	1922
	São Pedro	Aquisição do prédio	2.000:000$000	640:308$804	Teatro	1920
	Avenida[a]	Valor contábil do ativo	540:000$000	500:243$554	Cinema	1912
	Odeon	Valor contábil do ativo	280:000$000	259:385$546	Cinema	1912
	Terreno de Paschoal Segreto na Praça Tiradentes	Aquisição de Terreno	230:000$000	219:550$021	Teatro	1905
	Fenix	Valor estimado de mercado	180:000$000	171:821$756	Teatro	1906
	Rio Branco	Valor do seguro	80:000$000	89:385$119	Cinema	1910
	São Pedro	Reforma	300:000$000	165:096$702	Teatro	1917
	Parisiense	Inauguração	100:000$000	100:674$974	Cinema	1907
	Pathé I[a]	Valor contábil do ativo	80:000$000	74:110$156	Cinema	1912
	Pathé II	Valor contratual do ativo	125:000$000	68:790$293	Cinema	1917
	Rio Branco	Inauguração	58:000$000	58:391$485	Cinema	1907
São Paulo	São José	Valor estimado de mercado	1.300:000$000	416:200$723	Teatro	1920
	High-Life	Reforma	350:000$000	350:000$000	Cinema	1911
	Iris	Valor contábil do ativo	210:000$000	194:539$160	Cinema	1912
	Colombo	Reforma	150:000$000	143:184$797	Teatro	1906
	Polytheama	Prejuízo por incêndio	30:000$000	30:060$134	Cine-teatro	1914
	Central	Valor estimado a partir do capital da empresa	200:000$000	133:329$807	Cinema	1916
	Radium	Inauguração	115:000$000	119:040$615	Cinema	1909
	Iris	Inauguração	50:000$000	49:254$123	Cinema	1908
	Coliseu Campos Elísios	Valor contábil do ativo	48:000$000	44:466$094	Cine-teatro	1912
	Paris	Ampliação	50:000$000	49:000$000	Cinema	1908
	Radium	Valor contábil do ativo	20:000$000	18:527$539	Cinema	1912

[a] Araújo (1985) menciona os valores de 600 Contos (Rs. 600:000$000) para a aquisição do Avenida e 280 (Rs. 280:000$000) para o Pathé.
FONTE: Moraes (2013a), Souza (2004), Martins (2004), Azevedo (2004), Silveira (1976), Nunes (1956a), Araújo (1985), OP e Fundos Família Ferrez. Tabulação e cálculos do autor.

Vemos, pelos dados da tabela, que o capital necessário para abertura de um cinema variava de acordo com o requinte da sala, com a localização geográfica, tema ao qual voltaremos na seção "*Foyeurs, voitures* e *toilettes*". Cabe indicar, por enquanto, a estimativa de Alice Gonzaga que sugere, para uma sala de cinema, um valor inicial de "10 a 30 contos [Rs. 10:000$000 a Rs. 30:000$000] em pontos mais valorizados, e de 5 a 10 contos Rs. 5:000$000 a Rs. 10:000$000], em pontos menos visados" (1996, p. 88 e 105). A análise da compra e reforma de alguns cinemas e teatros na capital paulista realizada em pesquisa anterior ratifica a estimativa. O Cinema Radium, por exemplo, inaugurado em 1909, foi adquirido por 20 contos (Rs. 20:000$000). O Cine Íris custou 50 contos (Rs. 50:000$000) em 1908. Este foi também o valor da ampliação do Paris Theatre, realizada no mesmo ano (Cf. Moraes, 2013a, p. 134). A julgar por esses dados, temos aqui uma atividade relativamente acessível a um capitalista de médias proporções – ao menos no que se refere à etapa de construção das salas.

Na imensa maioria dos casos a construção de salas valeu-se de capitais familiares e/ou de associações entre empresários do ramo de entretenimento. Vemos, assim, despontarem empresas familiares vinculadas, o mais das vezes, às comunidades de imigrantes. É este o caso, por exemplo, do Teatro República, erguido no Rio de Janeiro em 1914 por João de Oliveira, "um português apaixonado por teatro e dono de grande fortuna" (CTAC, s/d, s/p). É também o caso do paulista São Pedro, construído na Barra Funda em 1919 por outra sociedade de lusos capitaneados por Manoel Fernandes Lopes (Walker, 2005, p. 25).

Em muitos casos, contudo, a aquisição ou reforma das salas demandava maior volume de recursos. Como exemplo temos o cinema High Life em São Paulo, adquirido pela CCB em 1911 por 350 contos (Rs. 350:000$000) (*OP, nº20, dez/1911 apud* Moraes, 2013a, p. 149). Ao menos até a era dos palácios, na década de 1920, os valores são mais altos nas casas mais focadas na atividade teatral do que cinematográfica, demandantes de maior espaço, requinte e exigências técnicas e acústicas. Em 1920, o Teatro São José, em São Paulo, estava orçado em 1.300 contos (Rs. 1.300:000$000), o mais alto valor ligado a uma casa de espetáculos na cidade – excluído apenas o teatro municipal.

No Rio de Janeiro, o Teatro Fenix, edificado entre 1906 e 1908, estava orçado em 180 contos (Rs. 180:000$000). William Martins, por sua vez, identifica a compra de um terreno na Praça Tiradentes por Pascoal Segreto no valor de 230 contos (Rs. 230:000$000), em 1905 (2004, p. 55). Embora todos estes sejam exemplos de casas de espetáculos centrais, mesmo a reforma ou adequação de um teatro de bairro como o Colombo em São Paulo – localizado no bairro do Brás – podia alcançar altos custos, neste caso, 150 contos (Rs. 150:000$000) (Amaral, 1979, p. 363 e CTAC, s/d).

Outro caso interessante refere-se a um imbróglio envolvendo uma remodelação do São Pedro carioca no ano de 1917. A obra, orçada em 300 contos (Rs. 300:000$000), teve financiamento do Banco do Brasil e foi executada pela Andrade Lima & Cia. Três anos depois, ante uma indecisão sobre o destino do teatro, foi o prédio adquirido pela Prefeitura por 2 mil contos (Rs. 2:000:000$000), pagos em apólices municipais (Nunes, 1956a, p. 117 e 220). Junto com o São José em São Paulo, são estes os mais altos valores encontrados na pesquisa relativos ao universo de gastos empresariais no circuito comercial, só superados pelos 5.300 contos (Rs. 5.300:000$000) pagos por Serrador pelo terreno do Convento da Ajuda, posteriormente, a Cinelândia (*idem*, p. 220).

Percebe-se a exigência de aportes mais elevados de recursos para o início de atividades de um teatro e mesmo de alguns dos cinemas nas duas cidades. Podemos imaginar, nestes casos, maiores dificuldades de autofinanciamento por parte dos empresários do entretenimento. Dessa situação se desprende uma conexão intersetorial entre o setor de entretenimento e outro segmento econômico em franca expansão: o mercado imobiliário. Encrustadas nas regiões mais adensadas das cidades e muitas vezes com grandes proporções físicas, as salas de espetáculo figuravam como uma interessante fonte de rendas pecuniárias, atraindo uma gama de investidores.

Figura 24 – O Teatro Fênix no Rio de Janeiro

FONTE:Postal. Ed. N. Viggiani, Rio de Janeiro, 116

As possibilidades de retornos relativamente seguros atraíram ao segmento capitais de grande envergadura.[98] O exemplo mais interessante da capital federal ocorre com o Teatro Fenix, erguido pela abastada família Guinle (CTAC, s/d e Figura 24). Em São Paulo a situação é ainda mais evidente, uma vez que é possível identificar relações entre o setor de entretenimento e figuras do capital cafeeiro. É este o caso de teatros como o Santana, erguido pelo Conde Álvares Penteado e o (segundo) São José, erguido por José Estanislau do Amaral, "o milionário", fazendeiro, empreendedor e avô de Tarsila do Amaral (Amaral, 1975, p. 32). O Colombo, no Brás, foi erguido pelo Coronel França Pinto (Moraes, 2013a, p. 134).[99]

É possível imaginar, por outro lado, que a pressão imobiliária fosse responsável pela eliminação de algumas das salas operantes. Este parece ser o caso do Teatro Lucinda que cessou suas atividades em 1909 após ser adquirido por uma fábrica de ferros de engomar ou do São José em São Paulo, adquirido pela Light (Peixoto, 2009a,

98 Para uma discussão mais acurada sobre o tema, ver Moraes (2013a, p. 16-28).

99 Há registro de um caso ainda mais antigo, referente ao arrendamento do antigo Teatro São José (o primeiro com tal nome) pelo Conselheiro Antônio Prado, ainda no século XIX. Sobre o tema, ver Amaral (1979, p. 61-89).

p. 77 e Dias, 2012, p. 166). Mário Nunes, por sua vez, destaca os elevados alugueis cobrados pelos Guinle, proprietários do Fênix – 150 contos (Rs. 150:000$000) por ano (1956a, p. 30). Não é de se admirar, assim, que, sob tal pressão, o local tenha dado lugar, em 1919, a outro empreendimento, o Palace Hotel (*idem*, p. 177).[100] Mesmo o Teatro Lírico foi vítima da especulação: em 1911, corria a informação de que o edifício poderia ser demolido para uma expansão da Imprensa Nacional (*RF, nº43, 1911*).

Além do setor imobiliário, outro segmento bastante articulado ao financiamento das casas de espetáculo nas duas cidades foi o de bebidas alcoólicas. As relações entre a Companhia Brahma e Pascoal Segreto, no Rio de Janeiro, vinham de longa data. Afirma Alice Gonzaga que "quando Pascoal arrendou o Parque Fluminense, em fins de 1899, a cervejaria já era a fornecedora exclusiva de bebidas do lugar" (1996, p. 68). O próprio Segreto chegou a ter uma empresa na área de distribuição de bebidas – a Pascoal Segreto Chopps – no local onde, mais tarde, seria erguida a Maison Moderne (*idem, ibidem*). William Martins apresenta também outras relações de aquisição, parceria ou patrocínio entre os grupos Segreto e Brahma entre as décadas de 1890 e 1920 (2003, p. 58 e 158).

As relações entre empresários de entretenimento e as cervejarias reproduzem-se também em São Paulo. O supracitado teatro Colombo, por exemplo, obteve um empréstimo da Companhia Antarctica para a realização de uma reforma (Silveira, 1976, p. 98). O grupo era proprietário também do Politeama (Figura 25), posteriormente arrendado por Segreto. Isso sem mencionar, obviamente, espaços de entretenimento diretamente ligados às marcas, como o Cassino Antarctica e o Parque Antarctica (Moraes, 2013a, p. 134 e Araújo, 1981, p. 69).

---

100 Sobre o tema, afirma Mário Nunes que "a exploração de um teatro por conta própria e até por simples locação constitui negócio dos mais lucrativos" (1956a, p. 2-3). Há dissenso entre os atores, empresários e intelectuais do período sobre uma possível carência de palcos no Rio de Janeiro, sobretudo na região central da cidade. São necessárias mais reflexões para compreender a dimensão de tal afirmação e suas implicações no setor.

Figura 25 – O Politeama de São Paulo

FONTE:A Cidade da Light in: AHSP

Em outros casos, as conexões de interesses da empresa com o segmento operaram por meios mais complexos. Vemos, por exemplo, a companhia Antarctica (e diversas de suas figuras capitais, como o Conde Asdrúbal do Nascimento) na listagem de acionistas da Companhia Cinematográfica Brasileira de Serrador (AFF, 1912b e 1914a). Na lista de financiadores do setor de entretenimento nacional despontam figuras que, além de vínculos com os grandes capitais cafeeiros, conectavam-se também a nascentes segmentos técnicos e industriais. É o caso, por exemplo de nomes como o de A.C. de Camargo, Ignarra Sobrinho e Joaquim Kehl. A partir da argumentação proposta por José Inácio de Melo Souza em seu livro *Imagens do Passado*, afirmamos em trabalho anterior:

> A ligação dos três investidores à CCB parecia estar relacionada aos interesses da AEL (Algemeine Elektricitats Gesellschafft), companhia alemã de venda de equipamentos elétricos. O portfólio dos investidores, contudo, demonstrava uma variação enorme: Kehl, por exemplo, figurava como importador de equipamentos hospitalares e farmacêuticos e Camargo, médico paulista, detinha recursos no ramo de hospitais particulares. Mas é na figura de Ignarra Sobrinho, o mais dinâmico dos três, que se evidenciará um desdobramento do Complexo. Ignarra estava ligado ao setor elétrico,

> associado à construção da hidrelétrica de Jaboticabal e, em sociedade com Armando de Sales Oliveira (futuro governador do estado), à construção de diversas centrais de distribuição elétricas (Moraes, 2013a, p. 142).

Chegamos, assim, ao final desta seção com interessantes apontamentos. A análise da trajetória de capitalização do setor das casas de espetáculo – e, sobretudo, de suas principais figuras, Pascoal Segreto e Francisco Serrador – indica vinculações tanto aos canais da distinção quanto da massificação. Se, por um lado, foram encontrados elementos que conectam suas iniciativas a um novíssimo projeto de massificação artística – entendida aqui como um processo de racionalização da atividade cultural como um todo – divisam-se, por outro lado, traços inegavelmente elitistas. O objetivo das próximas duas seções é indicar precisamente os traços mais marcantes dos efeitos massificação e distinção no circuito comercial da cultura.

Propaganda, padronização e concorrência: a massificação no circuito comercial

Diversos argumentos chancelam a afirmação de que se constituiu, em meados da década de 1910, um circuito comercial massificado nas praças carioca e paulista. O primeiro – e certamente mais expressivo – é a vultuosa expansão da oferta de estabelecimentos voltados à diversão e ao entretenimento nas duas cidades. Se no primeiro decênio do século o parque teatral e cinematográfico nas cidades ainda era relativamente tacanho, vemos se consolidar na década seguinte uma situação bem mais expressiva.

Sobre o tema, afirma Virgínia Bessa que se as casas de espetáculo paulistanas "no ano de 1890 se restringiam a duas e não passavam de três em 1900", por volta de 1915 elas atingiam a "meia centena – aí incluindo teatros, cinemas e *music-halls*" (2012, p. 42-43). Mencionamos que somente o parque exibidor da CCB de Serrador detinha, em 1914, um total de 31 mil assentos de cinema, espalhados por 21 estabelecimentos na capital paulista, chegando depois à casa de 49 casas (Moraes, 2013a, p. 139 e Souza, 2004, p. 230). A situação não é distinta na capital federal: no período que vai de 1911 a 1919 a cidade viu o número total de salas de cinema pular de 47 para 76 (Gomes, 2004, p. 51).[101] Os números são mais modestos no universo teatral, mas ainda assim dignos de nota: no ano de 1920, o Rio de Janeiro alcançou a casa

101 Sobre a expansão na capital federal, afirma Alice Gonzaga que foram abertos 40 cinematógrafos em 1909, 40 em 1910 e 31 em 1911 (1996, p. 89).

de onze salas no centro, além de dezenas de cineteatros nos subúrbios (Nunes, 1956, p. 177 e 261).

São várias as razões que explicam o *boom* de salas de espetáculo. Vimos, na seção anterior, que ocorreu durante a década de 1910 um processo de capitalização do segmento, possibilitando maiores inversões na atividade. Vimos também que o momento registrou considerável aprimoramento dos serviços de transporte público e eletrificação nas duas cidades, melhoramentos que possibilitaram maior segurança e conforto dos frequentadores dos espetáculos, sobretudo os realizados de noite.[102] É sintomático que tanto o Largo do Machado quanto a Praça Tiradentes, dois pontos estratégicos da Empresa Pascoal Segreto, fossem localizados em zonas de convergência ou término de linhas de bondes metropolitanos (Cf. Lima, 2000, p. 103 e Martins, 2004, p. 57). Situação análoga ocorreu em São Paulo:

> [O] rápido florescimento de salas de espetáculo nos primeiros anos do século XX foi diretamente impulsionado pelos melhoramentos na infraestrutura urbana realizados durante o governo municipal de Antônio Prado, dentre os quais se destaca a instalação de uma rede de distribuição de energia, fator determinante não só para a expansão dos cinematógrafos, como também para o incremento dos espetáculos teatrais, sobretudo os musicais. A fim de atrair o público, eles passaram a explorar novos efeitos cênicos, muitas vezes valendo-se da iluminação e dos aperfeiçoamentos na maquinaria. Do mesmo modo, a ampliação da rede de transporte, com a instalação de bondes elétricos em 1900, facilitou o deslocamento da população. Não por acaso, boa parte das casas de espetáculo localizava-se em regiões próximas aos trilhos (Bessa, 2012, p. 44).

Tudo leva a crer, contudo, que o fator mais determinante para a expansão do setor de entretenimento nas duas cidades foi o incremento populacional. Já tivemos a oportunidade de discutir as drásticas transformações demográficas transcorridas nas duas cidades. Discutimos também os impactos sociais desse influxo populacional no circuito da cultura cotidiana, com a constituição de associações e iniciativas populares pelos distintos núcleos urbanos. A situação não será distinta no universo das salas de espetáculo. A diferença, contudo, é que, se no primeiro capítulo esses

102 Inúmeros anúncios do *OESP* e do *CP* anunciam que 'bondes das principais linhas estarão esperando após o espetáculo'" (Moraes, 2013a, p. 112).

contingentes populacionais foram encarados como protagonistas na realização de atividades culturais, vemo-los agora na condição de espectadores, de público, ou, mais acertadamente, de público pagante. Virgínia Bessa discute as diferenças das atrações e atividades culturais desenvolvidas no bojo dos grupos associativos paulistas (analisadas no primeiro capítulo da presente tese) com essas

> Formas de entretenimento pago voltadas aos extratos operários e pobres da cidade, habilmente exploradas pelos empresários que nelas tinham uma fonte certa de lucro. Foram os trabalhadores migrantes e imigrantes, junto com ex-escravos e outras parcelas pobres da população, os primeiros consumidores dessas novas atrações que, desde os últimos anos do século XIX, proliferavam na capital, tais como frontões, circos de cavalinhos e divertimentos mecânicos (...) aos quais, mais tarde, viriam se somar o cinema e o teatro popular, especialmente os gêneros musicados (...). Ao contrário das modalidades associativas de diversão, essas novas formas de entretenimento (que incorporavam e transformavam todas as outras) logo perpassariam, ainda que de modo bastante segmentado, os diversos níveis da sociedade paulistana, integrando-os numa cultura que já possuía, de modo embrionário, características que permitem qualifica-la como de massa, sobretudo no período que se sucede à eclosão da Primeira Guerra Mundial (*idem*, p. 35).

Diante da inédita presença de uma massa indiferenciada de consumidores,[103] estrutura-se um novíssimo *ethos* empresarial. Não se trata de afirmar que, antes do período aqui analisado, inexistisse a exploração comercial dos espetáculos. Não se trata tampouco de afirmar a ausência de preocupação administrativa em períodos anteriores. O que torna o circuito comercial dos anos de 1910 diferente de iniciativas anteriores ou de projetos como os Teatros Municipais, os clubes Mozart e Beethoven ou a Sociedade de Cultura Artística – instituições centradas essencialmente na adesão de um público restrito e cativo – é que a dinâmica e sobrevivência

103 Sobre o tema, afirma Tiago de Melo Gomes (baseando-se em dados do Fundos Pascoal Segreto do Arquivo Nacional) que "há diversos casos documentados em que se registrou a presença de mais de 10 mil pessoas frequentando esse entretenimento em um único dia, sendo que em 16 de julho de 1921 foi registrada a presença de 12.483 pessoas" (Gomes, 2004, p. 29).

do circuito comercial dependeu do grande público, este sim, personagem inédito na história nacional.

Neste segmento, a bilheteria figurava como a única fonte de renda, inexistindo "subvenções ou patrocínios" públicos (Reis, 1999, p. 90).[104] Dessa situação decorria, obviamente, a imensa dependência dos empresários e exibidores às preferências e humores do público. Previsibilidade, cálculo e estatística - palavras até então estranhas ao mundo cultural - adquirem centralidade. Ganham destaque, por exemplo, os empresários capazes justamente de adaptar-se a essa realidade. Christophe Charle afirma que "o dom especial" de um empresário era precisamente o "de pressentir o gosto do espectador, de identificar entre mil peças aquela que divertirá um sultão ingênuo e entediado, aquela que não cairá de moda nem depois de cem apresentações" (2012, p. 61).

A menção a uma centena de apresentações é bastante expressiva dessa nova racionalidade e não é, em absoluto, hiperbólica. Abundam, pelas páginas dos periódicos, menções a peças encenadas à exaustão - duzentas ou, por vezes mais de trezentas vezes - nos palcos paulistanos e cariocas (Silveira, 1976, p. 175 e Bessa, 2012, p. 95). Podemos dizer que para além do sucesso das apresentações, a constante repetição de peças inscrevia-se também numa nascente estratégia de *marketing*, com a vinculação de números astronômicos e espetaculares na mídia da época. Numa propaganda publicada n'*OPA*, por exemplo, lemos que "quase 100 mil pessoas haviam visto a peça nacional da Empresa Pascoal Segreto no São Pedro" (*25/08/1919*). Uma semana depois a cifra aumentara para 127.533 e, pouco tempo depois, o empresário se gabava das "250 enchentes [isto é, casas cheias - JLM] e 356.248 pessoas" que haviam visto sua atração teatral (*OPA, 08/07/1920* e *13/07/1920*).

A situação é ainda mais acentuada no universo cinematográfico. Os exibidores atuantes nas duas praças comerciais, com amplo destaque para a Companhia Cinematográfica Brasileira de Francisco Serrador, realizavam verdadeiras querelas publicitárias, veiculando propagandas expressivas de suas atividades comerciais. Além das cifras de filmes particularmente exitosos, lemos anúncios de página inteira sobre o incrível número de assentos e estabelecimentos controlados por este ou aquele grupo, sobre os milhares de quilômetros de filmes rodados por esta ou aquela

---

104 "A arrecadação da bilheteria constituía fator primordial para a subsistência dos artistas, já que os gastos com as encenações luxuosas poderiam levar as companhias à falência, caso não houvesse retorno financeiro" (Neves e Levin, 2009, p. 66). Sobre o tema, ver também a discussão apresentada por Reis (2012, p. 96).

empresa e, ponto ao qual voltaremos em seção dedicada ao comércio distribuidor, sobre o maior ou menor número de contratos de representação de firmas internacionais assinados pelas companhias locais (*OESP, 04/08/1914* e *01/07/1917*, *OPA, 31/07/1912* e Souza, 2004, p. 312).

Uma vez mais, não se pode dizer que essa "estratégia numérica" fosse nova. Alice Gonzaga indica que ela vinha sendo empregada em tempos anteriores, inclusive por empresários nacionais da década de 1890 (Cf. Gonzaga, 1996, p. 63-64). Podemos afirmar, todavia, que é a partir dos anos de 1910 que o processo se intensifica, sugerindo a existência de uma nova fase do segmento, mais fortemente marcada pelos princípios da racionalidade econômica.

Essa dinâmica nos coloca novamente diante do debate de Adorno e Horkheimer sobre a autorreferência da cultura produzida, distribuída e consumida em contexto industrializado. Ao invés de estabelecer pontes com temas da sociedade ou do indivíduo, as obras culturais massificadas passam a referenciar-se mutuamente, criando, em última análise, um sistema fechado e autocentrado (Cf. Gatti, 2008, p. 82-86). Nesse enquadramento teórico, um dos componentes fundamentais é justamente a criação de um discurso – de natureza simultaneamente estética e publicitária – baseado na natureza "inatingível" (ou quase mística) do objeto cultural. É aí que se inscrevem as cifras astronômicas e a vinculação de valores inumanos, alcançados apenas por ação de novíssimos mecanismos tecnológicos e administrativos (Cf. Adorno e Horkheimer, 1985, p. 116-120).[105]

Em outros casos, as opções comerciais e publicitárias atuavam por um caminho aparentemente inverso, mas igualmente vinculado aos ditames da massificação: em lugar da repetição extremada de peças e filmes de sucesso, ofertavam os empre-

105 "Tanto técnica quanto economicamente, a publicidade e a Indústria Cultural se confundem. Tanto lá como cá, a mesma coisa aparece em inúmeros lugares, e a repetição mecânica do mesmo produto cultural já é a repetição do mesmo slogan propagandístico. Lá como cá, sob o imperativo da eficácia, a técnica converte-se em psicotécnica, em procedimento de manipulação das pessoas" (Adorno e Horkheimer, 1985, *apud* Gatti, 2008, p. 85). A metáfora do inalcançável mundo da nova cultura massificada é feita também por Kracauer, num ensaio sobre os panoramas e enfeites de um parque de diversões nova-iorquino que emulavam a paisagem dos alpes, interpretados por ele como um "sinal gritante das regiões mais elevadas que raramente são alcançadas a partir das baixas planícies sociais" (Hansen, 2004, p. 436). Para mais reflexões sobre o surgimento da publicidade e suas conexões com o universo do entretenimento, ver Vernhagen (2004, p. 132).

sários atrações revestidas de uma falsa sensação de variedade. Uma vez mais, não há exemplo melhor do que o de Pascoal Segreto. As estratégias empregadas pelo empresário variavam sobremaneira, mas não se alteravam em sua essência: das trocas constantes de espetáculos ou atrações em cartaz – isto é, a ideia de uma espécie de "estreia permanente" – à criação de loterias e distribuição de bilhetes premiados, de cenas musicais à distribuição de chocolates, do convite a grupos amadores a convites especiais para a imprensa: tem-se em todos esses casos a sensação de oferecimento de uma variedade ímpar de produtos quando, na verdade, as opções já foram previamente definidas pelo empresário (Cf. Brilhante, 2012, p. 16 e *OESP, 13/08/1921* e *CP, 26/09/1914*).[106]

Adorno e Horkheimer, contudo, alertam-nos para a falsa natureza dessa propagandeada variedade. A temática está presente nas passagens da *Dialética do Esclarecimento* dedicadas à análise da "ilusão da concorrência e da possibilidade de escolha" dos indivíduos/consumidores. Ao ofertar ao público uma miríade de opções e possibilidades, vende-se a imagem de que o consumidor têm plenas liberdades para escolher os produtos que mais lhe agradam quando, na verdade, as opções já foram previamente tomadas. Colocando nas palavras dos próprios teóricos, "o convidado deve se contentar com a leitura do cardápio" (Adorno e Horkheimer, 1985, p. 116 e Gatti, 2008, p. 85).

Obviamente, uma questão de fundo a ser mobilizada aqui é o inédito processo de *estandardização* dos produtos culturais. No contexto de um público a princípio amorfo e indiferenciado, a mobilização de fórmulas de sucesso pré-definidas é simplesmente fundamental. Há, sobre o tema, imensa lucidez dos cronistas do período. João do Rio, por exemplo, afirmava que as peças teatrais no país "cada vez obedecem mais à fórmula", estruturando-se a partir de modelos pré-definidos e amplamente aceitos pelo público. Afirmava o escritor, em sua crítica, que as peças eram regidas

---

106 "[Segreto] passava o ano remoendo seu repertório que era grande e variado e, de vez em quando, anunciava algo novo" (Nunes, 1956a, p. 64). É preciso mencionar, outrossim, a variedade proporcionada pela inclusão de quadros musicais ao longo das apresentações teatrais e cinematográficas. Vimos, no primeiro capítulo, as fortes conexões entre o circuito comercial e os músicos populares. Apenas para vincular mais uma parceria, destacamos o acordo firmado entre a Companhia Froés o os Oito Batutas, o grupo musical de Pixinguinha, para uma série de apresentações no ano de 1920 (Cabral, 2007, p. 65-66). Para uma ampla discussão sobre o teatro musicado no período, ver a tese de Bessa (2012).

exclusivamente pela "lógica do lucro (...) e por isso têm pornografia, e por isso têm maxixe, e por isso têm nudez, e por isso têm tiradas patrióticas e por isso acabam todas depois da meia-noite" (Peixoto, 2009, p. 83).[107] São perceptíveis as semelhanças da passagem com a inquietação de Adorno e Horkheimer redigida décadas depois:

> Não somente os tipos das canções de sucesso, os astros, as novelas ressurgem ciclicamente como invariantes fixos, mas o conteúdo específico do espetáculo é ele próprio derivado deles e só varia em aparência (...) desde o começo do filme já se sabe como ele termina, quem é recompensado, e, ao escutar a música ligeira, o ouvido treinado é perfeitamente capaz, desde os primeiros compassos, de adivinhar o desenvolvimento do tema e sente-se feliz quando ele tem lugar como previsto (Adorno e Horkheimer, 1985, p. 117-118).[108]

Impossível não identificar em tal debate outra questão central no pensamento frankfurtiano (sobretudo de Adorno): as relações entre a massificação e a perda de criticidade da cultura.[109] Embora a análise estética das obras não participe de nosso estudo, é evidente que a dependência na performance econômica tinha reverberações no conteúdo formal das peças e filmes. No afã de atender a um público grande e indiferenciado, empresários e autores optavam por soluções conservadoras e pouco ousadas. Arthur Azevedo, por exemplo, narrava grandes dificuldades de encenar peças "intelectuais", preteridas pelas revistas teatrais, de maior apelo comercial. Em 1898, por exemplo, ele se defendia de ataques que lhe eram feitos por diversas figuras públicas. Afirmava o dramaturgo que as "peças intelectuais não vendem" (Neves e Levin, 2009, p. 85). Há outros casos interessantes, como a encenação da obra *Hedda Gabler* do dramaturgo norueguês Henrik Ibsen, realizada em 1907. A

107 Conforme veremos na seção "sob o Império da Pathé-Frères", esse processo de homogeneização e mercantilização foi ainda mais forte nos cinemas, com a constituição de um espaço global de circulação de filmes (Cf. Le Forestier, 2006, p. 77).

108 Tangenciamos aqui também outro debate central dentro no campo de análises históricas da cultura nacional, o estudo sobre o surgimento da "forma" canção. Virgínia Bessa, por exemplo, discute as possíveis conexões entre o circuito teatral das revistas e seus múltiplos gêneros com a emergência da tradicional modalidade de construção musical nacional, a canção (2012, cap. 2). Para um amplo debate teórico sobre a questão, bem como uma revisão sobre a extensa bibliografia dedicada ao tema, ver Burnett (2011, *passim*).

109 Sobre o tema ver, por exemplo, Kracauer (2009d, p. 123 e 2009e, p. 312).

julgar pela crítica dos periódicos, a obra "de vanguarda" foi pessimamente recebida pelo público local, acostumado que estava a revistas e burletas (Cf. Moraes, 2013a, p. 122 e Magaldi e Vargas, 2000, p. 44).

Ainda dentro dessa mesma temática, pudemos identificar outra interessante conexão entre as novas práticas administrativas do setor de entretenimento e os debates adornianos: a alteração no papel da crítica cultural. O tema é abordado pelo pensador no texto *Crítica cultural e Sociedade* onde se destaca a emergência, dentro do contexto da cultura massificada, de um processo de profissionalização da atividade crítica (Cf. Adorno, 1994, p. 79). Se, até meados do século XIX, o crítico cultural era uma figura de relativa independência no cenário cultural, vemos, no período seguinte, sua opinião ser instrumentalizada, subordinando-se, também ela, ao processo de valorização capitalista dos produtos culturais. É possível estabelecer uma leitura comparada entre essas reflexões adornianas e a compilação de notas e crônicas do período realizada por Mário Nunes. Destaca o autor a desconfiança a respeito da crítica teatral do período, uma vez que muitas das avaliações dos jornais eram pagas justamente pelos empresários (Nunes, 1956a, p. 138).

Poderíamos seguir adiante no arrolamento de conexões entre a condição econômica e empresarial dos palcos e telas das duas cidades e os debates teóricos frankfurtianos. Nenhum argumento, contudo, parece mais evidente (ou tangível) do que a análise dos preços de ingressos de espetáculos teatrais e cinematográficos. Diga-se de passagem, o simples fato de que um número crescente de atividades e espetáculos tenham propagandeado os preços dos ingressos nos jornais é, por si só, indicativo do processo de mercantilização e estandardização dos produtos culturais.[110]

Mais interessante ainda, é possível identificar algumas tendências ampliadas na curva de preços desses espetáculos ao longo do período por nós analisado. Os Gráficos 6 a 13 foram construídos a partir de informações de 639 anúncios (450 de espetáculos teatrais e 189 de atrações cinematográficas) que vincularam preços nos jornais *OPA e OESP* entre os meses de julho a setembro dos anos de 1904 a 1921.[111] Uma vez coletados, os preços foram deflacionados a valores de 1911, permitindo-nos uma análise intertemporal das informações.

---

110 Para uma discussão ampliada e uma revisão bibliográfica sobre as diversas teorias de precificação e mercantilização dos produtos culturais, consultar Vasques (2010, p. 177-184) e Herscovici (1995, p. 152-164), além dos artigos de Sagot-Duvauroux (2005 e 2011).

111 A compilação e tabulação das informações empregou a mesma metodologia mobilizada em pesquisa anterior (Cf. Moraes, 2013a, p. 199-200).

Gráfico 6 – Média de preço de frisas nos teatros comerciais (1904-1921)

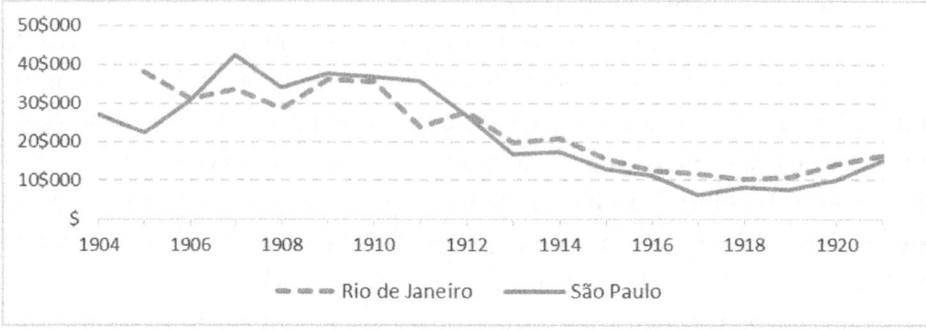

FONTE: OESP e OPA, cálculo e tabulação do autor.

Gráfico 7 – Média de preço de camarotes nos teatros comerciais (1904-1921)

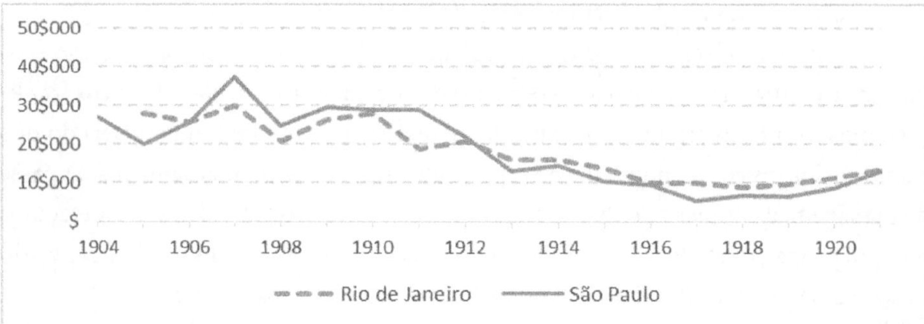

FONTE: OESP e OPA, cálculo e tabulação do autor.

Gráfico 8 – Média de preço de cadeiras nos teatros comerciais (1904-1921)

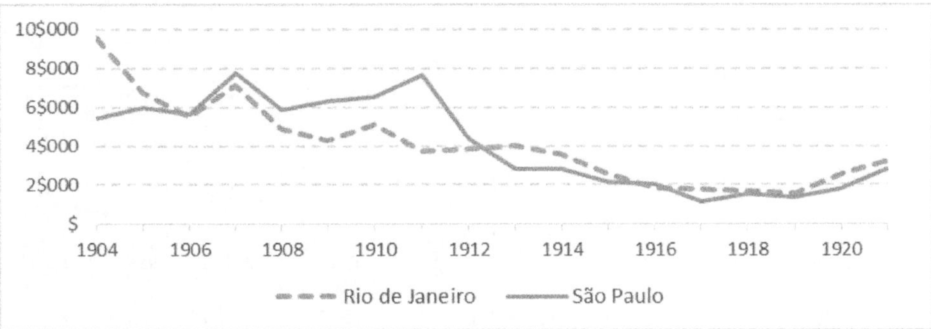

FONTE: OESP e OPA, cálculo e tabulação do autor.

Gráfico 9 – Média de preço de gerais nos teatros comerciais (1904-1921)

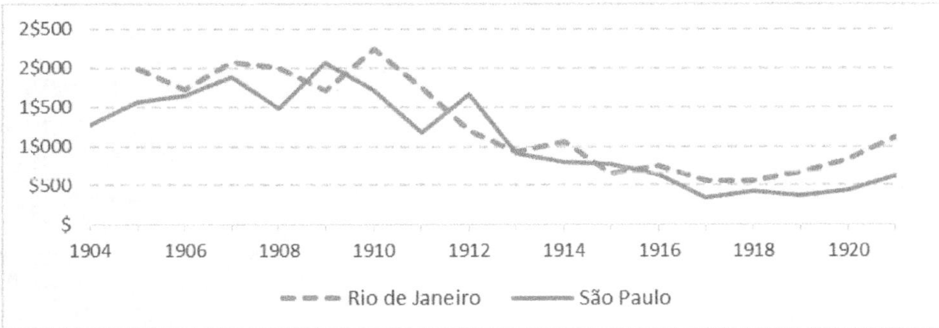

FONTE: OESP e OPA, cálculo e tabulação do autor.

Gráfico 10 – Média de preço de frisas nos cinemas (1905-1921)

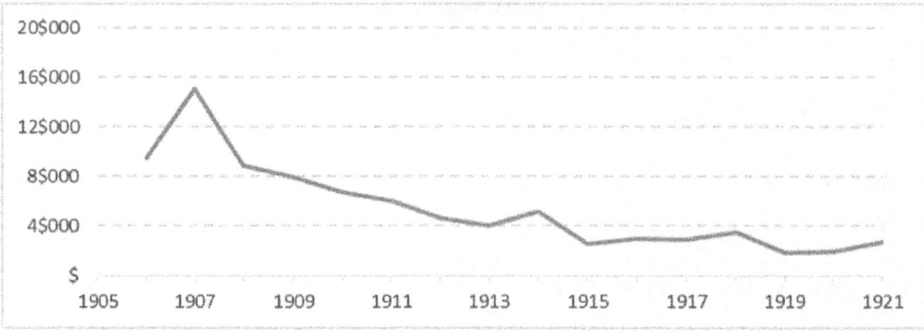

FONTE: OESP e OPA, cálculo e tabulação do autor.

Gráfico 11 – Média de preço de camarotes nos cinemas (1905-1921)

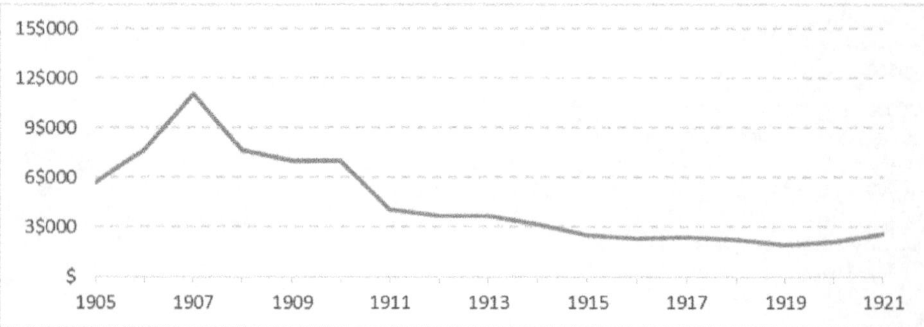

FONTE: OESP e OPA, cálculo e tabulação do autor.

Gráfico 12 – Média de preço de cadeiras nos cinemas (1905-1921)

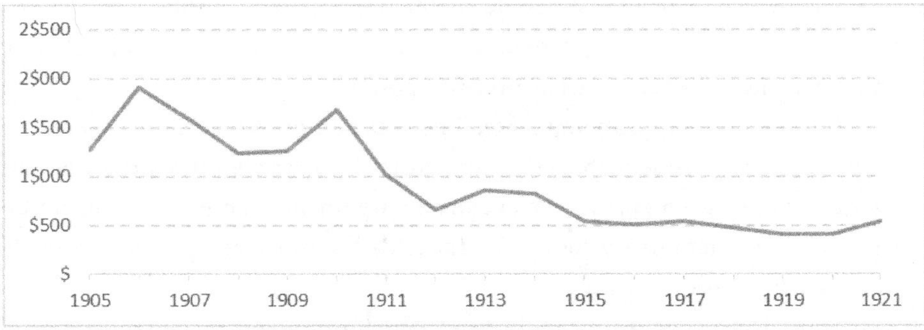

FONTE: OESP e OPA, cálculo e tabulação do autor.

Gráfico 13 – Média de preço de gerais nos cinemas (1905-1921)

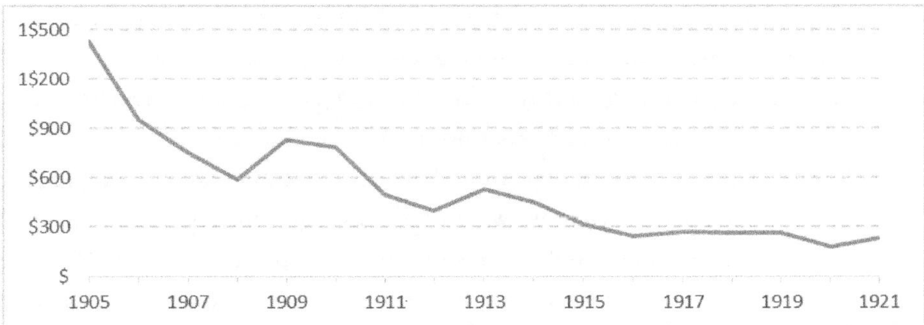

FONTE: OESP e OPA, cálculo e tabulação do autor.

São diversas as questões a serem destacadas dos gráficos acima, todas elas vinculadas, de uma maneira ou de outra, à emergência de um ambiente massificado nos palcos e telas do período. Deixando, assim, o universo de debates teóricos, podemos incrementar nossos argumentos a partir do estudo de processos históricos, captados justamente pelas curvas de preços expostas:

(I) Identificamos, primeiramente, o processo de convergência dos mercados paulista e carioca.[112] A semelhança na trajetória da curva de preços das diversas categorias analisadas comprova o mencionado argumento sobre o surgimento de um espaço de entretenimento comum às duas cidades, com o compartilhamento de iniciativas, empresários e atrações.

(II) A elevada concentração do setor ao redor de algumas figuras, grupos e/ou estabelecimentos tem inegáveis impactos nas curvas de preço. Essa situação é particularmente evidente nos anos iniciais – 1904 a 1906 – quando o número de casas nas duas cidades era ainda reduzido. Assim, se durante os anos da Grande Guerra a média de preços anual foi composta por informações oriundas de 25 a 35 anúncios teatrais e uma quinzena de anúncios cinematográficos, nos anos iniciais do século dispomos de menor volume de dados. Em 1904, por exemplo, apenas quatro teatros anunciaram atrações precificadas nos jornais das duas cidades.

Não se descarta, é claro, a possibilidade de que a metodologia empregada tenha superestimado alguns valores, sobretudo nesses anos iniciais, na fase que vai até 1911.[113] O mais provável, contudo, é supor que esse primeiro momento tenha efetivamente registrado um número significativamente menor de espetáculos, tanto teatrais quanto cinematográficos, mas essa hipótese merece melhor reflexão. Ponto ainda mais interessante é afirmar que, além de menos frequentes, as atrações da década de 1900 tivessem por foco um público de corte mais elitista e disposto a dispensar mais recursos. A hipótese aqui é que, em oposição aos anos de 1910, teríamos na

112 A situação é evidente nos teatros. Já no caso dos cinemas, a coleta de informações quantitativas nos dois jornais consultados não nos forneceu dados suficientes para compor curvas de preço contínuas das atrações cinematográficas. Voltaremos a analisar a constituição do mercado cinematográfico nacional em seções adiante.

113 Elegemos, em pesquisa anterior, o ano de 1911 como um ponto de inflexão, por razão da inauguração do Teatro Municipal em São Paulo. Já no caso dos cinemas, o ponto de inflexão ocorreria alguns poucos anos antes, por volta de 1906/1907, quando ocorrem as primeiras inaugurações de salas fixas. Para um debate sobre os limites metodológicos da presente análise, ver o apêndice metodológico de Moraes (2013a).

década anterior um segmento ainda pouco moldado pelos efeitos da massificação. Mantendo forte dependência ao público elitista e cativo, o setor estaria mais afinado aos ditames da distinção.[114]

(iii) Levando-se em conta justamente essa elevada concentração ao redor de algumas figuras, podemos nos questionar se foram registrados monopólios, cartéis ou outros tipos de arranjo de preços entre os diversos agentes envolvidos. No universo dos teatros há, inclusive, um documentado precedente histórico: o chamado "cartel dos tablados", existente entre as décadas de 1870 e 1880 e constituído pelos empresários Souza Bastos, Jacinto Heller e Braga Junior. O acordo versava justamente sobre uma divisão de mercado entre os principais empresários atuantes na então capital do Império (Mencarelli, 2012, *passim*).

Para o período de nossa análise, contudo, não foi encontrado registro algum de acordo desse tipo. A elevada dependência das praças paulistana e carioca aos canais teatrais internacionais, todavia, foi responsável por uma situação particular: os elevados custos de traslado e manutenção de companhias internacionais impuseram uma verdadeira barreira à entrada de novos agentes. Uma vez mais, vemos que a situação se altera na década seguinte, justamente pela constituição de empresas e grupos locais, capazes de fazer frente à concorrência estrangeira. Veremos que a situação é ligeiramente distinta no caso dos cinemas: os cartéis e monopólios formados no universo cinematográfico precisam ser compreendidos não exatamente no âmbito da exibição, mas sim no contexto das disputas pelo controle da distribuição e da representação de firmas internacionais.

(iv) Podemos concluir, por ora, que, a despeito das mencionadas interrelações entre os empresários dominantes e de algumas tentativas de controle do mercado de entretenimento por parte dos grandes nomes do setor, há fortes evidências para sustentar a hipótese de que se registrou, a partir da década de 1910, um ambiente de efetiva concorrência nas duas praças comerciais, sobretudo durante os anos da Grande Guerra.

114 "Se o panorama dos palcos paulistanos da (...) década de 1900 indica um viés elitista, a situação parece ser outra a partir do início da década seguinte: de 1911 para 1912 já se observa uma queda do nível de preços para quase todas as categorias de ingressos" (Moraes, 2013a, p. 105).

Há, de fato, consenso dentro da bibliografia especializada em reconhecer uma ampliação do leque de atores sociais partícipes.[115] A apresentação pormenorizada da trajetória de cada uma dessas figuras, bem como da complexa interação por eles estabelecida, evade o escopo da presente pesquisa. A título de menção, trabalhos de Cláudia Oliveira e Virgínia Bessa oferecem-nos bons mapeamentos das casas de espetáculo nas duas cidades, vinculando detalhes sobre seus respectivos empresários e/ou arrendatários (Cf. Oliveira, 2012, p. 86 e Bessa, 2012, p. 64). Há, aí, uma infinidade de grupos de diferentes tamanhos e níveis de capitalização.[116]

Alguns deles, contudo, merecem especial atenção, sobretudo no universo cinematográfico. Alice Gonzaga e José Inácio de Melo Souza sugerem que, em face da rápida ascensão da CCB de Serrador, constituíram-se associações empresariais concorrentes. São conglomerados de relativa envergadura econômica, como a Companhia Internacional Cinematográfica, a CIC (Gonzaga, 1996, p. 101 e Souza, 2004, p. 310-319). Sediada em São Paulo, a empresa foi formada por um agregado de exibidores opostos a Serrador. Em sua composição acionária, despontaram nomes como o de Angelino Stamile ou Gustavo Pinfildi, concorrentes independentes de

115 Para além dos preços, há outras maneiras de auferir o poder de mercado desses empresários. A primazia de Segreto evidencia-se, por exemplo, pela análise de encargos e tributos devidos pelo empresário ao governo ou às associações de classe. Mário Nunes nos indica, por exemplo, que em 1921, a Companhia Segreto respondeu, sozinha, por 54% de toda a contribuição patronal à Casa dos Artistas (1956b, p. 51). Situação análoga acontece no universo cinematográfico, com a primazia da empresa de Serrador. José Inácio de Souza, por exemplo, afirma que "nos três primeiros anos de atividade fixa na capital paulista, ele [Serrador] controlava cerca de 5 mil lugares por sessão, enquanto seus mais próximos concorrentes detinham de 420 a 750 lugares" (Cf. Souza, 2004, p. 216). O autor elucida ainda que "a monopolização do mercado importador, distribuidor e exibidor pela CCB nunca foi vista de forma passiva pelos exibidores ou pelos concorrentes no ramo da importação/exibição. Isso ocorreu tanto em São Paulo quanto em outras cidades" (Souza, 2004, p. 324).

116 É o caso da D'Errico, Bruno & Cia., de João de Castro & Com. (Colombo), dos Irmãos Isola (Éden), da Lopes e Davis (São Pedro), dos Medici (Cinema America) de Giovanni Caruggi (Congresso), da Empresa Anselmo & Comp ou da Gonçalves & Comp. (*OESP*, *29/07/1917* e *OESP*, *04/07/1920*). José Inácio de Melo Souza alerta-nos sobre a grande "volatilidade do mercado exibidor, cujos cinemas abriam, fechavam ou passavam de mão em mão com certa frequência" (2004, p. 208).

menor porte mas que, unidos, conseguiram fazer frente à poderosa CCB, pelo menos até a conflagração da Grande Guerra (Souza, 2004, p. 310-318).[117]

O clima de concorrência registrado nesse momento é atestado pela leitura de propagandas da CIC. A empresa procurava atacar justamente a posição do conglomerado de Serrador (*OPA, 07/07/1912, 19/08/1914, 26/07/1912*). Valendo-se da mesma técnica do empresário valenciano, a empresa vangloriava-se do elevado número de salas, de assentos e de representações de marcas internacionais. Sabemos, assim, que no ano de 1912, a empresa possuía onze cinemas nos estados do Rio de Janeiro e São Paulo. Só na capital federal eram seis (*OPA, 26/07/1912* e Souza, 2004, p. 319).[118]

Outra figura que merece destaque é a do empresário italiano Giacommo (Jácomo) Rosário Staffa. Aportado na capital federal em 1882 vindo da cidade italiana de Cosenza, teve um início humilde, trabalhando como agente de loterias, cobrador de bonde e – como tantos outros nomes do segmento – bicheiro. O universo dos jogos lhe rendeu retornos, permitindo-lhe adentrar no universo de "negócios mais respeitáveis" (Gonzaga, 1996, p. 90). Abriu então o Hotel-Restaurante do Livre Câmbio e uma loja de bilhetes de loteria, além de serviços de cartões postais e uma agência de engraxates até, finalmente, sedimentar-se no universo da cinematografia, com a inauguração do Cinema Parisiense, em 1907 (*idem*, p. 91).

Os estudos de José Inácio de Mello Souza e Alice Gonzaga sugerem uma trajetória ascendente no universo cinematográfico. Sua empresa, a Grande Empresa Cinematográfica J. R. Staffa, destacou-se como uma das mais agressivas competidoras de Serrador e da CCB, tanto no Rio de Janeiro quanto em São Paulo (Souza, 2004, p. 302 e Gonzaga, 1996, p. 89-92).[119] Seu grande trunfo, contudo, foi a obtenção da

117 Para além do universo da exibição, discutiremos, mais adiante, a concorrência entre Serrador e outros empresários no âmbito do mercado distribuidor.

118 Outro grupo de relevo constituído foi a Agência Geral Cinematográfica, erguida pelos empresários importadores Jules Blum e Alberto Sestini (Souza, 2004, p. 311 e *OESP, 18/08/1914, 19/09/1915* e *29/07/1917*).

119 São vários os indícios da elevada agressividade de Staffa quando da defesa de seus interesses comerciais. Tomemos um exemplo registrado na troca de cartas entre os irmãos Ferrez e seus agentes internacionais. Em 1915, no auge da crise de abastecimento de filmes europeus, Staffa contratou um agente para realizar compras diretamente com fábricas produtoras na Itália. A ordem era a de comprar os filmes a qualquer custo, impedindo, assim, seus concorrentes (Serrador e os Ferrez) de se manterem abastecidos (AFF, 13/07/1915 e 23/04/1915).

representação exclusiva de algumas produtoras estrangeiras no Brasil – sobretudo da dinamarquesa Nordisk –, conseguindo, assim, a façanha de quebrar o monopólio dos Ferrez/Serrador (AFF, 30/10/1914).

Revisitaremos algumas dessas disputas empresarias em seção posterior, centrada no setor distribuidor. Cabe destacar, por ora, que foi a livre concorrência entre figuras e grupos rivais que permitiu a queda quase contínua no preço dos ingressos aqui analisado. Nesse aspecto, a situação dos palcos e telas é bastante semelhante.

(V) A discrepância de preços das diversas localidades entre teatros e cinemas abre portas para uma outra discussão: as dúbias relações entre os dois suportes. Vimos que, nos anos de 1890, muitas das atrações e atividades de entretenimento não estavam plenamente dissociadas. A despeito da iniciante trajetória de autonomização da atividade fílmica, subsistem dificuldades quando da correta denominação entre espetáculos cinematográficos "puros" ou espetáculo híbridos, isto é, aqueles que misturavam atividades de tela e de palco (Cf. Moraes, 2013a, p. 126).[120]

Os exemplos de interações entre os dois suportes artísticos abundam. A grande maioria dos empresários teatrais e cinematográficos apelou, em algum momento, a esse expediente, embora a proporção de atividades de palco e tela tenha variado de acordo com as preferências e/ou contatos dos empresários e com as condições do mercado. Pascoal Segreto, por exemplo, sempre manteve atividades cinematográficas no seu portfólio de atrações (*OPA, 27/08/1910* e Gonzaga, 1996, p. 98). Staffa, por sua vez, mesmo depois de consolidar-se no setor de exibição fílmica, manteve relações com grupos teatrais, sendo corresponsável, por exemplo, pela criação da companhia "Staffa e Froés" (*OPA, 09/07/1919*).

É preciso reconhecer, além disso, que durante os anos da Grande Guerra registrou-se uma crise de abastecimento de filmes dos canais produtores europeus. Este foi um período particularmente prolífico para os espetáculos híbridos: Julio Ferrez, por exemplo, enviou diversas cartas a seu pai ao longo de 1914 narrando

120 José Inácio de Melo Souza, por exemplo, destaca o sucesso dos "filmes cantantes", gênero desenvolvido por volta de 1908. O emprego de atores (cantores) atrás das telas figura, para o autor, como "uma prática a meio caminho entre a produção em série e a peça única" figurando, por tal razão, como um dos mais interessantes exemplos de espetáculos híbridos desenvolvidos (2004, p. 264). Uma ampla análise das interações entre a cinematografia e outras modalidades de entretenimento na época é realizada por Alice Trusz em sua análise sobre os cinematógrafos de Porto Alegre (2010, *passim*).

a situação dos palcos no Rio de Janeiro e São Paulo e destacando as atividades dos empresários Segreto e Serrador no segmento (AFF, 15/09/1914).[121]

(VI) Se se registraram complementaridades entre os dois suportes, não resta dúvida que se registrou também concorrência. Não são raros, assim, debates na imprensa do período destacando os impactos e querelas envolvendo agentes dos palcos e o novo suporte tecnológico.[122] O ponto central é que os cinemas conseguiam realizar uma atividade de entretenimento seriada e passível de múltiplas exibições, possibilitando uma queda brutal nos preços dos ingressos.

Em 1911, por exemplo, o Bijou, em São Paulo, exibia atrações de tela três vezes ao dia – às 13h30, 19h30 e 21h (Souza 2004, p. 203). A situação ampliar-se-ia sobremaneira nos anos seguintes: em 1917, "o Cinema Central não só apresentava filmes em suas duas salas, mas suas sessões iniciavam-se a cada meia hora, começando às 19:15 e terminando após as 23 horas. Em 1921 (...) o Cine Congresso anunciava filmes às 14, 15 e trinta, 19, 20, 21 e 22 horas" (Moraes, 2013a, p. 127 e Condé, 2012, p. 96).

Uma das respostas dos grupos teatrais para contornar a concorrência dos cinemas foi o advento dos chamados "espetáculos por sessões". De acordo com Ângela Reis e José Galante de Souza, a modalidade foi introduzida na temporada carioca de 1908 pela atriz Cinira Polônio, embora tenham sido registradas ocorrências descontínuas anteriormente (Reis, 1999, p. 35-37 e Souza, 1922, p. 177).[123] A ideia era bastante simples: ampliar o número de apresentações teatrais diárias, aumentando o oferecimento de peças para o público. Pelas páginas dos periódicos lemos sobre peças encenadas até três vezes num mesmo dia: às 19h, 20h45 e 22h30 (Reis, 1999, p. 93).

Obviamente, esse sistema tinha limitações. A mais importante delas eram as dificuldades operacionais de realizar três espetáculos em seguida pela mesma trupe. É desnecessário indicar a insatisfação dos atores, atrizes e demais profissionais envolvidos como o modelo (Nunes, 1956a, p. 135 e Peixoto, 2009, p. 191).

---

121 Sobre o tema, ver também Bessa (2012, p. 99).

122 "O cinematógrafo não matou nem o teatro nem o jornal. Competindo com ambos, mais com o teatro do que com o jornal, prospera ao lado deles e é de todo ponto estranho à crise que se assole a um, a outra ou a ambos" (*O Paiz, 28/09/1919*). Sobre o tema, ver também o material compilado por Araújo (1985, p. 223).

123 Sobre o tema, afirma João do Rio que: "em decorrência do lucro financeiro obtido pelos empresários com os cinematógrafos, a atriz portuguesa Cinira Polônio introduziu nova modalidade de espetáculo: o teatro por sessões" (Peixoto, 2009, p. 19).

Era um fato que os teatros por sessões tinham uma reputação pior: em 1915, por exemplo, Marc Ferrez enviou carta aos filhos se opondo firmemente à estratégia de Serrador de empregar artistas populares nos espetáculos cinematográficos da companhia. De acordo com o patriarca, essa postura não coadunava com a excelência das atividades disponibilizadas pelo grupo (AFF, 27/04/1915). Discordância à parte, é fato que a adoção do teatro por sessões foi responsável pela sobrevida de muitos teatros nos anos de 1910. O gênero teve, outrossim, significativo impacto nos preços, possibilitando que a atividade atingisse um patamar de "preços de cinema" (*OPA, 20/07/1914*).

Percebemos, assim, no circuito comercial, a concorrência entre o teatro e uma nova mídia, o cinema, com elevado grau de reprodutibilidade e cuja dinâmica vinculava-se a uma nova matriz tecnológica e econômica. Como no teatro, a dinâmica da cadeia cinematográfica extrapolou os limites nacionais. O epicentro da atividade, contudo, não era Portugal, mas sim os polos produtores e, sobretudo, a França. Este, contudo, será o tema de uma seção posterior. Antes de compreendermos a maneira pela qual empresas como a Pathé e a Gaumont alteraram a paisagem do entretenimento no Brasil e no mundo, precisamos indicar uma última técnica mobilizada pelos empresários teatrais para combater a concorrência dos cinemas: apelar para o público elitista. Já estamos aqui extrapolando o universo da massificação, penetrando o domínio das práticas da distinção cultural.

Foyeurs, voitures e *toilettes*: diferenciação e exclusão na vida social dos espetáculos

Se o olhar panorâmico sobre os teatros e cinemas das duas cidades permite a identificação de conexões do circuito comercial com os ditames da massificação, a situação é outra quando trabalhamos num nível analítico mais reduzido. Ao estudarmos as casas de espetáculo de maneira desagregada, descobrimos um setor significativamente heterogêneo. Diferenças arquitetônicas, localização geográfica das casas de espetáculo ou nacionalidade das atrações apresentadas: para além de meros detalhes, variáveis como essas desempenharam papel crucial na dinâmica social e econômica do segmento, sendo responsáveis por verdadeiras clivagens sociais. A proposta da presente seção é resgatar algumas dessas variações internas registradas no setor durante o período, salientando a dimensão econômica desse fenômeno. Nosso objetivo de fundo é encontrar vinculações do circuito comercial aos ditames da distinção.

Comecemos nossa análise pelo teatro[124]. A bibliografia especializada destaca o papel preponderante desempenhado pelo referido suporte no universo de disputas pela aquisição e manutenção de poder simbólico. Mais importante do que as peças e demais atividades realizadas nos palcos propriamente ditos, interessa-nos aqui a plateia, o auditório, o público, este sim, verdadeiro protagonista dos espetáculos.[125]

O entrelaçamento entre teatro e sociedade está longe de ser um fenômeno circunscrito ao local e período por nós analisado, deitando raízes nos primórdios da Era Moderna do Ocidente ou mesmo na Antiguidade (Cf. Amaral, 2005, cap. 1). Compreende-se a opção de autores como Evelyn Lima que, em seu estudo sobre os espaços de entretenimento do Rio de Janeiro nos séculos XIX e XX, mobiliza o conceito do *theatrum mundi* – isto é, a noção filosófica barroca de que o mundo e a sociedade são, eles mesmos, uma grande peça – para estudar a vida social das salas de espetáculo locais (2000, p. 307-309). Percebe-se que estamos tratando de um fenômeno cultural de longa duração.[126] Sem o intuito de resgatar a completa trajetória do segmento, cabe mencionar que é, uma vez mais, nas décadas finais do século XIX e início de século XX que se observa uma inflexão significativa do setor.

Christophe Charle, por exemplo, eleva os teatros europeus da segunda metade do Oitocentos à condição de protagonistas na dinâmica social, descrevendo as salas

124 "Apesar de [no Cinema – JLM] também ocorrer o desfile dos vários segmentos da sociedade, o próprio tipo de espetáculo não estimula a ostentação, pelas características de subjetividade que apresenta. A inexistência de entreatos na exibição das sessões de cinema diminuiu o período de permanência do público nas áreas *foyeur* e *fumoirs*, reduzindo os embates e tensões das várias camadas sociais, como ocorria nos grandes e luxuosos teatros" (Lima, 2000, p. 309). Sobre o tema, afirma Eugen Weber que "assim como uma história do século XX seria incompleta sem uma referência ao cinema e à televisão, uma discussão sobre o final do século XIX seria deficiente, se lançasse apenas um rápido olhar à mais popular e difundida de todas as artes: o teatro. Nas décadas de 1880 e 1890, meio milhão de parisienses iam ao teatro uma vez por semana, mais de dois milhões uma vez por mês" (1988, p. 195).

125 "Grande parte do espetáculo (a melhor parte, diriam alguns) estava no auditório, onde os espectadores se olhavam entre si tanto quanto para o palco" (Weber, 1988, p. 204).

126 "O palco italiano, adotado em todo o mundo ocidental devido à exportação do gosto pelo espetáculo lírico, tanto na Europa quanto nos países ditos periféricos, atingiu Portugal, que importava os padrões civilizadores da França e da Itália. O modelo em questão reproduziu-se por mais de 150 anos nas cidades brasileiras, resultado de um fenômeno de longa duração na história da arquitetura do espetáculo" (Lima, 2000, p. 315).

como "epicentros da sociedade do espetáculo no sentido amplo", *locus* privilegiados da "libertação de corpos e mentes" e, por fim, "laboratórios de novos *habitus*" (2012, p. 20). A referência teórica de fundo aqui não poderia ser mais explícita: reporta-se o autor a um dos conceitos mais centrais da teoria sociológica de Pierre Bourdieu. O *habitus* é uma categoria teórica fundamental do pensador francês, podendo ser definido, de maneira bastante esquemática, como uma espécie de "senso prático", um "rol de disposições que geram práticas e percepções, estimulando os agentes a agir e reagir em situações específicas de um modo não necessariamente calculado e, por tal razão, nem sempre obediente a regras pré-estabelecidas" (Johnson, 1993, p. 5). A frequência regular das idas ao teatro e a familiaridade com temas, questões, gestos, atores, autores etc. inscrevia-se centralmente no *habitus* da elite do período. A própria compreensão das obras encenadas pressupunha a existência desse capital simbólico anteriormente adquirido.[127]

O conceito está presente nas mais diversas obras do autor. Vemo-lo em trabalhos iniciais de sua trajetória intelectual, como *O amor pela arte*, de 1966, pesquisa que analisa os hábitos de consumo e frequência do público francês aos museus. Vemo-lo também em *A distinção*, de 1979, onde se analisam padrões de gosto, do consumo e da *práxis* social como um todo (Benhamou, 2007, p. 28).[128] Há significativo debate sobre os limites do conceito, bem como suas potencialidades dentro do universo de pesquisas econômicas (Cf. Moraes, 2010b e Burawoy, 2010).

Debates teóricos à parte, as discussões sobre o *habitus* e sobre a frequência teatral indicam a existência de uma segunda funcionalidade socioeconômica das salas de espetáculo, menos vinculadas ao lazer, ao entretenimento e à distração da população – e, assim, em afinidade aos ditames da massificação – e mais conectada às necessidades de ostentação e diferenciação social. Temos aqui, aliás, uma interessante situação social: se os anos finais do século XIX e início do século XX registraram o surgimento de uma novíssima cultura produzida e comercializada em moldes massificados, ocorre, neste mesmo período, um processo de reafirmação da

---

127 Analisando a frequência de espectadores aos teatros líricos do período, afirma Milena Oliveira que um frequentador teatral desprovido desse acúmulo prévio "poderia parecer entender ária [isto é, um trecho de uma ópera – JLM], mas, em realidade, nunca teria o conhecimento necessário à sua perfeita compreensão, uma vez que este não é simplesmente adquirido, mas transmitido de uma geração à outra" (Oliveira, 2009, p. 251).

128 Para uma revisão sobre a vasta produção teórica de Bourdieu e seu impacto na produção acadêmica local, recomendamos os trabalhos de Miceli (2005) e Ortiz (1983).

dimensão simbólica, ou, mais especificamente, de reafirmação do viés elitista dos teatros. Percebe-se assim que em resposta a uma emergente cultura de massas do período, consolida-se um segmento assumidamente desigual.[129]

A existência dessa verdadeira cisão social interna ao setor de entretenimento era amplamente reconhecida pelos agentes e atores sociais do período. Um primeiro grupo – o grande público pagante – foi discutido nas seções anteriores. Centramos atenções agora num segundo espectador, cuja motivação é distinta: ele frequenta as casas de espetáculo não pela necessidade do entretenimento, descanso ou distração, mas sim por uma espécie de *compromisso social*. A distinção entre os dois grupos é identificada por Luciana Franca, quando de sua análise sobre uma crônica de Arthur Azevedo publicada em 1898:

> "Público" e "sociedade" são ressaltados [por Arthur Azevedo – JLM] (...) como excludentes e complementares. Enquanto "sociedade" se refere aos grupos financeiramente mais favorecidos e às elites letradas da capital, "público" tem um sentido mais largo, abrangendo um outro gosto, um outro padrão cultural. Esse termo é muitas vezes substituído (...) pela expressão "massas" (Franca, 2011, p. 32).[130]

Uma vez mais, é João do Rio quem nos oferece os melhores testemunhos a respeito desse fato. A "obrigação social" da frequência ao teatro por parte das elites locais é tema de diversas de suas crônicas e notas teatrais.[131] A frequência aos palcos

---

129 Alain Herscovici coloca a questão de seguinte maneira: "Ao lado da cultura de massa, os mercados restritos [incluindo-se aí as apresentações teatrais – JLM], geradores de fortes efeitos de distinção, se desenvolvem e constituem o *contrapeso sociológico necessário* ao desenvolvimento da cultura de massa. (...) Isso mostra a *necessidade da permanência dos efeitos de distinção*" (1995, p. 68). Sobre a importância do ambiente teatral e suas conexões com a ostentação e com a presença pública é possível mobilizar outros teóricos como, por exemplo Richard Sennett (Cf. Lima, 2000, p. 200).

130 Para uma análise sobre a mesma situação na França, ver as discussões de Weber (1988, p. 204).

131 "Se não houvesse a suposta obrigação de ir ao teatro, ninguém, ao cabo de três espetáculos, continuaria" (Peixoto, 2009b, p. 221 e também 2009a, p. 39). Outra citação bastante interessante sobre esse tema vem do livro Os teatros de Lisboa, de Julio César Machado. Analisando as atividades do Teatro São Carlos lusitano, afirma o autor que: "Em São Carlos não há surpresa. Sabe-se de cor as óperas... E os camarotes" (1875, p. 10).

da cidade mais se vinculava ao mundanismo e aos objetivos de "ver a gente conhecida" do que ao interesse nos espetáculos transcorridos nos palcos. Em outra crônica sobre a vida social dos teatros cariocas, afirma o escritor:

> [O] que é o espectador teatral, nesse augusto momento carioca? Um ser que vai ao teatro para tudo, menos para seguir atentamente as lições de uma peça. Vejam uma plateia a transbordar. Talvez só uma terça parte da galeria (porque o resto está em serviço de bater palmas) ocupe o cérebro em seguir o entrecho narcotizante...
> Há uma porção de espectadores femininos. Vão uns porque é da moda ir; vão outros para mostrar os vestidos; vão outros para fugir ao *tête à tête* marital de uma longa noite de inverno; vai a maioria para flertar, namorar, conversar (...). Se as senhoras fazem assim, os homens fazem pior. Há alguns que vão fazer a digestão; outros que vão fazer hora para os clubes; outros que lá estão por vício outros obrigatoriamente porque o público fala-lhe das finanças se não forem (Peixoto, 2009b, p. 133-134).

Aceitando a terminologia proposta acima, percebemos que as irreverentes descrições da plateia feitas pelo escritor têm por alvo a "sociedade" e não o (grande) "público". Cindidos em termos conceituais, esses dois estratos segregavam-se também fisicamente. Podemos afirmar que as duas audiências teatrais do período não apenas tinham diferentes ambições quando de sua visita aos palcos das duas cidades, mas frequentavam espaços socialmente distintos.

Enquanto o grande público fazia "enchentes" nos teatros de apelo popular – sendo a Praça Tiradentes de Pascoal Segreto o ponto central desse fluxo – a elite ocupava-se em espaços diferenciados, revestidos de requinte e glamour. A centralidade desses locais na sociabilidade elitista das duas cidades – e, consequentemente, nas disputas por aquisição e manutenção de capital simbólico – é inegável. O poder simbólico desses teatros é tamanho que Evelyn Lima chega a mobilizar um conceito mítico para analisá-los: a noção do *genius loci*, isto é, "uma entidade mítica que confere ao espaço urbano características peculiares em relação aos demais espaços da Cidade e que pode deslocar-se em determinadas ocasiões" (2000, p. 21)[132].

132 A comparação entre os grandes teatros do começo do século XX a espaços encantados é bastante comum nas crônicas e notas do período. Debates teóricos sobre o aspecto mágico desses espaços são realizados por Hobsbawm (2008, p. 7) e Hardman (1988).

A presença desse tipo de termo e a utilização de metáforas vinculadas ao mundo sobrenatural ou mágico não pode nos desviar do fato de que temos aqui um fenômeno de dimensão inegavelmente econômica. O *genius loci* é, dentro da terminologia da presente tese, o *locus* privilegiado de ação e reprodução dos efeitos da distinção.

Tanto a elite carioca quanto a paulistana tinham seus palcos favoritos. Na capital federal, foi o Teatro Lírico que ocupou tal posição. A construção foi erguida em 1871 na rua Treze de Maio, hoje Largo da Carioca, sob o terreno do antigo Circo Olímpico (Dias, 2012, p. 112-113). Após despacho imperial, tornou-se Teatro Imperial Dom Pedro II, firmando-se nas décadas seguintes como o mais sofisticado e requintado palco do Segundo Império. Rebatizado após o advento republicano, o local herdou dos tempos imperiais seu público fino e aristocrático, mantendo-se, dentro da dinâmica social carioca, como um espaço central de sociabilidade elitista (Cf. Lima, 2000, p. 65-82).

A hegemonia do Lírico adentrou o século XX, a ponto de o teatro concorrer – tanto em termos simbólicos quanto econômicos – com o Teatro Municipal. Lemos, por exemplo, um interessante depoimento do caricaturista Julião Machado sobre o tema, publicado n'*OPA* em 1917:

> O Lírico, como certamente te recordas, figurava então como o mais importante teatro da capital, não só pela sua vastidão, mas também pelo preço das assinaturas quando lá funcionavam companhias de ópera com artistas de fama como agora sucede no Municipal. Era, portanto, frequentado pelo que a sociedade tinha de melhor, em fortuna e tradições (*OPA, 30/08/1917*).

O Teatro Santana de São Paulo desfrutou de situação análoga ao Lírico carioca, inclusive no que se refere à concorrência com o Teatro Municipal local.[133] Vimos que a casa fora erguida em 1900 pelo Conde Álvares Penteado. A conexão do palco a uma figura da alta sociedade local, acrescida de elevado requinte, faziam do espaço o ponto privilegiado de encontro da elite paulista na primeira década do século XX. Por lá passaram as mais refinadas atrações teatrais que excursionaram por São Paulo (Moraes,

133 "Pode-se imaginar que o surgimento de uma casa de grande porte [neste caso, o Teatro Municipal de São Paulo – JLM] causasse uma espécie de 'efeito substituição' no panorama teatral como um todo: as grandes companhias que aportavam em solo paulistano não mais se apresentariam nos teatros comerciais, mas sim no palco principal da cidade, cabendo às demais casas abrigar companhias menores e mais populares" (Moraes, 2013a, p. 107).

2013a, p. 103). Compreende-se, dentro desse contexto, a indignação de um cronista d'*OESP* quando, no início da década de 1920, o Santana passou a ser cortejado pelos empresários cinematográficos, sequiosos de transformar a sala em cinema.[134]

Vemos assim que os cinemas, mas também os teatros populares, os teatros de revista e os *music-halls* antagonizavam com os grandes palcos. Para além, contudo, das impressões subjetivas de cronistas ou frequentadores, o *locus* simbólico ocupado por esses grandes teatros da elite pode ser captado pelo estudo de variáveis econômicas. A análise dos preços cobrados pelos teatros configura uma interessante evidência do papel diferenciado e diferenciador desempenhado pelos grandes palcos nas duas cidades. A Tabela 16 abaixo apresenta um comparativo das distintas seções de algumas das salas de espetáculo nas duas cidades:

134 "O Santana, inegavelmente a melhor das nossas casas de diversão, que esteve (sic) na iminência de ser transformado em sala de cinematógrafo, depois da desastrosa temporada da companhia Clara Weiss. Do mesmo modo por que lastimamos ter sido inaugurado o lindo e majestoso edifício por uma companhia secundaríssima, lastimamos ainda mais que se desvirtuassem os fins para que fora construído e o entregassem aos exibidores de *films*, equiparando-se assim uma verdadeira obra de arte a barracões de feira, pintalgados de enormes cartazes coloridos com cenas de *Far West* e momices de Carlitos. Está por isso de parabéns a Sra. Condessa de Penteado. (...). Nem era de acreditar que o fito de lucro induzisse a sua proprietária, possuidora de respeitável fortuna, a malbaratear tão soberbo edifício, hoje parte integrante do patrimônio da cidade, como um dos mais belos edifícios públicos" (*OESP, 19/08/1921 apud* Moraes, 2013a, p. 136).

Tabela 16 – Preços médios de ingressos de teatros do Rio de Janeiro e São Paulo (1904-1921)

Cidade	Nome do Teatro	Nº de anúncios [a]	Primeiro registro	Último registro	Frisa	Camarote	Cadeira	Geral
Rio de Janeiro	Municipal	101	1909	1921	45$838	40$525	8$722	2$105
	Lírico	48	1905	1921	29$352	22$815	4$777	1$606
	Apolo	5	1908	1914	28$560	14$403	3$980	1$327
	Carlos Gomes	20	1905	1916	19$904	17$915	3$382	$990
	São Pedro	29	1905	1918	18$972	17$677	3$148	1$099
	Palace Theatre	22	1908	1921	17$933	14$634	3$086	1$453
	Recreio	14	1906	1919	15$877	15$490	2$834	$816
	São José	7	1906	1916	- [b]	12$677	2$339	$621
	Fenix	10	1914	1921	11$129	8$659	1$945	$629
	República	10	1914	1919	12$753	11$819	1$920	$606
	Trianon	3	1916	1919	5$271	8$424	1$462	- [b]
São Paulo	Municipal	47	1912	1921	58$324	21$036	9$660	2$000
	Santana	38	1904	1921	36$605	32$841	7$319	1$627
	Politeama	39	1905	1914	34$190	25$734	5$493	1$403
	São José	43	1910	1920	23$405	18$934	4$693	$932
	Cassino Antárctica	20	1911	1921	14$657	12$159	2$629	$793
	Colombo	19	1908	1920	13$436	11$052	2$238	$828
	Apolo	19	1913	1920	11$557	9$581	2$111	$850
	Palace Theatre	12	1913	1920	10$398	8$770	1$840	$606
	Boa Vista	13	1917	1920	5$943	4$865	1$083	$334

[a] Para efeitos de comparação, só foram computados anúncios de espetáculos estritamente teatrais, excluindo-se espetáculos "híbridos", com atividades cinematográficas intercaladas.

[b] Não foram encontrados registros dos preços desses ingressos.

FONTE: OESP e OPA, análise e tabulação do autor.

A tabela permite-nos visualizar com nitidez a presença de distintas faixas de preços, correspondentes aos distintos públicos frequentadores ou, no mínimo, desejados. Vemos despontar, primeiramente, os teatros municipais das duas cidades como as casas com ingressos mais caros em todas as faixas de preço, um fenômeno analisado no capítulo 2. Observa-se, contudo, que logo após os dois palcos oficiais encontramos os teatros Lírico e Santana como os espaços mais caros nas duas cidades, liderando os preços médios das quatro categorias de ingressos analisadas.

Os dois teatros são secundados por outros palcos de destaque do período. Percebe-se alguma concorrência entre esses locais e espaços como o Apolo, o São

Pedro e o Carlos Gomes carioca ou com o Politeama e o São José em São Paulo.[135] Se há alguma rotatividade entre cinco ou seis teatros em cada cidade pela hegemonia local, não resta dúvida de que palcos como esses não competiam como teatros populares, como o República, o Trianon ou o Boa Vista paulistanos.[136] O que dizer então dos cine-teatros ou dos lugares ainda menos valorizados pelas elites, como os café-concertos ou os *music-halls*.

O alto valor cobrado pelos ingressos figurava, assim, como uma primeira barreira, cindindo o setor teatral em dois. Este, contudo, não era o único impedimento. A qualidade das atrações, sua nacionalidade ou a presença de astros são algumas das variáveis que precisam ser levadas em conta no estabelecimento dessa hierarquia social. Grupos internacionais, por exemplo, gozam de maior prestígio que atores locais. Porém, dentro do primeiro grupo, é preciso identificar ainda outra cisão: de um lado atrações francesas ou alemãs, mais refinadas e, do outro, companhias italianas, espanholas ou portuguesas, usualmente de maior apelo popular e comercial.

Como não poderia deixar de ser, o elemento diferenciador da nacionalidade das companhias se fazia sentir nos preços dos espetáculos durante o período analisado: enquanto o valor médio de uma cadeira para das atrações francesas e alemães esteve entre Rs. 6$000 a Rs. 7$000, as médias de cadeiras de espetáculos italianos e espanhóis estiveram em torno de Rs. 4$200 e Rs. 3$600, respectivamente. Os grupos portugueses foram ainda mais em conta, com preço médio de cadeira a Rs. 3$133. Finalmente, despontam as atrações nacionais, cujo preço médio da cadeira foi de Rs. 2$495.

À maneira dos teatros municipais analisados anteriormente, também os teatros comerciais realizavam segregações sociais internas. Para além de supostos benefícios em termos de acústica ou visibilidade do palco, a aquisição de lugares nas frisas e camarotes desses teatros indicava o "adicional de ostentação". Como no capítulo 2, calculamos esse adicional, dividindo o valor dos preços de ingressos nos camarotes e frisas pelo preço de um bilhete convencional, na plateia. No Lírico, por exemplo, o preço médio de uma cadeira num camarote foi 36,2% mais elevado do que um ingresso convencional. Nas frisas, o valor médio foi 76,8% superior. Em

---

135 Sobre a concorrência entre esses teatros ver Neves e Levin (2009, p. 43).

136 Sobre o tema, afirma, por exemplo Ângela Reis, em seu estudo sobre a atriz Cinira Polônia, após seu ingresso no elevado circuito teatral carioca: "a celebração do refinamento da atriz parece tão mais interessante se lembrarmos o fato de que, em vários momentos de sua carreira, ela apresentou-se em teatros que nada tinham de 'nobres'" (1999, p. 85).

alguns casos, contudo, o adicional de distinção relativo à posse de um lugar na frisa ultrapassou 200% ou mesmo 300% do valor do ingresso na plateia.[137]

O deliberado intuito de segregar públicos não era de modo algum escamoteado. A situação se evidencia, por exemplo, numa nota jornalística publicada n'*OPA* ainda na década de 1880. Diante de um provável incidente envolvendo os frequentadores das "torrinhas", isto é, os espaços mais humildes, do Cassino Fluminense, solicitava o periódico que a empresa revisse sua política, sugerindo ao empresário responsável a elevação dos preços das galerias ao triplo, evitando assim a presença de "impertinentes" e "grosseiros" (*OPA, 06/06/1886 apud* Lima, 2000, p. 62). Em outros casos, a exclusão de pessoas socialmente indesejadas era feita por vias indiretas como, por exemplo, a mencionada exigência de padrão de vestuário adequado para acesso às salas.

Por falar em segregação espacial, outro aspecto fundamental no processo de diferenciação e cisão entre "sociedade" e "público" foi a segregação geográfica em São Paulo e no Rio de Janeiro. Vimos, no primeiro capítulo, as consideráveis desigualdades registradas entre os diversos bairros e zonas urbanas nas duas cidades. Não é de espantar que essa disparidade influenciasse a disposição e a dinâmica social dos parques teatral e cinematográfico. Sobre o caso paulistano, afirma Virgínia Bessa:

> Reproduzindo certa geografia social da cidade, as casas de espetáculo se concentravam em dois polos principais. O primeiro e mais numeroso localizava-se numa área que compreendia o velho Triângulo (centro velho da cidade, delimitado pelas ruas São Bento, Direita e 15 de Novembro), O Largo do Paissandu (um dos principais pontos da vida noturna paulistana no início do século XX), o Parque do Anhangabaú e as Praças da Sé e João Mendes (...). Como extensão diferenciada desse polo, a noroeste, localizavam-se as salas mais elegantes da cidade, espalhadas pelos bairros nobres de Santa Cecília, Vila Buarque, Campos Elísios e Santa Efigênia. Elas respondiam a certa demanda de distinção social das elites.
> (...) O segundo polo de concentração de teatros e cinemas de São Paulo localizava-se no bairro operário do Brás, a leste, estendendo-se até o

137 Há de destacar, além disso, o uso extra-artístico das salas de espetáculo. À maneira do Teatro Municipal, as salas de espetáculo comerciais das duas cidades foram utilizadas para banquetes, eventos cívicos e bailes de carnaval (Lima, 2000, p. 63).

> Belém. Apartada do centro não apenas pela distância, considerável na época, mas também pelas dificuldades de acesso (2012, p. 46).[138]

A concentração nas regiões centrais das duas cidades era bastante criticada. Arthur Azevedo, por exemplo, militava pela implementação de núcleos teatrais fora da zona central carioca. Numa crônica de 1902 afirmava o dramaturgo que "uma das causas do afastamento do público dos nossos teatros são as maçadas a que obrigam as dificuldades de condução. (...) Hoje, só as pessoas abastadas podem *rouler voiture* [isto é, alugar carros – JLM]" (*O Theatro, 16/01/1902 apud* Neves e Levin, 2009, p. 137). Alto valor dos cocheiros, má qualidade da iluminação pública e insegurança nos pontos de bonde eram algumas das barreiras de acesso da população suburbana aos teatros do centro da cidade (*idem*, p. 139).

Mais de quinze anos depois a falta de palcos nos subúrbios seguia em destaque. Em 1918, uma crônica d'*OPA* conclamava os "capitalistas suburbanos" a se mobilizarem pela construção de palcos na região. Não só o incômodo do traslado até o centro, mas os excessivos gastos com roupas e acessórios socialmente requeridos nas salas centrais foram a tônica da crítica:

> Polytheama Meyer: será reaberto com a Companhia Araújo e Filho com uma companhia de revistas e operetas. Terá assim o público suburbano onde recrear-se sem ser preciso vir aos teatros do centro da cidade, cujos espetáculos acabam quase sempre tarde e exigem maior apuro nas *toilettes*, afora as caceteações a que está sujeito com a falta de condução para casa (*OPA, 12/07/1918*).[139]

---

138 Sobre o Rio de Janeiro, afirma Evelyn Lima: "existia ainda uma distinção geográfica e espacial a separar o público mais cultivado – assíduo do Imperial Teatro D. Pedro II (futuro Lírico) e das salas que exibiam gêneros dramáticos – dos fregueses dos estabelecimentos que apresentavam variedades e vendiam bebidas, espalhados por outras áreas da Cidade" (2000, p. 65). Christophe Charle, por sua vez, empreende uma rica discussão sobre a geografia dos teatros parisienses no mesmo período, indicando os desequilíbrios sociais (e econômicos) entre as diversas regiões da capital francesa (Cf. 2012, p. 39-49).

139 Mário Nunes indica uma dificuldade adicional, desta vez partindo do lado dos artistas: teatros afastados da cidade não apenas não interessavam financeiramente às companhias como impunham dificuldades de locomoção e instalação de cenário e pessoal. Lemos, por exemplo, sobre a apresentação de artistas no Royal Cine-Theatro, localizado no bairro da "distante Cascadura", no Rio de Janeiro (1956a, p. 113).

Segregação geográfica e arquitetônica, política de preços diferenciada, presença de atrações internacionais como elemento diferenciador e código de vestimenta: quase todas essas estratégias de distinção registradas nos teatros das duas cidades aplicam-se também ao universo cinematográfico. Não deixa de ser bastante curioso que o cinema, o suporte artístico moderno, capitalista e massificado por excelência, tenha herdado tantos elementos de seu antecessor, o teatro. Detenhamo-nos um pouco na análise dessas similitudes.

Debatemos as muitas restrições da opinião pública à emergência de uma cultura de massas ainda nas décadas finais do século XIX. Situado justamente no frenesi dessas atrações lúdicas e feéricas da virada do século, percebemos que o cinema era visto com bastante curiosidade e entusiasmo, mas despertava também receios. Más condições de higiene e ventilação das salas, programas indecentes ou riscos de incêndio eram alguns dos medos mais alardeados pela imprensa. Diversos desses temores, contudo, eram materializações de uma sutil questão de fundo: a problemática coexistência de públicos de diferentes classes sociais na plateia cinematográfica. Exemplos dos mais curiosos dos preconceitos do período são os relatos de patologias atribuídas à frequência cinematográfica, como este texto publicado no *Correio Paulistano*:

> Constituindo em quase todas as nossas populações gênero único de diversão barata pelo mercantilismo fácil (...) os cinemas se tornaram espetáculos quase únicos, *frequentados por todas as classes*, tem-se notado em todas as clínicas, tanto oficiais como particulares, um aumento notável nos enfermos do órgão visual (*CP 15/07/1914, destaque nosso*).

Diante de tal quadro, a resposta de muitos dos exibidores foi a de esforçar-se por vender a atração tecnológica como um produto refinado e socialmente aceito. Iniciava-se assim uma ferrenha campanha de disputa pela preferência do público mais abastado nas duas cidades. À maneira dos teatros, as estratégias variavam. O tema central dos exibidores, contudo, era o apelo aos valores familiares e à "qualidade social" do público frequentador das salas, por vezes muito mais importantes do que o próprio conteúdo das atrações projetadas. Não é raro encontrar, pelas páginas dos periódicos da época, anúncios como este:

> Os senhores José Perrone, Rafaele Perrone e Odilon Mello, sócios da firma J. Perrone & Co. proprietária do cinema Guayanazes, incontestavelmente o *rendez-vous* da elite do aristocrático bairro dos Campos Elíseos,

agradecem aos seus frequentadores a presença às suas sessões (*OP, nº73, 04/01/1913*).[140]

Tom análogo tem a propaganda do Cinema Pathé carioca, vinculado à família Ferrez. Em sua publicidade, agradeciam os empresários à "escolada sociedade carioca" pela preferência (*OPA, 17/09/1910*). O Odeon, outra sala central ligada aos Ferrez e de propriedade da CCB na região central do Rio, emulava propagandas teatrais da época: os letreiros, a indumentária elegante da mulher retratada e o conteúdo do texto da Figura 26 indicam as claras semelhanças entre uma propaganda teatral e uma cinematográfica.

140 Podemos vincular outros exemplos disponibilizados nas duas pesquisas de Vicente de Paula de Araújo. Afirma o autor que "os empresários daquele tempo apelavam, nos seus anúncios, para os sentimentos familiares de decoro, respeito e seriedade" (1981, p. 206). O Scala-Theatre, por exemplo, se colocava como "o mais aristocrático teatro de São Paulo". O Cinema Brasil, por sua vez, anunciava em 1908 que "não se exibem fitas duvidosas". Por fim, o Pathé anunciou como método de atração do público abastado, os convites a personalidades, como o Presidente Hermes da Fonseca (Araújo, 1985, p. 272 e 367 e 1981, p. 227).

Figura 26 – Propaganda do Odeon

FONTE: Arquivo Geral da Cidade do Rio de Janeiro in: Lima (2000)

A imprensa, diga-se de passagem, não se limitava a simplesmente veicular a publicidade dos exibidores, atuando ativamente na campanha de moralização da atividade. São diversas as crônicas e notas que destacam as salas de maior *status*, dignas da visita das requintadas elites locais. Numa edição d'*OP* de 1913, por exemplo, lemos sobre as atividades do Radium paulista, um cinema de primeira ordem da cidade: "o elegante cinema do pessoal *chic* de São Paulo esteve sempre cheio durante a semana" (*OP, nº76, jan/1913*). Nos números seguintes, o periódico foi adiante: reproduzindo uma prática usual às crônicas teatrais, publicando a lista das famílias frequentadoras do Radium e do High-Life, outra sala de prestígio da cidade.

O cinema tomou de empréstimo do teatro outros elementos sociais diferenciadores como, por exemplo, o requinte e luxo das salas e das salas de espera. Em 1912, por exemplo, o Pathé transferiu-se para o lado elegante da Avenida Central,[141] instalando-se em sofisticado prédio com "escadaria de ferro trabalhado, bilheteria de bronze" e uma série de telas pintadas por ninguém menos que o acadêmico Henrique Bernardelli (Lima, 2000, p. 241-243).

Por falar em elementos arquitetônicos e decorativos, também as frisas, camarotes e demais divisões internas das salas de espetáculos – opções fundamentais na planta teatral – muito demoraram para sair do universo cinematográfico, a despeito de sua menor funcionalidade e conforto (Cf. *idem*, p. 313-319).[142] Sobre o tema, destaca Milena Oliveira a ocorrência de outra prática cinematográfica herdada do universo teatral: a reserva das melhores frisas e camarotes por parte das famílias de elite (2009, p. 266).

Cedo se percebe, outrossim, que, à maneira do circuito teatral, no universo cinematográfico organizou-se uma hierarquia baseada nas divisões geográficas. Embora tenha sido registrada nas duas cidades, foi provavelmente na capital federal que essa segregação espacial se fez mais marcada. Assim, em termos bastante genéricos, podemos dizer que o parque exibidor carioca dividiu-se em três grandes faixas

141 O primeiro Cine Pathé, erguido em 1907, "foi edificado num terreno situado do lado ímpar da nova Avenida e, portanto, sujeito à insolação menos favorável" (Lima, 2000, p. 240). Sobre o tema, afirma também Alice Gonzaga que "os cinemas melhores instalaram-se na Avenida Central. Aqueles de mais classe, como o Cinema Kosmos e o segundo Pathé, no lado da sombra, mais valorizado (não havia aeração ou refrigeração ainda) e *bem frequentados*" enquanto outros, menos destacados, se localizavam do lado do sol (Gonzaga, 1996, p. 86).

142 "Nos cinemas, o ideal é que as poltronas fiquem frontais à tela, sendo mais difícil o encontro social durante o espetáculo que ocorre em total escuridão. Pode-se afirmar que o uso de balcões em 'U' ou 'em ferradura' nas salas de cinema é um remanescente estético, mas também revestido de simbolismo" (Lima, 2000, p. 319).

sociogeográficas: (I) os cinemas suburbanos; (II) os cinemas na região central e, por fim (III) os cinemas da Avenida Central / Rio Branco.[143]

Alguma modulação é necessária mas não é incorreto afirmar que os resultados econômicos dos cinemas nessas distintas faixas obtinham retornos radicalmente diferentes.[144] Vimos que o volume de capital para início de atividades cinematográficas (isto é, para abertura de uma sala) variou sobremaneira. O mesmo pode ser dito a respeito da rentabilidade das salas. De acordo com Alice Gonzaga, um cinema fora da Avenida fazia "30 a 35 contos de réis líquidos por mês" (Rs. 30:000$000 a Rs. 35:000$000) mas um cinema no ponto mais central do Rio de Janeiro chegava tranquilamente à casa de "60 a 70 contos" (Rs. 60:000$000 a Rs. 70:000$000) (Cf. Gonzaga, 1996, p. 91-102). A conquista das melhores localizações da cidade figurava, por tal razão, como uma variável central na disputa entre os exibidores. O Gráfico 14 apresenta as diferenças na receita entre um cinema central (o Íris) e um cinema da Avenida (o Pathé):

Gráfico 14 – Receitas e despesas de salas de espetáculo no Rio de Janeiro (1914-1921)

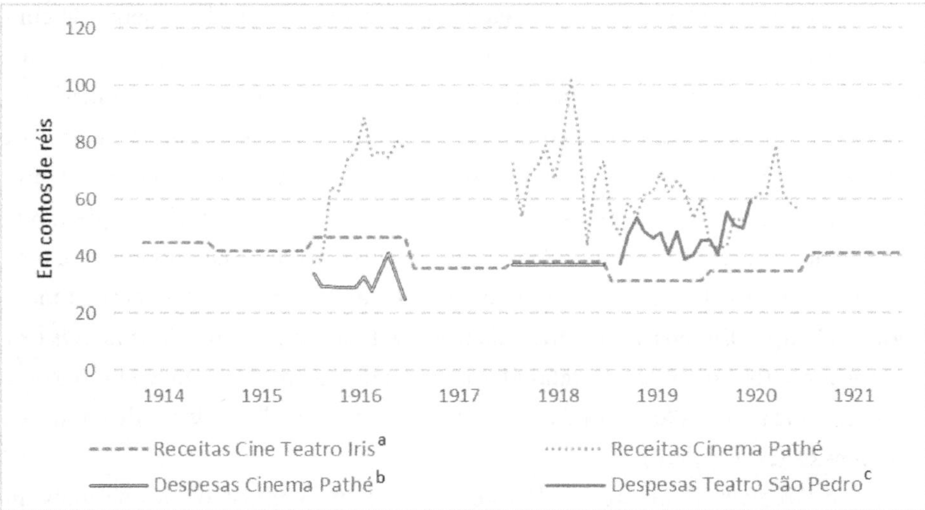

143 Sobre o tema, ver também as discussões propostas por Gonzaga (1996, p. 25).

144 Há que destacar que alguns subúrbios, como Meyer e Madureira, eram mais desenvolvidos que outros (Gonzaga, 1996, p. 117). O mesmo pode ser dito a respeito da região do Brás em São Paulo. Cabe destacar, por fim, que a Zona Sul carioca é ainda neste momento pouco explorada pelos exibidores cariocas (Cf. Gonzaga, 1996, p. 50).

[a] A Receita Cine Teatro Iris foi construída tomando dados de valores mensais não-continuados apresentados por Gonzaga (1996). Foi excluído o valor de março de 1914 identificado pela própria autora como um resultado atípico.
[b] Falaremos mais sobre as despesas de cinemas em seção posterior. De qualquer maneira, não foram encontrados dados para o ano de 1917 e nem informações mês-a-mês para o ano de 1918. Optamos, assim, por converter em valores mensais o valor anual para finalidades comparativas.
[c] Discussões sobre as despesas de teatros (como as do São Pedro) foram apresentadas nas seções iniciais do capítulo.
FONTE: Gonzaga (1996), Fundos Família Ferrez e OPA, análise e tabulação do autor.

Excluindo os dois primeiros meses de atividade registrada do Cinema Pathé, fica claro que estamos lidando com salas de diferentes patamares de rendimento. A oscilação na curva mensal de receitas do Cinema Pathé também dá indícios de outro aspecto interessante da dinâmica econômica do segmento: a relativa inconstância na entrada de recursos nas casas de espetáculo. Podemos imaginar que, no caso de um cinema bem estruturado e excelentemente localizado, essa situação não fosse tão nociva. O caso não deve ter sido o mesmo quando da análise de cinemas suburbanos, menores e menos requintados, onde oscilações desse porte eram fatais.[145]

Podemos ampliar nossa discussão mobilizando dados da documentação contábil da Companhia Cinematográfica Brasileira custodiada pelo Arquivo Família Ferrez. Em 1911 – quando a companhia ainda estava restrita à praça paulistana – cinemas de primeira linha como o Bijou ou o Radium despontavam em termos de lucratividade em relação a salas menos prestigiadas como o Colombo ou o Teatro São Paulo. Alguns dos cinemas da companhia, como o Chantecler, registraram prejuízo nesse ano (AFF, 1912a). Na documentação referente ao ano de 1914 a situação é a mesma: enquanto as receitas mensais de cinemas de primeira, como o Bijou, o Campos Elyseos ou o Pathé Palace estavam entre 15 e 20 contos de réis (Rs. 15:000$000 a Rs. 20:000$000), salas afastadas ou de menor destaque como o Roma Theatre, o Ideal ou o Barra Funda não atingiam a casa de dois dígitos de contos de réis mensais (AFF, 1914a).

Se é registrada desigualdade interna à cidade, a situação é ainda mais interessante quanto analisamos os relatórios da CCB referentes às atividades conjuntas da matriz paulista e de sua sucursal carioca. Na Tabela 17 apresentamos as receitas, despesas e o lucro líquido do setor de exibição da empresa, relativo a 16

145 As extinções de salas em tempos de crise ou oscilação da economia local foi extremamente comum.

cinemas (e cine-teatros) da companhia no Rio de Janeiro, São Paulo e em outras cidades em que atuava:

Tabela 17 – Receitas e despesas de cinemas da CCB (jun. a dez. de 1913)

Cidade	Cinema	Receita	Depesas	Lucro líquido	Lucro líquido / total
Rio de Janeiro	Odeon	367.695.600	253.190.760	114.504.840	16,68%
	Pathé	219.298.500	126.211.540	93.086.960	13,56%
	Avenida	230.353.000	146.926.470	83.426.530	12,16%
São Paulo	Campos Elyseos	96.999.630	42.380.360	54.619.270	7,96%
	Pathé Palace	130.023.200	76.439.910	53.583.290	7,81%
	Radium Cinema	91.331.400	58.073.300	33.258.100	4,85%
	Theatro Colombo	89.390.770	59.178.865	30.211.905	4,40%
	Cinema Commercio	75.801.300	46.576.560	29.224.740	4,26%
	Polytheama	71.047.500	44.465.500	26.582.000	3,87%
	Eden Cinema	59.954.000	34.428.950	25.525.050	3,72%
	Marconi Theatre	56.044.100	36.221.710	19.822.390	2,89%
	Bijou Theatre	58.762.600	40.359.050	18.403.550	2,68%
	Theatro São Paulo	43.160.600	28.964.600	14.196.000	2,07%
	Iris Theatre	78.370.400	64.977.200	13.393.200	1,95%
Outras	-	193.001.400	116.545.700	76.455.700	11,14%
Total	**Total**	**1.861.234.000**	**1.174.940.475**	**686.293.525**	**100,00%**

FONTE: Fundos Família Ferrez, análise e tabulação do autor.

Salta aos olhos o fato de que apenas três cinemas do Rio de Janeiro – o Odeon, o Pathé e o Avenida – somavam, juntos, 42,4% de todo o lucro do segmento de exibição da empresa. Os onze cinemas da companhia em São Paulo quase empatam em termos de faturamento e os demais – uma sala em Santos e outra em Campinas – respondem por pouco mais de 10%.

Essa situação escancara a relevância da Avenida Central do Rio de Janeiro na dinâmica socioeconômica do primeiro cinema nacional. Símbolo maior das reformas urbanas de Pereira Passos, desde cedo a região atraiu o interesse dos exibidores, sequiosos de conquistar o abastado público frequentador da região. O Parisiense de Staffa foi o primeiro cinema a instalar-se na região, em 1907, logo secundado pelo Pathé, de Arnaldo Gomes e dos irmãos Ferrez e pelo Pavilhão Internacional de Pascoal Segreto (Lima, 2000, p. 240-246).

Na segunda década do século a concorrência e a disputa por boas localizações na Avenida se acentuou. É justamente nesse período que Francisco Serrador, então detentor do maior parque exibidor em São Paulo, volta suas atenções para a capital federal, aliando-se, num primeiro momento, a um grupo de empresários sedimentados no local: a Casa Marc Ferrez & Filhos. Fugiria ao escopo da presente seção compreender os detalhes da trajetória do empresário e de seus projetos no local. O resultado final de sua empreitada, contudo, é bastante conhecido: em 1917, Serrador realizou uma reviravolta no segmento, cortou laços com seus antigos financiadores e criou a Companhia Brasil Cinematográfica. Iniciavam-se os preparativos para a criação do maior e mais complexo polo cinematográfico que o país já possuiu – a Cinelândia[146].

Iniciava-se, assim, uma nova fase da história do cinema no Brasil. O surgimento da Cinelândia de Serrador, contudo, veio atrelado a outras inflexões fundamentais na dinâmica social dos cinemas. Os anos finais da Grande Guerra e início da década de 1920 registram também uma onda de mudanças do setor, todas elas, de uma maneira ou de outra, interconectadas. Como podemos ver nos gráficos 10 a 13, os preços dos ingressos, declinantes desde 1910/1911 iniciam uma trajetória ascendente. Novas salas são inauguradas e as antigas passam por um processo de reforma. Os custos da atividade cinematográfica disparam e, para completar o quadro, o cenário global sofre um grande rearranjo, com a ascensão das produtoras norte-americanas.

Mais do que uma inflexão estritamente estética, a mudança do centro produtor hegemônico trouxe inegáveis impactos econômicos. Com o domínio norte--americano, triunfa a estratégia de lançar as atrações numa sala de destaque – a "lançadora". Em meados dos anos de 1920, as produtoras norte-americanas começam a instalar teatros próprios, conveniados à sua marca. Antes disso, contudo, vemos agentes locais e grupos globais negociarem naquela que é, esta sim, o principal *locus* de concorrência dos empresários cinematográficos brasileiros: a disputa pela representação de marcas internacionais.

Sob o império da Pathé Frères: A Marc Ferrez & Filhos e o surgimento do setor distribuidor cinematográfico

São diversas as portas de entrada para um debate sobre a dinâmica econômica do setor cinematográfico nacional no início do século XX.[147] Diante de uma

146 Para uma discussão a respeito da Cinelândia, bem como da historiografia a ela vinculada, ver Moraes (2012a).

147 Já exploramos algumas dessas leituras em pesquisas anteriores, amplamente mobilizadas para a redação da presente seção (Cf. Moraes, 2012a e 2013b).

multiplicidade de temas, leituras e abordagens, nossa opção aqui foi a de destacar alguns elementos centrais do emergente setor distribuidor, compreendendo-o dentro do panorama global do período e posicionando-o no contexto da gênese da indústria cinematográfica internacional. Vimos na seção passada que a distinção fez-se fortemente presente no universo da exibição cinematográfica, a despeito do caráter industrial (e, portanto, massificado) da atividade. Veremos agora que a situação não será distinta na etapa anterior da cadeia produtiva, isto é, o elo da distribuição. Também aí descobriremos, por outros caminhos, operadores de diferenciação e exclusão. Para compreender tal aspecto, contudo, é preciso detalhar a dinâmica econômica do jovem cinema nacional, analisando as relações entre grupos nacionais e atores sociais estrangeiros, salientando suas particulares interações econômicas.

Antes mesmo de começarmos nossa reflexão, valhamo-nos de algumas informações dos livros-caixa do Cinema Pathé, a luxuosa sala de cinema da Família Ferrez, para compreender a importância econômica do setor de distribuição de filmes nessa fase. Tivemos a oportunidade de discutir os gastos com pessoal - sobretudo o pagamento dos músicos - responsáveis por não menos do que um quinto do dispêndio geral de uma sala. Discutimos também a crescente importância da publicidade dos espetáculos, além dos gastos dos empresários com o aluguel e aquisição de imóveis[148]. Cabe discutir, por fim, a maior e certamente mais expressiva rubrica dos gastos do período: o aluguel de filmes. Vemos, no Gráfico 15, que o referido dispêndio respondeu por 25% a 30% dos gastos totais do cinema nos anos aqui analisados:

148 Sobre os impostos incidentes na atividade cinematográfica nessa fase, ver Souza (2004, p. 176) e Condé (2012, p. 58-65).

Gráfico 15 – Matriz de custos do Cinema Pathé (1916, 1918 1919) [a]

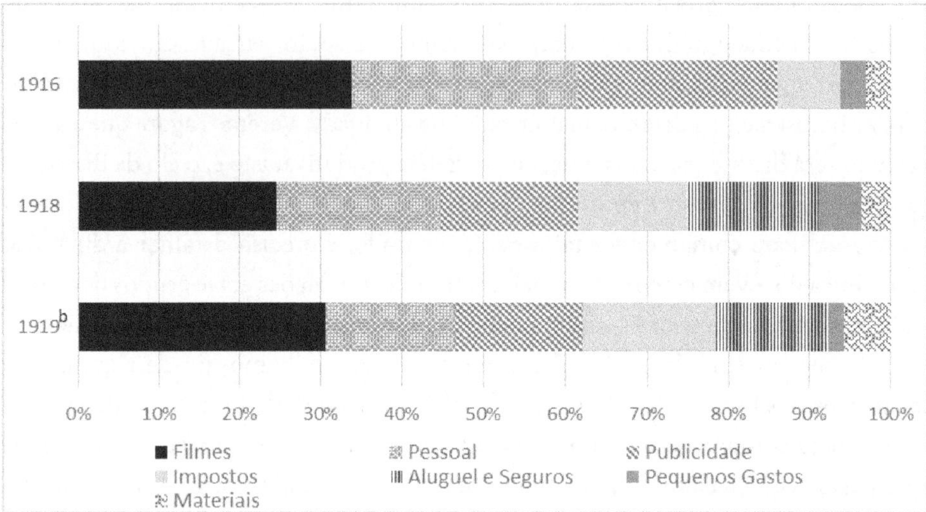

[a] Para finalidades comparativas, foi necessário empreender alguma agregação entre os diferentes gastos discriminados ano a ano. Em 1916, por exemplo, a documentação indica apenas a rubrica "filmes", enquanto nos demais anos há discriminação das empresas de origem (Fox e Pathé). O mesmo ocorre com gastos de impostos ou luz.

[b] Os dados de 1919 referem-se exclusivamente às atividades do primeiro semestre do cinema.

FONTE: Fundos Família Ferrez, análise e tabulação do autor.

Embora essa matriz de gastos oscile de cinema para cinema – dadas as diferenças em termos de localização geográfica, tamanho de orquestra, requinte da sala etc. – a fatia dispendida na obtenção de programas cinematográficos não difere substancialmente da de outras salas do período (AFF, 1912-1915a). Tomando, assim, a estrutura de gastos do Pathé e replicando-a aos demais cinemas do parque exibidor carioca e paulistano temos uma ideia do elevado custo incorrido pelos exibidores com tal produto.[149]

149 Uma interessante proposta de estudos inicialmente cogitada para a presente seção seria uma análise comparativa internacional, utilizando a documentação primária de arquivos nacionais e internacionais para cotejar a metragem adquirida e exibida nos cinemas nacionais em relação a outras localidades do globo. Dado o elevado volume de informações, contudo, essa proposta foi temporariamente abandonada. Sobre o tema da metragem dos filmes, cabe menção aqui a uma referência no assunto, o trabalho de Cherchi Usai (2000).

É aqui que se faz fundamental a compreensão de três elementos centrais do setor cinematográfico no período: (i) o avançado grau de mercantilização e homogeneização dos filmes e equipamentos, possibilitando um fluxo de ordem efetivamente global; (ii) a elevada concentração dos estoques desses filmes nas mãos de alguns poucos agentes e, por fim, (iii) a esmagadora hegemonia dos filmes importados em detrimento de produtos nacionais. Serão estas três características que balizarão nosso argumento ao longo das próximas páginas.

Seria desnecessário salientar que, à maneira dos teatros, a lógica de funcionamento dos cinemas brasileiros dessa época extrapolou os limites nacionais, participando de uma ampliada cadeia produtiva cujo epicentro foi, ao menos até a Primeira Guerra, a França. Uma ampla discussão sobre o tema certamente desviar-nos-ia dos propósitos da presente tese. Nosso objetivo aqui é, portanto, contribuir com dados e informações quantitativas que nos auxiliem a desenhar, em linhas gerais, a dinâmica de funcionamento dos principais grupos produtores globais e de seus vínculos com agentes locais. Nosso foco recai sobre os aspectos fundamentais da estruturação econômica do setor no país e sobre a identificação de conexões do segmento com os canais da massificação e distinção.

Como ponto de partida de nosso estudo, tomemos a trajetória das duas principais empresas cinematográficas do período: a Pathé Frères e a Société des Établissements Gaumont. Nascido em 1863 na cidade de Chevry-Cossigny na Île de France e filho de um açougueiro, Charles Pathé pode ser considerado como uma das figuras capitais – senão a maior – do primeiro cinema. O empresário iniciou sua trajetória no meio cinematográfico por volta de 1894, vendendo uma versão falsificada de um projetor da marca Edison. Dois anos depois, contando com o apoio dos irmãos e de uma substancial injeção de recursos do mercado financeiro francês, capitaneou a criação da Société Pathé-Frères, atuante nos mercados cinematográfico e fonográfico.[150]

Nas duas décadas que se seguem, vemos a empresa crescer exponencialmente, atingindo, nos primeiros anos do século XX, o primeiro lugar no pódio global na fabricação e comercialização de filmes e equipamentos cinematográficos. As cifras da Pathé são, de fato, impressionantes: o grupo chegou a produzir 250 aparelhos exibidores por mês e nada menos do que 40 mil metros de filmes positivos por dia, isso sem falar nos gramofones, discos e cilindros produzidos pelo departamento

150 Para uma acurada análise sobre a capitalização da empresa, ver o trabalho de Creton (1994).

fonográfico da empresa (Cf. Bousquet, 1994, p. 48-70). Num catálogo de 1913 os números seguem elevados: afirmava a empresa que 700 trabalhadores atuavam na construção de 800 aparelhos por mês (PF, 1913). Entre 2 e 4 mil funcionários estavam ligados direta ou indiretamente à empresa no ano de 1908 e a firma contava com cinco unidades produtivas na região metropolitana de Paris, além de uma vasta rede de fábricas e colabores internacionais.[151]

Também em termos de participação de mercado, vemos a Pathé a frente de qualquer outra empresa do mundo: estima-se que, na Europa, o grupo chegou a deter de 25 a 30% do mercado de filmes e equipamentos. No Reino Unido, alcançou 40%, na Alemanha 50%, na Rússia 50% e mesmo nos Estados Unidos, já então um país bastante competitivo no segmento, a empresa chegou a abocanhar 60% do mercado (Cf. Abel, 1994, p. 158 e 1999, p. 48). Os números não serão distintos em outras regiões do globo, aí incluindo o Brasil.

A Société des Établissements Gaumont teve origem semelhante.[152] Léon Gaumont iniciou sua carreira como aprendiz do engenheiro e inventor Jules Carpentier. Suas habilidades técnicas acabaram chamando a atenção de grandes figuras do primeiro escalão dos setores industrial e financeiro francês, incluindo Gustave Eiffel, Joseph Vallot e René Viviani, futuro primeiro ministro da França. Graças a esse apoio, Gaumont adquire o Comptoir Général de la Photographie e, em 1895, rebatizou-o como Leon Gaumont & Cie e, posteriormente, Société des Établissements Gaumont (SEG, 1895). A empresa tornar-se-ia, ao longo da década de 1900, o segundo maior grupo cinematográfico francês, com capital social de 2,5 milhões de francos e volume de negócios estimado em um terço da líder Pathé Fréres. Além dos filmes, a Gaumont destacou-se também pelo pioneirismo no de-

---

151 Sobre o tema, afirma José Inácio de Melo Souza que "até 1903, a Pathé tinha uma produção artesanal", sendo o setor fonográfico o mais expressivo de sua carteira. Acrescenta o autor: "a virada na direção de uma produção em escala de películas cinematográficas começou por volta de 1904-1905, com o sucesso das fitas Pathé no mercado norte-americano e a organização industrial da tiragem das cópias, coloração manual e mecânica e filmagem em estúdios construídos nos entornos de Paris, como Joinville, Vincennes, Montreuil, ou mesmo dentro da cidade, em Belleville" (2004, p. 166).

152 Afirma Laurent Le Forestier que a Gaumont desenvolveu uma estratégia "copista" em relação à líder (e grande rival), Pathé (2006, p. 37). Diversas das decisões administrativas da Pathé foram emuladas pela Gaumont após alguns meses. Essa condição auxilia-nos sobremaneira no estudo das decisões administrativas da empresa.

senvolvimento de novas técnicas de filmagem e no setor de exibição (Cf. Garçon, 1992, p. 14 e Venhard, 1992, p. 18 e Figura 27).

Figura 27 – Estúdio e fábrica de Buttes Chaumont da Gaumont em Paris

FONTE: Cinemateca Francesa

Juntamente com a Pathé e a Gaumont, desponta no universo cinematográfico francês uma constelação de empresas menores, muitas delas vinculadas a nomes canônicos da história do cinema como a Societè Antoine Lumière et fils, fundada em 1893, ou a Maison Meliès, pertencente ao mágico e ilusionista George Meliès. Destacam-se, também, empresas de menor porte como a Eclipse, fundada em 1906 como um desdobramento da britânica Urban Trading, a Le Soleil de Marselha, a Lux ou a Société Théophile Pathé & Cie., projeto de um irmão dissidente da família Pathé e capitaneada por um antigo colaborador dos irmãos Lumière (Abel, 1999, p. 10 e Seguin, 2004, *passim*).

Mais do que um minucioso arrolamento de nomes, grupos e empresas, queremos aqui destacar a conexão entre o advento cinematográfico francês e o surgimento de uma bem-estruturada *ecologia* empresarial. Para além, assim, da dimensão estritamente cultural do fenômeno, interessamo-nos aqui pelas variáveis de natureza econômica e organizacional dessas iniciativas. O caso da Pathé ilustra muito bem essa situação: contemporâneo de industriais como Louis Renault ou André Citroën, o empresário acompanhou de perto o surgimento da indústria automotiva francesa, por ela nutrindo grande admiração. O emprego de métodos tayloristas (ou mesmo "protofordistas") na produção de filmes e equipamentos na empresa – com a racionalização de processos produtivos e a hierarquização de setores fabris – é reconhecido e amplamente estudado pela bibliografia especializada (Puttnam, 2000, cap. 2 e Le Forestier, 2006, p. 168-189). A Figura 27 busca ilustrar precisamente o caráter industrial de grupos como Pathé e Gaumont. Corolário dessa situação é o fato de que, em 1908, a Pathé passou por uma crise de rentabilidade provocada pelo *excesso* de oferta de seus próprios filmes no mercado (*idem*, p. 114).

Seria restritivo, contudo, creditar o triunfo de grupos como a Pathé ou a Gaumont exclusivamente a vantagens no âmbito produtivo. Deixa de lado, obviamente, os méritos artísticos das empresas, parte significativa do sucesso das empresas adveio de transformações de ordem administrativa. Podemos dizer, assim, que as decisões tomadas nos departamentos administrativos, jurídicos ou financeiros das firmas foram tão fundamentais quanto os processos adotados nos estúdios ou no chão das fábricas. As atas das reuniões do Conselho de Administração da Pathé e da Gaumont, bem como a análise da documentação contábil e jurídica das empresas, figuram como interessantíssimas fontes no esforço de reconstrução da história econômica do primeiro cinema.

Tratando-se de documentação vasta e heterogênea, é fundamental seccioná-la, selecionando dados e informações relevantes aos objetivos da presente argumentação. É digno de destaque, primeiramente, a elevada concentração de contratos e acordos celebrados entre as empresas e outros grupos empresariais cinematográficos do período, inclusive internacionais. O destaque aqui é, antes de mais nada, para os grupos americanos, como os convênios da Pathé com a Edison e, posteriormente, com a Universal (PF, 25/04/1907 e 1920). A empresa, contudo, esteve ativa na organização dos mercados cinematográficos dos mais diversos países. Analisando essa prática, afirma Jean-Jacques Meusy que ela se vinculava a uma arguta estratégia de abster-se de investimentos em projetos ou setores arriscados, passíveis de maiores oscilações ou incertezas (2004, p. 31). Nas reuniões do conselho, esse tipo de tema é recorrente, com debates sobre a maior ou menor "imobilização de recursos" em certos projetos (PF, 10/10/1907).

É o caso, por exemplo, da decisão de não adentrar diretamente no universo da exibição cinematográfica, focando esforços nos setores produtivo e distributivo e promovendo parcerias com grupos exibidores já estabelecidos, seja no território francês, seja em outras regiões da Europa.[153] Vemos, assim, a celebração de uma miríade de convênios com as chamadas "concessionárias", isto é, grupos exibidores que se comprometiam a só exibir filmes da Pathé (ou de marcas a ela coligadas), em troca do abastecimento regular de filmes (Cf. Meusy, 2004, p. 34-35).

Não deixa de ser curioso que esse tipo de parceria tenha sido presente também na produção de filmes propriamente dita. O destaque recai aqui na assinatura de convênios com atores, diretores e roteiristas para a realização de produtos artisticamente diferenciados. É o caso das parcerias com a Société Cinématographique des Auteurs et Gens de Lettres (SCALG) ou a Film D'Art. As duas sociedades, embora formalmente independentes, gravitavam ao redor da empresa de Charles Pathé e dela dependiam economicamente. São essas algumas das diversas manifestações do sistema de gestão criado pela firma e apelidado por Jacques Kermabon como modelo de "satelitização da produção" (Kermabon, 1994, p. 15).

Podemos identificar estratégia análoga quando da etapa de financiamento e captação de recursos: no período que vai de 1899 a 1907, vemos o capital social da Pathé quase triplicar (Creton, 1994, p. 74). Uma vez mais, é possível perceber a opção pela abstenção no empenho de recursos próprios, optando-se pela pulverização do risco entre acionistas e/ou grupos parceiros.[154] Essa estratégia foi possível não só pela credibilidade alcançada pela empresa (obtida, dentre outras razões, pelos generosos dividendos pagos aos acionistas), quanto pela existência de um bem estruturado mercado de capitais em Paris, capaz de intermediar os recursos disponíveis na praça comercial francesa. Na lista dos subscritores de empresas como a Pathé ou a Gaumont, vemos um elevado número de ações na mão de grupos financeiras, industriais e figuras de destaque da sociedade civil francesa (SEG, 1906).[155]

---

153 O caso da Gaumont é, de certo modo, distinto, já que a empresa investiu também no setor exibidor. Basta afirmar que o Gaumont Palace, inaugurado em 1911 em Paris, foi por muitos anos a maior sala exibidora da Europa.

154 Além delas, cabe menção também à Continsouza e Bünzi, empresa de materiais de precisão que se responsabilizou pela fabricação de diversos equipamentos fílmicos negociados pela Pathé.

155 Procuramos, na lista dos acionistas e/ou contatos financeiros da Gaumont e da Pathé, figuras ligadas ao comércio importador brasileiro, sem êxito. Identificamos, contudo, ligações das empresas com grupos financeiros como o Banque Sud-Americaine (acionista da Gaumont) e com o London and Brazilian Bank, provavelmente responsáveis por operações de câmbio da empresa (SEG, 1906 e PF, 07/04/1915). Além da

Todos esses elementos são aqui destacados para indicar que, na primeira década do século XX, empresas como a Pathé e a Gaumont já orientavam as decisões de seus diversos departamentos internos por princípios bastante racionalizados e formalizados de gestão. Não são raras as ocorrências, ao longo das reuniões dos conselhos de administração das duas empresas, de debates sobre temas como: os custos e benefícios do emprego de novas técnicas de propaganda e comercialização (PF, 10/10/1907), disputas judiciais sobre patentes (SEG, 1914) ou a sempre candente questão do abastecimento de película virgem, a matéria prima central da produção fílmica (SEG, 1919 e 1920 e PF, 14/03/1911), além de discussões sobre os métodos de expansão de capital das empresas (SEG, 1907).

É interessante destacar que, dentro dessa dinâmica, os mercados internacionais desempenharam papel fulcral. De acordo com Laurent Le Forestier, a França respondia por apenas 8% do faturamento total da empresa (2006, p. 29). O estudo da atuação internacional da Pathé Frères (bem como de outras empresas francesas do período, como a Gaumont, a Lumière ou a Maison Meliés) precisa ser modulado tanto geográfica quanto temporalmente.

Em linhas gerais podemos ver pelo menos dois grandes momentos do comércio internacional da empresa. O primeiro deles estende-se, grosso modo, de 1896 a 1906, e o segundo aí se inicia e corre até os anos finais de nosso estudo, isto é, o início dos anos de 1920. No primeiro momento, os catálogos comerciais centram atenções na venda de material cinematográfico (aparelhos, motores, peças avulsas etc.), explicando didaticamente aos possíveis compradores os métodos de funcionamento do advento fílmico (Figura 28).[156] Num contexto cultural em que o cinema

---

Continsouza e Bünzi, destaca William Condé a pessoa de Claude Grivolas, figura central do grupo denominado *Compagnie générale, de Phonographes, Cinématographes et Appareils de Precision* e grande investidor nos projetos de Pathé (2012, p. 28). Para mais discussões sobre a capitalização do cinema francês e outros debates relativos ao universo financeiro francês no começo do século XX, ver Le Forestier (2006, p. 49-50) e Hautcouer (1994).

156 Outro aspecto interessante desses primeiros catálogos: a Pathé estava interessada não apenas em vender seus filmes e equipamentos mas disponibilizava-se também em "enviar cinematografista para o registro de cenas" (um serviço restrito a Paris e suas adjacências) e também em adquirir "filmes de viagens" ou de demais cenas interessantes expedidas por colaboradores mundo afora (PF, 1905, p. 95 e 1907). Sobre a primazia da venda de aparelhos em detrimento dos filmes nos primeiros anos da atividade cinematográfica, afirma Paulo Paranaguá: "numa época em que nem sequer

ainda engatinhava e não havia se autonomizado plenamente de outros gêneros de diversão, vemos as empresas se esforçarem pela introdução da nova diversão no dia-a-dia, na apresentação das potencialidades da nova tecnologia. É interessante também perceber que, neste primeiro momento, grupos como a Pathé ou a Gaumont têm em mente um comprador mundial pouco versado no suporte e relativamente intercambiável ao redor do globo.

Figura 28 – Um dos equipamentos anunciados no catálogo de produtos da Pathé

FONTE: Arquivo Nacional

os irmãos Lumière acreditavam no futuro de sua invenção, o produto a ser vendido era basicamente a própria câmera/projetor e a película (...). Só numa etapa posterior, com o predomínio da ficção, é que o interesse principal da incipiente indústria vai se transferir do material técnico para a própria fita" (1985, p. 14). Não podemos deixar de mencionar aqui uma conexão com as discussões de Alexandra Keller sobre o aprimoramento da comunicação dos catálogos de venda (2004, *passim*).

A diferença entre catálogos do primeiro período – como o catálogo de vendas do Comptoir Général de Photographie, de 1895, ou mesmo da Pathé, em 1905 – com seus modelos posteriores, como, por exemplo, após a Grande Guerra. Nos primeiros, é comum lermos sobre a descrição de funcionamento das peças e dos métodos de pagamento a serem empregados, denotando, um comprador pouco versado no tema (CPG, 1895, PF, 1905 e 1913 e GFHS, 1916-1919). Outra situação interessante constatada a partir da documentação do Arquivo Ferrez é que, por razão da insuficiência da energia elétrica no Brasil, muitos exibidores precisavam preocupar-se também com a aquisição de motores de fácil transporte e manuseio para incursões "ao interior do país" (AFF, 15/09/1911).[157]

A situação altera-se substancialmente por volta de 1906, quando observamos inflexões na trajetória econômica do setor. A maior delas é a passagem do regime de venda de filmes para o de locação. O evento é reconhecido como uma transformação de grande porte na História do cinema e tem a Pathé Frères, uma vez mais, como protagonista (Cf. Sadoul, 1951). Partindo do ponto de vista da empresa, podemos ver aqui mais uma das muitas estratégias de mitigação e partilha de riscos da atividade fílmica com grupos externos.[158] Com o aumento da urbanização, da eletrificação e a maior familiaridade do público com o suporte, o cinema vai se sedimentando como uma atividade recreativa estável.

Essa maturação do setor nos dois principais polos produtores mundiais do período – a França e os Estados Unidos – vem acompanhada de uma maior complexificação na teia de relações empresariais. Do ponto de vista da produção, a constituição de grandes trustes (como a norte-americana Motion Pictures Patents

---

157 A precariedade do fornecimento de luz elétrica e as dificuldades de implementação de salas exibidoras é evidente na coleção de cartas trocadas entre os irmãos Ferrez e José Tous Rocca, um representante da companhia, atuante, sobretudo, nos estados do Norte e Nordeste do Brasil. Rocca encontrou dificuldades de abastecimento de energia para exibir os filmes nos estados do Rio Grande do Sul, Pernambuco e Ceará (AFF, 03/02/1909 e 17/05/1909). Decorria disso a necessidade do uso de projetos movidos a carvão (AFF, 26/12/1908).

158 Afirma William Condé: "depois de 1907 o nível de investimento necessário para expandir as atividades da companhia nas bases que se pretendia passou a demandar recursos de tal ordem que levou a Pathé a buscar novos parceiros que pudessem entrar com parte significativa do capital. Essa estratégia tinha o duplo benefício de continuar mantendo a companhia sem grande dependência dos bancos, ao mesmo tempo em que dividia os riscos das operações realizadas" (2012, p. 34).

Company), os *lobbies* empresariais, a acentuação das querelas pelo controle de patentes e pela aquisição de fábrica são alguns dos muitos temas que surgem na análise da documentação das empresas (PF, 14/01/1908). Na ponta final da cadeia produtiva, isto é, no setor de vendas, delineia-se - ou melhor, reforça-se -a orientação global de atuação das empresas.

Em diversas localidades, instalam-se as chamadas "sucursais", agências de controle direto das matrizes. De 1904 a 1909, vemos a Pathé instalar agências em Moscou e São Petersburgo, Nova York, Bruxelas, Viena, Berlim, Amsterdã, Londres, Milão, Odessa, Barcelona, além de Varsóvia, Budapeste e Kiev. O movimento da Gaumont não foi distinto (PF, Inventários, 1904-1919 e SEG, 1907-1927). Na análise da expansão do setor internacional das empresas, é possível perceber que, a despeito da maior centralidade dos mercados desenvolvidos no portfólio de parcerias dos grupos franceses, também os mercados periféricos são relevantes. O ponto, contudo, é que, nesses países - onde o comércio era menos volumoso e a incerteza maior - a opção foi a de eleger um comerciante local para assumir a representação da marca. Define-se, assim, uma característica dessa segunda fase do comércio internacional de filmes, com a celebração de contratos de fornecimento exclusivo de filmes para um fornecedor (fidelizado) específico para cada região do globo.[159] É justamente aí que se inscreve a Casa Marc Ferrez & Filhos.

A empresa teve origem na antiga Marc Ferrez & Cia., fundada pelo fotógrafo e patriarca da família em 1867. Nascido no Rio de Janeiro em 1843, Marc Ferrez foi filho do gravador Zeferino Ferrez, integrante tardio da chamada Missão Artística Francesa. Após trabalhar como assistente de fotógrafos de relevo no meio nacional - como Jules Claude Chaigneau, Georges Leuzinger e Franz Kellner - e de uma estadia na Europa, passou a destacar-se no universo fotográfico (Cf. Burgi e Kohl, 2005, p. 60 e Ferrez, 1997, p. 299). Seja como fotógrafo dos nobres da Corte, seja atendendo encomendas de clientes institucionais como a Marinha ou as companhias ferroviárias, o artista chegou ao final do século como um nome capital da fotografia nacional. Aos objetivos de nosso estudo, todavia, é fundamental compreender a atuação de sua firma em outra área de atuação:

---

159 Essa preocupação com a fidelização dos clientes está presente no tom de alguns dos catálogos da empresa do período onde lemos frases como: "na ânsia de agradar os nossos clientes, nos oferecemos para trocar por correio qualquer filme que não tenha respondido à sua expectativa, com base no título e explicação contida em nossos suplementos mensais" (PF, 1907).

> É preciso ir além desse aspecto de sua biografia [isto é, Marc Ferrez, o fotógrafo – JLM] destacando uma segunda área fundamental de atuação profissional: a de importador de material e equipamento fílmico. Sobre o tema, afirma a bibliografia especializada que logo no início dos anos 1870 Marc Ferrez teria estreitado laços com fabricantes franceses e ingleses após visita à Europa.
>
> (...) Em 1881, por exemplo, Ferrez introduz as primeiras chapas secas da Lumière (...). Será, entretanto, outro contato comercial estabelecido por Marc Ferrez no período que alterará, em grande medida, o rumo da História do Cinema no Brasil. Referimo-nos à aproximação que a firma fez com Charles Pathé, obtendo (...) [em] 1907 (...) a representação exclusiva do fornecimento de filmes e equipamentos da companhia francesa no Brasil. O ano traz outra inflexão na trajetória econômica da firma: a alteração da razão social para Marc Ferrez & Filhos, com a divisão do controle entre Marc e seus filhos Luciano e Julio (Moraes, 2013b, p. 26-27).

O Brasil acompanha, em grande medida, um processo global. Como em várias outras partes do globo. O ano de 1907 marca mudanças globais e é, também, o primeiro momento de destaque do grupo. Vimos que foi justamente aí que se registrou a inflexão do regime de venda para o sistema de aluguel de filmes.[160] Além desse evento internacional, adicionam-se outros de ordem local. É, por exemplo, o momento do surgimento das primeiras salas fixas no Brasil – processo analisado anteriormente e do qual os Ferrez foram partícipes – e é, por fim, o ano de celebração do contrato de representação exclusiva da Pathé pela MF&F (*idem*, p. 27). Esses diversos eventos estão, obviamente, interconectados e podem ser interpretados como diferentes expressões da maturação econômica do setor cinematográfico em solo brasileiro.

O contraste entre o período que aí se inicia e a etapa anterior é imenso. Na primeira fase (que, como vimos, vai de 1896 a 1906) vemos a exibição fílmica imiscuída a diversas outras atividades recreativas como os espetáculos de variedades, as atrações feéricas ou as exposições de curiosidades tecnológicas (Costa, 2005, cap. 2 e Souza, 2005, p. 183). Pouco capitalizado, esse primeiro cinema tem nos chamados

---

160 A transição de um regime para o outro não foi, obviamente, abrupta ou imediata. Passados anos desde a migração para o sistema de locação de filmes, ainda se registra tanto a prática de venda e troca de estoques de filmes quanto a atuação de exibidores ambulantes, sobretudo em pontos mais distantes.

"exibidores ambulantes" suas figuras centrais. Via de regra, trata-se de um pequeno comerciante, de origem europeia e detentor de contatos diretos com os polos produtores nos EUA ou na Europa (Barro, 1996, p. 23).[161]

A dinâmica básica desses agentes era simples: adquirir uma dada quantidade de filmes sobre temas diversos – atualidades, comédias, variedades, atrações de curta duração etc. – e percorrer as cidades brasileiras, ocupando temporariamente espaços de entretenimento existentes, como os teatros, salões, centros de diversão, mas também parques ou outros lugares passíveis de aglomerações populares (Trusz, 2010). Uma vez esgotado o público local e finda a ronda pelo restrito circuito nacional, os ambulantes adquiriam novos programas ou trocavam seus filmes com outros exibidores, reiniciando o ciclo.

Delineia-se, assim, um sistema de baixa complexidade e reduzida acumulação econômica.[162] Sendo um segmento baseado em exibições e aquisições esporádicas, não se pode falar no estabelecimento de uma circulação sistemática de filmes e equipamentos, menos ainda de um setor de distribuição (Cf. Souza, 2005, p. 179-182). Já nos primeiros anos do século XX, contudo, é possível identificar interessantes transformações na estrutura geral do setor. Do ponto de vista da demanda, os processos de aumento do número de consumidores, da urbanização e da eletrificação, adicionados da maior familiaridade do público com o suporte, vão abrindo portas para a emancipação do cinema das demais atividades recreativas do período. Do ponto de vista de oferta, é justamente este o período de industrialização da produção, possibilitando uma inédita superoferta de filmes no mercado internacional. Podemos dizer que, de certo modo, invertem-se os polos da cadeia produtiva: se até então, eram os ambulantes os agentes mais dinâmicos, a atividade começa a ser cadenciada agora

161 É ilustrativo aí o método de abastecimento de Pascoal Segreto (antes, é claro, da celebração de um contrato de fornecimento com os Ferrez, em 1908): vemos, assim, membros da família empreenderem, de tempos em tempos, viagens à Europa para comprar novos programas cinematográficos (Araújo, 1985, p. 107 e Gonzaga, 1996, p. 63).

162 "Os dez primeiros anos de cinema no Brasil são paupérrimos. As salas fixas de projeção são poucas, e praticamente limitadas a Rio e São Paulo, sendo que os numerosos cinemas ambulantes não alteravam muito a fisionomia de um mercado de pouca significação" (Gomes, 1996, p. 23).

pelos produtores, impondo um inédito ritmo industrial à distribuição e ao consumo de filmes (Cf. Garçon, 2005, p. 9-11).[163]

Paulatinamente, vão saindo de cena os exibidores ambulantes para dar lugar às salas fixas. As compras esporádicas de programas arrefecem, abrindo espaços para os contratos de fornecimento regular, celebrados no novo regime de locação por um período determinado de tempo. E, finalmente, no lugar dos contatos diretos entre exibidores e produtoras, surgem os agentes intermediários, os distribuidores ou, mais acertadamente, os "representantes exclusivos" das grandes marcas globais.

A julgar pela coleção de contratos, podemos dizer que o período que vai de 1907 a 1911 é a verdadeira "época dourada" da Marc Ferrez & Filhos: detentora da exclusividade de representação da mais poderosa produtora do mundo, celebrou a firma contratos de fornecimento com exibidores de Norte a Sul no Brasil. Dos irmãos Hirtz de Porto Alegre a Leon Munier no Recife, de Abílio Monteiro em Aracati, no Ceará, a Pascoal Limone em Florianópolis: vemos no arquivo Ferrez documentos relativos ao fornecimento de filmes e equipamentos da Pathé sendo realizado nos quatro cantos do país (AFF, 1908-1912). O cinema, finalmente, afirma-se uma atividade recreativa regular no Brasil e as marcas Marc Ferrez & Filhos e Pathé Frères são as protagonistas desse processo.

As disputas pelas representações cinematográficas no contexto econômico nacional

Além de contratos de fornecimento direto de filmes e material de exibição, despontam nos arquivos da Família Ferrez documentos referentes a outros tipos de parcerias então firmadas: os contratos de sub-representação de produtos de empresas como a Pathé ou a Gaumont em regiões geográficas brasileiras específicas. Além de uma simples negociação, é possível enxergar nesse tipo de transação uma particularidade da dinâmica econômica do cinema nacional no período e, ponto ainda mais importante, uma ponte com os debates sobre a industrialização e o desenvolvimento do setor cinematográfico nacional ao longo do século XX. Dada a amplitude de tais debates, nossa contribuição será feita a partir de apontamentos e dados extraídos da documentação primária, compreendendo também a maneira pela qual a temática

163 "O ritmo imprimido à exibição a partir de agora comandada do exterior" (Gonzaga, 1996, p. 86).

das representações comerciais se relaciona aos termos propostos em nossa tese, isto é, aos impactos da distinção e da massificação no universo cultural.

Comecemos nosso estudo revisitando a figura paradigmática de Francisco Serrador. Isso porque foi justamente com o empresário espanhol (juntamente com seu parceiro de negócios, Antônio Gadotti) que a MF&F assinou, em maio de 1908, um convênio de subrepresentação dos produtos Pathé para os estados de São Paulo e Paraná (AFF, 03/05/1908). Em linhas gerais, essa negociação pouco diferia de outras realizadas no mesmo período pela empresa, mencionadas no final da seção anterior. Com o crescimento exponencial da CCB em São Paulo, contudo, os termos da relação entre os dois grupos rapidamente se alterariam:

> Embora tenha sido peça chave para a sedimentação de Serrador em São Paulo, a condição de representante regional da Pathé não durou muito: ao que tudo indica, o crescimento da CCB no começo da década de 1910 acabou causando um desequilíbrio de forças entre a companhia e os Ferrez. Assim, a relação entre as duas foi formalmente alterada no ano de 1912, data da (...) expansão acionária [da CCB – JLM] (Moraes, 2012a, p. 10).

O ano de 1912 configura-se, assim, como um momento de destaque na trajetória tanto da CCB quanto da MF&F. É nesse ano que se reformulam os termos da aliança das duas firmas. Na assembleia de 23 de junho de 1912, a CCB expandiu seu capital para quatro mil contos (Rs. 4:000:000$000), sendo a MF&F a maior subscritora desse novo lote de ações tornando-se também a "sucursal da CCB" no Rio de Janeiro (Moraes, 2013b, p. 35-36). Sobre essa nova fase das atividades de Serrador, vimos em seção anterior o gigantismo do grupo e sua expansão no mercado exibidor carioca e paulistano. Vinculamos essa expansão tanto ao exponencial crescimento do público consumidor paulista, durante o período 1907-1911, quanto a uma bem-sucedida estratégia de financiamento pela abertura do capital da empresa e pela atração de recursos dos grandes capitais paulistas (inclusive de figuras da cafeicultura). Cabe destacar, por fim, uma última peça chave na engrenagem empresarial de Serrador: o abastecimento de filmes no mercado internacional.

Detentor de um número tão vasto de salas de espetáculo não só na capital paulista mas também em outros pontos do país, era compreensível a preocupação do empresário em estabelecer uma entrada regular e volumosa de novos programas em seus cinemas, sobretudo as salas de maior prestígio no Rio de Janeiro e em São Paulo. Podemos ir adiante em nossa hipótese, questionando-nos sobre as motivações de fundo das decisões desses empresários. É aqui que começamos a vislumbrar a presença de efeitos da distinção.

Para compreender tal ponto, comecemos reanalisando os termos da parceria entre a MF&F e a CCB. Podemos interpretar, num primeiro momento, a decisão de Serrador de aliar-se aos Ferrez como uma estratégia pautada pelos ditames da massificação: uma grande empresa exibidora necessitava do apoio de uma grande empresa distribuidora, detentora de sólidos contatos de abastecimento internacional.[164] Cedo se percebe, contudo, que Serrador desejava ser mais do que simplesmente o magnata da exibição fílmica. Suas ambições estendiam-se também em direção ao mercado distribuidor. Sua aliança com os Ferrez, pode ser articulada

> Não exatamente a um projeto de dominação horizontal do setor cinematográfico, mas sim uma ambição de avanços *verticais*. (...) [Um] relatório da CCB de 1914 nos serve como fonte documental para tal argumentação: nele fica clara a importância da sucursal carioca como distribuidora de fitas pelo país. De acordo com a análise dos documentos, a sucursal não fornecia rolos da Pathé apenas para cinemas na capital, atuando também nos mercados de Pernambuco, Bahia e Rio Grande do Sul (Moraes, 2012a, p. 11).[165]

No referido relatório, quando analisamos as cifras da rubrica "distribuição de filmes" nos lucros da CCB em 1914, encontramos dados interessantíssimos. O lucro

---

164 "A enorme taxa de expansão da CCB só pôde ter sido mantida pelo volumoso fluxo de filmes dos agentes da MF&F. Se, por um lado, a MF&F via-se dependente da CCB, também esta passou a ser demandante de um altíssimo e constante volume de importação" (Moraes, 2013, p. 36). Podemos pensar algumas analogias com casos internacionais, como os mercados franceses e norte-americanos. Richard Abel, em seu estudo sobre a presença da Pathé nos EUA afirma que a firma francesa foi – e seu incrível volume de produção – a primeira a possibilitar níveis satisfatórios de "previsibilidade e controle" ao mercado exibidor (1999, p. 52). Também aí vemos o papel fundamental de grupos distribuidores como a Kleine Optical ou a Miles Brothers, representantes de produtoras francesas e inglesas no mercado norte-americano (*idem*, p. 25 e 51). Para discussões sobre o caso francês, ver Meusy (2004) e Garçon (2005).

165 Podemos mobilizar aqui uma hipótese levantada por José Inácio de Melo Souza, quando de sua afirmação que "a chave do sucesso estava na distribuição de filmes" (2005, p. 190). Também William Condé afirma que "O interesse maior de Serrador era a distribuição e não produção (Condé, 2012, p. 136)

anual da matriz paulista foi de 381 contos (Rs. 381:000$000) contra 359 contos (Rs. 359:000$000) da sucursal carioca. Ou seja: matriz e sucursal praticamente empatavam nos lucros no setor da distribuição (AFF, 1914a e 1915).[166] A situação é ainda mais expressiva quando analisada temporalmente: a participação da matriz sobre o total nos lucros de aluguel de filmes é decrescente entre os anos de 1912 e 1914: no primeiro ano, os paulistas ficaram com 43,8% do total, no ano seguinte, 35,9% e finalmente, 33,9% (*idem*).

Podemos enxergar em tais cifras uma espécie de hipertrofia da sucursal carioca em relação a sua matriz paulista. Embora essa situação se explique, até certo ponto, pela mencionada importância dos luxuosos cinemas da Avenida Central carioca (demandantes de maior número de lançamentos e de programas de melhor qualidade), podemos creditar essa situação a uma mal resolvida cláusula do contrato de 1912: a quem, precisamente, cabia o serviço de importação de filmes da Europa? Aos Ferrez ou à CCB de Serrador? Em favor dos primeiros pesava o contrato original de representação, assinado em 1907. Serrador, por outro lado, julgava-se detentor desse benefício, uma vez que, de acordo com a reunião do conselho da CCB de 5 de julho de 1912, a MF&F "vendeu seu estoque de filmes", repassando também seus ativos e direitos à companhia paulista (Cf. Moraes, 2013b, p. 36).

A disputa (transcorrida, inclusive, por vias judiciais) que se instaura entre os dois polos no ano de 1915 fornece interessantes argumentos para ambos os lados. Logo no início do ano, diante das investidas de Serrador, a situação evidencia-se na troca de correspondências dos irmãos Ferrez: no caso de um rompimento, a quem caberia o direito dos valiosos contratos internacionais (sobretudo da Pathé)? (AFF, 25/01/1915). Em abril, Serrador vai pessoalmente para o Rio de Janeiro e relê o contrato com os Ferrez, sem chegar a um consenso (AFF, 08/04/1915). Pouco tempo depois, Serrador entrou em contato diretamente com a Pathé francesa, colocando-se na condição de verdadeiro representante dos produtos Pathé no Brasil:

> Em 30 de maio de 1912, assinamos o contrato com a MF&F pelo qual eles nos transferiram os benefícios e direitos do contrato anterior a Pathé, que não esteve de acordo com essa transferência. Os Srs. MF&F continuaram responsáveis pelo contrato com os senhores, obrigados à CCB perante cláu-

166 O resultado é próximo também à soma dos lucros de todas as demais agências (Belo Horizonte, Curitiba, Juiz de Fora, Porto Alegre, Recife e Salvador) que alcançou a cifra de Rs. 381:828$670 (AFF, 1915).

> sula contratual firmada com a mesma. Nessas condições, os filmes enviados continuam a ser faturados à MF&F, enquanto as contas foram pagas por nossa empresa (...) Dados os acontecimentos e a interrupção do contrato entre MF&F e a Pathé, temos o prazer de manter nossas relações comerciais diretamente com vocês (AFF, 06/05/1915, tradução do autor).[167]

O que gostaríamos de destacar neste momento, tendo em vista os objetivos da tese, é ver na aliança (e posterior rompimento) entre os grupos Ferrez e Serrador um dos muitos exemplos da importância do controle da representação de marcas internacionais. Nossa hipótese é que o controle da distribuição de filmes era, de longe, a mais relevante conquista a ser alcançada pelos empresários cinematográficos do período.[168] Sobre o tema, afirmamos em pesquisa anterior:

> O contrato dos Ferrez com a Pathé representou, de longe, a atividade central (e mais lucrativa) de seus negócios no período. Nesse sentido, a dinâmica da firma ter-se-ia orientado primeiramente para suas atividades como *representante exclusiva* (ou distribuidora) e, apenas secundariamente, junto ao braço exibidor (Moraes, 2013b, p. 27).

A opção de figuras prementes do primeiro cinema nacional, como os irmãos Ferrez ou Francisco Serrador, em focar atenções no setor distributivo em detrimento dos demais elos da cadeia (a exibição mas também a produção) é um interessante in-

---

167 No original: "le 30 mai de 1912, nous avons signé un contrat avec Mrs. MF&F par lequel ils nous ont transféré les avantages et droits qu'ils percevaient du contrat antérieur de la Société Pathé, qui n'ayant pas été d'accord avec cette transférence. Mrs. MF&F ont restes responsables devant vous pour le contrat, obliges devant la CCB aux clausules établies avec la même. Sur ces conditions, les films envoyées ont continués à être factures à Mrs. MF&F, quoique les traits fussent payées par notre compagnie. (...) Selon les faits et n'existant plus le contrat entre MF&F et les établissements Pathé, nous avons maintenant le plaisir de maintenir nos relation commerciales directement avec vous" (AFF, 06/05/1915).

168 O próprio Serrador evidencia tal posição numa carta redigida a Julio Ferrez em 1915: "Como muito bem sabe, o interesse da companhia é ter os seus negócios direto com as fábricas, para o que sempre temos lutado, abandonando os negócios feitos pelos intermediários (...). Não seria possível a companhia depender de intermediários para os seus fornecimentos de filmes, sendo como somos os maiores importadores e consumidores de filmes no Brasil" (AFF, 10/05/1915, Carta 1).

dicativo da presença de forças econômicas vinculadas à distinção. Para compreender tal ponto, devemos retomar aqui um tema levantado no primeiro capítulo, quando de nosso estudo sobre o consumo de pianos na Primeira República. Vimos que a efervescência do mercado musical nacional não esteve conectada ao surgimento de uma indústria local de instrumentos. Pelo contrário: os agentes mais dinâmicos do setor foram precisamente os comerciantes importadores, detentores de contratos de representação exclusiva de marcas internacionais e conectados à reprodução de uma prática elitista materializada por meio do consumo de produtos importados.[169]

Curiosamente, a situação não será distinta no caso dos filmes. Há bastante debate dentro da bibliografia especializada sobre a crescente consciência do público, ao longo da primeira década do século XX, em reconhecer e diferenciar os filmes e seus diferentes patamares de qualidade (Cf. Abel, 1999, p. 127).[170] Uma vez mais, vemos aqui protagonismo da Pathé Frères: o contato com uma série de documentos primários e com discussões da História do cinema indica que tão central quanto o comércio dos filmes em si era a administração da marca da empresa *per se*. Desde muito cedo, a Pathé construiu ao redor de sua marca - e sobretudo de seu logotipo, o famoso galo vermelho - uma narrativa de qualidade e excelência (*idem*, p. 14-17). Disso decorriam os temores de contrafação ou o uso indevido do nome da empresa ou de seu logotipo.[171] Percebemos a preocupação da MF&F de divulgar-se como a única representante licenciada de produtos Pathé no Brasil, empreendendo represálias a exibidores que, de uma maneira ou de outra, deixassem de mencionar tal fato ao longo de sua programação e publicidade (*OPA, 08/08/1911*).[172]

169 "A admiração que beira a quase devoção pelo estrangeiro deve ser compreendida não como uma imposição dos valores forâneos levados pelos canais do 'imperialismo', mas sim enquanto um produto das relações sociais travadas no interior de uma transição capitalista bastante particular" (Oliveira, 2009, p. 231-232).

170 Para discussões sobre esse tema, ver os debates de Costa (2005).

171 "Os nomes das empresas produtoras também passaram a ser usados como forma de controle. Pois, a colocação da logomarca dessas empresas (fosse o galo da Pathé; a estrela de Meliés; ou o B da Biograph) nos cenários dos filmes servia para evitar a pirataria. Ou seja, servia para evitar que os filmes fossem copiados e vendidos como se tivessem sido feitos por outras empresas, prática bastante comum na época" (Condé, 2012, p. 45).

172 Em 1908, por exemplo, a MF&F enviou uma carta em represália ao Teatro São João, na Bahia, que havia se apresentado como "representante da Casa Pathé" no estado nordestino (AFF, 19/11/1908).

As preocupações da Pathé inscrevem-se dentro de uma verdadeira batalha internacional travada entre marcas e produtoras de diferentes países, indicando o incrível circuito global de circulação de filmes e equipamentos de projeção (Abel, 1999, p. 8 e Figura 29). A despeito da hegemonia das produtoras francesas como a Pathé (e, em menor escala, da Gaumont e da Film d'Art), vemos despontar também marcas italianas, norte-americanas, britânicas ou mesmo dinamarquesas. Num cenário de acirrada disputa e, como vimos, de superprodução de filmes, era fundamental encontrar canais de escoamento contínuo da metragem produzida. Embora parte significativa desses estoques circulasse dentro dos próprios mercados desenvolvidos, rapidamente eles penetraram os quatro cantos do globo, inundando países como o Brasil.

Figura 29 – Logomarcas das principais companhias cinematográficas atuantes nos Estados Unidos

FONTE: National Film Preservation Board/ Biblioteca do Congresso

Vemos, assim, que cada uma dessas empresas contava com um representante em solo nacional. A CCB, "a mais poderosa empresa cinematográfica da América do Sul", regozijava-se de ser a representante de "36 fábricas" internacionais e de exibir "tudo que no mundo se exibir" (*OPA, 09/08/1912* e *20/08/1912*). No rol de representações da CCB, despontam grupos italianos, como a Ambrosio, a Pasquali, a Savoia e a Cines, e americanos, como a Bioscope, a Biograph e a Edison (*OPA, 05/08/1912* e AFF, 1915). Em outro anúncio do jornal, de 1911, lemos que a Empresa Cinematográfica Nacional, uma concorrente, expedia filmes da Milano (italiana) e da Thanhauser (norte-americana) "para todos os estados do país" (*OPA, 09/08/1911*). Já Staffa, o principal oponente da firma de Serrador, logrou manter-se no concorrido mercado cinematográfico justamente por estabelecer um contato de exclusividade com a dinamarquesa Nordisk Film (Souza, 2004, p. 308 e AFF, 20/10/1914).[173]

---

173 Exceção à representação de grandes marcas como a Pathé e a Gaumont – cuja propriedade, ao menos formalmente, sempre esteve na mão do grupo Ferrez/CCB – é bastante comum vermos o nome das produtoras passar de mãos entre os diversos agentes locais envolvidos. Isso decorria ora por aquisição de uma distribuidora menor por parte de uma grande, ora por arranjos institucionais entre dois grupos. A disputa era tão ferrenha que, em muitos casos, os agentes distribuidores brasileiros enviavam funcionários para negociar diretamente com as produtoras na Europa, a fim de oferecer condições melhores e superar os rivais em solo nacional (*O Paiz, 02/08/1912*).

Mais do que meros contratos de fornecimento de um produto industrializado, a representação de grandes marcas vinculava-se, também ela, ao complexo jogo de disputas e exclusões dos diferentes grupos empresariais atuantes nas praças carioca e paulista. Isso se deve em grande medida ao fato de que, ao menos até o triunfo das distribuidoras norte-americanas, "os filmes ainda não traziam os nomes do diretor, atores ou técnicos" (Gonzaga, 1996, p. 89). Assim, com raras exceções, as diferenciações em termos de qualidade dos produtos fílmicos eram asseguradas majoritariamente pela marca da produtora responsável. À maneira dos teatros, o pretenso critério da qualidade dos produtos diferenciava salas e empresários "de primeira" das demais, operando assim como mais um elemento de diferenciação entre as salas de espetáculos.[174]

As vinculações entre representações comerciais desse tipo e práticas de diferenciação podem ser posicionadas dentro de um debate ampliado da história econômica do período. O tema é analisado por Marisa Deaecto quando de sua reflexão sobre a importância da representação exclusiva para os comerciantes de diversos setores da economia paulista no começo do século (Cf. 2002, p. 109 e 168). Também Milena Oliveira afirma:

> Para contornar a situação monopolística criada pela ligação entre o pequeno comércio e uma grande empresa do outro lado do Atlântico, desvantajosa para o primeiro, os negociantes diversificavam as mercadorias vendidas, mantendo a fidelidade a umas poucas e grandes marcas, mas adquirindo a maior gama de produtos possíveis (2009, p. 125).

Podemos reposicionar a relação de empresas como a Pathé e a Gaumont com seus agentes representantes ou, em outras palavras, reposicionar o *locus* ocupado por figuras como Francisco Serrador ou os irmãos Ferrez na dinâmica econômica do primeiro cinema. Podemos ver no imigrante espanhol um exemplo da proposta de Warren Dean, que vincula a nascente indústria brasileira (neste caso, o setor cinematográfico) às iniciativas dos imigrantes vinculados ao comércio importador (Cf. Moraes, 2013a, p. 143 e Dean, 1971, p. 30).[175]

---

174 "Em pouco tempo a identificação entre marca, empresário e determinada sala de exibição seria preponderante" (Gonzaga, 1996, p. 89).

175 Já empreendendo uma leitura aplicada ao universo cinematográfico, afirma José Inácio de Melo Souza que "segundo Warren Dean, no seu estudo sobre a industriali-

Percebe-se o amplo predomínio do comércio importador em face das demais atividades da empresa, como a exibição ou a produção. Ao analisar uma propaganda da CCB de 1911, em que a empresa anunciava "ter o maior estoque de filmes da América do Sul" e de representar mais de trinta fábricas europeias e norte-americanas, afirma Jean-Claude Bernardet:

> Além de distribuir filmes importados, [a CCB] é também uma pequena produtora, principalmente de documentários; neste anúncio, não só não constam filmes brasileiros como não constam nem os filmes produzidos pela própria empresa que anuncia (2009, p. 18-19).[176]

A centralidade da importação/distribuição no rol de atividades de empresas como a CCB e a MF&F evidencia-se, por exemplo, no elevado volume de correspondências trocadas, cujo tema central foram as preocupações com custos operacionais ligados a: (I) operações e custos de embarque de filmes nos portos europeus bem como suas dificuldades em tempos de guerra (AFF, 06/04/1915 e 17/03/1915); (II) custos e comissões de agentes representantes no estrangeiro (AFF, 14/11/1914); (III) taxas aduaneiras cobradas pelos diferentes portos do Brasil (AFF, 15/09/1914 e 10/05/1915, Carta 2) e, por fim, (IV) as preocupações com a desvalorização cambial (sobretudo durante os anos da Grande Guerra), encarecendo as importações europeias (AFF, 13/10/1914 e 24/09/1914, Carta 1).[177]

A preocupação de grandes figuras do empresariado cinematográfico nacional com custos aduaneiros dos portos europeus ou altas taxas de câmbio apenas eviden-

---

zação paulista, a passagem para a produção local não era uma mudança radical (...). Os interesses entre importadores de filmes e os produtores de películas ainda eram harmoniosos (...). A tendência para a substituição dos produtos importados por manufaturas locais sempre existiu na economia brasileira dos séculos XIX e XX e, desse modo, o cinema, como atividade econômica, logo se inseriu dentro das regras do desenvolvimento capitalista periférico" (2004, p. 235).

176 Sobre o tema, ver também Gomes (1996, p. 35-36).

177 "A competição direta entre importadores e a indústria nacional revela que por mais que tenha havido uma confluência entre a indústria e o capital importador, este fazia frente às indústrias emergentes, principalmente no que diz respeito às disputas em torno das políticas tarifária e cambial" (Loss, 2010, p. 230). A respeito da temática do câmbio e dos impostos alfandegários sobre produtos fílmicos, ver Souza (2004, p. 180) e Condé (2012, p. 58-64).

cia a importância do elo distribuidor dentro do portfólio de suas empresas. Podemos pensar que, a despeito de certa "solidariedade de interesses" – usando aqui o termo de Paulo Emílio Salles Gomes (1996) – entre esses agentes importadores e os produtores locais, muitas das pautas dos distribuidores chocavam-se com as demandas dos agentes produtores.

Não que esse grupo fosse particularmente coeso ou expressivo. Pelo contrário: quando os filmes não eram realizados por figuras ligadas justamente às casas importadoras, eles vinham das mãos de produtoras pequenas e extremamente desarticuladas. Somente na década de 1920 é que se constituiriam as primeiras iniciativas efetivas em favor de um cinema nacional (Galvão, 1975, p. 52).[178] Uma incipiente inquietação diante da ausência de filmes nacionais nos cinemas do período, contudo, já está presente em nosso momento de estudos, conforme nos sugere uma nota d'*AC* de 1919:

> O Brasil recebe anualmente milhares de metros de filmes de propaganda estrangeira, pagando por isso centenas de contos de réis: não deve estar satisfeito. Razão para se alegrar terá, verdadeiramente, quando os nossos filmes nacionais, fazendo a nossa propaganda no estrangeiro, possa atrair para aqui grandes capitais, que, girando em bem organizadas companhias de ordens diversas, dará movimento, ação, vida, a este colosso que jaz quase inerte (*AC, nº106, jan/1919*).

Como no setor teatral, os anos finais da década de 1910 inauguram um debate sobre as perspectivas de nacionalização do cinema. Esboçam-se os primeiros contornos de um debate que percorrerá praticamente todo o século XX e cuja plena compreensão foge aos limites do presente trabalho: os desafios e as possibilidades do surgimento e manutenção de uma indústria cinematográfica nativa e de um projeto cinematográfico mais alinhado aos ditames da massificação.[179]

---

178 Em 1924, por exemplo, Luiz de Barros, em texto publicado na coluna de Pedro Lima (temos aí dois nomes centrais do cenário cinematográfico nacional do período) na Revista *Selecta*, demandava ações do governo pela redução dos "direitos alfandegários cobrados pelo filme virgem" e "aumento na taxação do filme impresso importado" (*Selecta, V.X, nº36, 06/09/1924 apud* Autran, 2013, p. 204).

179 Para discussões ampliadas sobre essa temática, ver os trabalhos de Ortiz (2001), Bernardet (2009) e Autran (2013).

Diante da superioridade técnica dos produtos importados e, não menos central, da adesão maciça do público a esses produtos forâneos, vemos reforçarem-se os vieses da distinção no meio cinematográfico.[180] Métodos de produção e comercialização dos filmes ou racionalização e serialização da cadeia produtiva - como vimos, elementos centrais da massificação cultural - são preocupações distantes da realidade dos produtores nacionais da *Belle époque* nacional.

Dentro de tal quadro, não haveria maneira melhor de concluir nossa seção do que vincular uma célebre passagem proferida pelo Dr. Silvério Ignarra, um dos principais acionistas da CCB. Perguntado se a empresa tinha interesse na exibição de fitas nacionais, respondeu o capitalista que sim, contanto que se encontrassem produtos com "a mesma perfeição das fábricas estrangeiras" (*Gazeta de Notícias 13/05/1912 apud* Araújo, 1985, p. 395). Já era difícil para as companhias produtoras sustentarem-se financeiramente, o que dizer então de realizar filmes de qualidade ou perfeição.

O nascimento de uma nação: o Brasil e a cadeia global do entretenimento no século XX

Após quatro anos de conflito e cerca de 11 milhões de mortos, a Grande Guerra alterou mais do que as fronteiras dos mapas europeus. Registraram-se também inflexões consideráveis no sistema econômico global, com alterações em diversos setores, algumas delas, irreversíveis. Ao término do conflito, em 1918, os países europeus contabilizavam mais do que perdas militares. Em um relatório interno, a Gaumont indicava o falecimento de quase meia centena de profissionais nos campos de batalha (SEG, 1918). A ampla maioria das baixas não foi de artistas, mas sim de profissionais técnicos: eletricistas, mecânicos, impressores etc. Também a Pathé foi fortemente afetada durante o conflito. Além de pessoal, a empresa participou do

180 Sobre o tema, podemos identificar uma conexão com os já mencionados debates de Milena de Oliveira com as particularidades do consumo em contextos periféricos. Afirma a pesquisadora que "as particularidades da dinâmica do consumo em contexto periférico remetem à ausência de uma base industrial, cujas funções de generalização e diferenciação são substituídas pela importação, que fornece tanto os produtos necessários à massa, cuja produção interna é insuficiente, quanto os produtos de luxo fundamentais à afirmação social das elites" (2009, p. 332). Obviamente, podemos refletir em que medida tais discussões se aplicam a um produto cultural, detentor de particularidades específicas, um debate que não temos condição de empreender aqui.

chamado "esforço de guerra" realocando parte de suas unidades produtivas para o atendimento de demandas militares (Figura 30).

Figura 30 – Operárias da fábrica de Vincennes da Pathé realocadas para a produção de máscaras de gás para o exército francês (1916)

FONTE: Cinemateca Francesa in Kermabon (1994)

A documentação dos Arquivos Ferrez fornece-nos outros indícios da radical reformulação transcorrida no setor. Apenas dois meses após o início do conflito, a Ambrosio, produtora italiana, redigiu o seguinte para seu cliente brasileiro: "o desnorteamento causado pelo romper da guerra a todos os negócios, afetou também profundamente a indústria cinematográfica. Várias fábricas tiveram que suspender seus trabalhos e outras levantar pretensões absurdas" (AFF, 24/09/1914, Carta 2). A situação se evidencia quando analisamos a entrada anual de filmes da Pathé na MF&F: se entre 1912 e 1914, a casa importadora trouxe, em média, 641.293 metros de filmes, em 1915 esse valor caiu para apenas 70.935 (AFF, 1912-1915b e Moraes, 2010d, p. 16).

Sendo empresas de atuação global, era evidente que uma crise de tais dimensões implicaria mudanças de grande envergadura. Em 1914, a Pathé perdeu suas sucursais nas regiões do Centro e do Leste Europeu: neste mesmo ano, romperam-se os canais comerciais com Belgrado, Budapeste, Sofia, além de escritórios em diversas cidades da Alemanha e da Áustria (PF, Inventários, 1914). A situação não foi distinta na Gaumont, conforme nos sugere uma discussão empreendida na reunião do Conselho de Administração da empresa, em 1921:

> Todos sabem o invejável lugar que a Maison Gaumont ocupava no exterior antes da guerra: ela lá realizada três quartos de seus negócios. Todos os seus esforços [isto é, os atuais esforços da empresa – JLM] tendem a retomar um lugar que hoje outros ocupam. Certos países concorrentes conseguiram realizar suas atividades comerciais de modo, por assim dizer, livre, durante vários anos, à custa das casas francesas, imobilizada pela guerra (SEG, 26/05/1921, tradução do autor).[181]

Não é preciso grande esforço para saber a qual país a Gaumont se referia. A principal inflexão do sistema cinematográfico internacional veio do outro lado do Atlântico: os grupos norte-americanos, até então restritos ao mercado doméstico, iniciavam uma trajetória de internacionalização, um processo cujos impactos seriam sentidos ao longo das décadas seguintes.

Charles Pathé, que desde cedo havia percebido a relevância dos americanos no mercado cinematográfico, não deixou de se mostrar incrivelmente sensível (e preocupado) com a nova situação. Em novembro de 1914, redigia uma carta a Marc Ferrez afirmando-se consternado com os negócios de cinema no mundo. Além das preocupações com a guerra, a carta evidencia também alguns dos novos realinhamentos do setor: Pathé mencionava, por exemplo, uma série de acordos e parcerias para comercialização de seus filmes nos Estados Unidos, aí incluindo arranjos com o conglomerado Hearst, o maior grupo de mídia do país (AFF, 02/11/1914 e Abel, 1994, p. 52).

Demoraria pouco para que a ascensão dos grupos se fizesse sentir também em solo nacional. Entrando, inicialmente de maneira tímida no ano de 1915, a Fox

181 No original: "Vous savez quelle place enviable la Maison Gaumont occupait à l'étranger avant la Guerre: elle y réalisait les trois quarts de son chiffre d'affaires. Tous ses efforts tendent à reprendre une place que d'autres occupent aujourd'hui. L'activité commerciale de certains pays concurrent ayant pu, en effet, exercer, pour ainsi dire librement, pendant plusieurs années aux dépens des maisons françaises, immobilisées par la guerre" (SEG, 26/05/1921).

rapidamente ganharia mercado, em breve suplantando a hegemônica Pathé como a principal marca representada pela CCB. Esse aumento é evidente, por exemplo, na análise das entradas e dos sucessos dos filmes do Cine Pathé dos Ferrez. Vinculamos, na Figura 27, um excerto dessa documentação.

Figura 31 – Quadro de receitas do Cinema Pathé comparando as receitas de filmes da Pathé e da Fox (1917)

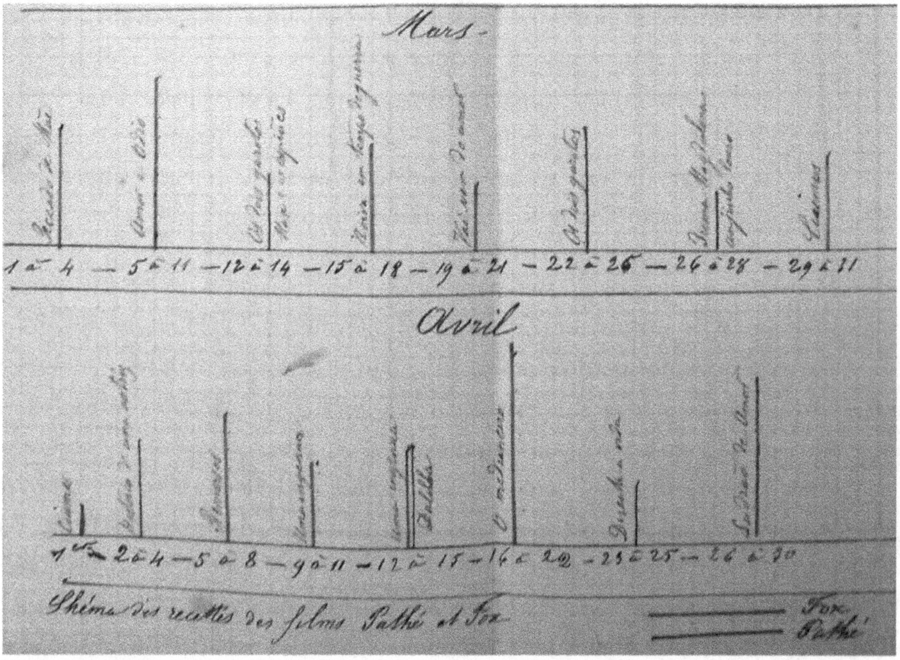

FONTE: Arquivo Nacional

Nos anos finais da década, a inversão estava praticamente completa: figuras como Tom Mix ou Charles Chaplin já ocupavam as páginas dos periódicos nacionais (*OPA, 20/08/1917* e *01/07/1920*).[182] Seria restritivo, contudo, limitar os efeitos da guinada americana apenas ao universo cinematográfico. Em 1920, a peça "Corsários do Ar" foi encenada no Cinema Central do Rio de Janeiro migrando, dois meses depois, para a Broadway (*OPA, 08/07/1920*). Mais do que uma simples peça comercial, vemos aí uma verdadeira mudança de paradigma: saíam de cena alguns dos antigos cânones teatrais, herdados do sistema lusitano, para dar lugar a temas e elementos

182 "Os 'films' americanos que, como se sabe, pela sua perfeição sob todos os aspectos avassaralam os teatros brasileiros" (*AC, nº126, dez/1919*).

tipicamente norte-americanos. Vemos aí, por exemplo, a menção a outro termo que, ao longo das décadas seguintes, se faria mais e mais presente na paisagem cultural nacional: o jazz. Percebe-se, assim, que as influências da nova potência econômica e cultural do século XX transbordavam para os demais suportes artísticos, como o teatro e a música.

Mais do que uma mudança de ordem meramente estética, iniciava-se aí um processo econômico de longa duração. Como é bem sabido, o aumento da presença norte-americana no contexto global causou inflexões imensas nos mais diversos aspectos da cultura brasileira. No cenário mundial, podemos dizer que se inaugura uma nova fase mas, a despeito da mudança dos protagonistas, o *locus* do Brasil na cadeia global do entretenimento não se alterava.

Ainda mais interessante, as transformações globais não alteraram a dinâmica socioeconômica da cultura brasileira. O que se registrou no momento foi, curiosamente, exatamente o oposto: um novo compromisso com a exclusão e com a desigualdade. Sabemos, assim, que no início dos anos de 1920, o circuito comercial começou a se alterar, tomando de empréstimo novos modelos de negócio, importados agora dos EUA.

Uma vez mais, o exemplo maior a ser mencionado aqui é o de Serrador. Em 1921, o empresário visitou a América do Norte, lá conhecendo os grandes cinemas e os teatros da Broadway (Moraes, 2012a, p. 16). Conheceu também os novos regimes de exclusividade de lançamento de filmes e, pouco depois, passou a implementar as novidades em sua cadeia exibidora.

O efeito dos novos tempos foi rapidamente sentido. Nos primeiros anos da nova década, os preços dos ingressos de cinema, praticamente inalterados desde finais da década de 1900, começam uma trajetória de ascensão (Gonzaga, 1996, p. 122)[183]. Se é possível sustentar alguma dúvida a respeito do caráter elitista dos projetos do empresário nos decênios anteriores, eles aqui se dissipam de vez. É possível dizer que as habilidades comerciais, os bons contatos ou o traquejo em negociações de Serrador pouco valem diante uma outra qualidade fulcral do imigrante valenciano: o empresário espanhol percebeu o compromisso da sociedade brasileira com a distinção e com a exclusão. Foi aí que firmou seus negócios e foi aí que prosperou.

---

183 Mais de uma vez, Serrador deixou entrever que a futura Cinelândia buscaria atrair a elite de Botafogo e Copacabana. Segundo sua avaliação, 70% do público que frequentava a Avenida saíam desses bairros *chics*" (Gonzaga, 1996, p. 123-124).

É mais do que sintomático o fato de que uma de suas maiores iniciativas, a Cinelândia carioca, tenha sido abraçada com tanto carinho pela sociedade brasileira nas décadas seguintes. Não é de se admirar que o quarteirão de luxo e consumo ostentatório seja hoje confundido com o centro da própria cidade. Que seja visto como a própria metáfora do país: a longevidade do sonho de Serrador é uma prova viva do vigor e da resiliência de um sistema social assumidamente desigual e cujas manifestações se fazem presentes nos mais tacanhos momentos da vida, aí incluindo, é óbvio, o universo da cultura.

Considerações finais

O ELITISMO COMO PROJETO ECONÔMICO DA CULTURA BRASILEIRA

"Os oficiais superiores não devem ocupar outros lugares senão na plateia".
N. Gogol, 1835

"Como uma história que viria a se repetir muitas vezes no Brasil, a saga do Zoológico do barão mostra como é mais fácil fundar e inaugurar instituições ambiciosas como museus, parques, bibliotecas, casas de cultura, galerias de arte e universidades do que sustentar suas dispendiosas e exigentes rotinas".
R. DaMatta e E. Soárez, 1999

No malote transatlântico, acompanhando correspondências oficiais sobre a sociedade, a economia e os fatos políticos brasileiros, os funcionários da embaixada francesa no Rio de Janeiro enviavam a seus superiores de além mar informações sobre o comércio importador de cinema brasileiro (ADN, 24/09/1921).[1] Não que essa situação fosse nova: afirma Alice Gonzaga que em 1910 um diplomata norte-americano realizou um levantamento do número e lotação das salas da capital federal, quem sabe na tentativa de auxiliar seus conterrâneos a prever o tamanho do mercado consumidor local (Cf. 1996, p. 99). Mesmo nos arquivos históricos de Portugal,

---

1 Agradeço a gentil contribuição do pesquisador e doutorando do *Institut des Hautes Études de l'Amérique latine* (IHEAL) Manuel Rodriguez Barriga pelas informações e documentos históricos por ele disponibilizados.

país notadamente distante dos patamares de desenvolvimento de seus vizinhos europeus, os telegramas trocados por empresários e atores indicam o dinamismo de um setor econômico em fase plena.

Estes são alguns dos diversos exemplos da ação de atores sociais numa etapa central da história cultural no Ocidente. A virada do século XIX para o século XX foi, como vimos, um momento marcante na história econômica global. Com o advento da segunda revolução industrial, setores econômicos inteiros surgiram ou se reformularam. Registram-se inflexões na produção e distribuição de bens e serviços de vários segmentos, reformulam-se as relações de trabalho, a vida urbana começa a despontar mundo afora e a própria funcionalidade da arte vê-se alterada. Temos aí modificações de primeira ordem que não passaram incólumes pela sensibilidade de pensadores do período, conforme discutimos ao longo dos diversos capítulos da tese.

Se é certo, como diz Walter Benjamin – umas das estrelas maiores dessa constelação de figuras teóricas –, que há um hiato temporal entre as mudanças na base econômica e sua manifestação no universo cultural, não é menos certo que essa decalagem se reproduz também no espaço.[2] São precisos, assim, poucos minutos de reflexão para compreender que a situação nacional é distinta daquela reportada nos centros desenvolvidos. Contudo, em lugar de chamá-la "atrasada", "defasada" ou "subdesenvolvida", parece-nos mais correto aí ver uma afinação particular, nativa, endógena.[3]

A apresentação de alguns casos notórios auxilia-nos na compreensão desse ponto. Na primeira década do século, Alberto Nepomuceno recebeu uma saraivada de ataques ao prelúdio de sua obra *O Garatuja*. As principais ofensas recaíam sobre o uso de opções formais extraídas do lundu carioca, expressão musical de influência negra. O argumento fundamental das críticas é evidenciado numa crônica publicada n'*OPA* em 1909, quando o crítico Oscar Guanabarino afirma que "não profligaríamos o fato, desde que a composição se realizasse num teatro maxixeiro ou num cinematógrafo; mas num templo de arte, como é o Instituto Nacional de Música" (*29/10/1909 apud* Pereira, 2007, p. 167).

---

2 Valendo-se de terminologia marxista, afirma Benjamin: "tendo em vista que a superestrutura se modifica mais lentamente que a base econômica, as mudanças ocorridas nas condições de produção precisaram mais de meio século para refletir-se em todos os setores da cultura" (1994, p. 165).

3 Tecemos aqui uma conexão com o debate de Paulo Emílio Salles Gomes sobre o cinema no Brasil: "em cinema o subdesenvolvimento não é uma etapa, um estágio, mas um estado" (1996, 85).

Crítica semelhante voltaria a aparecer nas páginas da imprensa alguns anos depois, quando da realização da fatídica "Noite do Corta Jaca". A polêmica originou-se após a realização de um recital musical realizado no Palácio do Catete, então ocupado pelo presidente, o Marechal Hermes da Fonseca e sua esposa, Nair de Tefé (Rodrigues, 2002, p. 75-83). Seria apenas mais um dos muitos saraus da prolífica *Belle Époque* tropical, não fosse o fato de que aí se executou o *Corta-jaca*, um maxixe composto por Chiquinha Gonzaga para uma peça musical na década de 1890. A presença da obra no programa da noite desencadeou uma verdadeira cruzada moralizante, envolvendo, inclusive, uma condenação eclesiástica do arcebispo do Rio de Janeiro, o cardeal Arcoverde. Também Rui Barbosa manifestou-se ferrenhamente contra a execução da obra de Gonzaga, conforme indicam as atas do Senado Federal:

> Diante do corpo diplomático, da mais fina sociedade do Rio de Janeiro, aqueles que deveriam dar ao país o exemplo das maneiras mais distintas e dos costumes mais reservados elevaram o *Corta-jaca* à altura de uma instituição social. Mas o *Corta-jaca* de que eu ouvira falar há muito tempo, que vem a ser ele, Sr. Presidente? A mais baixa, a mais chula, a mais grosseira de todas as danças selvagens, a irmã gêmea do *batuque*, do *cateretê* e do *samba*. Mas nas recepções presidenciais o *Corta-jaca* é executado com todas as honras de música de Wagner, e não se quer que a consciência deste país se revolte, que as nossas faces se enrubesçam e que a mocidade se ria (Anais do Senado, 1914, sessão 147 *apud* Rodrigues, 2002, p. 83).

Tanto a polêmica do *Garatuja* quanto a do *Corta-jaca* precisam ser, obviamente, matizadas. Como vimos, a relação de Oscar Guanabarino e Alberto Nepomuceno não era das mais cordiais. Que dizer, então, da de Hermes da Fonseca e Rui Barbosa. Tampouco nos parece proveitoso resumir as duas polêmicas a simples expressões do vasto e heterogêneo arcabouço de ideias e concepções racistas, tão correntes na Primeira República brasileira[4]. Os dois casos estão aqui arrolados para refletirmos sobre outra tendência igualmente marcante do período: por detrás de opções estéticas ou formais e nos bastidores das polêmicas e dos debates públicos, o que evidenciam-se multifacetadas declarações de um compromisso dos principais atores culturais brasileiros com um projeto elitista e excludente das artes.

---

4 Sobre o tema, ver a discussão de Tuma (2008, p. 41) e de Ventura (1991, p. 59).

A proposta de Gustavo Wertheimer e Gabriel Giraudon por um Conservatório Dramático e Musical paulista de feitio mais comercial foi preterida pelo projeto de Chiafarelli e Cardim. A proposta de ensino artístico de Augusto Cavalier capitulou perante a mão forte de Leopoldo Miguez. O Liceu de Artes e Ofícios do Rio de Janeiro foi eclipsado pelo elitismo da Escola Nacional de Belas Artes, enquanto seu congênere paulista se vinculou, em última análise, ao aristocrático mundo das encomendas da elite local. Ignoraram-se as ressalvas do senador Ezequiel Ramos, temeroso que o Municipal de São Paulo só serviria às classes ricas e poderosas. Na capital federal, a opção comercial nem sequer foi cogitada: no afã de emular as capitais europeias (e também de preencher os tão cobiçados "cargos decorativos" dominados, como vimos, por alguns poucos "ditadores"), optou-se por um projeto caríssimo e, uma vez mais, altamente excludente.

Tomamos aqui os teatros municipais como símbolos da cultura nacional neste período, mas qualquer uma das instituições públicas então surgidas nos levaria às mesmas conclusões. Sem condições de se articular de modo maduro às nascentes cadeias comerciais, pouco restava às suntuosas instituições. Foram muitos os recursos para criar os "templos da arte" que, por um efeito quase místico e jamais plenamente explicado, fomentariam a cultura nacional, engrandecendo o país e inserindo-o no internacional concerto das nações.

Seriam necessários poucos dias para que o devaneio fosse percebido. No mesmo ano de inauguração da casa de espetáculos, João do Rio antecipava a crítica tantas vezes repetida: "fizemos a casa antes de ter com o que mobiliar" (Peixoto, 2009a, p. 84). Anos depois, a insatisfação persistia, conforme indicava uma nota d'*OPA*: "já temos intérpretes, mas o teatro nacional segue mal, embora nele percamos tempo criando escolas dramáticas e conservatórios, fazendo conferências e escrevendo livros e vasta soma de artigos em jornais" (*OPA*, 27/08/1917).

Figura 32 – Charge "As conferências"

FONTE: RF, nº40, out/1910, Biblioteca Nacional

No angustiado protagonista da Figura 32 o argumento se amplia: palestras sobre o valor da arte, projetos para a arte brasileira, propostas de reformulação da sociedade. Na *Belle Époque* nacional, as ideias abundam. Os elegantes projetos também. Ainda assim o sistema cultural brasileiro gira em falso, e a despeito dos esforços da Sociedade de Cultura Artística ou da Sociedade Glauco Velasques, o público cultural segue, em última análise, estável: as vinte famílias de sempre, os "300 de Gedeão". Sobre o tema, é interessante também a discussão que Milena Oliveira empreende a partir das impressões do viajante Albert Bonnaure na São Paulo dos anos de 1910. Lemos aí uma interessante passagem sobre o Municipal paulista:

> Sugeriu uma vez Bonnaure que se os ingressos fossem mais acessíveis, a renda arrecadada seria maior e, assim, mais companhias seriam contratadas, permitindo a uma parcela cada vez maior da população o deleite proporcionado pela cena lírica: "o preço das localidades mais ao alcance de todos não contribuiria para aumentar a receita, pelo acréscimo do número de espectadores?". Mas era realmente essa a intenção? (2009, p. 269).

Onde um olhar estrangeiro, acostumado à razão e ao cálculo modernos vê, ineficiência, o historiador vê uma funcionalidade pretérita. Esse mundo de polêmicas e infrutíferos debates culturais nada mais é do que um universo de distinções e de representações em rotação.[5] Nesta sociedade, marcada ainda por traços tão inegavelmente

5 "Aquilo que nos parece hoje 'luxo' é, na realidade, como já salientou Max Weber, uma necessidade, numa sociedade assim estruturada. Veblen definiu este luxo como *cons-*

aristocráticos, a arquitetura dos teatros serve para segregar e as taxas de matrícula excluem aspirantes humildes. O luxo aqui é mais importante do que o lucro e a ostentação vale mais do que a eficiência; em suma: a distinção triunfa sobre a massificação.

★ ★ ★

O que é particular no contexto brasileiro – ou, arriscando-nos um pouco mais, nos contextos periféricos –, não é propriamente a existência desses vieses da distinção, mas sim a quase inexistência da contrapartida massificadora. Quem transita pelas páginas teóricas de Bourdieu bem sabe que, também nas economias desenvolvidas, os setores culturais cindem-se entre os artistas comerciais e os "puros" (Cf. 1993a e 1996). Essa polarização, contudo, ganha aqui ares muito mais intensos: as sujas ambições dos autores comerciais são aqui mais sujas, as imoralidades dos teatros de revista são aqui mais imorais e a altura da torre de marfim das belas artes é ainda maior. O discurso do purismo das artes alcança seu paroxismo, atingindo um nível de desconexão com a realidade material que nem os mais radicais estetas cogitariam.

Basta relembrar a ausência de Guiomar Novaes, Antonietta Rudge ou Leopoldo Miguez nos catálogos fonográficos. Basta lembrar a prática comum de outros tantos compositores ou artistas plásticos em ocultar-se por detrás de pseudônimos para não se macular no torpe mercado.[6] Basta lembrar, finalmente, da repressão sofrida e do desprestígio gozado por artistas vinculados às modalidades musicais comerciais, como o maxixe, o samba ou a polca (Cf. Wisnik, 2004).

Foi, contudo, justamente em tais gêneros que o representante de uma marca internacional, Fred Figner, firmou seu negócio: foram das gravações de sambas, de maxixes e de temas do carnaval popular da Casa Edison que sobreviveram muitos dos compositores da época. Foi também das charges do jornal que muitos pintores sobreviveram. Fora dos muros do Teatro Lírico ou da Villa Kyrial, um riquíssimo universo profissional subsistiu. Coristas, artistas de terceiro escalão, técnicos cinematográficos, cartunistas, demonstradores de partituras, membros das bandas públicas, professores particulares. Profissionais comerciais e primeira geração a ser explorada pelo inédito ritmo capitalista da cultura. Figuras históricas esquecidas não apenas pelas instituições

---

picuous consumption, consumo ostentatório. Numa sociedade em que todas as atitudes de um indivíduo têm o valor de representação social, as despesas de prestígio e representação das camadas superiores são uma necessidade a que não é possível fugir" (Elias, 1987, p. 38).

6 Cf. Pereira (2007, p. 224).

públicas da época, mas também pela própria historiografia cultural. Resgatar parte da vivência desses profissionais foi também um dos objetivos desta tese.

Esta ambição, contudo, é pequena diante de outras aqui colocadas. Foi na *Belle Époque* que se delinearam as diretrizes – econômicas inclusive – do desenvolvimento dos setores culturais ao longo de todo o século XX. Aventamos, assim, a proposta de que certos padrões desse período tenham se cristalizado e perdurado ao longo dos momentos posteriores da história cultural nacional, ainda que em distintas roupagens. O Modernismo – inicialmente paulista, mas nacionalizado ao longo do tempo – é bom exemplo disso. O *Ode ao burguês* da *Pauliceia desvairada*, que Mário de Andrade publicou em 1922, exala mudanças. Nas críticas e ironias do poeta, todavia, podemos ver o que Roberto DaMatta e Elena Soárez chamaram do velho "desprezo ideológico" pelo capital, uma herança de tempos do Império e, talvez, mesmo da Colônia (Cf. 1999, p. 81). No estudo dessa Economia Política do Modernismo nacional, tão dependente de encomendas públicas e da manutenção de relações pessoais, percebemos traços bem pouco modernos.

Os anos iniciais do século XX inauguram também outro capítulo fundamental para a compreensão da era que se sucede: é nesse período que os Estados Unidos fincam as bases de sua tão fulcral presença cultural global. Quando os representantes da Fox e de outras produtoras norte-americanas aportaram por aqui, contudo, encontram um estruturado aparato importador. A presente tese não se aventurou nos complexos debates sobre a temática do Imperialismo (econômico e cultural) e não será aqui, na conclusão, que o faremos. Em todo caso, se é certo que as variáveis econômicas globais em muito influenciam os contornos e as potencialidades dos nascentes segmentos culturais nacionais, nossa argumentação jamais incorreu num determinismo bloqueador. A margem de manobra de agentes locais, ainda que restrita, foi existente. Ela não foi mobilizada, contudo, para fazer frente aos avanços desses agentes externos. Pelo contrário: os principais agentes culturais locais a eles se vincularam em prol da reprodução de um padrão social excludente.

Foi, por outro lado, justamente desse hiato entre a realidade (econômica inclusive) dos setores culturais brasileiros e os estrangeiros que surgiram algumas das mais interessantes reflexões locais. Talvez seja no Cinema – arte massificada por excelência ou, nas palavras de Anatol Rosenfeld, o "filho do capitalismo" – que o desconforto tenha se expressado, e se expressa, de modo mais evidente. Ao término da Grande Guerra, maravilhava-se a opinião pública nativa diante da nova arte que, além de expressiva, tinha, nas palavras de cronista d'*OESP* em 1918, "resultados (...) fabulosos, dando magníficos dividendos aos acionistas que formam as numerosas companhias exploradoras do gênero" (*OESP*, -/-/*1918 apud* Galvão, 1975, p. 46).[7] Em oposição aos estúdios e ao *star system* forâneo, o amadorismo nacional; em lugar de eficientes empresas de capital aberto, mal estruturadas escolas de cinema. Na terra da cavação, cogitar algo minimamente próximo a uma indústria cinematográfica seria certamente delirante. De acordo com o cinematografista paulista Francisco Madrigano:

> Essa história de capitalistas é muito bonita, mas só serve para escrever em revista, não dá certo quando chega a hora de fazer filme. A única coisa que a gente podia fazer era abrir uma escola de cinema, para ver se, entre os alunos, juntando um pouco cada um, dava para arranjar dinheiro para comprar o material e fazer um filme. Existia outra solução? Não existia. Era isso ou desistir de tudo de uma vez, ir cuidar da sua vida (*idem*, p. 109).

A afirmação da presença de um descompasso material entre os segmentos culturais brasileiros e internacionais não se confunde com a aceitação de um complexo de inferioridade da arte nativa, uma posição redutora, nociva e, infelizmente, recorrente.[8] Em franca oposição a essa abordagem, a presente tese deteve-se no estudo de trajetórias e projetos inequivocamente bem-sucedidos: vimos as atividades de empresários como Arthur Napoleão, Marc Ferrez e Filhos, Walter Mocchi, Pascoal Segreto, além, é claro, de Francisco Serrador. São aí alguns nomes exitosos, ainda mais exitosos se os pensarmos no contexto brasileiro.

Para compreender tal ponto, valhamo-nos de um último exemplo, extraído da documentação administrativa do Arquivo Ferrez. Em 1912, a CCB de Serrador anunciava que entraria com 50% dos 135 mil contos (Rs. 135:000$000) da Empresa Teatral Brasileira. Dois anos depois, o grupo abandonava o projeto alegando que "nenhum resultado temos [aí] obtido" (AFF, 1912a). Câmbio, pagamentos aos artistas e baixas receitas dos teatros comerciais são algumas das razões apresentadas no relatório. É preciso compreender a decisão de nossa empresa-modelo no quadro econômico nacional: enquanto os maiores ativos das companhias europeias ou

---

7 "Na época em que a nossa produção de filmes começava a se desenvolver, o cinema já se definira no mundo como uma verdadeira indústria de diversões. Os jornais da época salientavam a sua enorme importância e lamentavam que no Brasil não existisse uma indústria cinematográfica" (Galvão, 1975, p. 46).

8 Sobre o tema, ver Bernardet (2009, p. 31-32).

norte-americanas eram suas fábricas, seus profissionais e suas milionárias estrelas, no Brasil "a verba de despesas com aluguéis [de filmes] é a mais importante" (AFF, 1914a, PF, 12/11/1907 e SEG, 29/05/1909). Os mais valiosos bens das empresas daqui são, portanto, os contratos de representação exclusiva de um logotipo ou marca estrangeira. Pathé, Gaumont, Érard, Steinway, Ritter, mas também Réjane, Caruso ou Bernhardt: sobrenomes estrangeiros que faziam brilhar os olhos dos consumidores abastados, em última análise os únicos consumidores que interessavam ao jovem capitalismo cultural brasileiro.

O que se organizou no setor cultural privado nacional, organizou-se de um modo peculiar. Há, assim, uma espécie de toque de Midas verde-e-amarelo. Tudo o que nasce e vinga, cresce em direção ao elitismo: Pascoal Segreto começou como um bicheiro e tornou-se cidadão condecorado da colônia italiana. Francisco Serrador saiu do universo do entretenimento miúdo para batizar o mais central dos bairros do país, a Cinelândia carioca. O "mercado de honorabilidades" vale aqui muito mais do que o mercado e para ele se orientam todas as iniciativas e ações. Das sociedades imigrantes aos monumentos públicos, do comércio de pianos aos blocos carnavalescos, das sociedades culturais às sociedades anônimas: diante do hegemônico compromisso nacional com a distinção e com a exclusão, as vozes defensoras de projetos minimamente distintos quase se perderam no horizonte do tempo.

A compreensão da presente tese passa, portanto, pela aceitação de existência de uma distinção onipresente, manifesta nas mais diferentes maneiras e materializada nas mais arraigadas e inconscientes práticas do cotidiano. Dos chapéus das senhoras frequentadoras dos teatros de elite aos sapatos dos sambistas da Camisa Verde, temos aqui um jogo perene de diferenciações e exclusões que se estende, literalmente, da cabeça aos pés da sociedade brasileira.

A ubiquidade desse padrão social torna evidente o fato de estarmos diante de um fenômeno de longa duração histórica. Impossível não recorrer aqui aos debates e reflexões de nomes canônicos da História Econômica. O compromisso com a distinção, o mercado das honorabilidades fazem ecoar as palavras de João Fragoso e Manolo Florentino que, em seu estudo sobre os primórdios do Brasil independente, identificaram o compromisso firmado entre "toda a sociedade com a exclusão" (2001, p. 237).[9] Além dos dois, uma ampla gama de teóricos poderia ser mobiliza-

9 "Concentração e diferenciação parecem, portanto, imunes às distintas conjunturas econômicas, tanto aquelas próprias da escravidão quanto as do capitalismo deste final de milênio: é este o mais forte ponto de contato entre a elite contemporânea e as

da aqui para ratificar nosso argumento. De Celso Furtado à Roberto Campos, de Fernando Henrique Cardoso a Francisco de Oliveira: nomes de variadas orientações e vieses, consoantes, contudo, na aceitação do papel central da cultura na reprodução de padrões sociais e, com isso, nos processos de desenvolvimento ou subdesenvolvimento econômicos.

Um extenso arrolamento de nomes e teóricos, contudo, pouco contribuiria para a conclusão de nossa tese. Pelo contrário: apenas alimentaria o giro eterno de debates, conferências e ideias grandiloquentes sobre as artes. É preciso quebrar esse ciclo, reencarnando a cultura no que ela tem de mais vibrante e vivo: seu componente estético, é claro, mas também sua mais que inequívoca expressividade social, econômica e política.

elites de outras épocas. (...) Trata-se de um padrão que não se restringe ou se esgota no mercado, pois tem na cultura – especialmente na cultura política – um momento fundamental" (2001, p. 235-236).

Apêndice metodológico

No intuito de dotar a presente pesquisa de maior rigor e também para auxiliar outros pesquisadores voltados ao estudo dos setores culturais brasileiros no início do século XX, resolvemos incluir à tese este breve apêndice metodológico. A ideia central aqui é discutir algumas das opções tomadas, sobretudo no que se refere à coleta e tratamento dos dados de anúncios de atividades teatrais e cinematográficas mobilizados para a redação dos capítulos 2 e 3. Repetimos aqui, em grande medida, uma decisão já empreendida anteriormente (Cf. Moraes, 2013a, apêndice). De fato, dadas as continuidades entre as duas pesquisas, nossa opção foi a de reaproveitar a estrutura básica desse primeiro apêndice, adaptando-o, corrigindo-o e aprimorando-o nos pontos em que julgamos oportuno.

Índice de deflação

Sendo uma pesquisa que cobre um espaço temporal relativamente extenso, as comparações intertemporais só se fariam possíveis se os valores fossem deflacionados. Disso decorre, portanto, nossa opção de vincular ao longo das diversas tabelas da pesquisa coluna com indicação dos preços, custos etc. a valores de 1911. É este um ano localizado aproximadamente na metade de nosso período, inexistindo uma razão especial para a escolha deste ano como base de cálculo, podendo a base ser trocada livremente a partir das relações propostas na Tabela 18.

Na referida tabela apresentamos os índices utilizados para os cálculos de deflação ao longo da tese. Para tal intuito, foi empregado o índice de Lobo *et alli* (1978).

Este, por sua vez, foi construído a partir da análise da variação dos preços de uma cesta de bens composta por nove itens de consumo corrente de uma família de trabalhadores do Rio de Janeiro - açúcar, arroz, bacalhau, café, charque, farinha de trigo, farinha de mandioca, feijão e manteiga. Os impactos da variação dos preços são distintos de acordo com a ponderação empregada. Para o presente trabalho, utilizamos a ponderação de 1919, já que as demais cestas propostas foram definidas tendo por base o consumo em momentos históricos muito distantes de nosso período de estudo.

Tabela 18 – Índice de deflação pelo índice de Lobo *et alli* (1978)

Ano	Índice (1820 = 100)	Deflator (1911 = 1)	Ano	Índice (1820 = 100)	Deflator (1911 = 1)
1889	914,88	0,45	**1906**	2.153,51	1,05
1890	984,75	0,48	**1907**	2.041,88	0,99
1891	1.257,45	0,61	**1908**	2.086,79	1,02
1892	1.804,47	0,88	**1909**	1.985,89	0,97
1893	1.925,95	0,94	**1910**	1.839,83	0,90
1894	1.865,00	0,91	**1911**	2.055,66	1,00
1895	1.765,20	0,86	**1912**	2.219,04	1,08
1896	2.259,48	1,10	**1913**	2.173,64	1,06
1897	2.677,30	1,30	**1914**	2.051,55	1,00
1898	2.827,60	1,38	**1915**	2.922,38	1,42
1899	2.771,79	1,35	**1916**	3.083,58	1,50
1900	2.405,45	1,17	**1917**	3.735,39	1,82
1901	1.974,65	0,96	**1918**	4.441,18	2,16
1902	1.823,85	0,89	**1919**	5.849,75	2,85
1903	1.862,68	0,91	**1920**	6.420,86	3,12
1904	1.971,55	1,05	**1921**	5.417,78	2,64
1905	1.764,44	1,05	**1922**	5.216,29	2,54

FONTE: Lobo et ali (1978)

Como todo índice desse tipo, também ele tem suas limitações. Contudo, a despeito de seus reconhecidos problemas, julgamos ter aí a melhor opção para o tratamento do tipo de variável aqui empregada. Em pesquisa anterior, juntamente com o índice de Lobo *et alli* (1978), utilizamos também o índice de Onody (1960). Contrariamente ao primeiro, este é obtido a partir de uma série de cálculos setoriais, com valores referentes à compra de matérias-primas utilizadas na produção doméstica. Para a presente pesquisa, optamos por descartar essa segunda correção, já que os resultados deflacionados pareceram mais distorcidos do que quando submetidos ao primeiro índice.

Metodologia de escolha dos anúncios

Diversos dos gráficos e tabelas dos capítulos 2 e 3 foram construídos a partir de informações quantitativas oriundas de anúncios de atividades de entretenimento transcorridas nas duas cidades no período. Também aqui reproduzimos as diretrizes metodológicas gerais propostas em pesquisa anterior, com alguns pequenos incrementos e adaptações.

Nossas reflexões partem de uma base de 807 anúncios publicados nos jornais *OESP* e *OPA* entre os anos de 1904 e 1921. Eles se reportam a quatro grupos de espetáculos: (i) espetáculo realizados nos teatros comerciais (450 anúncios); (ii) espetáculos cinematográficos (189 anúncios); (iii) espetáculos dos teatros municipais (148 anúncios); e, por fim, (iv) espetáculos de circo (20 anúncios). Foram consultados os setores de microfilme do Arquivo do Estado de São Paulo e da Biblioteca Nacional.

A coleta desses dados foi realizada em duas etapas. O primeiro grupo de anúncios – 440 anúncios, compostos por 237 anúncios de atividades de teatros comerciais, 131 de cinemas, 47 do Teatro Municipal de São Paulo e 15 anúncios de circos) – são referentes aos espetáculos transcorridos em São Paulo entre os anos de 1906 e 1921. Estes são exatamente os mesmos anúncios compilados e utilizados em pesquisa anterior (Cf. Moraes, 2013a, apêndice). A esse primeiro grupo adicionam-se mais 10 anúncios relativos às atividades dos anos de 1904 e 1905 coletados já no bojo da pesquisa doutorado. Finalmente, agregam-se a nossa base 367 anúncios de atividades ocorridas no Rio de Janeiro – 203 anúncios de atividades de teatros comerciais, 58 de cinemas, 101 do Teatro Municipal do Rio de Janeiro e 5 anúncios de circos) –, referentes ao período 1904 a 1921.

Na primeira versão de nosso plano de consulta em arquivos – elaborada ainda no âmbito de uma pesquisa de mestrado – limitávamos a coleta de informações justamente ao período 1904-1922, entre a inauguração da Avenida Central no Rio de Janeiro e a Semana de Arte Moderna em São Paulo. Com o desenvolvimento da pesquisa, e sua conversão ao doutoramento direto, decidimos incluir também o momento iminentemente anterior, de 1890 a 1904. Como esta decisão ocorreu apenas em período avançado de desenvolvimento da tese, não foi possível realizar a consulta e inclusão das informações desses quatorze anos adicionais.

Quanto à escolha dos meses contemplados pela pesquisa (julho a setembro), a motivação é simples: discutimos no capítulo 3 que é justamente este o período das chamadas temporadas líricas e/ou das digressões de grupos europeus sendo, portanto, a época mais fértil de atividades de entretenimento (neste caso, teatral, já que os cinemas operavam durante todo o ano).

Outra questão importante refere-se à seleção dos periódicos consultados. Desde cedo, nossa opção foi a de recorrer a jornais de grande circulação nas duas cidades. Para São Paulo cogitamos realizar a consulta completa às seções de anúncios dos jornais *OESP* e *CP* e, no Rio de Janeiro, d'*OPA* e do *JC*. Cedo se evidenciou, contudo, que o *OESP* e *OPA* eram as mídias mais férteis para os propósitos de nossa pesquisa. Em muitos anos, enquanto o *CP* e o *JC* traziam informações de três ou quatro atividades de entretenimento, os periódicos aqui selecionados publicavam duas, ou por vezes, três páginas inteiras de publicidade de atrações.

Além de grande quantidade de anúncios, foi importante que tais periódicos traziam anúncios precificados. De fato, fundamental para nossos objetivos foram as informações de preços dos ingressos das atrações. Em nossa base estão computados, portanto, todos os anúncios precificados de atividades teatrais, cinematográficas e circenses realizadas nas duas cidades entre os meses de julho e setembro de 1904 e 1921. Não foram computados anúncios com dizeres como "preços de costume". Obviamente, não foram computados também preços ilegíveis. O maior número de dados sobre a praça paulistana explica-se, assim, pelo maior número de anúncios precificados n'*OESP* em relação ao jornal carioca e não por uma suposta superioridade numérica de atrações capital paulista.

Uma vez localizados os dados, passamos para outra etapa metodológica: a escolha dos tipos de ingressos cujas informações seriam computadas. Vimos, nos capítulos 2 e 3, que as salas de espetáculo possuíam uma política de preços bastante diferenciada, contando com ingressos de diversas categorias. Em especial nos teatros municipais, registraram-se diversas subcategorias (cadeiras da plateia, galerias inferiores, superiores, frisas, camarotes de primeira e de segunda etc.). Dentro desse mosaico de possibilidades, optamos por selecionar apenas quatro categorias: frisas, camarotes, cadeiras (da plateia) e gerais. Julgamos que a escolha dessas quatro seções já dá conta de captar a dinâmica e os efeitos distinção e massificação aqui analisados. Em alguns poucos casos foram necessárias adaptações mas, em geral, respeitamos os termos e divisões correntes à época. Não computamos, outrossim, preços diferenciados ("matinês", "preços especiais para crianças", "preços de assinatura" etc.), salvo em casos específicos e indicados na Tabela 19.

Resta descrever, por fim, a metodologia para o cálculo das médias de preços dos espetáculos. O procedimento metodologicamente mais correto seria o de ponderar os preços de cada atração pelo número de dias em que ela ficou em cartaz. Num exemplo hipotético: se uma peça ficou no palco por 20 dias cobrando Rs. 5$000 pelas cadeiras da plateia e 10 dias cobrando Rs. 3$500, a média ponderada do preço da cadeira de plateia dessa atração seria Rs. 4$500.

O emprego de tal metodologia envolveria, contudo, um esforço muito elevado quando da coleta de nossos dados e a tarefa seria por demais trabalhosa para ser realizada na presente tese. Nossa opção, assim, foi a de contabilizar apenas uma entrada para cada companhia sediada numa dada casa de espetáculos, independentemente do número de apresentações realizadas. No mesmo exemplo acima, o preço médio da cadeira seria de Rs. 4$250, a média aritmética simples do preço das duas apresentações. Se a empresa, contudo, se apresentou numa outra casa de espetáculos no mesmo período com outros preços, abrimos um novo registro para esse segundo espetáculo.

Já no caso dos espetáculos de cinema – dada a quase inexistente variação da política de preços dentro de um mesmo ano – computamos apenas uma entrada por casa por ano (por exemplo: o Cinema Rio Branco paulistano, na temporada de 1917, consta com apenas uma entrada). Há algumas exceções em casos específicos, quando ocorreram apresentações especiais, diferenciadas, ou quando se observou uma mudança na política de preços no mesmo mês. Eles estão indicados na Tabela 19.

Por fim, cabe uma rápida menção às atividades circenses. Da mesma maneira que na pesquisa anterior, o número total de anúncios encontrado para esse tipo de entretenimento foi muito pequeno (apenas 20 para as duas cidades). Foi difícil, assim, compor séries históricos de preços ou empreender a análise de outras tendências com uma base tão reduzida. Exceção foi feita a uma categoria de preços – as cadeiras de plateia – cuja série foi apresentada visualmente no Gráfico 4. Os dados completos de atividades circenses estão também apresentados na Tabela 19.

Nacionalidade das companhias

Além dos preços e do nome das casas de espetáculo onde foram realizados os eventos, computamos também, quando identificável, a nacionalidade das atrações (apenas para os eventos teatrais). No circuito teatral, foi possível identificar a nacionalidade de 349 atrações no período, distribuídas da seguinte maneira:

Gráfico 16 – Nacionalidade das atrações teatrais no circuito comercial (1904-1921)

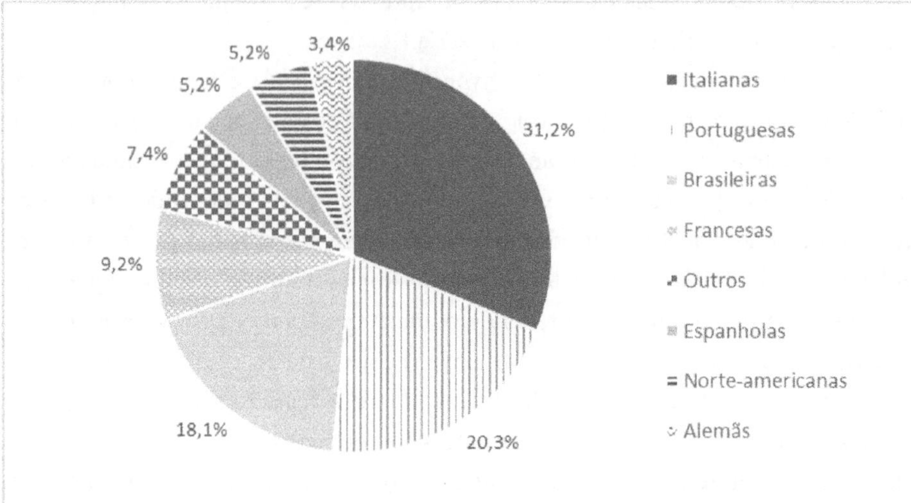

FONTE: OESP e OPA, coleta e tabulação do autor

Cabe destacar que a participação dos grupos brasileiros e portugueses está significativamente subdimensionada, já que em muitos casos não foi possível decidir pela nacionalidade do grupo (luso ou brasileiro). De fato, depois da adição das informações, retomamos algumas das classificações empreendidas anteriormente e diversas das atrações identificadas como "portuguesas", na verdade, poderiam ser alocadas como "brasileiras". Essa classificação é, particularmente problemática e merece melhor refino. A despeito de possíveis equívocos na classificação desses dois grupos, julgamos interessante manter a informação na Tabela 19:

Tabela 19 – Anúncios de atrações analisados por local, tipo, preços (em Rs.), nacionalidade e data (jul.-set., 1904-1921)

(CONTINUA)

Cidade	Ano	Mês	Local do espetáculo	Tipo	Preço				Nacionalidade	Observação
					Frisa	Camarote	Cadeira	Gerais		
RJ	1904	8	INM (?)	Individual			10$000	5$000		INM
RJ	1905	7	Theatro Lyrico	Lírico	115$000	75$000	22$500	5$000	Italiana	(x 2)
RJ	1905	7	Theatro Lyrico	Dramático	55$000	45$000	11$000	2$500	Francesa	(x 2)
RJ	1905	7	S.Pedro	Variedades	25$000	25$000	5$000	1$000	Chinesa	
RJ	1905	7	Polytheama	Variedades	20$000	15$000	4$000	1$000	Chinesa	
RJ	1905	7	Teatro Lucinda	Cômico		25$000	4$000	1$000		(x 2)
RJ	1905	7	Maison Moderne	Cinemat.		8$000	2$000	1$000		
RJ	1905	8	S.Pedro	Individual	35$000	30$000	6$000	2$000		Florisel e Newstead
RJ	1905	8	Polytheama	Variedades	30$000	2$000	5$000	2$000		Luta Romana
RJ	1905	8	Carlos Gomes	Dramático	20$000	12$000	4$000	1$000	Portuguesa	
RJ	1905	8	Salão Instituto Musical	Individual			5$000	3$000		Florisel e Newstead
RJ	1905	8	Casino	Cinemat.				2$000		Entende-se que foi um espetáculo híbrido
RJ	1905	9	Theatro Lyrico	Lírico	60$000	60$000	8$000	5$000	Italiana	
RJ	1905	9	S.Pedro	Variedades	20$000	20$000	5$000	1$500	Americana	
RJ	1905	9	Carlos Gomes	Variedades	20$000	15$000	5$000	1$000	Inglesa	
RJ	1905	9	Maison Moderne					1$000		
RJ	1905	9	Frontão Niterói	Cinemat.		4$000				Entende-se que foi um espetáculo híbrido
RJ	1905	9	Frontão Niterói	Cinemat.		6$000	1$000			O foco do evento era esportivo
RJ	1905	9	Apolo	Cinemat.			1$000			
RJ	1906	7	Theatro Lyrico	Dramático	50$000	35$000	10$000	2$000	Italiana	
RJ	1906	7	S.José	Variedades		15$000	3$000	1$000		
RJ	1906	7	Teatro Lucinda			20$000	3$000	1$000	Portuguesa	

(CONTINUAÇÃO)

Cidade	Ano	Mês	Local do espetáculo	Tipo	Preço				Nacionalidade	Observação
					Frisa	Camarote	Cadeira	Gerais		
RJ	1906	7	Maison Moderne	Cinemat.			1$000			
RJ	1906	8	Moulin Rouge	Variedades		15$000	3$000	1$500		(x 2)
RJ	1906	9	S.Pedro	Lírico	30$000	30$000	6$000	2$000	Brasileira	
RJ	1906	9	Recreio	Lírico	30$000	30$000	5$000	2$000	Italiana	
RJ	1906	9	S.Pedro	Variedades	20$000	20$000	6$000	2$000		
RJ	1906	9	Theatro Lyrico	Gala		50$000	10$000	3$000		
RJ	1907	7	Carlos Gomes	Dramático	30$000	30$000	6$000	2$000	Italiana	
RJ	1907	7	S.Pedro		30$000	30$000	5$000	2$000	Italiana	
RJ	1907	7	S.José	Lírico		20$000	4$000	1$000	Portuguesa	
RJ	1907	7	Teatro Lucinda	Gala		20$000	4$000	1$000		Em homenagem à queda da Bastilha
RJ	1907	8	Theatro Lyrico	Lírico	70$000	70$000	15$000	3$000	Italiana	
RJ	1907	8	Carlos Gomes	Cômico	25$000	20$000	5$000	2$000	Italiana	
RJ	1907	8	Moulin Rouge	Variedades	25$000	17$500	4$500	1$500		Luta Romana (x 2)
RJ	1907	8	Recreio		20$000			1$000		
RJ	1907	8	INM	Individual			10$000			Concerto com o senhor presidente
RJ	1907	8	Cinematographo Parisiene	Cinemat.			1$000	$500		
RJ	1907	9	INM	Individual			10$000	5$000	Portuguesa	Vianna da Motta
RJ	1907	9	Theatro Lyrico	Cinemat.	15$000	10$000	3$000	1$000		
RJ	1907	9	Pathé	Cinemat.			1$000	$500		
RJ	1908	7	Theatro Lyrico	Dramático	62$500	32$500	7$000	1$500	Espanhola	(x 3)
RJ	1908	7	Carlos Gomes	Lírico	30$000	30$000	5$000	1$500	Italiana	
RJ	1908	7	S.Pedro		30$000	30$000	4$000	2$000	Italiana	
RJ	1908	7	INM	Individual			10$000	5$000	Brasileira	Maria dos Santos Mello
RJ	1908	7	INM	Individual			10$000	5$000	Brasileira	Julieta e Marieta Santos

(CONTINUAÇÃO)

Cidade	Ano	Mês	Local do espetáculo	Tipo	Preço				Nacionalidade	Observação
					Frisa	Camarote	Cadeira	Gerais		
RJ	1908	7	Cinematographo Parisiene	Cinemat.			1$000			
RJ	1908	7	Ass. De auxílios mútuos	Cinemat.			$600	$300		Foi um filme beneficente
RJ	1908	7	Pathé	Cinemat.			1$000	$500		
RJ	1908	8	S.Pedro	Variedades	30$000	30$000	5$000	2$000	Americana	
RJ	1908	8	Pal Th	Lírico	25$000	25$000	5$000	2$000	Espanhola	
RJ	1908	8	Apolo	Dramático	20$000	8$000	2$000	1$000	Brasileira	
RJ	1908	8	Pal Th	Cômico	15$000	12$000	3$000	2$000	Italiana	
RJ	1908	8	Teatro da Expo Nacional	Dramático		20$000	4$000	1$000	Brasileira	Lucília Perez
RJ	1908	8	Cinematografo da Exp.Nac.	Cinemat.			1$000	$500		
RJ	1908	8	Circo Spinolla	Circo			3$000	1$000		
RJ	1908	9	Apolo	Lírico	35$000	20$000	4$000	2$000		
RJ	1908	9	Theatro Lyrico	Variedades	15$000	10$000	2$000	1$000		
RJ	1908	9	Carlos Gomes	Cômico		14$000	3$500	$500	Espanhola	(x 2)
RJ	1908	9	M.Rouge	Cinemat.	5$000	1$000	$500	$300		Híbrido
RJ	1908	9	M.Rouge	Cinemat.		10$000	3$000	1$000		
RJ	1909	7	Theatro Lyrico	Lírico	60$000	35$000	6$000	2$500	Francesa	Albert Lambert Fils
RJ	1909	7	Carlos Gomes	Dramático	35$000	35$000	4$000	1$500	Portuguesa	
RJ	1909	7	S.Pedro	Lírico	30$000	30$000	6$000	2$000		
RJ	1909	7	Carlos Gomes			30$000	5$000	1$500	Portuguesa	
RJ	1909	7	Cinema Theatro			1$000	$500			
RJ	1909	7	Theatro Lyrico	Dramático			4$000		Francesa	Sociedade Theatral Ítalo-argentina
RJ	1909	7	Municipal	Lírico	70$000	70$000	14$000	3$000	Francesa	Réjane
RJ	1909	7	Municipal	Individual	25$000	25$000	4$000	2$000	Francesa	Anatole France
RJ	1909	7	Pavilhão Internacional	Cinemat.			1$000			Companhia Segreto

(CONTINUAÇÃO)

Cidade	Ano	Mês	Local do espetáculo	Tipo	Preço				Nacionalidade	Observação
					Frisa	Camarote	Cadeira	Gerais		
RJ	1909	7	Municipal	Lírico			14$000	3$000	Brasileira	Inauguração + O.Billac
RJ	1909	8	Theatro Lyrico	Dramático	40$000	30$000	4$000	2$000	Italiana	
RJ	1909	8	S.Pedro	Lírico	40$000	40$000	4$000	2$000	Italiana	
RJ	1909	8	Carlos Gomes	Lírico	35$000	30$000	6$000	1$000	Alemã	
RJ	1909	8	S.Pedro	Dramático	35$000	35$000	4$000	2$000	Portuguesa	
RJ	1909	8	Pavilhão Internacional	Variedades	25$000	20$000	5$000	3$250	Brasileira	Segreto. Luta greco-romana (x2).
RJ	1909	8	Exposição de Hygiene	Variedades		35$000	4$000			Companhia Segreto
RJ	1909	8	Exposição de Hygiene	Variedades		15$000				
RJ	1909	8	Exposição de Hygiene	Variedades		10$000	1$500	$500		
RJ	1909	8	Cinema Ouvidor				1$000	$500		
RJ	1909	8	Municipal	Dramático	50$000	50$000	2$000	1$500	Brasileira	Artur Azevedo
RJ	1909	8	Municipal	Lírico	40$000	40$000	4$000	2$000	Brasileira	Nina Sanzi
RJ	1909	8	S.Pedro	Cinemat.	10$000	10$000	2$000	1$000		
RJ	1909	8	Carlos Gomes	Cinemat.	10$000	10$000	2$000	1$000		
RJ	1909	8	Exposição de Hygiene	Cinemat.				1$000		
RJ	1909	8	Cinema Catete	Cinemat.			1$000	$500		
RJ	1909	9	Carlos Gomes	Variedades	15$000	10$000	3$000	1$000		
RJ	1909	9	Salão Jornal do Commercio	Individual			8$000			Miecio Horszowski
RJ	1909	9	Cinema William Henvelius	Cinemat.			1$000			
RJ	1910	7	Pal Th	Dramático	30$000	25$000	5$000	2$000	Alemã	
RJ	1910	8	S.Pedro	Lírico	32$500	25$000	5$000	2$000	Italiana	(x 2 um é assinatura)
RJ	1910	8	Cinema Brasil	Cinemat.				1$000		
RJ	1910	8	Pavilhão Internacional	Cinemat.		10$000	3$000	1$000		O foco é Trupe Árabe, mas há filmes
RJ	1910	9	Theatro Lyrico		35$000	25$000	4$000	2$000	Francesa	

(CONTINUAÇÃO)

Cidade	Ano	Mês	Local do espetáculo	Tipo	Preço				Nacionalidade	Observação
					Frisa	Camarote	Cadeira	Gerais		
RJ	1910	9	Pal Th	Lírico	30$000	25$000	5$000	2$000	Espanhola	
RJ	1910	9	Salão Jornal do Commercio	Individual			4$000		Francesa	Henri Loris. 50% para estudantes
RJ	1910	9	Parque Fluminense	Cinemat.	6$000	5$000	1$000	$500		"Trupe do Cine Rio Branco" (que pegou fogo)
RJ	1910	9	Pavilhão Internacional	Cinemat.		5$000	1$000	$500		"Trupe do Cine Rio Branco" (que pegou fogo)
RJ	1910	9	S.Pedro	Cinemat.		5$000	1$000	$500		
RJ	1911	7	Theatro Lyrico	Lírico	35$000	25$000	5$000	2$000	Francesa	
RJ	1911	7	Pal Th	Individual	25$000	20$000	5$000	5$000	Francesa	Eugene Buffet
RJ	1911	7	Pal Th	Lírico	20$000	15$000	4$000		Francesa	
RJ	1911	7	Chantecler	Variedades			1$000	$500		
RJ	1911	7	Municipal	Lírico	100$000	100$000	20$000	4$000	Italiana	Matiné
RJ	1911	7	Municipal	Lírico	100$000	100$000	20$000	7$000		Mascagni regendo O Guarany
RJ	1911	7	Municipal	Individual	80$000	80$000	16$000	3$000		Paderewsky
RJ	1911	7	Municipal	Dramático	70$000	70$000	12$000	3$000	Francesa	
RJ	1911	7	S.Pedro	Cinemat.	8$000	5$000	1$000	$500		Híbrido
RJ	1911	7	S.José	Cinemat.			1$500			
RJ	1911	7	S.Pedro	Cinemat.		5$000	1$000	$500		
RJ	1911	7	Maison Moderne	Cinemat.			1$000	$500		
RJ	1911	7	Municipal	Individual			5$000			Eugene Buffet
RJ	1911	8	Pal Th	Variedades	25$000	20$000	4$000	2$000		Luta Romana
RJ	1911	8	S.Pedro	Cinemat.	80$000	5$000	1$000	$500		Filme "A Divina Comédia"
RJ	1911	8	Municipal	Individual	60$000	6$000	10$000	3$000	Francesa	Jean Jauré
RJ	1911	8	Municipal	Dramático	50$000	50$000	7$000	2$000	Italiana	
RJ	1911	8	Municipal	Individual	50$000	50$000	10$000	3$000		Franz von Vecsey
RJ	1911	9	Theatro Lyrico	Individual	40$000	40$000	5$000	3$000	Portuguesa	Alexandre Braga (assinatura)

(CONTINUAÇÃO)

Cidade	Ano	Mês	Local do espetáculo	Tipo	Preço				Nacionalidade	Observação
					Frisa	Camarote	Cadeira	Gerais		
RJ	1911	9	Pal Th	Individual	40$000	33$000	6$000	2$000	Portuguesa	Palestra Alexandre Braga (x2)
RJ	1911	9	Apolo	Cômico	30$000	15$000	5$000	1$500	Brasileira	Lucília Perez e Phoca
RJ	1911	9	Carlos Gomes	Dramático	8$000	8$000	1$500	$500	Brasileira	
RJ	1911	9	Parque Fluminense		8$000	6$000	1$500	$500	Brasileira	
RJ	1911	9	S.Pedro		8$000	6$000	1$500	$500	Brasileira	
RJ	1911	9	Salão Jornal do Commercio	Individual			5$000		Brasileira	Trio Phoca e Chaby Pinheiro
RJ	1911	9	Municipal	Individual	65$000	65$000	14$000	3$000		Felia Litvinne
RJ	1911	9	Pavilhão Internacional	Cinemat.		6$000	1$000	$500		Híbrido
RJ	1911	9	Rio Branco	Cinemat.			1$000	$500		
RJ	1912	7	Rio Branco	Mágico			1$000	$500		
RJ	1912	7	Apolo	Dramático				1$000	Portuguesa	
RJ	1912	7	Chantecler	Mágico			1$000	$500		
RJ	1912	7	Polytheama	Dramático			2$000	1$000		
RJ	1912	7	Municipal	Lírico	110$000	11$000	20$000	5$000	Italiana	Marinuzzi (x3)
RJ	1912	7	Municipal	Lírico	100$000	100$000	18$000	2$333	Italiana	Rigoletto, popular (x3)
RJ	1912	7	Municipal	Dramático	65$000	65$000	12$000	2$000	Francesa	Lucien Guitry (x2)
RJ	1912	7	Municipal	Dramático	40$000	40$000	8$000	2$000	Italiana	
RJ	1912	7	Colyseu	Cinemat.			1$000	$500		O cinema ficava em Cascadura
RJ	1912	8	Theatro Lyrico	Lírico	30$000	25$000	5$000	2$000	Italiana	
RJ	1912	8	S.Pedro	Variedades				1$000	Brasileira	Trio Phoca
RJ	1912	8	Salão Hotel dos Estrangeiros	Individual			10$000		Brasileira	INM
RJ	1912	8	Parque Fluminense	Cinemat.		5$000	1$000	$500		
RJ	1912	9	Theatro Lyrico	Cômico	30$000	20$000	6$000	3$000	Italiana	Preços de assinatura
RJ	1912	9	Municipal	Lírico	60$000	60$000	7$000	2$000	Alemã	

(CONTINUAÇÃO)

Cidade	Ano	Mês	Local do espetáculo	Tipo	Preço				Nacionalidade	Observação
					Frisa	Camarote	Cadeira	Gerais		
RJ	1912	9	Municipal		30$000	30$000	5$000	1$500	Brasileira	Companhia Nacional Julia Lopes de Almeida
RJ	1913	7	Theatro Lyrico	Lírico	40$000	30$000	7$000	2$000	Italiana	
RJ	1913	7	S.Pedro	Lírico	12$000	10$000	2$000	$500	Portuguesa	
RJ	1913	7	Carlos Gomes	Lírico	8$000	6$000	2$000	$500	Brasileira	Companhia Pedro Cabral
RJ	1913	7	S.José	Cômico	8$000	6$000	2$000	$300	Brasileira	Híbrido
RJ	1913	7	Salão Jornal do Commercio	Individual			20$000			Karl Jörn
RJ	1913	7	Carlos Gomes	Dramático		12$000	2$000	$500		Companhia Eduardo Pereira
RJ	1913	7	Municipal	Dramático	70$000	65$000	11$000	5$000	Francesa	(x 2)
RJ	1913	7	Municipal	Dramático	45$000	45$000	7$500	3$500	Italiana	(x 2)
RJ	1913	7	Municipal	Individual	40$000	37$500	10$000	5$000		Franz von Vecsey (x4)
RJ	1913	7	Municipal	Individual	25$000	20$000	5$000	1$000		Francisco Braga pela Sociedade de Concertos
RJ	1913	7	Pavilhão Internacional	Cinemat.		4$000	1$000	$500		
RJ	1913	8	Theatro Lyrico	Mágico	35$000	25$000	6$000	2$000	Francesa	
RJ	1913	8	Theatro Lyrico	Cômico	30$000	2$500	5$000	2$000	Italiana	
RJ	1913	8	Theatro Lyrico	Individual	25$000	25$000	5$000	1$000	Francesa	Marthe Regnier
RJ	1913	8	S.José	Cômico		25$000	3$500	$500		
RJ	1913	8	Municipal	Dramático	80$000	30$000	5$000	3$000	Francesa	Marthe Regnier
RJ	1913	8	Municipal	Lírico		70$000	20$000	5$000	Italiana	Cia Constanzi de Roma
RJ	1913	9	Recreio	Lírico	30$000	30$000	5$000	1$000	Espanhola	
RJ	1913	9	Theatro Lyrico	Individual	25$000	20$000	3$000	2$000	Portuguesa	Conferencia Carlos Malheiros Dia
RJ	1913	9	Theatro Lyrico	Lírico	25$000	20$000	5$000	1$000	Brasileira	Sociedade Concertos sinfônicos (Fco. Braga)
RJ	1913	9	S. Pedro	Mágico	20$000	15$000	3$000	1$000	Italiana	
RJ	1913	9	Carlos Gomes	Dramático	15$000	15$000	2$000	1$000	Brasileira	
RJ	1913	9	Recreio	Dramático	10$000	10$000	2$000	$500		

(CONTINUAÇÃO)

Cidade	Ano	Mês	Local do espetáculo	Tipo	Preço				Nacionalidade	Observação
					Frisa	Camarote	Cadeira	Gerais		
RJ	1913	9	S. Pedro	Variedades	10$000	8$000	1$500	$500	Brasileira	Os Geraldos
RJ	1913	9	Chantecler				3$000	$500		Cinira Polônio
RJ	1913	9	Carlos Gomes	Dramático		30$000	4$000		Brasileira	Apolônia Pinto
RJ	1913	9	S.José	Variedades			2$000	1$000	Brasileira	
RJ	1913	9	Municipal	Dança	125$000	50$000	22$000	15$000	Russa	Vaslav Nijinski
RJ	1913	9	Municipal	Lírico	100$000	100$000	20$000	4$000	Brasileira	Festa Nepomuceno
RJ	1913	9	Municipal		50$000	50$000	10$000	2$000		Récita popular
RJ	1913	9	Cine Ideal	Cinemat.			2$000	1$000		
RJ	1914	7	Theatro Lyrico	Individual	40$000	35$000	5$000	2$000	Brasileira	Guiomar Novaes
RJ	1914	7	Apolo	Cômico	30$000	15$000	5$000	1$250	Portuguesa	(x 2)
RJ	1914	7	República	Lírico	30$000	30$000	3$000	1$000	Italiana	
RJ	1914	7	Theatro Lyrico		25$000	15$000	5$000	1$000		Sociedade concertos sinfônicos
RJ	1914	7	Carlos Gomes	Dramático	15$000	15$000	1$500	$500		
RJ	1914	7	Carlos Gomes		12$500	12$500	1$500	$500		(x 2)
RJ	1914	7	Municipal	Lírico	80$000	80$000	15$000	3$000	Italiana	Matiné
RJ	1914	7	Municipal		50$000	50$000	10$000	2$000		André Brulé
RJ	1914	7	Municipal	Lírico	50$000	50$000	10$000	2$000	Italiana	Popular: Rigoletto
RJ	1914	7	Municipal	Individual	35$000	25$000	7$000	1$500	Brasileira	Guiomar Novaes
RJ	1914	8	Carlos Gomes	Dramático	30$000	15$000	3$000	1$000	Portuguesa	
RJ	1914	8	Pal Th	Lírico	25$000	2$000	5$000	2$000	Italiana	
RJ	1914	8	República	Mágico	12$000	10$000	3$000	$500	Italiana	
RJ	1914	8	Recreio	Variedades				1$000	Portuguesa	
RJ	1914	8	Municipal	Lírico	25$000	20$000	2$000	1$000		Sociedade concertos sinfônicos
RJ	1914	8	Municipal	Lírico			10$000			Tosca, "a preços populares"
RJ	1914	8	Maison Moderne	Cinemat.			1$000			

(CONTINUAÇÃO)

Cidade	Ano	Mês	Local do espetáculo	Tipo	Preço				Nacionalidade	Observação
					Frisa	Camarote	Cadeira	Gerais		
RJ	1914	9	Recreio	Lírico	20$000	20$000	3$000	1$000	Italiana	
RJ	1914	9	Phenix	Dramático	20$000	15$000	4$000	1$000		
RJ	1914	9	Recreio	Dramático	20$000	20$000	5$000	1$000	Portuguesa	
RJ	1914	9	Pal Th	Lírico	16$000	15$000	4$500	2$000	Italiana	(x 2)
RJ	1914	9	Recreio	Dramático	15$000	15$000	3$000	1$000	Portuguesa	
RJ	1914	9	S.Pedro	Variedades	12$500	12$500	2$000	$750	Portuguesa	(x 2)
RJ	1914	9	República	Variedades	12$000	10$000	3$000	$500	Brasileira	
RJ	1915	7	Recreio	Variedades	12$000	12$000	1$500	$500		
RJ	1915	7	S.José	Cômico	8$000	8$000	1$500	$500		
RJ	1915	7	Municipal	Lírico	50$000	50$000	10$000	2$000	Francesa	Cie. Hugenot
RJ	1915	7	Carlos Gomes	Cinemat.		5$000	1$000			
RJ	1915	8	Theatro Lyrico	Individual	50$000	40$000	10$000	2$000		Mischa Violin
RJ	1915	8	Recreio	Individual	25$000	25$000	5$000	1$000	Brasileira	João Phoca
RJ	1915	8	S.Pedro	Variedades	8$000	6$000	1$000	$500	Inglesa	Trio Brown
RJ	1915	8	S.Pedro	Cômico			1$000	$500		
RJ	1915	8	Municipal	Individual/ Lírico	180$000	180$000	28$000	5$000	Italiana	Tita Ruffo
RJ	1915	8	S.José	Cinemat.	4$000	4$000	1$000	$500		
RJ	1915	8	Maison Moderne	Cinemat.	4$000	4$000	1$000	$500		
RJ	1915	8	Cine Palais	Cinemat.			1$000			
RJ	1915	8	Mun	Dança			10$000	2$000	Inglesa	Felyne Verbist
RJ	1915	9	S.Pedro	Lírico	45$000	40$000	8$000	2$000	Italiana	
RJ	1915	9	S.Pedro	Cômico	8$000	6$000	1$000	$500		
RJ	1915	9	Municipal	Lírico	115$000	105$000	15$500	4$000	Italiana	(x 2)
RJ	1915	9	Municipal	Gala	60$000	60$000	12$000	2$000		

(CONTINUAÇÃO)

Cidade	Ano	Mês	Local do espetáculo	Tipo	Preço				Nacionalidade	Observação
					Frisa	Camarote	Cadeira	Gerais		
RJ	1915	9	República	Circo	20$000	20$000	5$000	1$000		
RJ	1916	7	República	Dança	25$000	20$000	3$000	1$000	Francesa	
RJ	1916	7	Carlos Gomes	Mágico	15$000	15$000	3$000	1$000	Indiana	
RJ	1916	7	República	Gala	15$000	12$000	3$000	1$000	Portuguesa	
RJ	1916	7	S.Pedro	Mágico	10$000	8$000	2$000	$500	Indiana	
RJ	1916	7	S.José	Cômico		10$000	2$000	$500	Portuguesa	
RJ	1916	7	Trianon	Dramático		15$000	3$000		Francesa	
RJ	1916	7	Municipal	Dramático	80$000	80$000	15$000	2$000	Francesa	
RJ	1916	7	Municipal	Dramático	50$000	50$000	10$000	2$000	Francesa	(Matiné)
RJ	1916	7	República	Cinemat.	4$000	3$000	$500	$300		
RJ	1916	7	Maison Moderne	Cinemat.			1$000			
RJ	1916	7	Cinema Alegre	Cinemat.			1$000			
RJ	1916	8	Theatro Lyrico	Lírico	45$000	30$000	5$000	3$000	Italiana	
RJ	1916	8	Pal Th	Dramático	25$000	20$000	3$000	1$000		Emma Pola
RJ	1916	8	Carlos Gomes	Cômico	15$000	15$000	3$000	1$000	Portuguesa	
RJ	1916	8	S.Pedro	Variedades	12$000	10$000	2$000	$500	Chinesa	
RJ	1916	8	Trianon			15$000	2$000		Brasileira	
RJ	1916	8	Recreio	Dramático			3$000	1$000	Brasileira	Alexandre Azevedo
RJ	1916	8	Municipal	Lírico	180$000	180$000	25$000	5$000	Italiana	Do Colon, com Maria Barrientos.
RJ	1916	8	Municipal	Dança	60$000	60$000	10$000	3$000	Americana	Isadora Duncan
RJ	1916	8	Municipal	Lírico	60$000	60$000	14$000	3$500	Italiana	(x 2) Popular, sob contrato.
RJ	1916	8	Municipal	Individual	30$000	30$000	5$000	1$000	Francesa	Jean Jauré
RJ	1916	8	Municipal	Lírico	25$000	20$000	5$000	1$000	Brasileira	Sociedade de Concertos sinfônicos
RJ	1916	8	República	Cinemat.	6$000	5$000	1$500	$500		Híbrido
RJ	1916	9	Pal Th	Dramático	15$000	12$000	2$000	1$000	Brasileira	Leopoldo Fróes

(CONTINUAÇÃO)

Cidade	Ano	Mês	Local do espetáculo	Tipo	Preço				Nacionalidade	Observação
					Frisa	Camarote	Cadeira	Gerais		
RJ	1916	9	Pal Th	Lírico	15$000	12$000	3$000	2$000	Italiana	
RJ	1916	9	Phenix		12$000	12$000	2$000		Brasileira	Teatro Pequeno
RJ	1916	9	Municipal	Gala	80$000	80$000	16$000	3$000		
RJ	1916	9	Municipal	Individual	60$000	60$000	12$000	2$000	Brasileira	Antoniete Rudge Miller
RJ	1917	7	Theatro Lyrico	Individual	50$000	30$000	3$000	1$000	Italiana	Conferência Cap. Rodolpho Serão
RJ	1917	7	República	Lírico	15$000	15$000	2$000	1$000		
RJ	1917	7	Pal Th	Lírico	15$000	15$000	3$000	1$000	Italiana	
RJ	1917	7	S.Pedro	Dramático	15$000	15$000	5$000	1$000		
RJ	1917	7	Recreio	Variedades	15$000	15$000	3$000	1$000	Brasileira	
RJ	1917	7	República	Dramático	15$000	15$000	3$000	1$000	Brasileira	
RJ	1917	7	Phenix	Variedades	15$000	15$000	3$000	1$000	Americana	
RJ	1917	7	Municipal	Lírico	65$000	60$000	137$750	2$000	Francesa	André Brulé (x 3). Uma é Matiné
RJ	1917	7	Maison Moderne	Cinemat.				1$000		Considerou-se entrada como geral
RJ	1917	8	Theatro Lyrico	Gala	30$000	25$000	5$000	1$000		Festival pelos aliados
RJ	1917	8	República	Lírico	20$000	20$000	2$000	1$000	Italiana	
RJ	1917	8	Pal Th	Dramático	20$000	15$000	3$000	1$000	Brasileira	
RJ	1917	8	Municipal	Individual/ Lírico	175$000	175$000	30$500	6$500	Italiana	Caruso (Assinatura)
RJ	1917	8	Municipal	Dança	120$000	120$000	20$000	3$000	Russa	Vaslav Nijinski
RJ	1917	8	Municipal	Individual/ Lírico	60$000	60$000	12$000	3$000	Italiana	Caruso (Récita popular)
RJ	1917	9	Municipal	Gala	70$000	70$000	12$000	2$000		Cia Lyr para Cruz Vermelha
RJ	1917	9	Municipal	Lírico	60$000	60$000	12$000	2$000		Tristão e Isolda (Récita popular)
RJ	1917	9	Municipal	Lírico	40$000	40$000	8$000	2$000	Italiana	Maestro Gino Marinuzzi
RJ	1917	9	Phenix	Cinemat.	6$000	5$000	1$000	$500		
RJ	1918	7	Theatro Lyrico	Individual	40$000	30$000	7$000	3$000	Polonesa	Arthur Rubinstein

(CONTINUAÇÃO)

Cidade	Ano	Mês	Local do espetáculo	Tipo	Preço				Nacionalidade	Observação
					Frisa	Camarote	Cadeira	Gerais		
RJ	1918	7	Pal Th	Variedades	30$000	30$000	5$000	1$000		
RJ	1918	7	Theatro Lyrico	Cômico	30$000	25$000	3$000	1$500	Espanhola	
RJ	1918	7	Pal Th		30$000	30$000	2$000	1$500	Portuguesa	
RJ	1918	7	S.Pedro	Dramático	20$000	20$000	3$000	1$000	Italiana	
RJ	1918	7	Pal Th	Dramático	20$000	15$000	2$000	1$000	Brasileira	
RJ	1918	7	República	Lírico	15$000	15$000	2$000	1$000	Portuguesa	
RJ	1918	7	S.Pedro		10$000	8$000	2$000	$500	Brasileira	Companhia Juvenil
RJ	1918	7	Hotel dos Estrangeiros	Individual			10$000			Josephina Robledo
RJ	1918	7	Municipal	Lírico	60$000	60$000	8$500	3$500	Francesa	André Brulé (x 2). Matiné e Assinatura
RJ	1918	7	Municipal	Gala	30$000	30$000	5$000	1$000		
RJ	1918	7	Theatro Lyrico	Cinemat.	20$000	15$000	3$000	1$000		"Christus, o filme mais caro já feito"
RJ	1918	8	Theatro Lyrico	Lírico	20$000	20$000	2$000	1$000		
RJ	1918	8	S.Pedro	Variedades	15$000	15$000	2$000	1$000		
RJ	1918	8	Municipal	Gala	80$000	80$000	15$000	2$000		
RJ	1918	8	Quinta da Boa Vista	Cinemat.				1$000		
RJ	1918	9	Recreio	Dramático	20$000	20$000	5$000	1$000	Brasileira	Leopoldo Froés
RJ	1918	9	S.Pedro	Lírico	15$000	12$000	3$000	1$000	Brasileira	
RJ	1918	9	Pav Fernandes			10$000	2$000	1$000	Portuguesa	Sessões
RJ	1918	9	Municipal	Lírico	90$000	90$000	18$000	3$000	Italiana	Cia do Colon
RJ	1918	9	Municipal	Lírico	60$000	60$000	6$000	2$000	Italiana	Récita popular do Theatro Opera de Paris
RJ	1918	9	Municipal	Lírico	40$000	40$000	8$000	2$000	Italiana	Marinuzzi e a cia, Beethoven popular
RJ	1919	7	Theatro Lyrico	Lírico	40$000	35$000	6$000	4$000	Mexicana	
RJ	1919	7	Theatro Lyrico	Individual	40$000	30$000	5$000	2$000	Portuguesa	Macedo
RJ	1919	7	República		35$000	35$000	4$000		Portuguesa	
RJ	1919	7	Theatro Lyrico	Variedades	30$000	25$000	3$000	2$000	Americana	

(CONTINUAÇÃO)

Cidade	Ano	Mês	Local do espetáculo	Tipo	Preço				Nacionalidade	Observação
					Frisa	Camarote	Cadeira	Gerais		
RJ	1919	7	Recreio	Cômico	15$000	15$000	3$000	1$000	Portuguesa	
RJ	1919	7	Municipal	Individual	60$000	60$000	11$000	3$000		Manen x2
RJ	1919	7	Municipal	Lírico	50$000	50$000	10$000	2$000	Brasileira	Sociedade de Concertos sinfônicos
RJ	1919	7	Municipal	Individual	50$000	50$000	10$000	2$000		Mischa Violin
RJ	1919	7	Municipal	Individual	50$000	50$000	10$000	2$000		Walter Burle Marx
RJ	1919	7	Municipal	Individual	40$000	40$000	8$000			Mathilde Nunes
RJ	1919	7	Polytheama	Circo	20$000	15$000	3$000	$500		
RJ	1919	8	Municipal	Lírico	80$000	80$000	15$000			Popular
RJ	1919	8	Municipal	Individual	75$000	75$000	15$000	3$000	Francesa	Riesler
RJ	1919	8	Municipal	Gala	72$000	72$000	12$000	2$000	Portuguesa	
RJ	1919	8	Municipal	Lírico	20$000	20$000	5$000	1$000		Sociedade de Concertos sinfônicos
RJ	1919	9	Theatro Lyrico	Gala	60$000	60$000	9$000	2$500	Portuguesa	"Para a Colônia Portuguesa"
RJ	1919	9	Theatro Lyrico	Cômico	40$000	35$000	4$000	2$000	Espanhola	
RJ	1919	9	Theatro Lyrico	Cômico	30$000	25$000	5$000	1$500	Italiana	Cia Clara Weiss
RJ	1919	9	Palace Theatre	Variedades	20$000	20$000	3$000	1$000		
RJ	1919	9	Phenix	Variedades	15$000	10$000	3$000	1$000	Americana	
RJ	1919	9	Trianom	Cômico	15$000	15$000	3$000		Brasileira	Froés
RJ	1919	9	Municipal	Gala	250$000	80$000	40$000	8$000		Tito Schipa
RJ	1919	9	Municipal	Dança	170$000	65$000	21$500	6$500	Russa	Pavlova
RJ	1919	9	Municipal	Lírico	150$000	65$000	20$000	7$000	Italiana	Estava no Colon
RJ	1919	9	Municipal	Lírico	150000	50$000	3$000	6$000		Mefistofeles – Matiné
RJ	1919	9	Municipal	Dança	100$000	80$000	21$500	8$000	Russa	Moyses Manon + Pavlova
RJ	1919	9	Municipal	Gala	72$000	30$000	12$000	2$000		"Para a Colônia Portuguesa"
RJ	1919	9	Municipal	Lírico	60$000	30$000	12$000	2$000		Pagliaci – Matiné
RJ	1919	9	Municipal	Lírico	40$000	20$000	8$000	2$000	Italiana	Marinuzzi concerto popular

(CONTINUAÇÃO)

Cidade	Ano	Mês	Local do espetáculo	Tipo	Preço				Nacionalidade	Observação
					Frisa	Camarote	Cadeira	Gerais		
RJ	1919	9	Municipal	Gala	15$000	70$000	18$000	6$000	Russa	Pavlova
RJ	1919	9	Municipal	Individual			10$000		Brasileira	Paulina D'Ambrosio
RJ	1920	8	Phenix	Dramático	70$000	70$000			Francesa	
RJ	1920	8	Theatro Lyrico	Dramático	40$000	35$000	4$000	2$500	Portuguesa	Estava no Mun
RJ	1920	8	Phenix	Dramático	40$000	4$000	10$000	3$000	Francesa	
RJ	1920	8	Phenix	Mágico	20$000	15$000	3$000	1$000	Americana	
RJ	1920	8	Theatro Lyrico	Cômico	20$000	15$000	1$500	1$000	Brasileira	
RJ	1920	8	Phenix	Mágico	20$000	15$000	3$000	1$000	Italiana	
RJ	1920	8	Jornal do Commercio	Individual			10$000			Vera Janacopulos
RJ	1920	8	Municipal	Lírico	190$000	190$000	30$000	6$000	Italiana	Bonetti (x 3) – mas houve récitas populares
RJ	1920	8	Municipal	Lírico	80$000	80$000	15$000	3$000	Francesa	Hugenot
RJ	1920	8	Municipal	Individual	70$000	70$000	15$000	3$000		Vecsey
RJ	1920	8	Municipal	Dramático	65$000	65$000	12$500	2$500	Portuguesa	P.Bastos e E.Brasão
RJ	1920	8	Municipal	Dramático	65$000	53$333	12$500	2$667	Francesa	(x 3)
RJ	1920	8		Gala	60$000	50$000	12$000	2$000		Vera Janacopulos
RJ	1920	8	Central	Cinemat.		6$500	1$250			(x 2)
RJ	1920	8	Odeon	Cinemat.			2$000			
RJ	1920	8	Central	Cinemat.		15$000	2$000			Híbrido
RJ	1920	8	Municipal	Individual			10$000	1$000	Brasileira	Guiomar Novaes
RJ	1920	9	Theatro Lyrico	Individual	60$000	50$000	12$000	4$000	Brasileira	Guiomar Novaes
RJ	1920	9	Theatro Lyrico	Individual	60$000	50$000	12$000	4$000	Russa	Cherniavsky
RJ	1920	9	Theatro Lyrico	Individual	60$000	50$000	12$000	4$000	Russa	Leo Jan e Mischel
RJ	1920	9	Phenix	Dança	50$000	40$000	10$000	3$000	Inglesa	Maria Carreras
RJ	1920	9	Theatro Lyrico	Dança	50$000	40$000	10$000	2$000	Inglesa	Maria Carreras
RJ	1920	9	Theatro Lyrico	Individual	50$000	40$000	10$000	3$000	Polonesa	Friedman

(CONTINUAÇÃO)

Cidade	Ano	Mês	Local do espetáculo	Tipo	Preço				Nacionalidade	Observação
					Frisa	Camarote	Cadeira	Gerais		
RJ	1920	9	Pal Th	Lírico	35$000	35$000	6$000		Portuguesa	
RJ	1920	9	Municipal	Gala	250$000	250$000	45$000	10$000	Italiana/Belga	Bonetti + Reis da Bélgica
RJ	1920	9	Municipal	Individual/Lírico	120$000	120$000	20$000	6$000	Austríaca	Richard Strauss
RJ	1920	9	Municipal	Lírico	60$000	60$000	10$000	2$000	Italiana	Bonetti – popular
RJ	1920	9	Phenix	Cinemat.	6$000	5$000	1$000	$500		
RJ	1921	7	Theatro Lyrico	Lírico	60$000	50$000	12$000	3$000	Alemã	
RJ	1921	7	Theatro Lyrico	Dança	50$000	40$000	12$000	3$000		
RJ	1921	7	Phenix	Cômico	15$000	15$000	3$000	1$500	Portuguesa	
RJ	1921	7	Municipal	Lírico	232$000	232$000	40$000	8$000		Aída (x2)
RJ	1921	7	Municipal	Lírico	180$000	180$000	30$000	7$000		Madame Butterfly
RJ	1921	7	Municipal	Dramático	120$000	120$000	20$000	6$000	Brasileira	Companhia Itália Fausto
RJ	1921	7	Municipal	Lírico	80$000	80$000	20$000	7$000		Marinuzzi e cia
RJ	1921	7	Municipal	Gala	80$000	80$000	15$000	4$000		
RJ	1921	7	Municipal	Lírico	80$000	80$000	15$000	4$000		Tannhauser, "a preços populares"
RJ	1921	7	Cine Pathé	Cinemat.			1$000			
RJ	1921	7		Circo		20$000	4$000	1$500	Americana	
RJ	1921	7	Municipal	Lírico		100$000		8$000		Sansão e Dalila
RJ	1921	7	Guarany	Cinemat.			2$000	1$000		
RJ	1921	8	Theatro Lyrico	Individual	80$000	50$000	15$000		Japonesa	Tamaki Miura, estava no Mun
RJ	1921	8	Pal Th	Lírico	33$000	33$000	6$000	2$000	Italiana	
RJ	1921	8	Maison Moderne	Cinemat.			1$000			
RJ	1921	9	Palace Theatre	Variedades	35$000	35$000	6$000	3$000	Italiana	
RJ	1921	9	Theatro Lyrico		30$000	25$000	5$500	5$000		(x 2)
RJ	1921	9	Municipal	Individualividual	60$000	30$000	7$000	4$000	Brasileira	Guiomar Novaes

(CONTINUAÇÃO)

Cidade	Ano	Mês	Local do espetáculo	Tipo	Preço				Nacionalidade	Observação
					Frisa	Camarote	Cadeira	Gerais		
RJ	1921	9	Municipal	Dramático	50$000	20$000	10$000	5$000	Espanhola	Antonia Plana
RJ	1921	9	República	Circo	35$000	35$000	6$000	2$000		
RJ	1921	9	Municipal	Lírico	30$000	25$000	5$000	1$000	Brasileira	Sociedade Concertos sinfônicos (Fco. Braga)
RJ	1921	9	Central	Cinemat.		8$000	1$500			
SP	1904	7	Santana	Dramático	30$000	30$000	6$000	1$500	Francesa	Alice Bonheur
SP	1904	7	Santana	Variedades	25$000	25$000	5$000	1$000		Beneficente
SP	1904	7	Santana	Dramático	30$000	30$000	6$000	1$500	Italiana	Companhia Maggi
SP	1905	7	Santana	Variedades	25$000	20$000	4$000	1$000		
SP	1905	7	Santana	Dramático			15$000	3$000	Francesa	Companhia Coquelin
SP	1905	8	Santana	Dramático	30$000	30$000	6$000	1$500	Portuguesa	Companhia José Ricardo (com Leopoldo Froés)
SP	1905	8	Politeama	Variedades	20$000	15$000	4$000	1$500	Chinesa/Japonesaão	
SP	1905	9	Politeama	Variedades	15$000	12$000	6$000	2$000		Matiné
SP	1905	9	Santana	Variedades	20$000	20$000	4$000	1$000	Americana	
SP	1905	9	Santana	Dramático	30$000	30$000	5$000	1$500	Portuguesa	Companhia Taveira
SP	1906	7	Politeama	Cinemat.	10$000	8$000	3$000	1$000		
SP	1906	7	Circo	Circo		15$000	3$000	1$000	Chilena	
SP	1906	7	Santana	Dramático	55$000	55$000	11$000	2$000	Francesa	
SP	1906	7	Santana	Dramático	50$000	40$000	10$000	2$000	Italiana	
SP	1906	7	Politeama	Variedades	10$000	8$000	3$000	1$000		
SP	1906	8	Santana	Dramático	40$000	40$000	8$000	2$000	Portuguesa	
SP	1906	8	Santana	Mágico	30$000	25$000	5$000	1$500	Italiana	
SP	1906	8	M.Rouge	Variedades	12$500	10$000	3$000	2$000		
SP	1906	8	Eden	Variedades		15$000	3$000	2$000	Italiana	
SP	1906	9	Santana	Lírico	30$000	25$000	5$000	1$500	Italiana	

(CONTINUAÇÃO)

Cidade	Ano	Mês	Local do espetáculo	Tipo	Preço				Nacionalidade	Observação
					Frisa	Camarote	Cadeira	Gerais		
SP	1906	9	Santana	Dramático	30$000	25$000	5$000	1$500	Portuguesa	
SP	1907	7	Paulista	Cinemat.			1$000			
SP	1907	7	Circo	Circo		15$000	3$000	1$000	Americana	
SP	1907	7	Santana	Dramático	92$500	90$000	18$500	3$500	Italiana	Eleonora Duse (2)
SP	1907	7	Politeama	Lírico	35$000	25$000	5$000		Italiana	
SP	1907	7	Santana	Dramático	30$000	25$000	5$000	1$000	Italiana	
SP	1907	7	Politeama	Dramático	30$000	20$000	4$000	1$000	Portuguesa	
SP	1907	7	Politeama	Cômico	30$000	20$000	4$500	1$500	Brasileira	
SP	1907	8	Cia. Cinematográfica	Cinemat.			1$000			
SP	1907	8	Paulista	Cinemat.			1$000			Auto-Tours
SP	1907	8	Eden	Individual		15$000	3$000	2$000	Brasileira	Osório Duque
SP	1907	9	Santana	Cinemat.	15$000	12$000	3$000	1$000		
SP	1907	9	Circo	Circo		15$000	3$000	1$000		
SP	1907	9	Circo	Circo		15$000	3$000	1$000		
SP	1907	9	Politeama	Lírico	70$000	70$000	15$000		Italiana	
SP	1907	9	Politeama	Variedades	30$000	20$000	4$500	2$000		
SP	1907	9	M.Rouge	Cômico	20$000	15$000	3$500	2$000	Italiana	
SP	1907	9	Santana	Lírico		70$000	14$000	2$000	Francesa	
SP	1908	7	Politeama	Dramático	90$000	50$000	10$000		Francesa	
SP	1908	7	Santana	Dramático	50$000	40$000	10$000	2$000	Italiana	
SP	1908	7	Santana	Dramático	30$000	25$000	6$500	1$000	Alemã	
SP	1908	7	Politeama	Lírico	25$000	20$000	5$000	1$500	Italiana	
SP	1908	7	M.Rouge	Dramático	25$000	20$000	6$500	2$000	Italiana	
SP	1908	7	Colombo	Dramático	12$000	10$000	2$500	1$000	Portuguesa	
SP	1908	8	Politeama	Lírico	70$000	50$000	10$000		Espanhola	

(CONTINUAÇÃO)

Cidade	Ano	Mês	Local do espetáculo	Tipo	Preço				Nacionalidade	Observação
					Frisa	Camarote	Cadeira	Gerais		
SP	1908	8	Santana	Mágico	30$000	25$000	6$000	2$000	Italiana	
SP	1908	8	Santana	Lírico	30$000	25$000	5$000	1$500	Portuguesa	
SP	1908	8	Politeama	Cômico	25$000	20$000	4$000		Italiana	
SP	1908	9	Politeama	Cinemat.	12$000	10$000	2$000			
SP	1908	9	Santana	Cinemat.	10$000	10$000	2$000	1$000		
SP	1908	9	Paulista	Cinemat.			$500			
SP	1908	9	Iris	Cinemat.			$500			
SP	1908	9	Bijou	Cinemat.		8$000	2$000			
SP	1908	9	Progredidor	Cinemat.			1$000			
SP	1908	9	Politeama	Lírico	40$000	35$000	7$000		Alemã	
SP	1908	9	Politeama	Variedades	30$000	25$000	4$000			
SP	1908	9	M.Rouge	Variedades	25$000	20$000	6$500	2$000		
SP	1908	9	Politeama	Lírico	25$000	2$000	4$000		Espanhola	
SP	1908	9	Colombo	Lírico	10$000	10$000	2$000	$500	Espanhola	
SP	1909	7	Liceu	Cinemat.		5$000	1$000	$500		
SP	1909	7	Santana	Dramático	80$000	60$000	12$000	3$000	Francesa	
SP	1909	7	Politeama	Dramático	55$000	32$500	9$000		Francesa	
SP	1909	7	Santana	Dramático	40$000	30$000	8$000	2$000	Italiana	
SP	1909	7	Politeama	Lírico	32$500	25$000	5$000		Alemã	
SP	1909	7	Politeama	Lírico	25$000	20$000	4$500		Espanhola	
SP	1909	8	Politeama	Lírico	30$000	20$000	4$500		Italiana	
SP	1909	8	Santana	Lírico	30$000	25$000	4$000	1$500	Alemã	
SP	1909	8	Santana	Lírico	30$000	25$000	5$000	1$500	Portuguesa	
SP	1909	8	Santana	Individual	25$000	25$000	5$000		Francesa	Anatole France
SP	1909	8	Politeama	Lírico	25$000	20$000	4$500		Portuguesa	

(CONTINUAÇÃO)

Cidade	Ano	Mês	Local do espetáculo	Tipo	Preço				Nacionalidade	Observação
					Frisa	Camarote	Cadeira	Gerais		
SP	1909	9	Cassino Antárctica	Cinemat.	3$000	2$000	$500			
SP	1909	9	Santana	Dramático	35$000	35$000	7$000	2$000	Italiana	Preços de assinatura
SP	1909	9	Politeama	Lírico	30$000	25$000	4$500		Italiana	
SP	1910	7	Circo	Circo			2$500	1$000	Americana	
SP	1910	7	São José	Individual	75$000	60$000	15$000	2$000	Tcheca	
SP	1910	7	Politeama	Lírico	67$500	42$500	11$000	2$500	Italiana	
SP	1910	7	São José	Lírico	35$000	30$000	6$000	1$500	Alemã	
SP	1910	7	São José	Lírico	30$000	25$000	6$000	1$500	Italiana	
SP	1910	7	Politeama	Dramático	30$000	25$000	4$000		Portuguesa	
SP	1910	7	São José	Dramático	30$000	25$000	5$000	1$500	Portuguesa	
SP	1910	7	Colombo	Variedades	10$000	10$000	2$000	1$000		
SP	1910	8	Circo	Circo			2500	1000	Francesa	
SP	1910	8	Politeama	Lírico	30$000	20$000	5$000	1$500	Italiana	
SP	1910	8	Santana	Dramático	25$000	20$000	5$000	1$000	Alemã	
SP	1910	8	Santana	Variedades	12$000	8$000	2$000	1$000		
SP	1910	9	São José	Lírico	45$000	35$000	9$000	2$000	Francesa	
SP	1910	9	Politeama	Variedades	30$000	25$000	4$000	1$500	Americana	
SP	1910	9	São José	Lírico	30$000	25$000	5$000	1$500	Espanhola	
SP	1910	9	São José	Lírico	30$000	25$000	5$000	1$500	Francesa	
SP	1910	9	Santana	Variedades	15$000	12$000	4$000	1$500		
SP	1911	7	Chantecler	Cinemat.		2$000	$500			Híbrido
SP	1911	7	Iris	Cinemat.			$300			
SP	1911	7	Politeama	Dramático	70$000	60$000	9$000		Francesa	
SP	1911	7	São José	Lírico	35$000	30$000	10$000	1$000	Italiana	
SP	1911	7	Politeama	Cômico	30$000	25$000	5$000	1$000	Italiana	

(CONTINUAÇÃO)

Cidade	Ano	Mês	Local do espetáculo	Tipo	Preço				Nacionalidade	Observação
					Frisa	Camarote	Cadeira	Gerais		
SP	1911	7	São José	Lírico	25$000	20$000	5$000	1$000	Francesa	
SP	1911	7	Santana	Dramático	25$000	20$000	5$000	1$500	Alemã	
SP	1911	7	Colombo	Dramático	15$000	12$000	2$500	1$000	Portuguesa	
SP	1911	8	Variedades	Cinemat.	6$000	3$000	1$000			
SP	1911	8	Variedades	Cinemat.	5$000	4$000	1$000	$500		
SP	1911	8	Variedades	Cinemat.		3$000	2$000	$500		Híbrido
SP	1911	8	Bijou	Cinemat.		4$000	1$000			
SP	1911	8	Santana	Individual	85$000	70$000	18$500		Francesa	Paderewski média (2)
SP	1911	8	Santana	Individual	60$000	50$000	12$000		Alemã	Joseph Ollman
SP	1911	8	Santana	Individual/Lírico	40$000	30$000	6$000	2$000	Francesa/Italiana	
SP	1911	8	São José	Individual	38$333	26$666	6$500	1$000	Francesa	Jauré média (3)
SP	1911	8	Santana	Individual	37$500	30$000	7$500		Francesa	Buffet média (2)
SP	1911	8	São José	Variedades	35$000	30$000	10$000	1$000		
SP	1911	8	Politeama	Lírico	30$000	25$000	5$000	1$000	Portuguesa	
SP	1911	8	Politeama	Dramático	30$000	25$000	5$000	1$000	Portuguesa	
SP	1911	8	Cassino Antárctica	Variedades	20$000	15$000	5$000	2$000	Francesa/Espanhola	
SP	1911	8	São José	Dramático	17$000	12$000	7$000	1$000	Portuguesa	
SP	1911	9	Radium	Cinemat.	5$000	4$000	1$000			
SP	1911	9	Iris	Cinemat.			1$000			
SP	1911	9	Santana	Individual	60$000	50$000	12$000			Trio Felia Litvine
SP	1911	9	São José	Individual	50$000	40$000	20$000	2$000	Húngara	Franz von vecsey
SP	1911	9	Politeama	Dramático	30$000	25$000	5$000	1$000	Portuguesa	
SP	1911	9	São José	Cômico	30$000	25$000		1$000		
SP	1911	9	Colombo	Lírico	20$000	15$000	3$000	1$000	Italiana	

(CONTINUAÇÃO)

Cidade	Ano	Mês	Local do espetáculo	Tipo	Preço				Nacionalidade	Observação
					Frisa	Camarote	Cadeira	Gerais		
SP	1911	9	Variedades	Variedades	5$000	4$000	2$000	$500	Italiana	
SP	1912	7	Municipal	Lírico	200$000	70$000	25$000	7$000	Italiana	
SP	1912	7	Municipal	Dramático	120$000	30$000	12$000	4$000	Francesa	
SP	1912	7	Municipal	Individual	90$000	30$000	12$000	6$000	Portuguesa	Viana da Mota
SP	1912	7	Variedades	Cinemat.	5$000	3$000	$750	$300		
SP	1912	7	High Life	Cinemat.		5$000	1$000			
SP	1912	7	Smart	Cinemat.			$500			
SP	1912	7	Rio Branco	Cinemat.		5$000	1$000			
SP	1912	7	Congresso	Cinemat.			$300			
SP	1912	7	Politeama	Lírico	70$000	60$000	12$500	3$000	Italiana	Cia estava no Mun
SP	1912	7	São José	Lírico	30$000	25$000	5$000	1$000	Italiana	
SP	1912	7	Politeama	Variedades	16$000	12$500	2$500			
SP	1912	7	Cassino Antárctica	Variedades			3$000			
SP	1912	8	Municipal	Lírico	50$000	25$000	6$000	1$500	Italiana	
SP	1912	8	Brasil	Cinemat.		2$000	$300			
SP	1912	8	Eldorado	Cinemat.			$500			
SP	1912	8	São José	Individual	25$000	20$000	4$000	1$000	Italiana	Palestra do Deputador Romulo Mufri
SP	1912	8	Politeama	Variedades	16$000	12$500	2$500			Trupe Jackson
SP	1912	9	Municipal	Dramático	56$000	20$000	10$000	2$000	Francesa	
SP	1912	9	São José	Individual	30$000	25$000	5$000	2$000	Francesa	
SP	1912	9	Cassino Antárctica	Variedades	15$000	12$000	3$000	2$000	Italiana	
SP	1913	7	Municipal	Individual	100$000	30$000	13$500	3$000	Americana	
SP	1913	7	Municipal	Lírico	75$000	30$000	14$000	2$000	Francesa	
SP	1913	7	Municipal	Lírico	40$000	18$000	8$000	1$500	Italiana	
SP	1913	7	Pathé Palace	Cinemat.	6$000	5$000	1$000	$500		

(CONTINUAÇÃO)

Cidade	Ano	Mês	Local do espetáculo	Tipo	Preço				Nacionalidade	Observação
					Frisa	Camarote	Cadeira	Gerais		
SP	1913	7	Guarany	Cinemat.	5$000	4$000	1$000			
SP	1913	7	Coliseu	Cinemat.	5$000	4$000	1$000	$500		
SP	1913	7	Radium	Cinemat.	4$000	3$000	$750			
SP	1913	7	Rio Branco	Cinemat.	2$500	2$000	$500			
SP	1913	7	High Life	Cinemat.		2$500	$500			
SP	1913	7	Iris	Cinemat.			$500			
SP	1913	7	Bijou	Cinemat.		5$000	1$000			
SP	1913	7	Circo	Circo		2$750	1$750	1$000		
SP	1913	7	Colombo	Variedades	25$000	20$000	3$500	1$000	Americana	
SP	1913	7	Palace Theatre	Variedades	25$000	20$000	3$500	1$000	Americana	
SP	1913	7	Variedades	Variedades	25$000	20$000	4$000	1$000		
SP	1913	7	Variedades	Variedades	20$000	15$000	3$000	1$000	Italiana	
SP	1913	7	Pathé Palace	Lírico	20$000	10$000	2$000	$500	Portuguesa	
SP	1913	7	Politeama	Variedades	20$000	15$000	2$500	1$000		
SP	1913	7	Coliseu	Variedades	20$000	20$000	3$000	1$000	Americana	
SP	1913	7	Coliseu	Variedades	15$000	12$000		1$000		
SP	1913	7	Colombo	Lírico	15$000	10$000	2$500	1$000	Portuguesa	
SP	1913	7	Coliseu	Individual	15$000	12$000	2$000	1$000	Brasileira	Os dois Geraldos
SP	1913	7	Politeama	Variedades	12$000	10$000	2$500	1$000		
SP	1913	7	Palace Theatre	Mágico	10$000	10$000	2$500	1$500	Brasileira	
SP	1913	7	São José	Lírico	10$000	10$000	3$000	$500	Brasileira	
SP	1913	7	Cassino Antárctica	Variedades	10$000	10$000	4$500			
SP	1913	7	São José	Variedades	10$000	8$000	1$500	$500	Portuguesa	
SP	1913	8	Municipal	Dramático	70$000	35$000	12$000	2$000	Francesa	Marthe Regnier
SP	1913	8	Municipal	Individual	37$500	20$000	8$000	1$500	Húngara	Franz von Vecsey (2)

(CONTINUAÇÃO)

Cidade	Ano	Mês	Local do espetáculo	Tipo	Preço				Nacionalidade	Observação
					Frisa	Camarote	Cadeira	Gerais		
SP	1913	8	Variedades	Cinemat.	5$000	4$000	1$000	$500		
SP	1913	8	Paris	Cinemat.			1$000			
SP	1913	8	Eden	Cinemat.		5$000	1$000			
SP	1913	8	Tiradentes	Cinemat.		3$000	$500			
SP	1913	8	Teatro São Paulo	Cinemat.		5$000	1$000	$500		
SP	1913	8	São José	Lírico	45$000	26$500	7$000	1$000	Italiana	
SP	1913	8	Palace Theatre	Variedades	20$000	15$000	3$000			Beneficente
SP	1913	8	Palace Theatre	Mágico	15$000	15$000	2$500	1$000	Italiana	
SP	1913	8	Cassino Antárctica	Dramático	12$000	12$000	2$000	1$000	Portuguesa	
SP	1913	8	Apolo	Dramático	12$000	10$000	2$000	1$000	Portuguesa	
SP	1913	8	Colombo	Variedades	12$000	10$000	1$500		Italiana	
SP	1913	8	Pathé Palace	Variedades	10$000	8$000	1$500	$500		
SP	1913	8	Variedades	Variedades	10$000	8$000	1$500	$500		
SP	1913	9	Municipal	Individual	50$000	20$000	10$000	2$000	Brasileira	Guiomar Novaes
SP	1913	9	Scala	Cinemat.	2$500	2$000	$500			
SP	1913	9	Marconi	Cinemat.		5$000	1$000	$500		
SP	1913	9	Colombo	Cinemat.		5$000	1$000	$500		
SP	1913	9	São José	Dramático	35$000	30$000	5$000	1$000	Portuguesa	
SP	1913	9	Apolo	Variedades	25$000	20$000	4$000	1$000		
SP	1913	9	São José	Mágico	25$000	20$000	5$000	1$000		
SP	1913	9	São José	Variedades	15$000	10$000	3$000	2$000	Brasileira	
SP	1913	9	Apolo	Mágico	15$000	12$000	2$000	1$000	Italiana	
SP	1913	9	Variedades	Cômico	15$000	12$000	2$500	1$000	Italiana	
SP	1913	9	Politeama	Variedades	12$000	10$000	3$000	1$000		

(CONTINUAÇÃO)

Cidade	Ano	Mês	Local do espetáculo	Tipo	Preço				Nacionalidade	Observação
					Frisa	Camarote	Cadeira	Gerais		
SP	1914	7	Municipal	Individual/Lírico	60$000	30$000	10$000	2$000	Italiana	Nowakowski
SP	1914	7	High Life	Cinemat.	3$000	2$500	$500			
SP	1914	7	Rio Branco	Cinemat.		2$500	$500			
SP	1914	7	Iris	Cinemat.		1$000	$500			
SP	1914	7	Circo	Circo			2$000	1$000		
SP	1914	7	São José	Cômico	30$000	25$000	5$000	1$000	Italiana	
SP	1914	7	Politeama	Lírico	25$000	20$000	3$000	1$500	Italiana	
SP	1914	7	Apolo	Mágico	20$000	15$000	3$000	1$000	Americana	
SP	1914	7	Colombo	Lírico	12$000	10$000	2$000	$500	Italiana	Monaldi
SP	1914	7	Variedades	Lírico	10$000	8$000	1$500	$500	Espanhola	
SP	1914	8	Municipal	Lírico	150$000	40$000	20$000	3$000	Italiana	Monaldi
SP	1914	8	Coliseu	Cinemat.	12$000	10$000	2$000	$500		
SP	1914	8	Teatro São Paulo	Cinemat.	6$000	5$000	2$000	$500		
SP	1914	8	Royal	Cinemat.	6$000	5$000	1$000	$500		
SP	1914	8	Coliseu	Cinemat.	5$000	2$000	$500			
SP	1914	8	Coliseu	Cinemat.	3$000	2$500	$500	$300		
SP	1914	8	High Life	Cinemat.	3$000	2$000	$500			
SP	1914	8	Iris	Cinemat.			1$000			
SP	1914	8	Rio Branco	Cinemat.		2$500	$500			
SP	1914	8	Circo	Circo		12$000	2$000	1$000		
SP	1914	8	Politeama	Lírico	50$000	40$000	8$000		Italiana	Trupe do Teatro Constanzi
SP	1914	8	Apolo	Dramático	15$000	15$000	3$500	1$000	Portuguesa	
SP	1914	8	Pathé Palace	Dramático	15$000	15$000	3$000	1$000	Portuguesa	
SP	1914	8	Coliseu	Lírico	12$000	10$000	2$000	$500	Italiana	Monaldi

(CONTINUAÇÃO)

Cidade	Ano	Mês	Local do espetáculo	Tipo	Preço				Nacionalidade	Observação
					Frisa	Camarote	Cadeira	Gerais		
SP	1914	8	Politeama	Lírico	12$000	10$000	1$500	$500	Italiana	Monaldi
SP	1914	8	Variedades	Variedades	10$000	8$000	1$750	$800	Brasileira	
SP	1914	8	Teatro São Paulo	Lírico	10$000	8$000	1$500	$500	Brasileira	
SP	1914	8	Royal	Lírico	7$000	5$500	1$500	$750	Espanhola	
SP	1914	9	Guarany	Cinemat.	3$000	2$000	$500			
SP	1914	9	Bijou	Cinemat.		1$000	$500			
SP	1914	9	Apolo	Dramático	25$000	20$000	3$333	1$000	Portuguesa	
SP	1914	9	Coliseu	Dramático	15$000	12$000	2$500	1$000	Portuguesa	
SP	1914	9	Apolo	?	10$000	10$000	1$500	$500	Italiana	
SP	1915	7	Municipal	Lírico	70$000	20$000	15$000	3$000	Francesa	
SP	1915	7	Royal	Cinemat.	6$000	5$000	1$000			
SP	1915	7	Brasil	Cinemat.	3$000	2$500	$500			
SP	1915	7	Colombo	Cinemat.	3$000	3$000	$800	$500		
SP	1915	7	Guarany	Cinemat.	2$500	2$000	$500			
SP	1915	7	Rio Branco	Cinemat.		2$500	$500			
SP	1915	7	High Life	Cinemat.		5$000	1$000			
SP	1915	7	Colombo	Cinemat.		3$000	$500			Híbrido
SP	1915	7	Cassino Antárctica	Dramático	35$000	30$000	5$000	1$000	Portuguesa	
SP	1915	7	Coliseu	Variedades	15$000	12$000	3$000	1$000		Abertura: alguns films
SP	1915	7	Pathé Palace	Individual	15$000	15$000	2$500	1$000	Italiana	Alberto Capozzi
SP	1915	7	Cassino Antárctica	Dramático	15$000	12$000	2$500	$500	Brasileira	Sessões
SP	1915	7	Apolo	Variedades	12$000	10$000	3$000	2$000		
SP	1915	7	Colombo	Individual	12$000	10$000	2$000	1$000	Italiana	Alberto Capozzi
SP	1915	7	Teatro São Paulo	Individual	12$000	10$000	2$000	1$000	Italiana	Alberto Capozzi
SP	1915	7	Apolo	Variedades	11$000	9$000	3$000	2$000	Italiana	Média (2)

(CONTINUAÇÃO)

Cidade	Ano	Mês	Local do espetáculo	Tipo	Preço				Nacionalidade	Observação
					Frisa	Camarote	Cadeira	Gerais		
SP	1915	7	Palace Theatre	Cômico	6$000	5$000	1$500	$500	Portuguesa	preços de cinema
SP	1915	7	Pavilhão Paulista	Variedades		12$000	2$000	1$000		
SP	1915	8	Municipal	Individual/Lírico	100$000	30$000	10$000	1$500	Brasileira	Luigi Chiafarelli
SP	1915	8	Municipal	Lírico	50$000	15$000	8$000	3$000	Argentina	
SP	1915	8	Iris	Cinemat.	3$000	3$000	$500	$300		
SP	1915	8	Eden	Cinemat.		4$000	$600			
SP	1915	8	Cassino Antárctica	Individual	50$000	40$000	6$700	2$000	Belga	Felyne Verbist
SP	1915	8	Cassino Antárctica	Lírico	27$500	22$500	4$000	1$000	Italiana	Média (2)
SP	1915	8	Cassino Antárctica	Dramático	15$000	12$000	2$500	$500	Brasileira	
SP	1915	8	Royal	Individual	12$000	10$000	2$000		Brasileira	Trio Phoca
SP	1915	8	Brasil	Individual	10$000	8$000	1$500		Brasileira	Cornélio Pires
SP	1915	8	São José	Dramático	10$000	8$000	1$500	$500	Italiana	
SP	1915	8	Rio Branco	Individual		12$000	2$000		Italiana	Alberto Capozzi
SP	1915	9	Municipal	Individual	180$000	60$000	30$000	5$000	Italiana	Titta Ruffo
SP	1915	9	Colombo	Lírico	50$000	40$000	8$500	3$000	Italiana	Cia estava no mun
SP	1915	9	Palace Theatre	Lírico	25$000	20$000	5$000	1$000	Argentina	Cia estava no mun
SP	1915	9	Colombo	Lírico	15$000	12$000	2$500	1$000	Italiana	
SP	1915	9	Apolo	Variedades	12$000	10$000	3$000			
SP	1915	9	Cassino Antárctica	Dramático	12$000	10$000	2$500	$500	Brasileira	
SP	1915	9	Colombo	Dramático	10$000	8$000	1$500	$500	Italiana	
SP	1916	7	Municipal	Individual/Lírico	70$000	30$000	15$000	2$000	Francesa	Camille Saint-Saëns
SP	1916	7	Pathé Palace	Cinemat.	6$000	5$000	1$000			
SP	1916	7	Esperia	Cinemat.	4$000	3$000	$600	$300		
SP	1916	7	Brasil	Cinemat.	3$000	2$500	$500			

(CONTINUAÇÃO)

Cidade	Ano	Mês	Local do espetáculo	Tipo	Preço				Nacionalidade	Observação
					Frisa	Camarote	Cadeira	Gerais		
SP	1916	7	Rio Branco	Cinemat.		2$500	$500			
SP	1916	7	Coliseu	Cinemat.		2$500	$500	$300		
SP	1916	7	Eden	Cinemat.		5$000	1$000			
SP	1916	7	Circo	Circo			2$700	1$100		
SP	1916	7	Apolo	Lírico	20$000	15$000	5$100	1$000	Italiana	
SP	1916	7	São José	Lírico	15$000	12$000	3$000	1$000	Portuguesa	
SP	1916	7	Cassino Antárctica	Lírico	15$000	12$000	3$000	1$000	Americana	
SP	1916	7	Colombo	Variedades	12$000	10$000	2$000	1$000	Americana	
SP	1916	8	Cassino Antárctica	Cinemat.	5$000	5$000	1$000	$500		
SP	1916	8	Royal	Cinemat.	3$000	2$500	$500			
SP	1916	8	Congresso	Cinemat.		2$500	$500			
SP	1916	8	Cassino Antárctica	Lírico	32$500	30$000	5$000	1$500	Italiana	
SP	1916	8	Cassino Antárctica	Individual	30$000	30$000	4$000	1$000	Belga	Jean François Fonson
SP	1916	8	São José	Variedades	20$000	15$000	3$500	$750		
SP	1916	8	Apolo	Lírico	15$000	12$000	2$500	1$000	Italiana	
SP	1916	8	Apolo	Mágico	12$000	10$000	2$500	1$000	Indiana	
SP	1916	9	Municipal	Lírico	220$000	60$000	30$000	5$000	Italiana	
SP	1916	9	Municipal	Individual	80$000	25$000	18$000	8$000	Argentina	Maria barrientos
SP	1916	9	Municipal	Individual	60$000	30$000	12$000	2$000	Americana	Isadora duncar
SP	1916	9	Minerva	Cinemat.		2$500	$500			
SP	1916	9	Barra Funda	Cinemat.		3$000	$500	$300		
SP	1916	9	America	Cinemat.		4$000	1$000			
SP	1916	9	São José	Dramático	25$000	20$000	5$000	1$000	Portuguesa	
SP	1916	9	Apolo	Variedades	15$000	12$000	2$500	1$000	Italiana	
SP	1916	9	Colombo	Variedades	15$000	12$000	2$500	1$000		

(CONTINUAÇÃO)

Cidade	Ano	Mês	Local do espetáculo	Tipo	Preço				Nacionalidade	Observação
					Frisa	Camarote	Cadeira	Gerais		
SP	1916	9	Teatro São Paulo	Variedades	15$000	12$000	2$500	1$000		Fatima Miris
SP	1916	9	Pathé Palace	Lírico	15$000	12$000	2$500	1$000	Italiana	Wolf Ferrari
SP	1916	9	Coliseu	Variedades	12$000	10$000	2$000	1$000		Fatima Miris
SP	1916	9	Coliseu	Lírico	10$000	8$000	1$500	$500	Italiana	Wolf ferrari + alguns films
SP	1916	9	Colombo	Lírico	10$000	8$000	2$000	$500	Italiana	
SP	1917	7	Municipal	Lírico	50$000	25$000	15$000	2$000	Italiana	
SP	1917	7	S. Pedro	Cinemat.	10$000	8$000	1$500	$500		Média (2)
SP	1917	7	S. Pedro	Cinemat.	6$000	5$000	1$000	$500		
SP	1917	7	Royal	Cinemat.	6$000	5$000	1$000			
SP	1917	7	Colombo	Cinemat.	5$000	5$000	1$000	$500		
SP	1917	7	Brasil	Cinemat.	3$000	2$500	$600	$300		
SP	1917	7	Congresso	Cinemat.		5$000	1$000	$500		
SP	1917	7	America	Cinemat.		3$000	$600	$300		
SP	1917	7	Guarany	Cinemat.		3$000	$600			
SP	1917	7	S. Pedro	Cinemat.		6$000	1$000			
SP	1917	7	Apolo	Variedades	15$000	15$000	2$500			
SP	1917	7	São José	Lírico	15$000	15$000	3$000	1$000	Italiana	
SP	1917	7	Boa Vista	Lírico	15$000	10$000	3$000	$500	Brasileira	
SP	1917	7	Boa Vista	Mágico	12$000	10$000	2$000	$500	Italiana	
SP	1917	7	S. Pedro	Variedades	10$000	8$000	2$000	$500		
SP	1917	7	S.Pedro	Dramático	6$000	5$000	1$000	$500	Portuguesa	
SP	1917	7	Colombo	Dramático	6$000	5$000	1$000	$500	Portuguesa	
SP	1917	8	Municipal	Dramático	70$000	25$000	15$000	2$000	Francesa	André Brulé
SP	1917	8	Guarany	Cinemat.		4$000	$800			
SP	1917	8	Circo	Circo		16$000	2$700	1$200		

(CONTINUAÇÃO)

Cidade	Ano	Mês	Local do espetáculo	Tipo	Preço				Nacionalidade	Observação
					Frisa	Camarote	Cadeira	Gerais		
SP	1917	8	Colombo	Lírico	15$000	15$000	2$500		Italiana	
SP	1917	8	Apolo	Mágico	10$200	8$200	1$850	1$100	Americana	
SP	1917	8	São José	Lírico	10$200	8$200	2$100	$600	Italiana	
SP	1917	8	Boa Vista	Dramático	10$200	8$200	1$600	$600	Portuguesa	
SP	1917	9	Municipal	Individual	120$000	80$000	32$000	3$000	Russa	Vaslav Nijinski
SP	1917	9	Municipal	Individual/Lírico	80$000	25$000	15$000	2$000	Italiana	Enrico Caruso
SP	1917	9	Pathé Palace	Cinemat.	6$000	6$000	3$000	$500		
SP	1917	9	Royal	Cinemat.	3$000	2$500	$600			
SP	1917	9	Mafalda	Cinemat.	3$000	2$500	$500	$300		
SP	1917	9	Coliseu	Cinemat.		3$000	$800			
SP	1917	9	Rio Branco	Cinemat.		2$500	$600			
SP	1917	9	Apolo	Variedades	12$200	10$200	2$600			
SP	1917	9	Palace Theatre	Lírico	12$200	10$200	2$100	$600		
SP	1917	9	São José	Lírico	10$200	8$200	2$600	$600	Italiana	
SP	1917	9	Boa Vista	Dramático	10$200	8$200	1$600	$500	Portuguesa	
SP	1918	7	Municipal	Individual	82$000	31$000	15$300	3$200		Rubinstein
SP	1918	7	S. Pedro	Cinemat.	10$500	10$500	2$500	$800		Tosca (filme especial)
SP	1918	7	Brasil	Cinemat.	6$000	5$000	1$000			
SP	1918	7	Pathé Palace	Cinemat.	3$200	3$200	$700	$300		
SP	1918	7	Mafalda	Cinemat.	3$000	3$000	$600	$300		
SP	1918	7	Royal	Cinemat.	3$000	2$500	$600			
SP	1918	7	Congresso	Cinemat.		2$700	$700			
SP	1918	7	Colombo	Cinemat.		5$300	1$100	$600		
SP	1918	7	America	Cinemat.		3$000	$600	$300		

(CONTINUAÇÃO)

Cidade	Ano	Mês	Local do espetáculo	Tipo	Preço				Nacionalidade	Observação
					Frisa	Camarote	Cadeira	Gerais		
SP	1918	7	S. Pedro	Cinemat.		3$200	$700	$300		
SP	1918	7	Guarany	Cinemat.		2$500	$500			
SP	1918	7	Rio Branco	Cinemat.		2$500	$600			
SP	1918	7	America	Cinemat.		3$000	$600			
SP	1918	7	São José	Lírico	31$000	26$000	5$300	1$100	Italiana	
SP	1918	7	Apolo	Variedades	15$500	12$500	2$700		Brasileira	
SP	1918	7	Boa Vista	Dramático	10$500	8$500	2$300	$700	Portuguesa	
SP	1918	7	Avenida	Lírico	10$500	8$300	2$200	$600	Espanhola	
SP	1918	7	Avenida	Lírico	10$500	8$300	2$200	$600	Italiana	
SP	1918	8	Municipal	Gala	80$000	27$000	15$300	2$200	Francesa	
SP	1918	8	Municipal	Dramático	77$000	27$000	15$500	2$200	Francesa	André Brulé
SP	1918	8	Cassino Antárctica	Lírico	31$000	26$000	5$300	1$100	Italiana	
SP	1918	8	Cassino Antárctica	Variedades	20$500	15$500	3$700	1$100	Americana	
SP	1918	8	Avenida	Lírico	10$500	8$300	2$200	$600		
SP	1918	9	Municipal	Lírico	182$000	52$000	27$500	5$416	Argentina	Colon (preço de assinatura)
SP	1918	9	Da Paz	Cinemat.		5$300	1$100			
SP	1918	9	Eden	Cinemat.		5$300	1$000			
SP	1918	9	São José	Lírico	31$000	26$000	5$300	1$100	Espanhola	
SP	1918	9	Palace Theatre	Variedades	20$500	15$500	3$200	1$100		
SP	1918	9	Cassino Antárctica	Lírico	20$500	15$500	3$750	1$100	Brasileira	
SP	1918	9	Palace Theatre	Lírico	15$500	12$500	2$700	1$100	Brasileira	
SP	1918	9	Avenida	Lírico	10$500	8$500	2$700	$600	Argentina	
SP	1918	9	Avenida	Dramático	10$500	8$500	2$800	1$100	Portuguesa	
SP	1919	7	Avenida	Cinemat.	6$300	5$300	1$100	$300		
SP	1919	7	Brasil	Cinemat.	3$500	3$000	$700			

(CONTINUAÇÃO)

Cidade	Ano	Mês	Local do espetáculo	Tipo	Preço				Nacionalidade	Observação
					Frisa	Camarote	Cadeira	Gerais		
SP	1919	7	Congresso	Cinemat.		15$000	3$000	1$200		
SP	1919	7	America	Cinemat.		5$300	1$100			
SP	1919	7	Rio Branco	Cinemat.		2$700	$700			
SP	1919	7	Circo	Circo		15$000	3$000	1$200		
SP	1919	7	São José	Lírico	36$000	31$000	6$300	1$600	Espanhola	
SP	1919	7	Palace Theatre	Lírico	13$500	12$500	2$700	1$100	Italiana	
SP	1919	7	Boa Vista	Lírico	12$000	10$000	2$500	$700	Brasileira	
SP	1919	7	Teatro São Paulo	Variedades	8$000	7$000	1$500	$600	Brasileira	
SP	1919	8	Municipal	Dança	82$000	31$000	15$500	4$500	Russa	Pavlova (preços assinante)
SP	1919	8	Municipal	Individual	68$500	33$000	12$150	2$100		Manen e Risler
SP	1919	8	Municipal	Individual	60$000	25$000	10$000	2$000		Mischa Violin
SP	1919	8	Royal	Cinemat.	6$300	5$300	1$100			
SP	1919	8	São José	Lírico	36$000	31$000	6$300	1$100	Espanhola	
SP	1919	8	São José	Variedades	31$000	26$000	5$300	1$100	Americana	
SP	1919	8	Boa Vista	Lírico	26$000	21$000	5$300	1$600	Italiana	
SP	1919	8	São José	Lírico	20$500	15$500	3$200	1$100	Italiana	
SP	1919	8	S. Pedro	Variedades	12$500	12$500	2$200	1$000	Brasileira	
SP	1919	8	Palace Theatre	Lírico	10$500	8$500	2$200	$700	Italiana	
SP	1919	9	Municipal	Lírico	152$000	47$000	25$333	6$333	Italiana	Preços assinante
SP	1919	9	Municipal	Gala	82$000	31$000	1$500	3$300	Brasileira	Cacilda ortigão e outras cantoras
SP	1919	9	Municipal	Individual	62$000	26$000	12$300	2$200	Portuguesa	
SP	1919	9	Eden	Cinemat.		2$000	$500			
SP	1919	9	Circo	Circo		16$000	3$000	1$200	Americana	
SP	1919	9	São José	Lírico	41$000	35$000	6$300	1$000	Mexicana	
SP	1919	9	Boa Vista	Dramático	15$000	12$000	3$000	1$000	Portuguesa	

(CONTINUAÇÃO)

Cidade	Ano	Mês	Local do espetáculo	Tipo	Preço				Nacionalidade	Observação
					Frisa	Camarote	Cadeira	Gerais		
SP	1920	7	Municipal	Lírico	182$000	102$000	45$000	10$000	Italiana	Preços assinante
SP	1920	7	Municipal	Lírico	170$000	40$000	25$000	4$000	Portuguesa	Média soireé/matiné
SP	1920	7	São José	Individual	77$000	62$000	12$300	2$200	Americana	Karl Jörn
SP	1920	7	São José	Dramático	36$000	31$000	5$300	1$100		Adolpho Freiman
SP	1920	7	Boa Vista	Variedades	31$000	31$000	5$000	1$600	Brasileira	
SP	1920	7	Apolo	Variedades	20$500	15$500	4$300	1$000		
SP	1920	7	Royal	Cinemat.		6$300	1$100			
SP	1920	7	Congresso	Cinemat.		2$700	$700			
SP	1920	7	Congresso	Cinemat.		5$300	1$100			
SP	1920	7	Circo	Circo		20$000	3$500	1$500	Francesa/Japonesa	
SP	1920	7	Boa Vista	Variedades	15$000	12$000	3$000	1$000	Brasileira	
SP	1920	7	Boa Vista	Lírico	15$000	12$000	3$000	1$000	Italiana	
SP	1920	7	Roma	Lírico	8$000	8$000	1$500	$800	Italiana	
SP	1920	8	Municipal	Gala	250$000	100$000	45$000	10$000		
SP	1920	8	Municipal	Individual	100$000	40$000	20$000	5$000	Brasileira	
SP	1920	8	Municipal	Lírico	77$000	31$000	15$000	2$200	Portuguesa	
SP	1920	8	Municipal	Individual	60$000	25$000	10$000	2$000	Húngara	Franz von Vecsey
SP	1920	8	Colombo	Lírico	90$000	75$000	15$000	4$000	Portuguesa	Cia estava no mun
SP	1920	8	São José	Lírico	40$000	35$000	8$000	1$000	Portuguesa	Cia estava no mun
SP	1920	8	Avenida	Cinemat.		6$300	1$100			
SP	1920	8	Circo	Circo		15$500	3$500	1$200	Japonesa	
SP	1920	8	Cassino Antárctica	Cômico	20$000	15$000	4$000		Brasileira	
SP	1920	8	Boa Vista	Variedades	10$000	8$000	1$500	$600	Brasileira	
SP	1920	9	Municipal	Individual/Lírico	200$000	62$500	32$500		Italiana	Richard strauss preços assinante

(CONTINUAÇÃO)

Cidade	Ano	Mês	Local do espetáculo	Tipo	Preço				Nacionalidade	Observação
					Frisa	Camarote	Cadeira	Gerais		
SP	1920	9	Municipal	Lírico	60$000	25$000	10$000	2$000	Francesa	
SP	1920	9	Municipal	Individual	60$000	25$000	10$000	2$000	Tcheca	Vasa prihoda
SP	1920	9	São José	Lírico	40$000	35$000	8$000	1$500	Portuguesa	Cia estava no mun
SP	1920	9	São José	Lírico	40$000	35$000	7$000	1$500	Francesa	Cia estava no mun
SP	1920	9	Colombo	Cinemat.		5$300	1$100	$600		
SP	1920	9	Palace Theatre	Variedades	15$500	15$500	3$200	1$000	Portuguesa	
SP	1920	9	Boa Vista	Cômico	15$500	12$500	2$200	1$100	Brasileira	
SP	1921	7	Cassino Antárctica	Dramático	35$000	20$000	6$000	1$500	Portuguesa	
SP	1921	7	Palace Theatre	Cinemat.	7$000	7$000	1$500	$600		
SP	1921	7	Avenida	Cinemat.	6$300	6$300	1$100	$300		
SP	1921	7	S. Pedro	Cinemat.	6$300	6$300	1$100	$500		
SP	1921	7	Congresso	Cinemat.		7$500	1$500			
SP	1921	7	Mafalda	Cinemat.		4$000	$800			
SP	1921	7	America	Cinemat.		6$300	1$100	$600		
SP	1921	7	Rio Branco	Cinemat.		8$000	1$500			
SP	1921	8	Municipal	Lírico	300$000	90$000	50$000	10$000	Italiana	Soireé (houve récita extraordinária)
SP	1921	8	Municipal	Lírico	200$000	60$000	35$000	5$000	Italiana	Matiné
SP	1921	8	Santana	Lírico	61$000	61$000	11$750	2$300	Alemã	Alemã média (2)
SP	1921	8	Santana	Cômico	36$000	36$000	6$300	1$700	Brasileira	
SP	1921	8	Cassino Antárctica	Cômico	27$500	22$000	5$500	1$000	Brasileira	Froés média (2)
SP	1921	8	Teatro São Paulo	Cinemat.	6$600	5$000	3000	$500		Híbrido
SP	1921	8	Pathé Palace	Cinemat.	6$300	6$300	1$100	$300		
SP	1921	8	Rio Branco	Cinemat.		5$300	1$100			

(CONCLUSÃO)

Cidade	Ano	Mês	Local do espetáculo	Tipo	Preço				Nacionalidade	Observação
					Frisa	Camarote	Cadeira	Gerais		
SP	1921	9	Municipal	Individual	60$000	25$000	10$000	2$000	Brasileira	Pery Machado
SP	1921	9	Palace Theatre	Cinemat.	10$000	10$000	2$000	1$000		
SP	1921	9	Marconi	Cinemat.		8$700	1$500	$600		

FONTE: OESP e OPA, coleta e tabulação do autor.

Referências bibliográficas

Documentos históricos

Arquivo Nacional do Rio de Janeiro

ARQUIVOS FAMÍLIA FERREZ [AFF]. *Contratos, carta-contrato, termos de responsabilidade, declarações, autorizações, carta d e fiança, vale e recibos assinados pela firma Marc Ferrez & Filhos e/ou por outras casas comerciais ou por seus fiadores referentes ao fornecimento de filmes da Pathé Frères.* 03/05/1908. Rio de Janeiro. Arquivo Nacional. FF-FMF 2.0.5.2.

______. *Contratos, carta-contrato, termos de responsabilidade, declarações, autorizações, carta de fiança, vale e recibos assinados pela firma Marc Ferrez & Filhos e/ ou por outras casas comerciais ou por seus fiadores referentes ao fornecimento de filmes da Pathé Frères.* 1908-1912. Rio de Janeiro. Arquivo Nacional. FF-FMF 2.0.5.2.

______. *Carta da firma Marc Ferrez & Filhos aos proprietários da Empresa Cinematographica De Wekt-Geskaft.* 19/11/1908. Rio de Janeiro. Arquivo Nacional. FF-FMF 2.0.01.5.

______. *Cartas da firma Marc Ferrez e Filhos a José Tous Rocca.* 26/12/1908. Rio de Janeiro. Arquivo Nacional. FF-FMF 2.0.01.14.

______. *Cartas da firma Marc Ferrez e Filhos a José Tous Rocca*. 03/02/1909. Rio de Janeiro. Arquivo Nacional. FF-FMF 2.0.01.14.

______. *Cartas da firma Marc Ferrez e Filhos a José Tous Rocca*. 17/05/1909. Rio de Janeiro. Arquivo Nacional. FF-FMF 2.0.01.14.

______. *Cartas entre a Det Oversoiske Compagnie (Companhia de Exportação para o Ultramar Ltda.) e a firma Marc Ferrez & Filhos*. 15/09/1911. Rio de Janeiro. Arquivo Nacional. FF-FMF.2.0.01.4.

______. *Documentos reunidos por Luciano Ferrez em pasta que intitulou O. Mazza, e que dizem respeito à Sucursal do Rio de Janeiro da Companhia Cinematográfica Brasileira, no período em que foi gerente, e a relação desta Companhia e da firma Marc Ferrez & Filhos com a Pathé Frères*. Rio de Janeiro. Arquivo Nacional. 1912-1915. FF-FMF.2.2.2.2.1. 1912-1915a.

______. *Resumo das entradas de fitas Pathé no Rio de Janeiro, nos anos de 1912, 1913, 1914 e 1915*. 1912-1915. Rio de Janeiro: Arquivo Nacional. FF-FMF 2.0.0.6.3. 1912-1915b.

______. *Relatório da Directoria para ser apresentado em Assembléa Geral a realisar-se em 11 de agosto de 1912*. São Paulo: A Companhia, 1912. Rio de Janeiro. Arquivo Nacional. FF-FMF.2.2.1.4.1. 1912a.

______. *Estatutos da Cia. Cinematographica Brasileira*. São Paulo: A Companhia, 1912. Rio de Janeiro. Arquivo Nacional. FF-FMF.2.2.1.1. 1912b.

______. *Relatório da Directoria para ser apresentado em Assembléa Geral a realisar-se em 29 de setembro de 1914*. São Paulo: A Companhia, 1914. Rio de Janeiro. Arquivo Nacional. FF-FMF.2.2.1.4.2. 1914a.

______. *Balanços, balancetes e outros documentos da Sucursal do Rio de Janeiro da Companhia Cinematográfica Brasileira (1912-1914)*. Rio de Janeiro: A Companhia, 1915. FF-FMF.2.2.2.5.3. 1915.

______. *Cartas entre Luciano Ferrez e A. Nevière*. 15/09/1914. Rio de Janeiro. Arquivo Nacional. FF-FMF.2.2.2.1.10.

______. *Cartas de Luciano Ferrez ao irmão Julio Ferrez*. 24/09/1914 (Carta 1). Rio de Janeiro. Arquivo Nacional. FF-JF 2.1.1.1.

_____. *Cartas da Società Anonima Ambrosio a Júlio Ferrez*. 24/09/1914 (Carta 2). Rio de Janeiro: Arquivo Nacional. FF-JF 2.1.2.10.

______. *Cartas entre Luciano Ferrez e Enea Malaguti.* 13/10/1914. Rio de Janeiro. Arquivo Nacional. FF-FMF.2.2.2.1.9

______. *Cartas entre Enea Malaguti e Julio Ferrez.* 20/10/1914. Rio de Janeiro: Arquivo Nacional. FF-JF.2.1.2.8.

______. *Correspondência de Henri Lévy a Julio Ferrez.* 30/10/1914. Rio de Janeiro. Arquivo Nacional. FF-JF.2.1.2.7.

______. *Cartas de Charles Pathé a Marc Ferrez.* 02/11/1914. Rio de Janeiro. Arquivo Nacional. FF-MF 1.0.1.13.

______. *Correspondência de Henri Lévy a Julio Ferrez.* 14/11/1914. Rio de Janeiro. Arquivo Nacional. FF-JF.2.1.2.7.

______. *Cartas de Luciano Ferrez ao irmão Julio Ferrez.* 25/01/1915. Rio de Janeiro. Arquivo Nacional. FF-JF 2.1.1.1.

______. *Correspondências de Julio Ferrez.* Rio de Janeiro. Arquivo Nacional. FF-JF.2.1.2.1.10. 12/02/1915.

______. *Cartas entre Luciano Ferrez e Enea Malaguti.* 17/03/1915. Rio de Janeiro. Arquivo Nacional. FF-FMF.2.2.2.1.9

_____. *Cartas da Società Anonima Ambrosio a Júlio Ferrez.* 06/04/1915. Rio de Janeiro: Arquivo Nacional. FF-JF 2.1.2.10.

______. *Cartas de Luciano Ferrez ao irmão Julio Ferrez.* 08/04/1915. Rio de Janeiro. Arquivo Nacional. FF-JF 2.1.1.1.

______. *Cartas entre Enea Malaguti e Julio Ferrez.* 23/04/1915. Rio de Janeiro: Arquivo Nacional. FF-JF.2.1.2.8.

______. *Cartas de Carolina Espinheira a Júlio Ferrez.* 06/05/1915. Rio de Janeiro. Arquivo Nacional. FF-JF 2.1.2.3.

______. *Cartas entre Julio Ferrez e os diretores da Companhia, Francisco Serrador e Antonio Bittencourt Filho.* 10/05/1915 (Carta 1). Rio de Janeiro. Arquivo Nacional. FF-FMF 2.2.2.1.3.

______. *Documentos reunidos por Luciano Ferrez a respeito à Sucursal do Rio de Janeiro da Companhia Cinematográfica Brasileira.* Rio de Janeiro. Arquivo Nacional. 10/05/1915 (Carta 2). FF-FMF.2.2.2.2.1.

______. *Cartas entre Enea Malaguti e Julio Ferrez.* 13/07/1915. Rio de Janeiro: Arquivo Nacional. FF-JF.2.1.2.8.

______. *Relatório da Directoria para ser apresentado em Assembléa Geral a realisar-se em 29 de setembro de 1914*. São Paulo: A Companhia, 1914. Rio de Janeiro. Arquivo Nacional. FF-FMF.2.2.1.4.2. 1914a.

______. *Correspondências de Marc Ferrez*. Rio de Janeiro. Arquivo Nacional. FF-JF.2.1.1.7. 27/04/1915.

______. *Escritura cessão e transferência de contrato de arredamento que faz a Companhia Brazil Cinematographica à firma Marc Ferrez & Filhos e escritura (primeiro traslado) de venda do cinema Pathé, que faz a Companhia Brasil Cinematographica à mesma firma*. 31/12/1917. Rio de Janeiro: Arquivo Nacional. FF-FMF.6.1.1.2.

______. *Livro-caixa do Cinema Pathé*. 1916. Rio de Janeiro. Arquivo Nacional. FF-FMF.6.1.0.9.

______. *Livro-caixa do Cinema Pathé*. 1918. Rio de Janeiro. Arquivo Nacional. FF-FMF.6.1.0.9 2-11.

______. *Livro-caixa do Cinema Pathé*. 1919. Rio de Janeiro. Arquivo Nacional. FF-FMF.6.1.0.9 2-11.

______. *Livro-caixa do Cinema Pathé*. 1920. Rio de Janeiro. Arquivo Nacional. FF-FMF.6.1.0.9 2-11.

Instituto de Estudos Brasileiros (IEB-USP)

ANDRADE, Mário de. Discurso pronunciado pelo distinto professor Mário de Andrade, na sessão de entrega dos diplomas aos alunos que concluíram seus cursos em 1922, realizada a 10 do corrente, no Salão do Conservatório Dramático e Musical de São Paulo, sendo o orador paraninfo nomeado pelos diplomandos. *Correio Paulistano*. São Paulo, 09/03/1923 In: Recortes III, p. 38/9, Série Recortes, Arquivo Mário de Andrade, Instituo de Estudos Brasileiros, Universidade de São Paulo.

CONSERVATÓRIO DRAMÁTICO E MUSICAL DE SÃO PAULO [CDMSP]. *Estatutos*. São Paulo: Typographia H. Grobel, 1916.

______. *Regulamento interno do Conservatório Dramático e Musical de São Paulo*. São Paulo: Ed. Julio Costa, 1922.

FRIAS, David C. S. *Arthur Napoleão: resenha comemorativa de sua vida pessoal e artística*. Lisboa: Ed. Amigos de Arthur Napoleão, 1913.

Acervo Histórico da Assembleia Legislativa do Estado de São Paulo

ASSEMBLEIA LEGISLATIVA DO ESTADO DE S.PAULO [ALESP]. Anais do Senado do Estado de S. Paulo, 1900. (Arquivo Histórico da Assembleia Legislativa do Estado de São Paulo).

Arquivo do Estado de São Paulo

Jornal O Correio Paulistano, 1906-1921. Seção de microfilme.

Jornal O Estado de São Paulo, 1904-1921. Seção de microfilme.

Biblioteca Mário de Andrade

Revista A Vida Moderna, 1911. Seção de microfilme.

Revista A Cigarra, 1914-1922. Seção de microfilme.

Revista O Pirralho, 1911-1922. Seção de microfilme.

Biblioteca Nacional

Jornal O Paiz, 1904-1921. Seção de microfilme.

Jornal do Commercio 1921. Seção de microfilme.

Jornal O Xauter, 1916-1919. Seção de microfilme.

Jornal A Liberdade, 1918-1920. Seção de microfilme.

Jornal O Alfinete, 1918-1921. Seção de microfilme.

Revista Fon-Fon 1907-1920. Seção digitalizada.

Revista Careta 1908-1919. Seção digitalizada.

Museu Dom João VI da Escola Nacional de Belas Artes (EBA-UFRJ)

ESCOLA NACIONAL DE BELAS ARTES [ENBA]. Regulamento da Escola Nacional de Belas Artes. Rio de Janeiro: 1901.

______. Regulamento da Escola Nacional de Belas Artes. Rio de Janeiro: 1911.

______. Regulamento da Escola Nacional de Belas Artes. Rio de Janeiro: 1915.

Cinemateca Francesa

COMPTOIR GÉNÉRAL DE PHOTOGRAPHIE [CGP]. *Catalogues des appareils, fournitures et nouveautés photogaphiques*. 1895. Paris. Cinemateca Francesa. LG102 B17.

PATHÉ FRÈRES [PF]. *Appareils et accessoires (catalogue)*. 1905. Paris. Cinemateca Francesa. RES 959.

______. *Appareils et accessoires: catalogue confidentiel*. 1913. Paris. Cinemateca Francesa. RES 971.

______. Correspondance confirmant des accords entre Pathé Frères et Universal Film pour l'exploitation de plusieurs films. 1920. Paris. Cinemateca Francesa. CJ1669-B216.

SOCIÉTÉ DES ÉTABLISSEMENTS GAUMONT [SEG]. *Activit é de communication et de promotion*. 1895. Paris. Cinemateca Francesa. LG54-B13.

______. *Liste des souscripteurs et état des versements*. 1906. Paris. Cinemateca Francesa. LG72-B14.

______. *Comptes rendu des assemblées générales de la S.E.G.* (1907-1927). Cinemateca Francesa LG66-B13.

______. *Augmentation du capital de la SEG*. 1907. Paris. Cinemateca Francesa. LG62-B13.

______. *Obturateur Ponton, brevet FR432788 et AL263972*. 1914. Paris. Cinemateca Francesa. LG146-B20.

______. *Étatu du personnel décedé pour la Patrie*. 1918. Cinemateca Francesa LG65-B13 – 1236.

______. *Matériel de laboratoire: British Film*. 1919. Paris. Cinemateca Francesa. LG256-B30.

______. *Matériel de laboratoire: Eastman Kodak*. 1920. Paris. Cinemateca Francesa. LG255-B30.

______. *Comptes rendu des assemblées générales de la S.E.G.* 29/05/1909. Cinemateca Francesa LG66-B13.

______. *Comptes rendu des assemblées générales de la S.E.G.* 26/05/1921. Cinemateca Francesa LG66-B13.

Fundação Jerôme Seydoux-Pathé Archive

PATHÉ FRÈRES [PF]. *Livres des inventaires [Inventários]*. 1904-1919. Paris. Fundação Jérôme-Seydoux Pathé.

______. *Procès verbaux des séances de réunion du conseil d'administration*. Paris, 25/04/1907. Fundação Jérôme-Seydoux Pathé.

______. *Procès verbaux des séances de réunion du conseil d'administration*. Paris, 10/10/1907. Fundação Jérôme-Seydoux Pathé.

______. *Procès verbaux des séances de réunion du conseil d'administration*. Paris, 12/11/1907. Fundação Jérôme-Seydoux Pathé.

______. *Procès verbaux des séances de réunion du conseil d'administration*. Paris, 14/01/1908. Fundação Jérôme-Seydoux Pathé.

______. *Procès verbaux des séances de réunion du conseil d'administration*. Paris, 14/03/1911. Fundação Jérôme-Seydoux Pathé.

______. *Procès verbaux des séances de réunion du conseil d'administration*. Paris, 07/04/1915. Fundação Jérôme-Seydoux Pathé.

Biblioteca Nacional Francesa

INGLIATI, Matteo. *Il Teatro Constanzi (1880 1907)*. Roma: Tipografia Editrice, 1907.

PATHÉ FRÈRES [PF]. *Films Pathé Frères*. 1907. Biblioteca Nacional da França. (Coleção de Microfilme).

Arquivo Diplomático de Nantes

ARCHIVES DIPLOMATIQUES DE NANTES [ADN]. Rio – Ambassade B1. 24/09/1921.

Biblioteca Nacional de Buenos Aires

AUDITORIA GENERAL DE LA CIUDAD DE BUENOS AIRES [AGCBA]. *Teatro Colón: cien años de historia*. Buenos Aires: AGCBA, 2008.

MAGLIONI, Eduardo F. *Faustino da Rosa y Walter Mocchi contra Joaquín Llambias y Adrián Beccar Varela: querella por injuria*. Buenos Aires: L. J. Rosso, 1918.

Museu Nacional do Teatro de Lisboa

ABRANCHES, Aura (org.). *Memórias de Adelina Abranches*. Lisboa: Empresa Nacional de Publicidade, 1947.

BASTOS, Sousa. *Coisas do theatro*. Lisboa: Antiga Casa Bertrand, 1895.

BLASCO, Mercedes. *Caras Pintadas*. Lisboa: Portugália, 1923.

LEAL, Carlos. *No palco e na rua*. Lisboa: Tipografia Costa Sanches, 1920.

MARQUES, Raphael. Carta aberta aos artistas dramáticos portugueses: historia d'uma tournée ao Brazil. S. l.: s.n., 1914.

MELLO, Augusto Xavier. *O Theatro no Brasil*. Lisboa: Phenix, 1910.

MUSEU NACIONAL DO TEATRO DE LISBOA [MNT]. Coleção de Telegramas. Datas diversas. Lisboa.

______. Contrato firmado entre Celestino da Silva e Ferreira da Silva. 188-. Lisboa. Documentação da exposição "A República foi ao Teatro".

______. Contrato firmado entre a Braga & Comp. e CHaby Pinheiro. 1911. Lisboa. Fundos Chaby Pinheiro.

PIMENTEL, Eugênio. *A vida d'um theatro*. Porto: Francisco J. D'Almeida, 1909.

RODRIGUES, Lourenço. *Cantinho da Saudade*. Lisboa: Livraria Popular de Francisco Franco, s/d.

TRISTÃO, Casimiro. *Estudo sobre as companhias dramáticas ao Brasil*. Lisboa: Associação da Classe dos Trabalhadores de Teatro, 1919.

Biblioteca Pedro Veiga da Faculdade de Letras da Universidade do Porto

MACHADO, Julio César. *Os theatros de Lisboa*. Lisboa: Editora de Mattos Moreira, 1875.

British Film Institute

GAUMONT FILM HIRE SERVICES [GFHS]. *Production and distribution company material*. Londres. British Film Institute. ITM-83.

Bases de dados

ARQUIVO HISTÓRICO DE SÃO PAULO [AHSP]. *Inventário dos espaços de sociabilidade cinematográfica na cidade de São Paulo: 1895-1929*. Disponível em: http://www.arquiamigos.org.br/bases/cine.htm.

CENTRO TÉCNICO DE ARTES CÊNICAS [CTAC]. *Teatros do Centro Histórico do Rio de Janeiro: século XVIII ao século XXI*. Disponível em: http://www.ctac.gov.br/centrohistorico/apresentacao.asp.

INSTITUTO BRASILEIRO DE GEOGRAFIA E ESTATÍSTICA [IBGE]. *Anuário estatístico do Brasil 1908-1912*. In: ______. *Estatísticas do século XX*. Rio de Janeiro: IBGE, 2003.

REPARTIÇÃO DE ESTATÍSTICA E ARCHIVO DE SÃO PAULO [REASP]. *Annuários estatísticos de São Paulo (Brazil)*. 1906-1915.

Livros, artigos e teses

ABEL, Richard. *The ciné goes to town: French cinema, 1896-1914*. Berkeley: University of California Press, 1994.

______. *The Red Rooster Scare: Making Cinema American, 1900-1910*. Berkeley: University of California Press, 1999.

ABREU, Maurício de. *A evolução urbana do Rio de Janeiro*. Rio de Janeiro: IPLANRIO, 1997.

ADORNO, Theodor W. *Moda sin tempo: sobre el jazz*. In: ______. *Prismas*. Barcelona: Ariel, 1962. p. 126-141.

______ Freizeit. In: _____. *Gesammelte Schriften – Kultur und Gesellschaft*. Frankfurt am Main: Suhrkamp, 1977. p. 645-655.

______. Crítica cultural e sociedade. In: COHN, Gabriel (org.). *Theodor Adorno*. São Paulo: Editora Ática, 1994. p. 76-92.

______. On the fetish character in music and the regression. In: ______. *The Culture Industry: selected essays on mass culture*. New York: Routledge Classics, 2006. p. 29-60. 2006a.

______. The schema of mass culture. In: *The Culture Industry: selected essays on mass culture*. New York: Routledge Classics, 2006. p. 61-97. 2006b.

______. Cultural Industry Revisited. In: *The Culture Industry: selected essays on mass culture*. New York: Routledge Classics, 2006. p. 98-106. 2006c.

______. Culture and administration. In: ______. *The culture industry: selected essays on mass culture*. Nova York: Routledge, 2006. p. 107-131. 2006d.

______. Freudian Theory and the Pattern of Fascist Propaganda. In: *The Culture Industry: selected essays on mass culture*. New York: Routledge Classics, 2006. p. 132-157. 2006e.

______. *Minima Moralia*. Rio de Janeiro: Editora Azougue, 2008.

______; HORKHEIMER, Max. *Dialética do esclarecimento: fragmentos filosóficos*. Rio de Janeiro: Jorge Zahar Editora, 1985.

AGUILAR, Nelson (org.). *Mostra do redescobrimento - século XIX*. São Paulo: Fundação Bienal e Associação Brasil 500 anos Artes Visuais, 2000.

ALDRIGHI, Dante Mendes. *Estrutura industrial e diferenciação na formação de trabalho em São Paulo: 1888-1920*. 1985. 329p. Tese (Mestrado) - Faculdade de Economia, Administração e Contabilidade, Universidade de São Paulo. São Paulo, 1985.

ALENCAR, Edigar. *Nosso Sinhô do Samba*. Rio de Janeiro: FUNARTE, 1981.

ALENCASTRO, Luiz Felipe de. Vida privada e ordem privada no Império. In: NOVAES, Fernando A (org.). *História da vida privada no Brasil*. São Paulo: Companhias das Letras, 1997. vol. 2, p. 11-93.

ALPERS, Svetlana. *O projeto de Rembrandt: o ateliê e o mercado*. São Paulo: Companhia das Letras, 2010.

ALVES, Caleb Faria. *Benedito Calixto e a construção do imaginário republicano*. São Paulo: EDUSC, 2003.

AMARAL, Antônio Barreto do. *História dos velhos teatros de São Paulo da Casa da Ópera à inauguração do Teatro Municipal*. São Paulo: Governo do Estado de São Paulo, 1979.

AMARAL, Aracy. *Tarsila, sua obra e seu tempo*. São Paulo: Editora Perspectiva, 1975.

______, A; BARATA, M. *Henrique Bernardelli uma coleção de desenhos*. São Paulo: Pinacoteca do Estado, 1976.

AMARAL, Elisabeth Cristina Ecker. *O edifício teatral paulistano*. 2005. 222p. Dissertação (Mestrado) - Faculdade de Arquitetura e Urbanismo da Universidade de São Paulo. São Paulo, 2005.

AMATO, Rita de Cássia. *O piano no Brasil: uma perspectiva Histórico-Sociológica*. In: Congresso da Associação Nacional de Pesquisa e Pós-Graduação em música (ANPPOM), 17., 2007, São Paulo. Anais: A pesquisa em música e sua interação na sociedade. São Paulo: ANPPOM/ IA-UNESP, 2007. p. 1-11. Disponível em: http://www.anppom.com.br/anais/anaiscongresso_anppom_2007/musicologia/musicol_RCFAmato_1.pdf. Acesso em: 17/01/2014.

______. Funções, representações e valorações do piano no Brasil: um itinerário sócio-histórico. *Revista do Conservatório de Música da UFPel*. Pelotas. nº1, 2008, p. 166-194.

ANDRADE, Elza de. Escola de Teatro Martins Pena (1908-2008) – 100 anos de lutas e vitórias. *O Percevejo Online*, vol. 1, p. 1-12, 2009.

ANDRADE, Mário de. Oração de Paraninfo – 1935. *Pro-Posições*, vol. 16, nº I (46) – jan./abr. 2005.

ANDRIOTTI, Décio. A Itália solta a garganta. In: CLEMENTE, Elvo (org.). *Integração: história, cultura e ciência*. Porto Alegre: EDIPUCRS, 2004. p. 93-112.

ÂNGELO, Ivan. *85 Anos de Cultura: História da Sociedade de Cultura Artística*. São Paulo: Studio Nobel, 1998.

ANTUNES, Delson. *Fora do sério: um panorama do teatro de revista no Brasil*. Rio de Janeiro: FUNARTE, 2004.

ARANTES, Antônio Augusto. *O que é cultura popular?*. São Paulo: Editora Brasiliense, 1986.

ARAÚJO, Marcelo Mattos. *Os modernistas na Pinacoteca: o museu entre a vanguarda e a tradição*. 2002. 119p. Tese (doutorado) – Faculdade de Arquitetura e Urbanismo da Universidade de São Paulo. São Paulo, 2002.

ARAÚJO, Rosa Maria Barboza de. A invocação do prazer: a cidade e a família no Rio de Janeiro republicano. Rio de Janeiro: Rocco, 1993.

ARAÚJO, S.; PERES, O. V; ANDRADE, M. R.; VIANNA, A.C.L.; LIMA, H.C.N. Entre palcos, ruas e salões: processos de circularidade cultural na música dos ranchos carnavalescos do Rio de Janeiro (1890-1930). *Em Pauta*. Porto Alegre, nº16, nº26 jan. – jun./2005. p. 73-94.

ARAÚJO, Vicente de Paula. *Salões, circos e cinemas de São Paulo*. São Paulo: Editora Perspectiva, 1981.

______. *A Bela época do cinema brasileiro*. São Paulo: Perspectiva, 1985.

ARCANJO JUNIOR, Loque. O violão de Heitor Villa-Lobos: entre a Belle Époque carioca e as rodas de choro. *UniBH*. vol. 6, nº1, 2013.

ARGAN, Giulio Carlo. *Arte moderna: do iluminismo aos movimentos contemporâneos*. São Paulo: Companhia das Letras, 1992.

AUGUSTO, Antônio José de. *A questão Cavalier: música e sociedade no Império e na República (1864-1914)*. 2008. Tese (doutorado) – Instituto de Filosofia e Ciências Sociais, Universidade Federal do Rio de Janeiro. Rio de Janeiro, 2008.

AUTRAN, Arthur. *O pensamento industrial cinematográfico brasileiro*. São Paulo: HUCITEC, 2013.

AZEVEDO, Elizabeth. Conservatório Dramático e Musical de São Paulo: pioneiro e centenário. *Revista Eletrônica do Arquivo do Estado*. Nº 16, nov. 2006. Disponível em: www.historica.arquivoestado.sp.gov.br. Acesso em 14 jul. 2007.

BALME, Christophe. Histórias globais do teatro: modernização, esferas públicas e redes teatrais transnacionais. In: WERNECK, Maria Helena; REIS, Ângela de Castro. *Rotas de teatro entre Portugal e Brasil*. Rio de Janeiro: 7 Letras, 2012. p. 203-219.

BARBUY, Heloísa. *A cidade-exposição: comércio e cosmopolitismo em São Paulo: 1860-1914*. São Paulo: EDUSP, 2006.

BARONGENO, Luciana. Mário de Andrade – professor do Conservatório Dramático e Musical de São Paulo. *Anais do I Simpósio Brasileiro de Pós-Graduandos em Música e do XV Colóquio do Programa de Pós-Graduação em Música da UNIRIO*. Rio de Janeiro, 8 a 10 de novembro de 2010. p. 608-616.

BARRO, Máximo. *A primeira sessão de cinema em São Paulo*. São Paulo: Editora Tanz do Brasil, 1996.

BARTHES, Roland. *Mythologies*. Paris: Éditions Point, 2010.

BELLUZZO, Ana Maria de M. *Artesanato, Arte e Indústria*. 1988. 523p. Tese (doutorado) – Faculdade de Arquitetura e Urbanismo da Universidade de São Paulo. São Paulo, 1988.

BENHAMOU, Françoise. *A economia da cultura*. Cotia, SP: Ateliê Editorial, 2007.

BENJAMIN, Walter. A obra de arte na era de sua reprodutibilidade técnica (primeira versão). In: ______. *Magia e técnica, arte e política*. São Paulo: Brasiliense, 1994. Obras escolhidas, vol. 1, p. 165-196.

BENZECRY, Claudio E. *A Night at the Opera: Status, Morality and Musical Engagement in an Opera House*. 2007. 392p. Dissertação (mestrado) – Department of Philosophy and Department of Sociology of the New York University. Nova York, 2007.

BERMANN, Marshall. *Tudo o que é sólido desmancha no ar: a aventura da modernidade*. São Paulo: Companhia das Letras, 2001.

BERNARDET, Jean-Claude. *Cinema Brasileiro: Propostas para uma História*. São Paulo: Companhia das Letras, 2009.

BESSA, Virgínia de Almeida. *A cena musical paulistana: teatro musicado e canção na cidade de São Paulo (1914-1934)*. 2012. 358p. Tese (Doutorado) – Faculdade de Filosofia, Letras e Ciências Humanas da Universidade de São Paulo. São Paulo, 2012.

BLANDEAU, Alexandra. *La Comedie-Française a l'epreuve de la Grande Guerre (1913-1920)*. Dissertação (mestrado). 230p. – Centre d'Histoire Culturelle des Sociétés Contemporaine. Université Versailles Saint-Quentin-en-Yvelines. Versalhes, 2003.

BORDON, Gioconda. *O reviver das musas: o mural de Di Cavalcanti do Teatro Cultura Artística*. São Paulo: Via das Artes, 2011.

BOURDIEU, Pierre. *Un art moyen: essai sur les usages sociaux de la photographie*. Paris: Edition de Minuit, 1965.

______. The Field of Cultural Production. In : ______. *The Field of Cultural Production – essays on Art and Literature*. Cambridge: Polity Press, 1993a. p. 29-73.

______. The Production of Believe. In : ______. *The Field of Cultural Production – essays on Art and Literature*. Cambridge: Polity Press, 1993b. p. 74-111.

______. The market of Symbolic Goods. In: ______. *The Field of Cultural Production – essays on Art and Literature*. Cambridge: Polity Press, 1993c. p. 112-141.

______. *As regras da arte: gênese e estrutura do campo literário*. São Paulo: Companhia das Letras, 1996.

BOUSQUET, Henri. L'âge d'ór. In: KERMABON, Jacques (org.). *Pathé: Premier Empire du Cinéma*. Paris: Éditions du Centre George Pompidou, 1994, p. 48-73. 1994.

BRANDÃO, Ignácio de Loyola. *Teatro Municipal: grandes momentos*. São Paulo: Dórea Books and Art, 1993.

BRAGA, Claudia. *Em busca da Brasilidade: teatro brasileiro na Primeira República*. São Paulo: Perspectiva, 2003.

BREFE, Ana Cláudia Fonseca. *O Museu Paulista, Affonso de Taunay e a memória nacional, 1917-1945*. São Paulo: São Paulo Editora UNESP/ Museu Paulista, 2005.

BRILHANTE, Maria João. Uma aventura ligada pelo oceano: estudar as rotas de teatro entre Portugal e Brasil. In: WENECK, Maria Helena; REIS, Ângela de Castro. *Rotas de teatro entre Portugal e Brasil*. Rio de Janeiro: 7 Letras, 2012. p. 7-18.

BRITO, Mário da Silva. *História do modernismo brasileiro: antecedentes da semana de arte moderna*. Rio de Janeiro: Editora Civilização Brasileira, 1971.

BRUM, Marcelo Alves. *Luciano Gallet e a reforma do Instituto Nacional da Música*. 300p. Dissertação (mestrado) – Escola de Música da Universidade Federal do Rio de Janeiro. Rio de Janeiro, 2008.

BRUNO, Ernani Silva. *História e tradições da cidade de São Paulo*. Rio de Janeiro: José Olímpio, 1953.

BUCHLOH, Benjamin H.D; GUILBAUT, Serge; SOLKIN, David H. (orgs.). *Modernism and Modernity: the Vancouver conference papers*. Halifax: Nova Scotia Col Art. & Des. 2004.

BURAWOY, Michael. *O marxismo encontra Bourdieu*. Campinas: Editora da UNICAMP, 2010.

BURNETT, Henry. *Nietzsche, Adorno e um pouquinho de Brasil*. São Paulo: Editora UNIFESP, 2011.

BURGI, Sérgio; KOHL, Frank Stephan. O fotógrafo e seus contemporâneos: influências e confluências. In: REYNAUD, François (org.). *O Brasil de Marc Ferrez*. São Paulo: IMS, 2005. p. 58-71.

BUTLER, Ruth. *Rodin: the shape of genius*. New Haven: Yale University Press, 1993.

CABRAL, Sérgio. *Pixinguinha: Vida e Obra*. Rio de Janeiro: FUNARTE, 2007.

CALDEIRA FILHO, J.C. A música em São Paulo. In: *Ensaios Paulistas: contribuição de "O Estado de São Paulo" às comemorações do IV Centenário da Cidade*. São Paulo: Editora Anhembi, 1958. p. 89-103.

CALHOUN, Craig (org.). *Habermas and the public sphere*. Cambridge: MIT Press, 1992.

CAMARGOS, Márcia. *Villa Kyrial: crônica da Belle Époque paulistana*. São Paulo: Editora Senac, 2001.

______. *Semana de 22: entre vaias e aplausos*. São Paulo: Boitempo, 2002.

______. *A Semana de 22: revolução estética?*. São Paulo: Companhia Editora Nacional, 2007a.

______. A Pinacoteca em 8 tempos: um ensaio histórico. In: ______; ARAÚJO, Marcelo Mattos (org.). *A História da Pinacoteca do Estado de São Paulo*. São Paulo: Artemeios, 2007b.

______. *Theatro Municipal de São Paulo: 100 anos*. São Paulo: Dado Macedo Produções Artísticas, 2011.

CANCLINI, Nestor García. *Culturas híbridas: estrategias para entrar y salir de la modernidad*. Cidade do México: Grijalbo, 1996.

CÁNOVAS, Marília D. K. *Imigrantes espanhóis na Pauliceia: trabalho e sociedade urbana (1890-1922)*. São Paulo: EDUSP/FAPESP, 2009.

CARONE, Edgar. *A Primeira República*. São Paulo: Difusão Europeia do Livro, 1969.

CARVALHO, José Murilo de. Os *bestializados: o Rio de Janeiro e a República que não foi*. São Paulo: Companhia das Letras, 1987.

______. Aspectos históricos do Pré-Modernismo Brasileiro. In: FUNDAÇÃO CASA DE RUI BARBOSA. *Sobre o Pré-modernismo*. Rio de Janeiro: Casa de Rui Barbosa, 1988. p. 13-21.

_______. *A formação das almas: o imaginário da República no Brasil*. São Paulo: Companhia das Letras, 1990.

______. O povo do Rio de Janeiro: bestializados ou bilontras? *Revista Rio de Janeiro*, nº 8, p. 101-114, set./dez. 2002.

CARVALHO, Maria Cristina Wolff de. *A arquitetura de Ramos de Azevedo*. São Paulo: EDUSP, 2000.

CAVALCANTI, Ana Maria Tavares. Os embates no meio artístico carioca em 1890 – antecedentes da Reforma da Academia das Belas Artes. Revista *XIX&XX*. Rio de Janeiro, vol. II, nº 2, abr. 2007. Disponível em: http://www.dezenovevinte.net/criticas/embate_1890.htm. Acesso em: 30/04/2013.

CAZES, Henrique. *Choro: do quintal ao Municipal*. São Paulo: Editora 34, 1998.

CECHINE, S. G; PANTOJA, S.A; PEDROSA, H; SOUZA, M. G. *Patápio Silva: músico erudito ou popular?*. Rio de Janeiro: FUNARTE, 1893.

CEVASCO, Maria Elisa; OHATA, Milton (org.). *Um crítico na periferia do capitalismo: reflexões sobre a obra de Roberto Schwarz*. São Paulo: Companhia das Letras, 2007.

CHALHOUB, Sidney. *Trabalho, lar e botequim*. Campinas: UNICAMP, 2001.

CHAMIE, Emilie (org). *Álbum 70 anos do Teatro Municipal*. São Paulo: Museu do Teatro Municipal, 1981.

CHARLE, Christophe. *A gênese da Sociedade do espetáculo: teatro em Paris, Berlim, Londres e Viena*. São Paulo: Companhia das Letras, 2012.

CHARNEY, Leo; SCHWARTZ, Vanessa R. Introdução. In: ______. *O cinema e a invenção da vida moderna*. São Paulo: Cosac Naify, 2004. p. 17-29.

CHAVES JUNIOR, Edgar de Brito. *Memórias e glórias de um teatro: 60 anos de História do Teatro Municipal do Rio de Janeiro*. Rio de Janeiro: Editora Americana, 1971.

CHAZKEL, Amy. Beyond Law and Order: the origins of the Jogo do Bicho in Republican Rio de Janeiro. *Journal of Latin American Studies*. Nº 39, 2007. p. 535-565.

CHERCHI USAI, Paolo. *Silent Cinema: an introduction*. London: British Film Institute, 2000.

CHIARELLI, Tadeu. *Um jeca nos vernissages*. São Paulo: EDUSP, 1995.

_______. A Escola Nacional de Belas Artes vista de São Paulo: instrumentalizando a instituição a partir de um nacionalismo de viés paulista. In: *Anais do Seminário EBA 180 Anos*. Rio de Janeiro: Centro de Letras e Artes/Pós Graduação da Escola de Belas Artes da Universidade Federal do Rio de Janeiro, 1996.

COLAÇO, Tomaz Ribeiro; BRAGA, Raúl dos Santos (org.). *Memórias de Chaby*. Lisboa: Gráfica Portuguesa, 1938.

COLI, Jorge. *Como estudar a arte brasileira do século XIX?*. São Paulo: SENAC, 2005.

COMUNIAN, Roberta. Networks of knowledge and support. Mapping relations between public, private and not for profit sector in the creative economy. *ERSA Congress: sustainable regional growth and development in the creative knowledge economy.* Jönköping, Suécia. 19 a 23 de agosto de 2010. Disponível em: http://ideas.repec.org/p/wiw/wiwrsa/ersa10p275.html. Acesso em: 29/10/2013.

CONDÉ, William Nunes. *Marc Ferrez & Filhos: Comércio, distribuição e exibição nos primórdios do cinema brasileiro (1905-1912)*. 2012. 166p. Dissertação (Mestrado) – Escola de Comunicação, Universidade Federal do Rio de Janeiro, 2012.

COOK, Deborah. *Cultural Industry revisited*. Lanham, Maryland: Rowman and Littlefield, 1996.

COOK, Simon J. *Society and Culture in the History of British Political Economy*. Tabur, 2012. Disponível em: http://yemachine.com/pages. Acesso em: 29/10/2013.

CORREA, Sérgio Nepomuceno. *Orquestra Sinfônica Brasileira*. Rio de Janeiro: FUNARTE, 2004.

COSTA, Emília Viotti da. *Da Monarquia à República: momentos decisivos*. São Paulo: Brasiliense, 1987.

COSTA, Flávia Cesarino. *O primeiro cinema: espetáculo, narração, domesticação*. Rio de Janeiro: Azougue Editorial, 2005.

CRETON, Laurent. Pathé 1900-1910: finances et stratégies. In: KERMABON, Jacques (org.). *Pathé: Premier Empire du Cinéma*. Paris: Éditions du Centre George Pompidou, 1994, p. 74-81.

CUNHA, Maria Clementina Pereira. *Ecos da folia: uma história social do carnaval carioca entre 1880 e 1920*. São Paulo: Companhia das Letras, 2001.

DA MATTA, Roberto. Treze pontos riscados em torno da cultura popular. In: *Anuário Antropológico*. Tempo Brasileiro: Rio de Janeiro, 1994.

______; SOÁREZ, Elena. *Águias, burros e borboletas: um estudo antropológico do jogo do bicho*. Rio de Janeiro: Rocco, 1999.

D'AMICO, Silvio (org.). *Enciclopedia dello spettacolo*. Roma: Unedi-Unione Editoriale, 1975.

D'ANGELO, Márcia. *Caminhos para o advento da escola de aprendizes artífices de São Paulo (1910-1930)*. 2000. 350p. Dissertação (Mestrado) – Faculdade de Filosofia, Letras e Ciências Humanas, Universidade de São Paulo. São Paulo, 2000.

DAVIS, Tracy. *The economics of the British Theater (1800-1914)*. Cambridge: Cambridge University Press, 2000.

DAZZI, Camila. "A Reforma de 1890" – continuidades e mudanças na Escola Nacional de Belas Artes (1890-1900). *Atas do III Encontro de História da Arte* – História da Arte e instituições culturais: Perspectivas em Debate – 2007.

Disponível em: www.unicamp.br/chaa/eha/atas/2007/DAZZI,%20Camila.pdf. *Acesso em 22 abr. 2013.*

DE LUCA, Tânia. *O sonho do futuro assegurado: o mutualismo em São Paulo*. São Paulo: Contexto, 1990.

DE MARCHI, N; VAN MIEGROET, H. J. The History of Art Markets. In: GINSBURGH, V.A; THROSBY, D. (org). *Handbook of the Economics of Art and Culture*. Amsterdã: Elsevier, 2006.

DEL CIMA, Marcelo. *A grande época do teatro francês no Rio de Janeiro*. Rio de Janeiro: FAPERJ, 2002.

DEAECTO, Marisa Midori. Comércio e vida urbana na cidade de São Paulo (1889-1930). São Paulo: Senac, 2002.

DEALTRY, Giovanna F. *Corpos transgressores: uma leitura do "povo" na* Belle Époque *pelo traço de Calixto Cordeiro*. Rio de Janeiro: Fundação Biblioteca Nacional / Ministério da Cultura, 2007.

DEAN, Warren. *A industrialização de São Paulo*. São Paulo: Difusão Europeia do Livro, 1971.

DECORDOVA, Richard. *Picture personalities: the emergence of the Star System in America*. Chicago: University of Illinois Press, 1990.

DEPARTAMENTO DO PATRIMÔNIO HISTÓRICO [DPH]. *Vitrais do Teatro Municipal de São Paulo*. São Paulo: Departamento do Patrimônio Histórico, 1985.

DIAS, José da Silva. *Teatros do Rio: do século XVIII ao século XX*. Rio de Janeiro: FUNARTE, 2012.

DINIZ, André. *Pixinguinha: o gênio e o tempo*. Rio de Janeiro: Casa da Palavra, 2011.

DINIZ, Edinha. *Chiquinha Gonzaga: uma história de vida*. Rio de Janeiro: Rosa dos Ventos, 1999.

DOZENA, Alessandro. *A geografia do samba na cidade de São Paulo*. São Paulo: Poli Saber, 2012.

DUARTE, Rodrigo. *Teoria crítica da Indústria cultural*. Belo Horizonte: Editora UFMG, 2003.

DUPRÉ, Roberto. *111 Anos de Liceu de Artes e Ofícios de São Paulo*. São Paulo: Conselho do Liceu de Artes e Ofícios de São Paulo, 1984.

DURAND, José Carlos. *Arte, privilégio e distinção: artes plásticas, arquitetura e classes dirigentes no Brasil (1855-1985)*. São Paulo: Perspectiva, 1989.

DUVENAGE, Pieter. *Habermas and Aesthetics: the limits of communicative reason*. Malden (Estados Unidos): Blackwell Publishing, 2003.

EAGLETON, Terry. *Ideologia: uma introdução*. São Paulo: Editora UNESP/ Boitempo, 1997.

ECO, Humberto. *Apocalípticos e integrados*. São Paulo: Perspectiva, 1979.

EFEGÊ, Jota. *Figuras e coisas do carnaval carioca*. Rio de Janeiro: FUNARTE, 1997.

______. *Maxixe: a dança excomungada*. Rio de Janeiro: Conquista, 1974.

ELAZARI, Judith. *Lazer e vida urbana: São Paulo, 1850-1910*. 1979. 228p. Dissertação (Mestrado) – Faculdade de Filosofia, Letras e Ciências Humanas da Universidade de São Paulo. São Paulo, 1979.

ELIAS, Norbert. *A sociedade de corte*. Lisboa: Editorial Estampa, 1987.

______. *Mozart: sociologia de um gênio*. Rio de Janeiro: Jorge Zahar, 1995.

ERMAKOFF, George; *Theatro Municipal do Rio de Janeiro: 100 anos*. Rio de Janeiro: G.Ermanokoff Casa Editorial, 2010.

FABEL, Nachman (org.). *Inventário dos fundos das entidades beneficentes do Arquivo História Judaico Brasileiro*. São Paulo: Humanitas/FFLCH, 1999.

FARIAS, Edson. A cultura popular na fisionomia da economia simbólica no Brasil. *Teoria & Pesquisa*. V. XVI, nº1. jan./jun. 2007.

______. Carnaval carioca, a matriz do negócio do ócio brasileiro. *Caderno CRH*. Salvador: nº38, pp177-208 jan./jun. 2003.

FAUSTO, Boris. *Historiografia da imigração para São Paulo*. São Paulo: Editora Sumaré, 1991.

FERNANDES, Dmitri Cerboncini. *A inteligência da Música Popular: a "autenticidade" no samba e no choro*. 414. Tese (doutorado) – Faculdade de Filosofia, Letras e Ciências Humanas da Universidade de São Paulo. São Paulo, 2010.

FERREIRA, Felipe. *Inventando carnavais: o surgimento do carnaval carioca no começo do século XX e outras questões carnavalescas*. Rio de Janeiro: Editora UFRJ, 2005.

FERREIRA, Procópio. *Procópio Ferreira apresenta Procópio Ferreira*. Rio de Janeiro: Rocco, 2000.

FERREZ, Gilberto. Fotografia no Brasil e um de seus mais dedicados servidores: Marc Ferrez (1843-1923). In: *Revista do Patrimônio Histórico e Artístico Nacional*. Brasília, 1997. nº26. p. 294-355.

FISKE, John. Cultural studies and the culture of everyday life. In: GROSSBERG, L.; NELSON, C.; TREICHLER, p. (orgs.). *Cultural studies*. Nova York: Routledge, 1992. p. 154-165.

FLECHET, Anaïs. *Aux rythmes du Brésil: exotisme, transferts culturels et appropriations. La musique populaire brésilienne en France au XXe siècle*. 2007. Tese (doutorado) – Université Paris 1 – Panthéon – Sorbonne. Paris, 2007. vol. 1

FLURY, Roger. *Pietro Mascagni: A Bio-Bibliography*. Westport: Greenwood Press, 2001.

FONTANA, Leandro. *O liceu de artes e ofícios do Rio de Janeiro, Rui Barbosa e John Ruskin: o ensino do desenho, uma aproximação?*. 2010. Iniciação Científica. (Graduando em Arquitetura) – Universidade Estadual Paulista Julio de Mesquita Filho. Fundação de Amparo à Pesquisa do Estado de São Paulo. Orientador: Cláudio Silveira Amaral.

FRANCA, Luciana Penna. *Teatro amador: a cena carioca muito além dos arrabaldes*. 2011. 118p. Dissertação (Mestrado) – Instituto de Ciências Humanas e Filosofia da Universidade Federal Fluminense. Rio de Janeiro, 2011.

FRANCESCHI, Humberto M. *A casa Edison e seu tempo*. Rio de Janeiro: Sarapuí, 2002.

FRISBY, David (org.) *Fragments of Modernity: theories of Modernity in the work of Simmel, Kracauer and Benjamin*. Cambridge: MIT Press, 1986.

FRITH, Simon. Une Histoire des recherches sur les musiques populares au Royaum-Uni. *Reseaux, Communication, Technologie, Societé*. vol. 141/142. Lavoisier, 2007. p. 47-63.

GALLUP, Stephen. *History of the Salzburg Festival*. Salem: Salem House, 1988.

GALVÃO, Alfredo. *Subsídios para a História da Academia Imperial e da Escola Nacional de Belas Artes*. Rio de Janeiro, 1954.

GALVÃO, Maria Eliezer. *Crônica do cinema paulista*. São Paulo: Editora Ática, 1975.

GARCIA, Ápio. *Palmira Bastos: a primeira dama da cena portuguesa*. Lisboa: Editorial JAL, 1965.

GATTI, Lucianno Ferreira. Theodor W. Adorno: Indústria Cultural e crítica da cultura. In: NOBRE, Marcos. *Curso livre de Teoria Crítica*. Campinas: Papirus, 2008. Cap. 4, p. 73-96.

GARÇON, François. *Gaumont : un siècle de cinéma*. Paris : Gallimard, 1992.

______. *La distribution cinématographique en France* (1907-1957). Paris: CNRS, 2005.

GARNHAM, Nicholas. Contribution to a political economy of mass-communication. Media. *Culture and Society*. 1979 (I), p. 123-146.

GATTI, Lucianno Ferreira. Theodor W. Adorno: Indústria Cultural e crítica da cultura. In: NOBRE, Marcos. *Curso livre de Teoria Crítica*. Campinas: Papirus, 2008. Cap. 4, p. 73-96.

GAY, Peter. *Modernismo*. São Paulo : Companhia das Letras, 2009.

GOETSCHEL, Pascale; YON, Jean-Claude (org.). *Directeurs du théâtre: XIXe - XXe siècles: histoire d'une profession*. Paris: Publication de la Sorbonne, 2008.

GOMES, Ângela de Castro (org.). *Histórias de imigrantes e de imigração no Rio de Janeiro*. Rio de Janeiro: 7 Letras, 2000. p. 11-43.

GOMES, Paulo Emílio Salles. *Cinema, trajetória no subdesenvolvimento*. São Paulo: Paz e Terra, 1996.

GOMES, Tiago de Melo. *Um espelho no palco: identidades sociais e massificação da cultura no teatro de revista dos anos 1920*. Campinas: Editora da UNICAMP, 2004.

GONÇALVES, Janice. *Música na cidade de São Paulo (1850-1900): o circuito da partitura*. 1995. 316p. Dissertação (mestrado) - Faculdade de Filosofia, Letras e Ciências Humanas da Universidade de São Paulo, 1995.

GONÇALVES, Marcos Augusto. *1922: a semana que não terminou*. São Paulo: Companhia das Letras, 2012.

GONÇALVES, Renata de Sá. *Os ranchos pedem passagem: o carnaval do Rio de Janeiro no começo do século XX*. Rio de Janeiro: Secretaria Municipal das Culturas, Coordenadoria de Documentação e Informação Cultural, 2007.

GONZAGA, Alice. *Palácios e poeiras: 100 anos de cinema no Rio de Janeiro*. Rio de Janeiro: Ministério da Cultura/Funarte e Editora Record, 1996.

GOODWIN, Craufurd. Art and Culture in the History of Economic Thought. In: GINSBURGH, Victor; THROSBY, David. *Handbook of the economics of art and culture*. Oxford: Elsevier, 2006. p. 25-68.

GUEDES, Alexandre Linhares. *A lógica visual no trabalho gráfico de Rodolpho Amoedo e Henrique Bernardelli nas revistas Kosmos e Renascença*. 2004. 167p. Dissertação (mestrado) - Escola de Belas Artes, Universidade Federal do Rio de Janeiro. Rio de Janeiro, 2004.

GUÉRIOS, Paulo Renato. *Heitor Villa-Lobos: o caminho sinuoso da predestinação*. Curitiba: Editora FGV, 2003.

GUZMAN, Carlos. Economía de la cultura y industrias creativas. In: *Anais do II Congresso de Cultura Ibero-Americana*. São Paulo, 2009. Anais. São Paulo: SESC, 2009.

HABERMAS, Jürgen. *O discurso filosófico da modernidade*. São Paulo: Martins Fontes, 2000.

______. *Mudança estrutural da esfera pública*: investigação quanto a uma categoria da sociedade burguesa. Rio de Janeiro: Tempo Brasileiro, 2003.

HALL, Michael. Imigrantes na cidade de São Paulo. In: PORTA, Paula (Org.). *História da Cidade de São Paulo*: a cidade na primeira metade do Século XX. vol. 3. São Paulo: Paz e Terra, 2004. p. 121-152.

HANDA, Tomoo. *O Imigrante japonês: História de sua vida no Brasil*. São Paulo: T.A. Queiroz/Centro de Estudos Nipo-Brasileiros, 1987.

HANSEN, Miriam Bratu. Estados Unidos, Paris, Alpes: Kracauer (e Benjamin) sobre o cinema e a modernidade. In: CHARNEY, Leo; SCHWARTZ, Vanessa R. (orgs.). *O cinema e a invenção da vida moderna*. São Paulo: Cosac Naify, 2004. p. 405-450.

HARDMAN, Francisco Foot. *História da indústria e do trabalho no Brasil: das origens aos anos vinte*. São Paulo: Global Editora, 1982.

______. *Trem Fantasma: a modernidade na selva*. São Paulo: Companhia das Letras, 1988.

HAREWOOD, Conde de. *Kobbé: o livro completo da ópera*. Rio de Janeiro: Editora Jorge Zahar, 1994.

HAUTCOEUR, Pierre-Cyrille. *Le marché boursier et le financement des entreprises françaises (1890-1939)*. 1994. 126p. Tese (Doutorado) - Université de Paris I Panthéon-Sorbonne, Paris, 1994.

HELD, Maria Sílvia Barros de. *Considerações plásticas sobre o "art nouveau" nos anúncios publicitários ilustrados do início do século XX em São Paulo*. 1981. 138p. Dissertação (mestrado) - Escola de Comunicações e Artes da Universidade de São Paulo. São Paulo, 1981.

HERSCOVICI, Alain. *Economia da cultura e da comunicação*. Vitória: Editora Fundação Ceciliano Abel de Almeida, UFES, 1995.

______. A Economia Política da Informação, da Cultura e da Comunicação: questões metodológicas e epistemológicas - uma apresentação geral. *Revista de Economía Política de las Tecnologías de la Información y Comunicación*. Vol. V, nº 3, Set./Dez. 2003.

HOBSBAWM, Eric. *The age of empire (1875-1914)*. Londres: Abacus, 2008.

______. *A era das revoluções (1789-1848)*. São Paulo: Paz & Terra, 2009.

______. *História social do jazz*. São Paulo: Editora Paz & Terra, 2010.

HUYSEN, Andre. *After the Great Divide: Modernism, Mass Culture, Postmodernism*. Bloomington: Indiana University Press, 1987.

INSTITUTO ITAÚ CULTURAL. *Enciclopédia Itaú Cultural de Artes Visuais*. São Paulo: *Itaú Cultural*, 2001. *Disponível em*: http://www.itaucultural.org.br. Acesso em: 25/05/2013.

JOHNSON, Randall. Pierre Bourdieu on art, literature and culture. In: BOURDIEU, Pierre. *The field of cultural production - essays on art and literature*. Cambridge: Polity Press, 1993. p. 1-25 (Prefácio).

KASSON, John F. *Amusing the Millions: Coney Island at the Turn of the Century*. Nova York: Hill & Want, 1978.

KELLER, Alexandra. Disseminações da modernidade: representação e desejo do consumidor nos primeiros catálogos de venda por correspondência. In: CHARNEY, Leo; SCHWARTZ, Vanessa R. (orgs.). *O cinema e a invenção da vida moderna*. São Paulo: Cosac Naify, 2004. p. 185-213.

KERMABON, Jacques. "Avant-propos". In : ______(org.). *Pathé: Premier Empire du Cinéma*. Paris: Éditions du Centre George Pompidou, 1994, p. 13-15.

KLAMER, Arjo; ZUIDHOF, Peter W. *The role of the Third Sphere in the World of the Arts*. XX Conference of the Association of Cultural Economics International, Barcelona, 1998.

KOGURUMA, Paulo. *O cosmopolitismo e o imaginário da modernidade na metrópole do café, 1890-1920*. 2003. 283p. Tese (Doutorado) – Faculdade de Filosofia, Letras e Ciências Humanas, Universidade de São Paulo. São Paulo, 2003.

KONDER, Leandro. *A questão da ideologia*. São Paulo: Companhia das Letras, 2002.

KRACAUER, Siegfried. A viagem e a dança. In: ______. *O ornamento da massa*. São Paulo: Cosacnaify, 2009. p. 81-89. 2009a.

______. O ornamento da massa. In: ______. *O ornamento da massa*. São Paulo: Cosacnaify, 2009. p. 91-101. 2009b.

______. Sobre livros de sucesso e seu público. In: ______. *O ornamento da massa*. São Paulo: Cosacnaify, 2009. p. 105-122. 2009c.

______. Rebelião dos estratos médios: uma discussão com o Círculo *Tat*. In: ______. *O ornamento da massa*. São Paulo: Cosacnaify, 2009. p. 123-147. 2009d.

______. As pequenas balconistas vão ao cinema. In: ______. *O ornamento da massa*. São Paulo: Cosacnaify, 2009. p. 311-326. 2009e.

______. Culto da distração. In: ______. *O ornamento da massa*. São Paulo: Cosacnaify, 2009. p. 346-348. 2009f.

LABANCA, Gabriel Costa. Societá di Beneficenza e Mutuo Soccorso degli Ausiliari della Stampa: a organização da distribuição de periódicos no Rio de Janeiro do início do século XX. *Anais do XIV Encontro Regional da ANPUH/RJ*. Rio de Janeiro: UNIRO, 2010.

LE FORESTIER, Laurent. *Aux sources de l'industrie du cinéma: le modèle Pathé (1905-1908)*. Paris: L'Harmattan, 2006.

LE GOFF, Jacques. *A História nova*. São Paulo: Martins Fontes, 1990.

LEMOS, Maria Tereza Carneiro. Sobrevivendo no Inferno da *Belle Époque*. In: ______. *A (de)missão do intelectual: Literatura e cultura brasileiras nas transições dos século*. Rio de Janeiro, 2007, 209 p. Tese de Doutorado. Departamento de Letras. Pontifícia Universidade Católica do Rio de Janeiro. Cap. 3. p. 52-88.

LEVI, Darrell E. *A família Prado*. São Paulo: Cultura 70, 1977.

LIMA, Evelyn Furquim Werneck. *Arquitetura do espetáculo: teatros e cinemas na formação da Praça Tiradentes e da Cinelândia*. Rio de Janeiro: UFRJ, 2000.

LIMA, Marília Rodrigues Moraes Tavares de. *Considerações sobre o Conservatório Dramático e Musical de São Paulo*. São Paulo: Faculdade de Arquitetura e Urbanismo de São Paulo da Universidade de São Paulo, 1982.

LOBO, Eulália M. L. *História do Rio de Janeiro: do capital comercial ao capital industrial e financeiro*. Rio de Janeiro: IBMEC, 1978.

______ *et alli*. Evolução dos preços e do padrão de vida no Rio de Janeiro 1820-1930; resultados preliminares. *Revista Brasileira de Economia*. Rio de Janeiro, out./dez., 1971.

LOPES, Fanny. *Cenografia e paisagem urbana: um estudo de caso na cidade de São Paulo*. 216p. Dissertação (Mestrado) - Instituto de Filosofia e Ciências Humanas da Universidade Estadual de Campinas. Campinas, 2012.

LOPEZ, Telê Porto Ancona. Dona Olívia multiplicada. In: MATTAR, Denise (org.) *No tempo dos modernistas: D. Olivia Penteado, a Senhoras das Artes São Paulo*. São Paulo: FAAP, 2002. p. 191-221.

LOSS, Hugo. O campo de estudos sobre associações de classe de São Paulo de 1910 a 1945. *Revista Sociologia Política*. Curitiba, vol. 18, nº37, out/2010. p. 227-246.

MAAR, Wolfgang Leo. Prefácio. In: In: DURÃO, Fábio Akcelrud; ZUIN, Antônio; VAZ, Alexandre Fernandez (orgs.). *A indústria cultural hoje*. São Paulo: Boitempo, 2008. p. 7-10.

MACEDO, Carlos Eduardo (org.). *Theatro Municipal de São Paulo: 100 anos - palco e plateia da sociedade paulistana*. São Paulo: Dado Macedo Produções Artísticas, 2011.

MACHADO, Cacá. *O enigma do homem célebre: ambição e vocação de Ernesto Nazareth*. São Paulo: Instituto Moreira Salles, 2007.

MACHADO NETO, Antônio Luiz. *Estrutura social da República das Letras: sociologia da vida intelectual brasileira, 1870-1930*. São Paulo: Grijalbo, 1973.

MAGALDI, Sábato; VARGAS, Maria Thereza. *Cem anos de teatro em São Paulo*. São Paulo: Editora SENAC, 2000.

MAKINO, Miyoko. A ornamentação alegórica. In: BARBUY, Heloísa (org.). *Museu Paulista: um monumento no Ipiranga*. São Paulo: Federação e Centro das Indústrias de São Paulo, 1997. p. 266-299.

MARCONDES, Ana Maria Barbosa de Faria. *Travessia periférica: a trajetória do pintor Waldemar Belisário, um estudo sobre a desconstrução do cenário artístico paulista*. Dissertação (mestrado). 2006. Pontifícia Universidade Católica de São Paulo. São Paulo, 2006.

MARCONDES, Marcos A. (org.). *Enciclopédia da Música Brasileira: popular, erudita e folclórica*. São Paulo: SP Art Editora / Publifolha, 1998.

MARIANO, Maira. A Companhia Dramática Nacional e a imprensa paulista. *Anais do VI Congresso de Pesquisa e Pós-Graduação em Artes Cênicas*. 2010. Disponível em: http://www.portalabrace.org/vicongresso/teatrobrasileiro/Maira%20 Mariano%20-%20A%20Companhia%20Dram%E1tica%20Nacional%20e%20 a%20imprensa%20paulista.pdf. Acesso em: 05/08/2014.

MARTINS, Ferdinando. O palco dos modernos: o teatro e a Semana de 22. *Revista USP*. São Paulo. Nº94, jun.-ago. 2012. p. 83-92

MARTINS, José de Souza. O migrante brasileiro na São Paulo estrangeira. In: PORTA, Paula (org.). *História da cidade de São Paulo*. São Paulo: Paz e Terra, 2004, vol. 3: a Cidade na Primeira Metade do Século XX, p. 153-213.

MARTINS, William de Souza Nunes. *Pascoal Segreto: "Ministro das diversões" do Rio de Janeiro (1883-1920)*. 2004. 171p. Dissertação (Mestrado) – Instituto de Filosofia e Ciências Sociais da Universidade Federal do Rio de Janeiro. Rio de Janeiro, 2004.

MELIN, Sylvie. *Un directeur du Théâtre Lyrique sous le Second Empire: Emile Perrin*. Dissertação (mestrado). 2007. Centre d'Histoire Culturelle des Sociétés Contemporaine. Université Versailles Saint-Quentin-en-Yvelines. Versalhes, 2007.

MENCARELLI, Fernando Antonio. *Cena Aberta: a absolvição de um bilontra e o teatro de revista de Arthur Azevedo*. Campinas: UNICAMP, 1999.

______. *A voz e a partitura. Teatro musical, indústria e diversidade cultural no Rio de Janeiro (1868 -1908)*. 2003. 312p. Tese (Doutorado) – Instituto de Filosofia e Ciências Humanas da Universidade Estadual de Campinas. Campinas, 2003.

______. O cartel dos tablados no Rio de Janeiro do século XIX: a empresa teatral internacional. In: WENECK, Maria Helena; REIS, Ângela de Castro. *Rotas de teatro entre Portugal e Brasil*. Rio de Janeiro: 7 Letras, 2012. p. 109-128.

MENDES, Ciro. *Breve notícia do Teatro Municipal de São Paulo*. São Paulo: Prefeitura Municipal de São Paulo, 1955.

MEUSY, Jean-Jacques. La stratégie des societies concessionaires Pathé et la location des films. In: MARIE, Michel ; LE FORESTIER, Laurent (org.). *La firme Pathé Frères: 1896-1914*. Paris: Association française de recherche sur l'histoire du cinéma, 2004, p. 21-48.

MICELI, Sérgio. *Nacional estrangeiro*: história social e cultural do modernismo artístico em São Paulo. São Paulo: Companhia das Letras, 2003.

______. Cronologia de vida e obra. In: ______. BOURDIEU, Pierre. *Esboço de auto-análise*. São Paulo: Companhia das Letras, 2005. p. 137-140.

MIHAILESCU, Calin-Andrei. An astrocentric universe. *Neohelicon*. XXXIV. 2007, nº 1, p. 69-77.

MIRANDA, Dilmar Santos de. *Tempo de festa x tempo de trabalho: transgressões e carnavalização na* Belle Époque *tropical*. 322p. Tese (doutorado) – Faculdade de Filosofia, Letras e Ciências Humanas da Universidade de São Paulo. São Paulo, 2001.

MIRANDA, Joana de Paula C. *Deutschtum no Brasil: imigração, identidade e mídia étnica alemã*. 2008. 114p. Monografia – Centro de Filosofia e Ciências Humanas / Escola de Comunicação da Universidade Federal do Rio de Janeiro. Rio de Janeiro, 2008.

MONTEIRO, Ana Maria de Goés. *Ramos de Azevedo: presença e atuação profissional – Campinas (1879-1886)*. 2000. 300p. Dissertação (Mestrado) – Faculdade de Arquitetura e Urbanismo, Pontifícia Universidade Católica de Campinas. Campinas, 2000.

MORAES, Fábio Rodrigues de. Uma coleção de história em um museu de ciências naturais: o Museu Paulista de Hermann von Ihering. *Anais do Museu Paulista*. vol. 16 nº 1. São Paulo Jan./Jun. 2008.

MORAES, Julio Lucchesi. A Modernidade Acadêmica: Os primeiros tempos do Liceu de Artes e Ofícios de São Paulo. Rio de Janeiro: *Revista Dezenove Vinte*, vol. 5, s/ p, 2010. Disponível em: http://www.dezenovevinte.net/ensino_artistico/ea_liceusp.htm. Acesso em: 09/11/2010. 2010a.

______. Economia da Cultura: a incorporação de Bourdieu. *Informações FIPE*. vol. 353, p. 23-25, 2010b.

______. Economia da Cultura: Por uma Economia Política da Cultura. *Informações FIPE*. vol. 360, 2010. p. 42-44. 2010b.

______. Marc Ferrez & Filhos e as articulações da indústria cinematográfica brasileira (1904-1921). In: *Anais da III Conferência Internacional de História Econômica*. ABPHE. 2010. Disponível em: http://scientia.cliomatica.com/index.php/vencontrohistoriaeconomica/Vencontro/paper/view/59. Acesso em: 29/08/2014. 2010c.

______. Economia da Cultura e Culturas Populares: Linhas Temáticas. *Informações FIPE*, São Paulo, p. 31-33, 01 nov. 2010. 2010d.

______. Para além do caipirismo: uma proposta alternativa de brasilidade teatral à luz das crônicas de João do Rio. *Revista Artelogie*, n° 1, 2011. Paris, França. Disponível em: http://cral.in2p3.fr/artelogie/spip.php?article57. Acesso em: 19/03/2012.

______. O Magnata de Valência: capitalistas, bicheiros e comerciantes do primeiro cinema no Brasil (1904-1921). *Revista Movimento*, n°1, jun/2012. São Paulo, Brasil. 2012a.

______. Theodor W. Adorno e a Economia da Cultura: por uma Economia Política da Cultura. In: *Anais do VII Colóquio Internacional Marx e Engels*. 2012, Campinas. VII Colóquio Internacional Marx Engels, 2012. CD-ROM. 2012b.

______. *São Paulo, Capital Artística*: a cafeicultura e as artes na Belle Époque (1906-1922). Rio de Janeiro: Beco do Azougue, 2013. 2013a.

______. Notas para uma História econômica do cinema brasileira: o caso da Marc Ferrez & Filhos. *Revista da Cinemateca Brasileira*. nº 2, 2013. p. 24-39. 2013b.

MORAIS, Frederico. Núcleo Bernardelli: arte brasileira nos anos 1930 e 1940. Rio de Janeiro: Pinakotheke, 1982.

MORILA, A. Antes de começarem as aulas: polêmicas e discussões na criação do Conservatório Dramático e Musical de São Paulo. *Per Musi*, Belo Horizonte, n. 21, 2010, p. 90-96.

MORIN, Edgar. *As estrelas: mito e sedução no cinema*. Rio de Janeiro: José Olympio, 1990.

MORRIS, Charles R. A primeira sociedade de consumo de massa. In: ______. *Os magnatas*. Porto Alegre: L&PM, 2006. p. 166-190.

MOUCHTOURIS, Antigone. *Sociologie de la culture populare*. Paris : L'Harmattan, 2007.

MOURA, Roberto. *Tia Ciata e a Pequena África do Rio de Janeiro*. Rio de Janeiro: FUNARTE/INM/Divisão de Música Popular, 1983.

MURDOCK, Graham; GOULDING, Peter. For a political economy of mass communications. In: MILIBAND; R. SAVILLE, J. (eds.). *The Socialist Register*. Londres: Merlin Press, 1974, p. 205-234.

MUSEU NACIONAL DE BELAS ARTES [MNBA]. *Estudos decorativos para o teatro municipal na coleção do museu nacional de belas artes*. Rio de Janeiro: Museu Nacional de Belas Artes / Secretaria de Estado de Educação e Cultura/ Fundação Teatro Municipal, 1989.

______. *Theatro Municipal, 90 anos*. Rio de Janeiro: Museu Nacional de Belas Artes / Fundação Teatro Municipal do Rio de Janeiro, 1999.

NAGAMINI, Marilda. *Contribuições para a história da construção em São Paulo: o ensino e a pesquisa*. 1999. 235p. Tese (Doutorado) – Faculdade de Filosofia, Letras e Ciências Humanas, Universidade de São Paulo. São Paulo, 1999.

NEEDELL, J. D. *Belle Époque tropical: sociedade e cultura da elite no Rio de Janeiro na virada do século*. São Paulo: Companhia das Letras, 1993.

NEPOMUCENO, Rosa. *Eliseu D'Angelo Visconti: a arte além das telas*. Rio de Janeiro: FAPERJ, 2002.

NEVES, Larissa de Oliveira; LEVIN, Orna Messer (org.). *O Theatro: crônicas de Arthur Azevedo (1984-1908)*. Campinas: Editora da UNICAMP, 2009.

NOBRE, Marcos. Max Horkheimer: a Teoria Crítica entre o nazismo e o capitalismo tardio. In: _____ (org.). *Curso livre de Teoria Crítica*. Campinas: Papirus, 2008. Cap. 2, p. 35-42. 2008a.

______. *A Teoria crítica*. Rio de Janeiro: Jorge Zahar, 2008. 2008b.

NOCCIOLI, Guido. *Duse on Tour: Guido Noccioli's Diaries, 1906-1907*. Amherst: University of Massachusetts, 1982.

NUNES, Mário. *40 anos de teatro: 1913-1921*. Rio de Janeiro: Serviço Nacional de Teatro, 1956. vol. 1. 1956a.

______.*40 anos de teatro: 1921-1925*. Rio de Janeiro: Serviço Nacional de Teatro, 1956. vol. 2. 1956b.

OHMANN, Richard. *Selling culture: magazines, markets and class at the turn of the century*. Londres: Verso, 1996.

OLIVEIRA, Cláudia Sales. As digressões ao Brasil nas memórias dos atores portugueses (sécs. XIX-XX). In: WERNECK, Maria Helena; REIS, Ângela de Castro. *Rotas de teatro entre Portugal e Brasil.* Rio de Janeiro: 7 Letras, 2012. p. 75-94.

OLIVEIRA, Milena Fernandes de. *Consumo e cultura material, São Paulo "Belle Époque" (1890-1915).* 2009. 383p. Tese (doutorado) – Instituto de Economia da Universidade Estadual de Campinas. Campinas, 2009.

OLIVEIRA, Miriam Andréa de. *A mulher e as artes: as pintoras da Primeira República no Rio de Janeiro.* 2006. 424p. Tese (doutorado) – Instituto de Filosofia e Ciências Sociais, Universidade Federal do Rio de Janeiro. Rio de Janeiro, 2006.

ONODY, Oliver. *A inflação brasileira, 1820-1958.* Rio de Janeiro: s/e, 1960.

ORSINI, Maria Stella. *Guiomar Novaes: uma arrebatadora história de amor.* São Paulo: Editora C.I., 1992.

ORTIZ, Renato. A procura de uma sociologia da prática. In: ______ (org.). *Pierre Bourdieu: sociologia.* São Paulo: Ática, 1983.

______. *Cultura e Modernidade*: a França no Século XIX. São Paulo: Brasiliense, 1998.

______. *A moderna tradição brasileira.* São Paulo: Brasiliense, 2001.

PAIVA, Samuel. Possibilidades de leitura sobre o gênero viagem na Revista *Cinearte.* In: ______; SCHVARZMAN, Sheila. *Viagem ao cinema silencioso brasileiro.* Rio de Janeiro: Beco do Azougue, 2011.

PALHARES, Taísa Helena Pascale. *Aura: a crise da arte em Walter Benjamin.* São Paulo: Barracuda, 2006.

______. Walter Benjamin: teoria da arte e reprodutibilidade técnica. In: NOBRE, Marcos. *Curso livre de Teoria Crítica.* Campinas: Papirus, 2008. Cap. 1, p. 21-34.

PARANAGUÁ, Paulo Antônio. Brésil. In: HENNEBELLE, Guy; GUMUCIO-DAGRON, Alfonso (org.). *Les cinémas de l'Amérique Latine.* Paris : L'Herminier, 1981. p. 92-189.

______. *O cinema na América Latina*: longe de Deus e perto de Hollywood. Porto Alegre: L&PM, 1985.

PASCAL, Maria Aparecida. *Trajetória e memórias de portugueses gênero, trabalho e cotidiano, São Paulo 1890-1930.* 2004. 307p (mais anexos). Tese (Doutorado) – Faculdade de Filosofia, Letras e Ciências Humanas, Universidade de São Paulo. São Paulo, 2004.

PASE, Hemerson. A Formação da Elite na Primeira República. *Barbarói* (USCS), vol. 25, p. 101-113, 2006.

PEISS, Kathy. *Cheap amusements: working women and leisure in the turn-of-the-century New York*. Philadelphia: Temple University, 1986.

PEIXOTO, Níobe Abreu. *João do Rio e o Palco*. São Paulo: Editora da Universidade de São Paulo, 2009.

______. *João do Rio e o Palco: Momentos críticos*. São Paulo: Editora da Universidade de São Paulo, 2009. Volume 2.

PEREIRA, Avelino Romero. Música, sociedade e política: Alberto Nepomuceno e a República Musical. Rio de Janeiro: Editora UFRJ, 2007.

PINACOTECA DO ESTADO DE S.PAULO. *Pinacoteca 100 anos: destaques do acervo*. São Paulo: Prêmio, 2005.

PIVA, Carolina Brandão. *Paulo Prado: cafeicultora, modernismo e política*. 2009. 228p. Dissertação (mestrado) – Universidade Federal de Goiás. Goiânia, 2009.

PREFEITURA MUNICIPAL DE SÃO PAULO. *Inventário de Obras de Arte em Logradouros Públicos da Cidade de São Paulo. São Paulo: Prefeitura Municipal de São Paulo*. São Paulo: Prefeitura Municipal de São Paulo, s/d. Disponível em: http://www.prefeitura.sp.gov.br/cidade/secretarias/cultura/patrimonio_historico/adote_obra/index.php?p=4537

PUTTNAM, David. *Movies and Money*. Nova York: Vintage Books, 2000.

QUEIROZ, Maria Isaura Pereira de. *Carnaval brasileiro: o vivido e o mito*. São Paulo: Editora Brasiliense, 1999.

______. Dialética do rural e do urbano: exemplos brasileiros. In:______. *Cultura, sociedade rural, sociedade urbana: ensaios*. São Paulo: Editora da Universidade de São Paulo, 1978. p. 263-314.

RAGO, Margareth. A Invenção do Cotidiano na Metrópole: Sociabilidade e Lazer em São Paulo, 1900-1950. In: PORTA, Paula (org.). *História da cidade de São Paulo*. São Paulo: Paz e Terra, 2004, vol. 3: a Cidade na Primeira Metade do Século XX, p. 387-434.

RAINEY, Lawrence. The cultural economy of Modernism. In: LEVENSON, Michael (ed.). *The Cambridge companion to Modernism*. Cambridge: Cambridge Press, 1999. p. 33-69.

RAYNOR, Henry. *História social da música: da Idade Média à Beethoven*. Rio de Janeiro: Zahar Editores, 1981.

RAMOS, Fernão; MIRANDA, Luiz Felipe (org.). *Enciclopédia do cinema brasileiro*. São Paulo: SENAC, 2000.

REIS, Ângela. *Cinira Polônio: a* divette *carioca*. Rio de Janeiro: Arquivo Nacional, 1999.

______. Acordo comercial e disputa artística na Companhia Leopoldo Froés - Chaby Pinheiro, um empreendimento luso-brasileiro. In: WENECK, Maria Helena; REIS, Ângela de Castro. *Rotas de teatro entre Portugal e Brasil*. Rio de Janeiro: 7 Letras, 2012. p. 95-108.

RIBAS, Tomás. *O teatro da Trindade: 125 anos de História*. Porto: Lello, 1993.

RIBEIRO, Maria Izabel Meirelles Reis Branco. *O museu doméstico: São Paulo 1890-1920*. 1992. 261p. Dissertação (mestrado) - Escola de Comunicações e Artes da Universidade de São Paulo, 1992.

ROSA, Márcia Valéria Teixeira. *A formação e a trajetória artística de Rodolpho Amoedo*. 2000. 207p. Dissertação (mestrado) - Escola de Belas Artes, Universidade Federal do Rio de Janeiro. Rio de Janeiro, 2000.

ROSSELLI, John. Latin american and italian opera: a process of interaction (1810-1930). *Revista de Musicología*, Vol. 16, No. 1. XV Congreso de la Sociedad Internacional de Musicología: Culturas Musicales Del Mediterráneo y sus Ramificaciones: Vol. 1 (1993), p. 139-145.

ROSSI, Mirian Silva. *Organização do campo artístico paulistano 1890-1920*. 2001. 220p. (mais anexos). Dissertação (Mestrado) - Faculdade de Filosofia, Letras e Ciências Humanas, Universidade de São Paulo. São Paulo, 2001.

______. Circulação e mediação da obra de arte na Belle Époque paulistana. *Anais do Museu Paulista*. São Paulo. N. Sér. vol. 6/7. p. 83-119 (1998-1999), 2003.

RUIZ, Roberto; BRANDÃO, Tânia. *O teatro de revista no Brasil*: das origens à Primeira Guerra Mundial. Rio de Janeiro: INACEN, 1988.

RYAN, Bill. *Making capital from culture*: the corporate form of capitalist cultural production. Nova York: Walter de Gruyter, 1992.

SADOUL, Georges. *Histoire générale du cinema*. Paris: Éditions Denoël, 1951. vol. 3, Tomo I.

SAES, Décio. *Classe média e política na Primeira República brasileira (1889-1930)*. Petrópolis: Editora Vozes, 1975.

SAES, Flávio. São Paulo: Vida Econômica. In: PORTA, Paula (org.). *História da cidade de São Paulo*. São Paulo: Paz e Terra, 2004, vol. 3: a Cidade na Primeira Metade do Século XX, p. 215-234.

SAGOT-DUVAUROUX, Dominique. L'économie de la culture au prisme de ses valeurs. *Culture Publique: la modernisation de l'action publique*. abr. 2005, p. 105-112.

______. Comment mesurer la valeur vaporeuse de la culture? *Place Publique*, n°27, mai.-jun, 2011, p. 49-52.

SALGADO, Susana. *The Teatro Solis*: 150 Years of Opera, Concert and Ballet in Montevideo. Middletown, CT: Wesleyan University Press, 2003.

SALIBA, Elias. Modernistas viviam em um País sem modernidade. *O Estado de S. Paulo*. Caderno 2. Cultura. 03/02/2002. 2002a.

______. *Raízes do riso*. São Paulo: Companhia das Letras, 2002b.

SANGUINETTI, Horacio J. *La ópera y la sociedad argentina*. Buenos Aires: MZ Ediciones, 2001.

SAMPAIO, José Alessandro Martini. *Quanto vale a cultura? Um estudo sobre o valor dos bens culturais*. 2009. Monografia de conclusão de curso de Bacharel em Ciências Econômicas pela Faculdade de Economia, Administração e Contabilidade da Universidade de São Paulo. Orientadora: Ana Maria Bianchi.

SAMPAIO, Lilian Alves. *Vaidade e ressentimento dos músicos populares e o universo musical do Rio de Janeiro no início do século XX*. 2011. 280p. Tese (Doutorado) –Faculdade de Filosofia, Letras e Ciências Humanas, Universidade de São Paulo. São Paulo, 2011.

SANTOS, Myriam Sepúlveda. Do entrudo às escolas de samba: a ocupação do espaço das ruas pelo carnaval carioca. In: MARTINS, I. L.; MOTTA, Rodrigo p. S.; IOKOI, Z. G. *História e cidadania*. São Paulo: Humanitas/FFLCH/ANPUH, 1998. p. 369-382.

SCHORSKE, Carl E. *Viena* Fin-de-siècle. São Paulo: Companhia das Letras, 1988.

SCHWARTZ, Roberto. As ideias fora do lugar. In: ______. *Ao vencedor as batatas*. São Paulo: Duas Cidades/ Editora 34, 2000. p. 11-31.

SEGUIN, Jean-Claude. La Compagnie des cinématographes Théophile Pathé. In: MARIE, Michel ; LE FORESTIER, Laurent (org.). *La firme Pathé Frères: 1896-1914*. Paris: Association française de recherche sur l'histoire du cinéma, 2004, p. 107-120.

SEPÚLVEDA, José Antônio. A Centenária escola pública de teatro Martins Pena. *Revista Científica Digital da FAETEC*. 7ª edição. Ano IV, vol. 1, nº3. 2012.

SEVCENKO, Nicolau. *Literatura como Missão: tensões sociais e criação cultural na Primeira República*. São Paulo: Brasiliense, 1983.

_______. *Orfeu extático na metrópole*: São Paulo, sociedade e cultura nos frementes anos 20. São Paulo: Companhia das Letras, 1992.

______. O Prelúdio republicano, astúcias da ordem e ilusões do progresso. In: ______ (org). *História da vida privada no Brasil*. São Paulo: Companhia das Letras, 1998, volume 3: República: da *Belle Époque* à Era do Rádio. p. 7-48.

SEVERO, Ricardo. *Monographia do Theatro Municipal de São Paulo*. São Paulo: Pocai & Weiss, 1911.

______. *O Liceu de Artes e Ofícios*: histórico, estatutos, regulamentos, programas, diplomas. São Paulo: S.N., 1934.

SILVA, Daniel Marques. *O palhaço negro que dançou a chula para o Marechal de Ferro: Benjamim de Oliveira e a consolidação do circo-teatro no Brasil – mecanismos e estratégias artísticas como forma de integração social na Belle Époque carioca*. Rio de Janeiro, 2004. Tese (Doutorado) – Centro de Letras e Artes. Programa de Pós-Graduação em Teatro, UNIRIO, 2004.

SILVA, Janaina Girotto da. *"O Florão mais Belo do Brasil": o Imperial Conservatório de Música do Rio de Janeiro/1841-1865*. 2007. 248p. Dissertação (mestrado) – Instituto de Filosofia e Ciências Sociais da Universidade Federal do Rio de Janeiro. Rio de Janeiro, 2007.

SILVA, Zélia Lopes da. *Os carnavais de rua e dos clubes na cidade de São Paulo*: metamorfose de uma festa (1923-1938). São Paulo: Editora UNESP, 2008.

SILVEIRA, Miroel. *A contribuição italiana ao teatro brasileiro* (1895-1964). São Paulo: Quíron, 1976.

SILVEIRA, Paulo César da. *O Liceu de Artes e Ofícios de São Paulo*: arte e indústria em São Paulo. São Paulo: FAU, 1983.

SIMIONI, Ana Paula Cavalcanti. *Profissão artista: pintoras e escultoras acadêmicas brasileiras*. São Paulo: EDUSP/FAPESP, 2008.

SIMSON, Olga Rodrigues de Moraes Von. *Carnaval em Branco e Negro: Carnaval Popular paulistano: 1914- 1988*. Campinas, São Paulo: Editora da Unicamp, Editora da Universidade de São Paulo, Imprensa Oficial, 2007.

SINGER, Ben. Modernidade, hiperestímulo e o início do sensacionalismo popular. In: CHARNEY, Leo; SCHWARTZ, Vanessa R. (orgs.). *O cinema e a invenção da vida moderna*. São Paulo: Cosac Naify, 2004. p. 95-123.

SIRINELLI, Jean-François. Introduction. In: ______; RIOUX, Jean-Pierre. *La culture de masse en France*. Paris : Fayard, 2002.

SOIHET, Rachel. *A subversão pelo riso*. Rio de Janeiro: Fundação Getúlio Vargas, 1998.

SOUZA, Ismara Izepe. *Espanhóis: História e engajamento*. São Paulo: Companhia Editorial Nacional, 2006.

SOUZA, J. Galante de. *O Teatro no Brasil*. Rio de Janeiro: Litho-Typographia Fluminense, 1922.

SOUZA, José Inácio de Melo. *Imagens do passado*: São Paulo e Rio de Janeiro nos primórdios do cinema. São Paulo: Senac, 2004.

______. Francisco Serrador e a primeira década do cinema em São Paulo. In: ______. *Congressos, patriotas e ilusões e outros ensaios de cinema*. São Paulo: Linear B, 2005. p. 175-190.

STEINERT, Heinz. *Culture Industry*. Cambridge: Polity Press, 2003.

SUISMAN, David. *Selling sounds: the commercial revolution in American music*. Harvard: Cambridge University Press, 2009.

SÜSSEKIND, Flora. *Cinematógrafo de letras: literatura, técnica e modernização no Brasil*. São Paulo: Companhia das Letras, 1987.

TANIGUTI, Gustavo. Crédito entre imigrantes: experiências de Tanomoshi-ko no Bairro da Liberdade. *Study of Nonwritten Cultural Materials*. Mai./2012, nº 8 V 1, p. 53-79.

TARANSANTCHI, Ruth Sprung. *Pedro Alexandrino*. São Paulo: Edusp, 1996.

TEIXEIRA COELHO, José Roberto. Uma outra história. In: CHIARELLI, Tadeu. *Um jeca nos vernissages*. São Paulo: EDUSP, 1995. p. 13-17.

THOMPSON, John. *Ideology and modern culture*: critical social theory in the era of mass communication. Stanford: Stanford University Press, 1990.

TIBAJI, Alberto. Vozes e espectadores da escrita do eu: memórias do ator português Eduardo Brasão. In: WENECK, Maria Helena; REIS, Ângela de Castro. *Rotas de teatro entre Portugal e Brasil*. Rio de Janeiro: 7 Letras, 2012. p. 59-74.

TINHORÃO, José Ramos. *Os sons que vem da rua*. São Paulo: Editora 34, 2005.

TODD, R. L (org.). *Nineteenth-century piano music*. Nova York: Routledge, 1990.

TOMÉ, Alfredo. *Leopoldo Fróes e o teatro brasileiro*. Rio de Janeiro: José Olympio, 1942.

TONI, Flávia C. *Uma orquestra sinfônica para São Paulo*. Revista Música, São Paulo, vol. 6, nº1I2:122-149 mai./nov. 1995.

TORCATO, Carlos Eduardo Martins. *A repressão oficial ao jogo do bicho: uma história dos jogos de azar em Porto Alegre (1885-1917)*. 2011. 141p. Dissertação (Mestrado) – Instituto de Filosofia e Ciências Humanas da Universidade Federal do Rio Grande do Sul. Porto Alegre: 2011.

TOSCANINI, Arturo. *The Letters of Arturo Toscanini*. Nova York: Alfred A. Knopf, 2002.

TRUSZ, Alice D. *Entre lanternas mágicas e cinematógrafos*: as origens do espetáculo cinematográfico em Porto Alegre: 1861-1908. São Paulo: Ecofalante, 2010.

TRUZZI, Oswaldo. *De mascates a doutores*: sírios e libaneses em São Paulo. São Paulo: Editora Sumaré, 1992.

TUMA, Said. *Alexandre Levy: base de um projeto de modernidade*. 2008. 147p. (mais anexos). Dissertação (Mestrado) - Escola de Comunicações e Artes da Universidade de São Paulo. São Paulo, 2008.

UZEDA, Helena Cunha de. *Ensino acadêmico e modernidade: o curso de arquitetura da Escola Nacional de Belas Artes (1890-1930)*. 2006. 472p. Tese (doutorado) - Escola de Belas Artes, Universidade Federal do Rio de Janeiro. Rio de Janeiro, 2006.

VACCANI, Celita. *Rodolpho Bernardelli: vida artística e características de sua obra escultória*. Rio de Janeiro: Tese de Concurso para provimento da cadeira de escultura da Escola Nacional de Belas Artes da Universidade do Brasil, Rio de Janeiro, 1949.

VALLE, Arthur Gomes. *A pintura da Escola Nacional de Belas Artes na Primeira República (1890-1930): da formação do artista a seus modos estilísticos*. 2007. 312p. Tese (doutorado) – Escola de Belas Artes, Universidade Federal do Rio de Janeiro. Rio de Janeiro, 2007.

VANNI, Julio Cezar. *Italianos no Rio de Janeiro*. Niterói: Editora Comunità, 2000.

VARGAS, Maria Thereza. *Teatro operário na cidade de São Paulo*. São Paulo: Prefeitura do Município de São Paulo, Secretaria Municipal de Cultura, Departamento de Informação e Documentação Artísticas, Centro de Documentação e Informação sobre Arte Brasileira Contemporânea, 1980.

VASQUEZ, Adolfo S. *As ideias estéticas de Marx*. São Paulo: Expressão Popular, 2010.

VELLOSO, Mônica Pimenta. *As tradições populares na* Belle Époque *carioca*. Rio de Janeiro: FUNARTE, 1988.

______. *Modernismo no Rio de Janeiro*. In: MARTINS, I. L.; MOTTA, Rodrigo p. S.; IOKOI, Z. G. *História e cidadania*. São Paulo: Humanitas/FFLCH/ANPUH, 1998. p. 369-382.

VENHARD, Gilles. De la naissance à la puissance : les vertes années de la marguerite (1896-1924). In : HUGUES, Philipe de ; MULLER, Dominique. *Gaumont : 90 ans du cinéma*. Paris : Gallimard, 1992. p. 18-33.

VENTURA, Roberto. Saudades do Engenho. In: ______. *Estilo tropical – História Cultural e polêmicas literárias no Brasil (1870-1914)*. São Paulo: Companhia das Letras, 1991.

VERHAGEN, Marcus. O cartaz na Paris fim-de-século: "aquela arte volúvel e degenerada". In: CHARNEY, Leo; SCHWARTZ, Vanessa R. (orgs.). *O cinema e a invenção da vida moderna*. São Paulo: Cosac Naify, 2004. p. 127-155.

VERMES, Mônica. *Alberto Nepomuceno e a criação de uma música brasileira: evidência em sua música para piano*. 1996. Dissertação (mestrado) – Escola de Comunicações e Artes da Universidade de São Paulo (ECA-USP). São Paulo, 1996.

______. Por uma renovação do ambiente musical brasileiro: o relatório de Leopoldo Miguez sobre os conservatórios europeus. *Revista eletrônica de musicologia*. Volume VIII, Dezembro de 2004. Disponível em: http://www.rem.ufpr.br/REMv8/miguez.html. Acesso em 18 de abril de 2013.

VERSACI, Francisco. A casa de 4.500 contos de Réis. *Memória - ano IV nº 12*. Publicação do Departamento Patrimônio Histórico da Eletropaulo. jun-set/1991.

VIANNA, Hermano. *O mistério do samba*. Rio de Janeiro: Jorge Zahar, 1989.

VILLELA, A. V. & SUZIGAN, W. *Política do governo e crescimento da economia brasileira: 1889-1945*. 3.ed. Brasília: IPEA, 2001, cap. 3, p. 93-131.

VISCARDI, Cláudia Maria Ribeiro; JESUS, Ronaldo Pereira de. A experiência mutualista e a formação da classe trabalhadora no Brasil. In: FERREIRA, Jorge; REIS FILHO, Daniel Aarão (orgs). *As esquerdas no Brasil - A formação das tradições (1889-1945)*. Rio de Janeiro: Civilização Brasileira, 2007. vol. I, p. 21-51.

WALKER, José Roberto. *Theatro São Pedro: resistência e preservação*. São Paulo: Arquivo do Estado de São Paulo: Secretaria de Estado da Cultura, 2000.

WEBER, Eugen. *França* Fin-de-Siècle. São Paulo: Companhia das Letras, 1988.

WEISZ, Suely de Godoy. *Estatuária e ideologia: monumentos comemorativos de Rodolpho Bernardelli no Rio de Janeiro*. 1996. 220p. Dissertação (mestrado) - Escola de Belas Artes, Universidade Federal do Rio de Janeiro. Rio de Janeiro, 1996.

WERNECK, Maria Helena. A solução dos transatlânticos. In: ______; REIS, Ângela de Castro. *Rotas de teatro entre Portugal e Brasil*. Rio de Janeiro: 7 Letras, 2012. p. 19-32.

WILLIAMS, Rosalind. *Dream worlds: mass consumption in late XIX century France*. Berkeley: University of California Press, 1992.

WILSON, Edmund. *O Castelo de Axel*. São Paulo: Companhia das Letras, 2004.

WISNIK, José Miguel. *O coro dos contrários*: a música em torno da Semana de 22. São Paulo: Duas Cidades, 1977.

______. *Machado Maxixe*: o caso Pestana. Revista de Literatura Brasileira, 4/5. São Paulo. 2004. p. 13-79.

Agradecimentos

Quando, em 2009, iniciei essa pesquisa (ainda no bojo do um projeto de mestrado na Faculdade de Filosofia, Letras e Ciências Humanas da Universidade de São Paulo) jamais poderia imaginar seu resultado final. Em mais de cinco anos de atividades de pesquisa, foram muitas as pessoas que contribuíram, das mais diversas maneiras, para a realização dessa obra. A lista se estende ainda mais se pensarmos que as origens desta reflexão deitam raízes em minha primeira publicação, São Paulo: Capital Artística, cuja primeira semente brotou em uma conversa com meus pais Ricardo e Denise em 2006.

Começo meus agradecimentos por meu orientador, José Flávio Motta, cujo apoio e dedicação data dos tempos de minha primeira iniciação científica, embrião e pedra fundamental da presente pesquisa. Agradeço também à FAPESP pelos anos de auxílio e apoio tanto no Brasil quanto no exterior. Sem seu apoio e financiamento, dificilmente esta pesquisa teria atingido seus objetivos.

Agradeço aos amigos que me acolheram e me auxiliaram durante as diversas visitas a arquivos históricos empreendidas. Agradeço por todo o auxílio e empenho de Anaïs Flechet, supervisora de meu estágio de pesquisa na Universidade de Versalhes Saint-Quentin-en-Yvelines. Seu interesse e apoio fizeram da etapa francesa da pesquisa um momento muito especial. Agradeço também a Manuel Rodriguez Barriga pela disponibilização dos documentos sobre o Brasil que consultou Arquivo Diplomático de Nantes e a tantos outros amigos e colegas da etapa francesa da pesquisa. Agradeço à Cláudia pelo auxílio com a identificação de informações da fotografia de Mário de Andrade e seus alunos.

Agradeço também aos diversos professores e colegas de pesquisa com quem cruzei nas mais diversas aulas, seminários, congressos e reuniões de grupos de pesquisa ao longo desses anos. Meu especial apreço aqui aos pesquisadores do grupo de pesquisas da Cinemateca. Menciono aqui Carlos Roberto, Luciana, Adilson, Arthur, Glênio, Sheila e Flávia apenas para citar aqueles com quem pude melhor conversar sobre o encantador mundo de nosso primeiro cinema. Sou particularmente grato a José Inácio de Mello Souza e suas valorosas recomendações sobre a documentação do Arquivo Ferrez, no Rio de Janeiro. E, claro, a Eduardo Morettin, que, em 2011, assumiu a coorientação da presente pesquisa. Sou grato por suas leituras e pelo auxílio para a realização da etapa internacional dessa pesquisa. Agradeço também aos professores doutores Maria Helena Werneck, Arthur Autran, Ana Paula Simioni e Marisa Midori Deaecto por seus ricos comentários na banca de defesa. Às duas últimas agradeço também pelas valiosas contribuições quando da realização dos exames de qualificação tanto do mestrado quanto do doutorado.

Agradeço por fim a Ana. Pelas leituras, revisões, conversas, esperanças, paciências e tantos outros momentos onde sua companhia e presença foram decisivas. Não tenho palavras para descrever o quanto seu carinho e sua leitura crítica transformaram esta obra. Obrigado por me ajudar a transformar um emaranhado de ideias em uma tese e pelo apoio na angustiante travessia que é a produção de um doutorado.Um beijo também para o Theo e para a Lívia que são as coisas mais queridas que existem no mundo.

Alameda nas redes sociais:
Site: www.alamedaeditorial.com.br
Facebook.com/alamedaeditorial/
Twitter.com/editoraalameda
Instagram.com/editora_alameda/

Esta obra foi impressa em São Paulo no verão de 2020. No texto foi utilizada a fonte Minion Pro em corpo 10,25 e entrelinha de 15 pontos.